Rire est une fête

Du même auteur :

Mon ami Â3, Plon, 2005.

Jean-Marie Poiré

Rire est une fête

Préface de Christian Clavier

Michel Lafon

Crédits photographiques de couverture :

En haut, 2e photo : *Les Visiteurs*, un film de Jean-Marie Poiré, production Gaumont, 1993.

Au centre, 1ère photo : *Twist again à Moscou*, un film de Jean-Marie Poiré, production Gaumont/France 2 cinéma, 1986.

En bas, 2e photo : *Les Couloirs du temps – Les Visiteurs II*, un film de Jean-Marie Poiré, production Gaumont, 1998.

L'éditeur remercie Gaumont
pour son aimable autorisation.

118, avenue Achille-Peretti – CS 70024
92521 Neuilly-sur-Seine Cedex
www.michel-lafon.com

À Billy, Blake, Colin, Federico, Ernst, Mel, Mike, Woody, Dino, Frank, Buster, Peter et Bobby, Vittorio, Ettore, Roberto, Mario *e tutta l'Italia*, Marcel, Jacques, Étienne, Pascal, Gérard, Michel, avec toute mon admiration[1]…

1. Vous devriez deviner facilement les noms, sinon vous avez les réponses à la toute fin du livre…

« Riez de tout ou vous finirez par ne plus rire de rien. »

Bret Easton Ellis – *White*

Préface

Lorsque mon ami Jean-Marie Poiré m'a sollicité pour écrire la préface de son livre autobiographique, j'ai immédiatement accepté. Mais je dois avouer que j'ai, ensuite, été perplexe.

Pourquoi ? Parce que je n'ai pas un goût immodéré pour les mémoires. Quand on parle souvenirs, on plonge irrémédiablement dans la nostalgie. Et c'est souvent un retour fastidieux, parfois flagorneur sur le passé. Je veux dire par là qu'on enjolive généralement ses souvenirs. Dans cet exercice délicat, j'ai lu des textes trop complaisants. Mais, dans d'autres cas, j'ai découvert une méchanceté de mauvais aloi. Résultat : on passe souvent à côté de l'essence même de nos métiers : la création dans toute sa beauté. On en finit par bien mal transmettre tout ce qui a permis de réussir sa vie d'artiste. Et il est parfois difficile de dépasser le stade de l'intérêt réservé à sa propre famille quand on se lance dans un pareil exercice destiné au grand public.

Mais qu'importe ! Car, si j'ai tenu à écrire la préface du livre de mon ami, c'est pour une bonne, une excellente raison. Elle se résume à un mot, qui à lui seul définit notre histoire commune : complémentarité !

Pendant plus de trente ans, notre collaboration fut parfaitement équilibrée, à tous points de vue. Nous nous sommes constamment beaucoup apporté l'un à l'autre. Dès notre rencontre, en 1981, ce fut une évidence : l'adaptation, puis le tournage du film tiré de la pièce de la troupe Le Splendid Le Père Noël est une ordure *consacrèrent en quelque sorte nos fiançailles cinématographiques.*

Josiane Balasko nous avait présenté ce nouveau réalisateur. Marie-Anne Chazel et moi avions vu l'opportunité de travailler avec lui, à même de porter un autre regard sur notre univers. Patrice Leconte (réalisateur des Bronzés*) souhaitait, lui, explorer d'autres horizons – notamment avec Michel Blanc. Mais le reste de notre petite bande – Thierry Lhermitte et Gérard Jugnot en tête – était beaucoup plus sceptique quant au choix de Jean-Marie : il avait, en effet, été le coscénariste (avec Robert Lamoureux) de la trilogie* La 7e Compagnie. *Ainsi mes camarades ne saisissaient-ils pas en quoi cet humour un peu passé – en dépit de son immense succès – pouvait coller avec le nôtre. Celui du café-théâtre, beaucoup plus ancré dans son temps. Mais Josiane, Marie-Anne et moi avons tenu bon, au point que Jean-Marie a finalement été adoubé par la troupe. C'est avec ce premier film que notre collaboration – et notre amitié – a débuté ! Et c'est avec cette première expérience que j'ai découvert l'énergie débordante de ce jeune réalisateur. Nous partagions la même passion pour les comédies déjantées, les gags élaborés, et surtout la rigueur des scripts. Cette complicité s'est poursuivie quasiment sans discontinuer jusqu'aux* Visiteurs 3, *en 2016. Faites vos comptes : trente-cinq ans !*

Trente-cinq ans d'idées, d'envies, de folies et de partage absolu. Martin Lamotte et moi avons ainsi apporté à Jean-Marie notre pièce, Papy fait de la résistance, *afin que nous en assurions tous les trois l'adaptation pour le grand écran, avec l'immense producteur Christian Fechner. Et lui, quelques années plus tard, a eu l'excellente idée de me proposer le sujet de base des* Visiteurs, *qui allait devenir le film culte que l'on sait, pour lequel nous avons écrit ensemble le scénario original.*

Nous avons connu des triomphes. Nous avons aussi subi de cruelles déconvenues, comme avec Mes meilleurs copains. *Nous découvrions alors devant les salles de cinéma de maigres files d'attente, terminant la soirée mortifiés en buvant des bières tièdes dans un quelconque bar des Champs-Élysées. Nous étions persuadés que c'en était fini de notre carrière : plus personne ne nous commanderait le moindre film. Mais pareils échecs nous ont aussi permis de rebondir, et incités à imaginer des comédies d'action populaires basées sur l'art du vaudeville, ponctuées de cascades :* L'Opération Corned Beef, Les Visiteurs *et* Les Anges gardiens… *trois films construits sur des tandems d'acteurs vedettes.*

Notre ambition, dès le début, avait été de former un solide duo d'auteurs aussi indissociables que l'avaient été, notamment, Jean Aurenche et Pierre Bost, scénaristes auréolés de gloire ayant signé La Traversée de Paris *ou* Le Diable au corps. *Ou, encore, aussi talentueux que l'emblématique duo italien Age-Scarpelli, tous deux auteurs de films cultes réalisés par Dino Risi, Mario Monicelli ou Luigi Comencini.*

Nous étions fascinés par ces couples de scénaristes solides comme un roc. Nous voulions, ni plus ni moins, leur ressembler, partant du principe que ce qui fait un grand film… c'est d'abord une grande histoire. Et que les grandes histoires sont faites par de grands auteurs.

Nous partagions cette même ambition. Nous nous étions trouvés ! Par la suite, nous avons toujours tout décidé d'un commun accord. Et ce, les mains d'autant plus libres que nous avions fini par coiffer, sur nos seules têtes, toutes les casquettes : lui réalisateur, moi acteur… et tous les deux coproducteurs !

Je me souviens que je jouais le soir sur scène La Dame de chez Maxim *du maître Feydeau, tandis que nous écrivions, à la même époque,* Les Visiteurs. *On ne dira jamais assez ce que nous a apporté ce grand auteur de théâtre et à quel point il nous a inspirés dans notre travail.*

Depuis trois ans, je vois mon ami Jean-Marie penché sur sa copie, noircir des feuillets entiers de souvenirs, d'anecdotes et de rencontres. À la lecture de ces pages, je dois reconnaître qu'il a usé d'un biais intéressant : j'ai le sentiment de voir un film.

Avec ses dialogues vivants, ses acteurs connus et ses séquences cadencées véridiques – ou peut-être inventées… Si bien que ce texte, si dense soit-il, possède, j'ose le dire, d'indéniables qualités littéraires.

Ce sont toutes ces raisons qui m'ont décidé à écrire la préface de son livre : pas de simples souvenirs… mais des souvenirs d'artistes. Nous sommes allés, Jean-Marie et moi, au bout de notre rêve. Ensemble, nous nous sommes forgé une solide réputation dans l'univers du septième art, en nous serrant les coudes. Nous nous sommes engagés tous les deux sur cette route – parfois chaotique – du cinéma, à laquelle nous aspirions de toutes nos forces.

Au bout du compte, nous avons passé plus de temps à rire qu'à pleurer ou nous plaindre. Nous avons vécu ensemble des moments fabuleux, dont le résultat a été le plébiscite et les rires du public.

Il ne me reste qu'à vous souhaiter à tous une bonne lecture. Et, surtout – surtout ! –, prenez toujours le même plaisir à revoir nos films. Car ils sont l'expression et la trace indélébile de cette amitié, de cette complicité, de cette complémentarité qui nous ont offert une si belle carrière, à l'un comme à l'autre. Et vous ont donné du plaisir, à vous, le public.

CHRISTIAN CLAVIER

1

TU VEUX OU TU VEUX PAS ?

Nous étions en pleine scène de ménage à la Closerie des Lilas, elle, Valérie Lemercier, ma promise, et moi, son prétendant. Après un long moment, dans un soupir, elle a fini par murmurer :

– Bon, d'accord, c'est **oui**…

J'ai bondi de joie. Elle acceptait finalement de participer à la suite des *Visiteurs*.

Pourtant, j'étais à moitié rassuré : son visage ne collait pas avec son consentement.

Au milieu du déjeuner, à la fin des entrées, elle m'avait déjà dit **oui**, alors qu'elle avait débuté par un **non** ferme à l'apéritif, et après ce **oui**, ç'avait été de nouveau non, d'un ton décidé. Les montagnes russes.

– De toute façon, je ne veux plus *jamais* être dirigée par un homme ! avait-elle ajouté.

J'ai surtout pensé qu'elle ne supportait plus d'être dirigée, point barre. Elle a toujours voulu être la patronne. Et elle y est parvenue en tant que réalisatrice. Elle supportait assez mal la direction d'acteur. Je ne pouvais pas oublier qu'elle avait quitté un soir le plateau du premier opus, moitié en colère, moitié en larmes, en clamant à la cantonade pour que tout le monde entende bien : « J'ai l'impression de jouer comme "Au théâtre ce soir", dirigée par un travesti ! »

Dieu merci, le plat principal était léger et bien cuit. C'était du poisson avec de petites pommes de terre rissolées.

Et là, elle se détendait, elle reprenait une gorgée (je n'avais pas choisi un tord-boyaux, vous pouvez me croire) et elle souriait.

– Non, non, je te jure, je suis d'accord. Ça me fait plaisir de retravailler avec toi, Jean-Marie, bien plus qu'avec les deux autres… (Elle pensait bien entendu à Clavier et Reno.) Tu sais que je t'aime bien, Jean-Marie…

Deux fois mon prénom dans la même réplique, cela m'a glacé. Généralement quand on dit « Jean-Marie », c'est que cela va mal. Pourtant c'est vrai qu'elle m'aimait bien. On a déjeuné au même endroit, plus tard, invités par Danièle Thompson, et même si c'était dans des circonstances tristes – l'enterrement de Gérard Oury –, on avait beaucoup rigolé – ça rigole bien aux enterrements – et elle avait été adorable. Curieusement, alors que je n'avais pas prononcé un mot, elle a ajouté :

– Non, je t'assure, quand je dis oui, c'est *oui*.

Elle avait entendu ma pensée ? C'était le moment de dire quelque chose de gentil.

– Il y a quand même eu des moments où on s'est franchement marrés sur le premier, non ?

– Oui, bien sûr. Beaucoup, même. On s'est bien marrés.

Elle a repris une gorgée de vin et quand elle a reposé son verre, je l'ai resservie. Elle s'est levée.

– Excuse-moi, je reviens.

Elle est allée au pipi-room pour se remaquiller.

Quand elle est revenue, elle était à nouveau tendue, presque tremblante, boudeuse en tout cas.

– J'ai bien réfléchi, Jean-Marie. Je ne vais *pas* le faire.

– Les toilettes, ce n'est pas un bon endroit pour réfléchir.

(Je ne sais plus si j'ai vraiment dit ça, ou si je l'ai juste pensé.)

Il faisait beau, boulevard du Montparnasse. C'était une journée pour moineau ravi, et pourtant l'avenue, soudainement, venait de perdre son charme.

J'étais désespéré. Elle avait tellement marqué le premier film, en étant si drôle et charmante. J'étais sidéré qu'elle ne réalise pas à quel point elle allait manquer aux gens. Comment la remplacer ? Qui allait pouvoir envoyer la balle aussi haut ?

Je n'en dormais plus. On s'était donné tant de mal pour lui écrire un rôle qui lui aille comme un gant sur *Les Visiteurs*. Un rôle qui lui permette d'exploser auprès du public.

Et on s'était bien marrés, c'est vrai, au début. Elle adorait ses costumes du Moyen Âge, en particulier ses coiffes vertigineuses, ses chapeaux pointus. C'était l'occasion de fous rires car ces tenues étaient faites pour des intérieurs, et les faire tenir droites dehors relevait d'un défi olympique. Il n'y a qu'un metteur en scène gravement malade pour vouloir les faire porter à une fille sur un cheval, dans une vallée par grand vent. Entre les prises, des assistants tenaient autour de sa tête de grands cartons de déménagement pour la protéger. Ça lui faisait une silhouette d'actrice dans un film sadomaso.

Les premières scènes s'étaient déroulées dans une excellente ambiance. Elle était pleine de créativité. Courir dans cette tenue moyenâgeuse l'amusait énormément. Elle faisait le pitre.

Mais très vite, il y avait eu un mauvais tournant.

Entre les deux stars masculines et elle, les rapports n'ont pas été franchement débonnaires. Politesse, certainement, courtoisie parfois, mais peu de chaleur, pas de véritable complicité, ça se ressentait. À qui la faute ? Probablement aux deux bords. Et sans doute une grave erreur de ma part, puisque je n'ai jamais cherché à créer du liant. J'en étais conscient, bien sûr, mais ça ne me préoccupait pas outre mesure... Sur un film de cette complexité, un grand spectacle mais avec un budget très limité, on a d'autres chats à fouetter que de faire de la psychologie.

La plupart du temps, sur un tournage, c'est une catastrophe, ce genre de rapports. Un ami à moi avait organisé un déjeuner pour présenter Dustin Hoffman à Vanessa Redgrave, qui devaient tourner ensemble. Tout le monde sait qu'il est petit, c'est un objet de vanne en promotion, et qu'elle est une grande tige. Après un début aimable et mondain, elle a suggéré : « Je pense que je dois porter des ballerines, et toi, sans vouloir te vexer, tu peux sans doute mettre des talonnettes dans tes chaussures. Notre différence de taille passera mieux et notre histoire d'amour sera plus plausible. »

Il a rétorqué : « Je porte des talonnettes et je vais les retirer. Je vais mettre des mocassins plats et je suggère que tu mettes des talons aiguilles, les plus hauts que tu supporteras. Comme ça notre couple sera plus pittoresque et notre histoire d'amour, plus intéressante. »

Ils ne se sont plus parlé jusqu'à la fin du film (qui a été un four). Quand ils s'embrassaient, on avait l'impression qu'ils se mordaient.

Sur mon film à moi, l'indifférence entre la fille et les deux mecs n'a pas eu la moindre conséquence car ils n'étaient pas supposés se rouler des pelles. Mais les ennuis commençaient.

Ma première scène avec Valérie, dans l'époque moderne, était une scène où elle téléphonait. Elle devait demander à Jacquard, le descendant de Jacquouille la Fripouille : « Vous avez un Polâ, un Polâroïd, Jâcques ? » À mon grand étonnement, elle l'a joué complètement à plat, sans aucun effet. Un ton pointu et sec. Déception ! Je m'attendais à ce que sa réplique fasse mouche et là, c'était tristounet… J'ai coupé.

– On peut essayer un peu plus snob ?

Elle l'a refait.

– Vous avez un pola ? (Intonation totalement identique.)

Je me suis approché d'elle.

– Je crois que l'idée, c'est de mettre une demi-douzaine d'accents circonflexes sur les « a ». C'est pour ça qu'on a choisi d'écrire une phrase en « a ».

Il a tout de suite été clair qu'elle ne tenait pâs à jouer comme çââ ! J'ai senti que le film allait devenir un enfer. Pour elle, d'abord. Mais aussi pour moi.

J'ai essayé d'expliquer sa partition à Valérie. Je ne sais pas combien d'heures nous avons parlé du personnage, combien de dîners nous avons faits pour trouver une solution. Ses arguments me semblaient de mauvaise foi.

– Je ne suis pas une actrice de composition…

– C'est faux. Tu es une immense actrice. Dans *Corned Beef*, tu étais géniale et ce n'était pas toi au naturel, tu composais un personnage. Et avec grand talent.

– C'est que j'avais trouvé dans ma tête quelqu'un à imiter. Je suis bien plus une imitatrice qu'une actrice.

L'argument n'était pas convaincant parce que tous les acteurs imitent, c'est leur métier – à moins d'être un sex-symbol comme Bardot, auquel cas tu joues comme tu es (là, c'est la courbe de tes reins qui fascine le public, tes cheveux d'or, ou tes dents qui brillent).

D'ailleurs, l'imagination imite. Mais je n'ai pas voulu la contrarier.

– Eh bien tu n'as qu'à m'imiter, moi… Je te donnerai le ton des répliques et tu m'imiteras.

Vous comprenez mieux à présent la référence au « travesti » qu'elle m'avait sortie, en furie, car elle trouvait sans doute que j'en faisais trop.

– On va la refaire, mon petit chat.

– Quand il m'appelle son « petit chat », a dit Valérie, c'est qu'il me trouve à chier.

Le temps qui passe pousse à l'exagération : il lui arrivait d'être bonne du premier coup. Excellente, même. Elle était à l'aise, on s'amusait, elle était parfaite.

Une question que se posent les acteurs de comédie, naturellement, c'est : doit-on ou pas en faire des wagons ? Moi, je pense que ça dépend de leur génie et de leur authenticité. S'ils *incarnent* ou non leur personnage.

Christian Clavier aussi se posait cette question en découvrant son Jacquouille aux rushes. Il était sidéré par son personnage et les réactions violentes de ce type aux dents gâtées.

– Tu ne trouves pas que j'exagère ? Si j'en faisais des tonnes, tu me le dirais, hein ?

– Dînons ensemble demain soir, on en parle.

Il se trouve que la veille j'avais soupé au Bœuf sur le Toit, près des Champs-Élysées. J'y avais remarqué un sommelier hallucinant : il finissait les verres des clients une fois partis. À force de s'enfiler des lampées en catimini, il était cuit. Il faisait des mimiques stupéfiantes, dignes de figurer dans un film de Blake Edwards, le réalisateur emblématique des *Panthère rose* et de *La Party*, modèles de comédies délirantes. Il était cauteleux avec la clientèle, hautain voire paranoïaque avec le personnel, odieux avec les apprentis serveurs, sirupeux avec le chef de rang. Il se livrait à des ruses de Sioux pour siroter en cachette les fonds de verre abandonnés sur les tables désertées. Il était tellement cuit qu'il en devenait imprévisible et se mélangeait les pédales : il devenait soudain hautain avec les clients et sirupeux avec une apprentie serveuse.

Les gens sont différents des acteurs, en ce sens qu'ils ne voient pas qu'on les observe. Ils ont des mimiques spontanées. Ce sont des livres ouverts. Rares sont les acteurs qui oublient la caméra ; ils veulent présenter leur meilleur profil et se tendent.

J'ai invité Clavier au Bœuf, en priant le petit Jésus que ce ne soit pas le jour de congé du sommelier.

Christian et moi nous asseyons toujours face à face. Là, j'ai désigné la banquette :

– Mettons-nous côte à côte comme un vieux couple qui en a soupé de se regarder. Et maintenant, repère le gus là-bas et dis-moi s'il en fait trop.

Je dois dire que ce soir-là, pépère était au top... un festival. Tout juste s'il n'a pas fait les pieds au mur... Christian était hilare. C'était gagné.

– Les gens en font dix fois plus que les acteurs et très peu d'acteurs osent jouer comme les gens. C'est pourtant ce que le public aime car il connaît des tas de types comme ce sommelier.

Du coup, Christian a fait de son Jacquouille un triomphe historique.

Pourquoi Valérie n'a pas voulu jouer spontanément Béatrice comme je le voulais ? Je ne l'ai jamais su. C'est d'autant plus étrange que dans son premier show elle faisait un sketch, « La Renardière », très réussi, dans lequel elle campait une snob, et elle m'avait épaté. Du coup, j'avais la certitude qu'elle saurait faire ce genre de personnage à merveille, même si Béatrice est d'un rang social plus élevé que sa bourgeoise de province. Ce n'était qu'une question de dose. Son sketch, en plus, faisait un tabac. Je l'avais complimentée après la représentation :

– Je suis admiratif de ton utilisation exceptionnelle de la conjonction « et ». Quand tu dis : « Ce sont des cousins qu'on n'avait pas vus depuis longtemps *et* qui ont d'énormes bites », quelle brillante rupture !

– Oui, les gens aiment bien ce sketch. C'est parce qu'il est récurrent. Les gens aiment les gags récurrents. Le « bleu marine » qui revient tout le temps. Mais ce n'est pas mon sketch préféré.

– Si le succès, c'était uniquement de faire des trucs récurrents, on n'aurait plus qu'à faire ça et on serait tous très riches !

C'était un mini-accrochage, le premier que j'ai eu avec elle.

J'adorais sa Renardière… J'aime les snobs, et le public en raffole aussi. J'aime le snobisme car, en plus d'être drôle, il permet de dire des choses vénéneuses de façon acceptable. L'exagération fait passer la pilule.

Lemercier m'a expliqué : « La Renardière, c'est ma mère. Et j'ai beaucoup de mal avec ma mère… »

Dans son deuxième spectacle, malgré les attentes du public, elle refusait de faire ce sketch. Elle disait : « La Renardière est morte ! » En gros, elle envoyait bouler les gens. Bizarroïde. Les acteurs ont parfois des blocages hallucinants ! Certains aiment se compliquer la vie ! Comme j'admire tous ceux qui se mettent sans état d'âme au service de l'auteur, sans arrière-pensée, qui y vont *direct*...

Valérie éprouvait-elle de la confusion entre les deux, Béâ et la Renardière ? Avait-elle peur qu'on la cantonne dans un seul emploi ?

Un moment où elle a été sympathique et adorable, c'est pendant les doublages, quand les acteurs doivent rejouer en studio certaines phrases qui ne sont pas compréhensibles en raison de bruits extérieurs, ou de tout incident dû à la prise de son. Elle était seule, en vedette, avec toute une équipe, des hommes en majorité, qui riaient à ses clowneries. Ça l'a mise de bonne humeur.

En doublant ses phrases, elle a découvert le film et elle a été heureusement surprise, visiblement. Elle m'a dit avec beaucoup de sincérité :

– Je n'avais pas vraiment compris ton film. Tu as dû m'en vouloir. Il y a des tas de moments où je ne me trouve pas à la hauteur.

– Mais tu rigoles, tu es excellente !

– Non. J'aurais pu faire beaucoup mieux. (Elle a réfléchi.) Les phrases qu'on a refaites, je les trouve améliorées.

– C'est vrai, tu es super douée en doublage !

Elle m'a alors demandé, avec un enthousiasme d'enfant, si elle ne pouvait pas doubler le film en entier, en plus des quelques rares prises pannées. Elle allait se donner à fond.

– Ah non, Valérie ! En dehors d'un coût qui exploserait mon budget, ce n'est pas possible techniquement. Il faut faire une bande rythmo[1] pour guider chaque phrase, ça prend du temps, ça se prépare en amont. Je suis désolé !

Je l'étais vraiment. J'étais persuadé qu'elle voulait faire du beau travail ! Qu'elle le pouvait. Qu'elle allait se défoncer pour

1. Bande contenant le texte qui défile en bas de l'écran. Quand les mots passent sous une barre rouge, c'est là qu'il faut les prononcer.

le rôle ! En retournant chez moi, je gambergeais. Je me suis mis à bouillir d'excitation. Je l'ai rappelée.

– D'accord. Si tu es libre ce week-end, je suis partant ! On refait tout le film ! À l'arrache ! Tant pis pour la *rythmo* ! Ça colle, je le garde. Si ce n'est pas synchrone, je vire ou je remonte le film différemment, si ça vaut vraiment le coup.

J'ai réservé l'auditorium tout le week-end et mis toute l'équipe en heures supplémentaires triples (dimanche oblige).

Elle a été extraordinaire. Elle a formidablement amélioré son rôle, d'au moins 50 % (même si je trouve qu'elle était déjà sensationnelle). Elle a multiplié les effets – « Monsieur Ouille… pas avec votre poncho ! » Sa voix est montée d'une demi-octave. Elle était désopilante et incroyablement en place, comme portée par les rires de l'équipe et les miens. On la poussait vers l'avant. Le comique est monté d'un ton.

Elle a même eu des trouvailles que j'ai conservées : Reno, en armure, la serrait contre lui, à la fin. Le pommeau de son épée a dû lui faire mal en lui heurtant les côtes, car elle a un mouvement de recul. D'elle-même, elle a ajouté un petit : « Ouille ! C'est dur ! » C'était drôle. Je l'ai gardé.

Pendant ce doublage, elle était contente. D'ailleurs elle a fait la promotion sans aucune réticence, comme réconciliée avec le film et ses deux comparses à l'affiche.

J'aurais souhaité qu'elle se souvienne de ces instants de sérénité à la Closerie des Lilas.

Dévasté par son refus, je lui ai écrit le soir même une lettre de trois pages pour la supplier de changer d'avis. Ça n'a servi à rien. Elle a même coupé son fax pour que je ne lui écrive plus. (Eh oui, nous en étions encore à l'ère du bon vieux fax !)

Je n'aime pas garder de rancune. Je préfère me souvenir des bons moments.

Je te suis reconnaissant, mademoiselle Lemercier, d'avoir été si bonne dans *Corned Beef*, et époustouflante dans mes *Visiteurs* que tu as illuminés. Je t'admire pour ton humour et ton talent.

Pour tous ceux qui ont regretté que Valérie n'ait pas joué dans *Les Visiteurs 2* (moi en premier), le fautif est le producteur Alain Terzian, car s'il avait accepté mon idée de faire les deux premiers opus en même temps, elle les aurait tournés dans la foulée l'un après l'autre, et probablement même le troisième, plus tard, car de l'eau aurait coulé sous les ponts.

Il faut dire que depuis le début Terzian n'aimait pas le sujet des *Visiteurs*. Son directeur de production, Philippe Lièvre, me l'a avoué plus tard, quand nous sommes devenus amis. Il était entré dans son bureau et avait jeté le script sur sa table, d'un air consterné : « Tu as lu ce qu'ils ont écrit ?!? » Les bras lui en tombaient. Philippe a eu la franchise de me dire que lui non plus n'avait rien compris au script.

J'avais rendez-vous avec lui pour avoir son avis sur le scénario.

Il ne m'a fait aucune critique.

– C'est prématuré, a-t-il dit, car pour l'instant le problème est économique. Il faut que tu retires 10 millions[1] du budget. Et après, on reparle du script.

J'étais accablé. Retirer 10 barres me semblait impossible sans ruiner le concept. Je suis rentré chez moi à pied, via le parc Monceau. J'y suis resté deux bonnes heures. J'ai marché et encore marché, le regard sur mes chaussures, croisé par des dizaines de joggeurs et joggeuses. Gambergeant. J'ai pensé d'abord à des coupes envisageables, puis à des alternatives. Mais ça ne collait pas. Je suis retourné à son bureau.

– Je peux te parler deux minutes ?

– Entre. Je suis tout seul.

– J'ai une solution. Voilà. Tu veux retirer 10 millions ? Soit. Moi, je te propose, au contraire, que tu en ajoutes 20 et je te fais deux films. Si tu fais la moyenne des deux volets, on arrive au prix que tu veux mettre. On sort les films à un mois d'intervalle, comme autrefois : deux épisodes.

---

1. 10 millions de francs = 1,525 million d'euros.

(Le génial Fritz Lang avait ainsi tourné dans la foulée *Le Tigre du Bengale* et *Le Tombeau hindou* pour le prix d'un seul film.)

Quand je me souviens d'Alain Terzian, la première image qui me vient, c'est son expression à cet instant précis. Une immobilité. La stupeur. Un silence de plomb. Il a respiré un bon coup et il m'a dit :

– Ce n'est pas bête. Il faut réfléchir.

Il m'a invité à déjeuner trois jours plus tard.

– J'ai beaucoup réfléchi à ton projet.

Il a sorti d'une chemise en carton une feuille dactylographiée où il y avait une longue liste de films français se déroulant au Moyen Âge. Il avait bossé ! Ça m'épatait. Il n'en était pas coutumier.

Terzian était un producteur qui faisait ce qu'on appelle aux États-Unis des *packages*, sans trop se compliquer la vie. Ça consiste à prendre un metteur en scène qualifié, pas mauvais mais pas trop bon non plus, car les types qui ont une vision sont souvent des forcenés prêts à dépasser leur budget. Il préférait un bon faiseur, souple, voire soumis, un type sérieux et raisonnable, prêt à se glisser sans rouspéter dans le monde industriel. Après il faut trouver un scénario pas cher (entendez : sujet pas cher *et* auteurs pas chers). Ensuite, arrive le nerf de la guerre : les acteurs. Il faut dégoter un couple homme/femme à la mode (*bancable*), ou deux hommes. Le top du top étant un trio. Chez Terzian, le couple homme/femme était le plus fréquent car les romances sont moins chères que les films d'action – deux hommes, généralement, ça pétarade, ça casse des voitures, des camions, ça réduit tout en poudre, ça explose, ça coûte du blé ! *Corned Beef* s'était bien terminé mais lui avait collé la pétoche. Et l'avantage d'un homme/femme, c'est la femme. Casting féminin, c'est sa préoccupation favorite. Il adore s'immiscer auprès des jolies actrices, sur les clichés des magazines. Ça fait de la pub au film et à lui aussi, par la même occase. C'est une chose qui m'a toujours fasciné chez lui : si un photographe vous mitraille, il est collé à vous dans les trois secondes. Il arrive ventre à terre dès qu'il entrevoit un Nikon. Il entre dans la photo par le dessus ou par le dessous, s'il le faut, mais il en fait partie coûte que coûte.

Son ambition : une affiche sexy à présenter aux télés, le scénario suivra, comme faire se peut.

Alain était balèze pour le financement, mais sans véritable ambition artistique. Il fallait que ça soit pépère, sans risque. Son beurre : l'addition de petits bénéfices. Films moyens mais regardables, que les télés apprécient parce qu'il y a des vedettes. Tout le contraire d'un Robert Dorfmann[1], grand producteur cinglé prêt à produire un autre cinglé comme Gérard Oury. Dorfmann a fait fortune mais au prix de combien d'insomnies et d'ulcères ? Combien de rendez-vous houleux à la banque ? Tu mises à risque : tu peux gagner le gros lot ou tu peux tout perdre. Le placement de bon père de famille : tu gagnes peu mais tu dors bien. C'était le choix de Terzian, pas un couche-tard comme Dorfmann qui passait ses nuits dans les casinos où il se faisait ratisser.

Alain aimait le tennis, où il excellait. Un truc qu'on fait de jour. Et là, devant des petits nems et quelques *dumplings*, il égrenait sa liste des moyenâgeries. En face de chaque titre, les entrées : une interminable succession de fours. Le Moyen Âge n'a pas la cote.

– Le dernier succès remonte à 1952 ! *François I*er, avec Fernandel. En 52 ! Tu te rends compte ?

Il commençait à me gaver.

– C'est génial, au contraire ! Ça veut dire qu'on a en face de nous une autoroute vide ! On va pouvoir foncer.

Il a ouvert une bouche béante. J'aurais pu voir ses inlays.

---

1. Dorfmann est un immense producteur français qui a financé, entre autres, *Jeux interdits*, *Touchez pas au grisbi*, *Le Corniaud* et *La Grande Vadrouille*.

– Vous voulez toujours produire le film qui a marché l'année d'avant ! me suis-je énervé. Après *Basic Instinct,* vous voulez faire *Mortel Instinct, Sex Instinct, Criminal Instinct* et *L'Instinct de mes deux boules.* Moi je crois au contraire que le public veut être étonné. Il faut le surprendre ! Donc le Moyen Âge, banco ! Entre nous, dans ta liste, il n'y a pratiquement que des merdes, des trucs chiants, ramollos ou intellos. On ne te propose pas *Perceval,* on te propose un film marrant !

Il a compris que je ne lâcherais pas et il a repoussé sa soupe de nouilles de riz. J'ai insisté :

– Tu as réfléchi à ma proposition des deux films ?

– Oui, ce n'est pas idiot, mais quand tu fais deux films, il faut que la fin du premier donne envie d'aller voir le second.

J'ai eu un moment de flottement. Il me prenait pour une buse ou quoi ?

– Cela va de soi. Si on fait deux films, il faut un final de feuilleton, c'est le B.A.BA.

– Alors faut voir…

Je croyais qu'il était sincère. On s'est remis au travail avec Christian.

Le déjeuner suivant a eu lieu en présence de Clavier, dans un autre vietnamien. Alain affectionnait les vietnamiens pas chers, les italiens pas chers et le Fouquet's, où il avait un prix *corporate.* Dans les vietnamiens, il jouait les grands seigneurs : « Prends tout ce qui te fait plaisir ! Autant de nems que tu veux ! N'hésite pas ! »

On lui a raconté notre fin.

– Mais qu'est-ce que c'est que ce bin's ?

Je crois que si on lui avait lu la météo du jour, il aurait été plus enthousiaste.

– Oui, c'est bien, mais il faudrait que vous trouviez une fin qui donne envie de voir le deuxième film…

– Mais on vient de te la raconter ! s'est exclamé Clavier. Tu es bouché à l'émeri ou quoi ? Le mec qui retourne au Moyen Âge, ce n'est pas le bon mec, c'est son descendant !

Tu n'as pas compris ? Ça ne peut pas rester en l'état ! Ça appelle une suite ! Forcément !

– Mouais. Je ne sais pas si c'est suffisant. Laissez-moi réfléchir.

Il a payé l'addition, contrarié.

Le lendemain, il a appelé pour dire qu'il ne faisait plus le film, il n'y croyait pas.

– Un film en vieux français ! Pourquoi pas en chinois ?

Il était prêt à nous financer une autre histoire, si on reportait les sommes qu'on avait déjà touchées sur le développement du prochain projet. Il m'a dit à quel point il avait aimé *Corned Beef* et combien il appréciait mon travail. Une de ses phrases favorites pour me flatter était : « Tu es un génie ! »

– On va réfléchir… j'ai dit, pour le parodier.

Je n'ai pas non plus su convaincre Gaumont de faire les deux films dans la foulée, mais au moins ma tentative a eu pour mérite de m'avoir donné une excellente fin, la meilleure de tous mes films. Un truc imprévisible. On échappait au *happy end* gnangnan.

Curieusement, j'avais la prémonition qu'il y aurait une suite aux *Visiteurs*.

Réussir la fin des comédies est compliqué. On n'a pas toujours une trouvaille de génie comme Billy Wilder dans *Certains l'aiment chaud*, quand Jack Lemmon arrache sa perruque de femme et annonce au vieux milliardaire prêt à l'épouser « Je suis un homme ! » et que le bonhomme répond sans sourciller, sourire aux lèvres : « Personne n'est parfait[1] ! »

Je me souviens de longues discussions que j'ai eues avec mon ami Colin Higgins, auteur et réalisateur américain, scénariste en particulier de *Harold et Maude*. On a beaucoup causé de l'écriture des films. Il avait une théorie amusante sur

1. « *Nobody's perfect!* ». L'amusant, c'est que Wilder a avoué qu'il trouvait faible cette pirouette finale.

les fins. C'était quasiment impossible de les réussir dans une comédie, d'après lui.

– Dans un drame, tu n'as aucun problème de rythme. Tu as tout ton temps pour poser une fin splendide, une fin que tu connais généralement avant de commencer à écrire. C'est ce que tu imagines en premier : les larmes de la fin. Dans une comédie réussie, on doit accélérer de plus en plus, et tout à coup, tu regardes le nombre de pages déjà remplies et tu comprends que tu dois finir au plus vite. Et t'arrêtes comme tu peux, à la va-comme-je-te-pousse. C'est comme en bagnole, si tu freines trop tard, tu colles la caisse dans le ravin ! Une fois, j'ai été inspiré. Dans *Transamerica Express*[1], mes personnages étaient coincés dans un train et j'avais tellement les chocottes de terminer en carambouille que ça m'a donné l'idée finale : le train ne s'arrête pas et il traverse la gare de Chicago pour terminer dans la rue ! Ça, c'était une belle fin !

Il est malheureusement mort à quarante-sept ans. C'est tellement dommage pour les spectateurs, moi et ses amis. Je regrette qu'il n'ait pas pu voir la fin des *Visiteurs*. J'aurais pu lui dire : « Moi aussi, j'ai réussi ma fin… il n'y en a pas ! »

Clavier et moi étions convoqués dans le bureau du directeur général de la Gaumont, Patrice Ledoux.

– Alain laisse tomber. Il vous l'a dit, je suppose.

– Et toi ?

– Écoutez, je ne peux pas faire le projet sans lui. Il vous a amenés ici… ce serait incorrect de ma part.

– Mais puisqu'il laisse tomber, tes obligations disparaissent !

Il a soupiré.

– Je crois que le mieux, c'est que vous vous lanciez sur un nouveau truc… euh, plus… euh, moins… moins original,

1. *Silver Streak* (1976), une comédie réussie des années 1980 réalisée par Arthur Hiller, avec Gene Wilder, Jill Clayburgh et Richard Pryor. (Pryor, un des rois du stand-up, est devenu la première grande vedette afro-américaine, ouvrant la voie à Eddy Murphy et Will Smith.)

euh, spécial, enfin je ne sais pas comment dire ça, on vous aime beaucoup tous les deux, on a très envie de faire quelque chose avec vous. Proposez-nous autre chose et on y va !

J'ai regardé Christian, qui était abattu. Alors j'ai pris les devants. J'ai dit à Ledoux :

– Vous avez un contrat de *first look*. Ça vous donne la priorité, mais pas la propriété du sujet. Si vous n'en voulez pas, ça reste à nous. Envoie-moi une lettre officielle pour me dire que vous laissez tomber. On va aller voir d'autres clients potentiels, comme Claude Berri, Christian Fechner, et *tutti quanti*. Si personne n'en veut, et si vous voulez toujours de nous, on reviendra.

On s'est levés.

Ce sont des moments où il n'y a plus rien d'autre dans la pièce que des bruits : un verre déposé sur le bureau, un fauteuil qui glisse sur la moquette, un manteau qu'on enfile, des pas dans le couloir, l'ascenseur qui s'ouvre…

– Ben salut. À bientôt.

On est allés prendre un café avec Christian, dépités. On a décidé qu'il attaquerait Fechner et que je me chargeais de Berri. On a appelé aussi notre agent commun, Guy Bonnet, pour lui annoncer que c'était râpé. « Ce sont des cons ! Cette histoire est super ! » a été sa réaction.

Le lendemain matin, Ledoux m'a téléphoné :

– Tu es libre à déjeuner ? Où veux-tu que nous nous retrouvions ? Apicius ?

C'était déjà une bonne nouvelle. Apicius est un endroit que je lui avais fait connaître et qui n'était pas bon marché. Un étoilé. S'il m'invitait là, c'est que les actions remontaient.

Ledoux avait sa tête habituelle de chien battu et m'a regardé droit dans les yeux.

– Tu veux vraiment faire ce film ? Tu y crois à ce point-là ?

– Oui.

– Ce que tu es chiant !

Il a avalé un grand verre d'eau.

– Bon. On vous suit mais il faut réduire le coût d'au moins 5 millions[1]. Nicolas[2] croit plutôt au sujet. Il en a parlé à sa mère et elle adore.

– Et qu'est-ce que tu vas faire pour Terzian ?

– Laisse-moi arranger ça…

Alain est resté comme producteur exécutif, c'est-à-dire sous-traitant. Gaumont avait confiance en lui en matière de gestion.

Terzian est malin comme un gibbon. Tu le vires par la porte, il revient par la fenêtre, il fait coucou, il t'embobine. Il sort un tour à la David Copperfield. Sans produire le film, il a réussi à conserver son nom au générique. Même revus à la baisse, il a gardé de copieux pourcentages sur les bénéfices. Pour zéro risque financier. J'ai dit : balèze.

Je n'ai pas lutté contre sa présence parce qu'il avait financé *Corned Beef* à un moment où nos affaires n'étaient pas au mieux, à Clavier et moi. Il l'avait bien produit.

Terzian, zélé, a voulu prouver à Gaumont que sa présence serait bénéfique. Il a voulu faire baisser le coût du film en dessous de leur investissement prévu. Pour ça, il a eu une idée lumineuse : couper tout le début au Moyen Âge !

– C'est inutile et très ennuyeux ! Le premier rire arrive après vingt minutes !

– C'est un film fantastique, Alain ! Il faut créer une magie, une atmosphère… Si tu n'imposes pas le Moyen Âge en préambule, les sortilèges, les sorcières, les potions, tout ça, alors tu verras un couple de figurants d'un film d'époque déambuler sur une route. Ou des timbrés délirants. C'est impossible !

On a heureusement réussi à convaincre Gaumont de ne pas l'écouter.

---

1. 5 millions de francs = 762 000 euros.
2. Nicolas Seydoux, le président de Gaumont. Je dois dire que Seydoux a souvent été d'un grand soutien pour mes histoires.

Le tournage a très mal débuté. Une météo d'enfer et un cataclysme. Une falaise de boue a glissé jusqu'à remplir à ras bord la piscine de l'hôtel de Carcassonne où je dormais. Des routes coupées, des arbres arrachés. Et même des morts.

Toute l'équipe m'attendait en jouant aux cartes, réfugiée dans le bistro d'une place de village aux trois quarts inondée.

– La route s'est effondrée. Il y a un trou béant ! Les camions ne peuvent pas passer !

Je n'aime pas renoncer.

– Ouais, ben je ne vais pas passer la journée à poireauter ! On a une jeep ?

Il n'y avait même plus de route. Elle avait dégringolé la colline. Il restait tout juste un bout de bitume pour deux pneus. Les deux autres devaient passer sur l'herbe au-dessus, sur une forte pente glissante. La voiture s'enfonçait dans la boue. On patinait. Sujet au vertige, j'avais sérieusement les glandes. Chaotiquement, on a fini par réussir à franchir l'obstacle. Après, la route redevenait normale, sauf quelques éboulements, des pierres et des paquets de boue. Quand nous sommes arrivés sur le plateau où je devais tourner, nos chevaux paissaient paisiblement sous la pluie battante, leurs robes dégoulinant d'eau. Rangés en rang d'oignons, il y avait les camions de Mario Luraschi, l'un des plus grands cascadeurs équestres du monde.

– Par où vous êtes passés ?

– Nous, on a notre hôtel à Pradelles-Cabardès… On n'a pas eu de problème !

– Je retourne chercher les autres. Bougez pas d'ici !

On est redescendus. Au passage défoncé, j'étais du côté du vide, c'était trop ! J'ai préféré passer à pied après la jeep. Surtout que la boue était de plus en plus glissante.

– En voiture tout le monde !

En France, il y a tellement de routes, on a toujours un accès. Ça nous a pris une heure et demie pour gagner l'hôtel de

Luraschi, puis encore une heure de montée pour le rejoindre lui. Au moins, on a pu tourner quelques plans.

– La cantine ne pourra pas suivre ! Le camion est trop gros.

– On mangera des cailloux ! Mais tournons ! Fais-nous monter des sandwichs !

Cette météo atroce – zone déclarée sinistrée, un jour de retard pour deux jours de tournage – a quand même eu un avantage : les nuages étaient bas et noirs et formaient une brume splendide autour des chevaux. Cela cachait magnifiquement un manque de moyens pathétique en canassons et en cavaliers (il avait bien fallu tailler dans le budget).

Au téléphone, Ledoux trépignait :

– Vous n'avez fait que six plans ?!

– C'est mieux que zéro, mon vieux ! Viens donc avec nous sous la douche, au lieu de critiquer dans ton bureau tout sec !

Nous tournions sur un raidillon escarpé, face un paysage d'une extrême sauvagerie. On n'avait pas encore la possibilité d'effacer le paysage et de le remplacer grâce au *matte painting*[1] (cette technique est apparue pendant le tournage des *Visiteurs*, et a complètement changé la donne). Il fallait encore que tout soit sauvage, sous tous les angles, ce qui commence à devenir rare dans la France d'aujourd'hui. Nous étions sur un chemin datant de la Rome antique. Contrairement aux périodes ultérieures, les Romains ne faisaient pas passer leurs chemins dans les creux, au fond des vallons, mais au sommet des collines, voire des montagnes. Ils estimaient qu'ils y étaient plus en sécurité car les assaillants devaient grimper vers les marchands pour les voler et on pouvait aisément leur taper sur la tronche. Sur cette « route » romaine, j'avais choisi, en haut

1. Une technique où on repeint avec de la matière photographique, des pixels copiés sur des photos, une partie plus ou moins grande du paysage.

d'un col, un couloir creusé dans le roc. Il pleuvait, mais on a eu une belle éclaircie. Sur la colline d'en face, un peu plus haut, le chemin s'est mis à briller tellement fort que j'ai cru qu'un électro avait oublié une plaque de polystyrène. J'ai gueulé.

– Mais non ! Ce sont des pierres qui brillent à cause de la pluie.

C'était beau, j'ai voulu aller voir de plus près. Effectivement, sur cette route perdue dans le passé et recouverte d'herbe, il y avait soudain un chemin de pavés luisants, rescapé, un vestige d'antan – d'une largeur de moins de 1,50 mètre. Des deux côtés, des rigoles profondes avaient été creusées dans la pierre par le passage de milliers de chariots au même endroit. Dans ces rigoles courait l'eau de pluie.

J'étais bouleversé.

Voir ainsi gravé dans le sol le témoignage du passage de tous ces gens disparus, ressentir leurs efforts, leurs activités, leurs traces, constater leur nombre est inoubliable.

Pour ce qui est des paysages, *Les Visiteurs* a été un tournage unique pour moi, à cause de ce redoutable problème de sauvagerie. D'ordinaire, dans un lieu, on tourne la scène entière. Là, si jamais je trouvais un endroit magnifique, agreste, j'appelais aussitôt la scripte : « Qu'est-ce qu'on peut tourner ici ? » Il ne fallait pas rater cette opportunité ! Je faisais un plan déconnecté de son contrechamp ou de ses plans latéraux. Je reconstituerais tout plus tard au montage. Je tournerais le contrechamp et les latéraux quand j'aurais une autre chance.

C'est injuste d'écrire ça ! La chance n'y est pour rien. Les assistants se démenaient pour me trouver des paysages sublimes.

Je me souviens d'un gros plan de Reno. C'était dans un village où on avait mis la cantine. Un vallon abrupt, ombragé, splendide. À droite, gâchant tout, une usine électrique accrochée à la paroi avec des lignes de haute tension disgracieuses. À gauche, les bâtiments d'une porcherie, et des tracteurs. J'ai pris mon viseur. Je me suis centré sur le vallon uniquement.

– Amenez le cheval de Jean, la caméra et un praticable pour être à sa hauteur.

Jean a dit une de ses répliques, dans un plan de quelques secondes à peine. Et j'ai intégré ce plan à une scène existante, ce qui la rendait plus jolie avec une belle vue supplémentaire. C'est un plan splendide et ça me fait sourire de penser qu'à gauche et à droite, invisibles au spectateur, il y a des bâtiments hideux qui gâchent la vue (ce qui me fait comprendre que la France est très, *très* défigurée).

Et puis, il y avait la question des canassons. Heureusement que nous avions parmi nous le phénoménal Mario Luraschi. C'est un cavalier extraordinaire. C'est parce qu'il a un pouvoir sur les chevaux. La *mano*[1], comme disent les matadors en parlant de leurs taureaux.

C'était un jour où rien ne marchait correctement. J'avais un excellent acteur en surpoids, Éric Averlant, un acteur fétiche de Robert Hossein. Le faire monter sur une mule était une galère, il fallait un escabeau, une plate-forme et au moins deux personnes pour l'aider. La mule n'était pas fan de sa corpulence. Tandis qu'un assistant s'évertuait à lui tenir la tête contre la plate-forme, elle écartait sournoisement son cul de l'autre côté. Éric avait un pied sur la plate-forme et l'autre sur la selle, il s'est retrouvé rapidement en train de faire le grand écart. Un assistant s'est glissé sous lui, à temps, et il l'a réceptionné sur ses épaules, ce qui n'était pas une bonne idée. Les deux ont roulé dans la boue, l'assistant écrabouillé par l'énooorme postérieur de frère Raoul.

Au même instant, un cheval qui détestait son cavalier – lequel avait une pétoche bleue des canassons – s'est dressé sur ses antérieurs. Il s'est secoué comme une danseuse et l'a

1. Celui qui prend la main, qui a la main, qui domine.

fait tomber sur le coccyx (c'était un numéro qu'il faisait au cirque, avec tutu en dentelle, où il virait un clown qui savait se réceptionner).

Je me suis assis sur une des boîtes de la caméra, envahi par une lassitude extrême.

Le cheval en a profité pour filer au galop et prendre un chemin qui longeait un à-pic. Ce que le cheval n'avait pas vu, c'est que ce chemin se rétrécissait rapidement pour devenir… rien ! Le vide. L'animal s'est arrêté là où il le pouvait encore, coincé entre la roche et l'abîme, les yeux révulsés, énormes. Un cheval ne sait pas reculer. S'il bougeait un sabot, c'était la chute. Tout le monde s'est tu, le cœur serré. On entendait juste sa respiration haletante qui résonnait en écho dans le ravin. Un moment effrayant. On a appelé Mario. Il est descendu le long du chemin jusqu'au cul du cheval. Il lui a parlé doucement, lui caressant la croupe, pour le rassurer. Comment il a réussi à grimper sur la selle relève de l'athlétisme. Il s'est penché sur l'encolure de la bête pour la caresser, la rassurer à nouveau. Puis tout doucement, pas après pas, il l'a fait reculer. En continuant à lui parler doucement. Un numéro de cirque au-dessus de la mort. Quand le chemin est redevenu assez large, il a fait demi-tour et il est parti au triple galop sous les vivats de toute l'équipe. Il lui a fait faire un grand tour sur la colline pour le déstresser. Quelle image magnifique que ce cavalier qui venait de sauver la vie de son canasson, au risque de perdre la sienne, et qui chevauchait dans la brume fine… Mario est vraiment une pointure. C'est un privilège de bosser avec des gens comme ça.

Mario a appris à Jean Reno à monter. Je lui avais choisi un cheval que je trouvais majestueux, et Mario m'a dit :

– Trop difficile pour un débutant ! Ce cheval a perdu un œil pendant un tournage. Il est borgne. Il s'effraie vite des bruits qui viennent de son côté aveugle. Il est imprévisible et nerveux.

Jean s'est avancé d'un pas.

– Je peux quand même essayer, non ? Il peut me faire tomber, et après ?

Mario a accepté provisoirement :

– On essaie une semaine et je te donne mon verdict. Mais si je dis non, ça sera non.

Deux jours plus tard, je suis revenu au ranch. Mario m'a dit :

– J'ai une surprise pour toi.

J'ai vu arriver la surprise de loin : Jean, olympien, à l'aise sur un cheval complètement dominé. Mario était content.

– Le cheval l'aime beaucoup. Il a confiance en lui. C'est OK. Ça se passera très bien.

C'est ce jour-là que Jean Reno est vraiment devenu chevalier.

2

RETOUR VERS LE FUTUR

Je ne vais pas insister sur l'historique des *Visiteurs*. Dans d'innombrables interviews, j'ai rabâché que je l'avais écrit à dix-sept ans, en classe, sur un cahier. C'était un projet de court-métrage, que j'ai retrouvé des années plus tard au cours d'un déménagement.

J'avais été ébloui par la beauté de la Grand-Place d'Arras et j'y avais imaginé un bûcher où l'on faisait frire une sorcière. Pour la venger, sa sœur versait dans le vin du seigneur qui l'avait condamnée une potion qui l'expédierait dans le temps. Son valet piquait un peu de pinard au passage, comme le sommelier du Bœuf sur le Toit ou les enfants de chœur dans les sacristies, et il se retrouvait embarqué avec lui.

L'amusant, c'est *pour qui* j'ai écrit ce court-métrage à dix-sept ans.

J'ai proposé le rôle du valet (qui ne s'appelait pas encore Jacquouille) à Robert Dalban, qui passait tous ses week-ends chez mes parents à la campagne. Souvenez-vous, Dalban était le majordome de Lino Ventura dans *Les Tontons flingueurs*, entre autres. Mon père, producteur de films, l'imposait dans presque tous les films Gaumont : il fallait un rôle pour Bob. Ce n'était pas vraiment un souci car c'était un bon acteur et il acceptait n'importe quelle panouille, même une seule phrase. Cela tient à une promesse qu'avait faite mon père à Henri Vidal, star de ciné, mort à quarante ans. Henri, qui se droguait, avait eu un sentiment prémonitoire. Bob était son meilleur ami et il avait dit à mon père : « Alain, s'il m'arrive quelque chose, jure-moi que tu t'occuperas toujours de lui ! » Mon père a tenu sa promesse.

Un rôle aussi important, Dalban ne pouvait pas me le refuser. De fait, le projet l'emballait.

J'avais une arrière-pensée en lui offrant le rôle : Bob et Robert Hossein (grosse vedette de l'époque) étaient comme deux larrons en foire. J'ai demandé à Bob de faire lire mon projet à Robert en lui proposant le rôle du chevalier. Si Hossein disait oui, je pensais que je n'aurais aucun mal à trouver un financier pour ce premier court. Hossein est venu déjeuner chez mes parents, peu de temps après. Il m'a pris à part dans le jardin.

– J'ai lu ton truc, c'est sympa. Ça me plaît beaucoup.

Hossein était toujours hystériquement enthousiaste et flatteur. Avec lui, tout était top. Il était comme un chien qui te ferait toujours la fête.

– C'est tellement bien que je trouve que c'est du gâchis d'en faire un court. Reprends ton idée et transforme-la en long-métrage. C'est mon conseil.

Cette fripouille avait botté en touche intelligemment. Ça l'embêtait de se fâcher avec le fils d'un producteur. Là, il ne m'avait rien refusé. Il m'avait flatté. Il m'avait juste expédié aux calendes grecques.

La dernière fois où j'ai vu Robert Hossein, je le lui ai rappelé. Il ne s'en souvenait pas du tout. Il a rigolé. Il m'a dit :

– Donc, tu vois, j'avais raison !

Bien sûr qu'il avait raison ! Quand j'ai relu ce début de scénario, des années plus tard, je me suis dit que c'était idiot d'en faire un sujet dramatique, que c'était au contraire le point de départ d'une comédie hilarante. On est mélancolique quand on a dix-sept ans et qu'« on va sous les tilleuls verts de la promenade[1] »...

1. Arthur Rimbaud, « On n'est pas sérieux quand on a dix-sept ans ».

Ma « petite idée » de film avec Robert Dalban était depuis longtemps oubliée, quand j'ai retrouvé ces notes dans une malle. Je devais déjeuner avec Christian Clavier. J'ai pensé que ça serait un rôle parfait pour lui. Je le lui ai proposé. Cela l'a séduit immédiatement. Christian est toujours prompt à reconnaître les bonnes idées.

Enfant, mon fils était fan de petits personnages ignobles qui s'appelaient « les Crados ». On les trouvait sur des cartes et les mômes se les arrachaient. Ils les échangeaient à l'école, comme nous les figurines Mokarex. Nous, c'était Richelieu, Napoléon, Louis XIV, Voltaire. Eux, c'était Bernadette Brouette, Renée Morvoné, Gustave la Bave, Gaston Boutons, Laurent Dégoûtant, Jean-Loup Bouchetrou. Même si je n'étais pas fou des calembours, comme Baby Lise ou Mauvaise Hélène, une chose sautait aux yeux, c'est que les gamins adoraient les noms avec une rime. C'est ainsi qu'on a trouvé Jacquouille la Fripouille. Jacquouille est aujourd'hui bien plus connu que les Crados. J'en suis fier. C'est excitant d'inventer un nom légendaire, comme Capitaine Haddock ou Bécassine.

Avec Christian, on met beaucoup de temps à chercher les noms des personnages. C'est comme un costume.

Un nom, c'est capital. Je n'ai pas choisi le mien comme artiste, j'ai conservé mon nom d'état civil. Une erreur. Elle ne vient pas de mon fait. Sur mon premier film comme auteur (j'étais engagé par Michel Audiard), mon contrat stipulait que je devais rester incognito. J'étais « nègre » (mot qui devrait rapidement être lourdé du dictionnaire, je le prédis) et ainsi voué à l'ombre. À la fin de *Faut pas prendre les enfants du bon Dieu pour des canards sauvages*, vraisemblablement content de mon travail, Michel m'a fait un cadeau formidable ; avant la première projection du film terminé, il m'a dit : « Il y a une surprise pour toi ! » Et effectivement, j'ai vu apparaître mon nom au générique. J'étais le seul auteur mentionné avec lui et Henri Viard. Je n'avais pas été prévenu, c'était supposé être une grande joie. Ça l'a été, bien sûr, c'était très sympa, mais s'il m'en avait parlé avant, j'aurais pris un pseudo, n'importe quoi, mais pas Poiré, qui s'écrit POIRE en capitales la plupart du temps, et qui est rigoureusement imprononçable en anglais (les Américains ont beaucoup de mal à prononcer « re » et ont un problème avec « oi », les deux ensemble culminant à la hauteur d'un gymkhana !). J'aurais choisi, je ne sais pas, moi : Jean Pouchkine, Jim Bancroft, James Deen, John DeCuir ou Dick Aprillo[1], mais un nom prononçable en toute langue et valorisant. Il y a des noms que les gens aiment prononcer, comme Picasso, Woody Allen ou Jeff Koons. Ça roule agréablement en bouche, comme « *spoon* », « blanquette » ou « football ». Le mieux, c'est un nom à consonance étrangère, exotique mais facile à dire, qui permet cette réflexion hautaine : « Comment ça, tu ne connais pas François Truffote !? »

Quand j'ai dit à mon agent que je voulais changer de nom, il me l'a interdit : « Tu fais un succès avec ton premier film et tu veux repartir à zéro ? Hors de question ! » J'aurais dû l'envoyer bouler mais j'ai cru à son expérience, ruinant à jamais ma carrière internationale.

Je me souviens d'un rendez-vous téléphonique par exemple avec le patron d'une major d'Hollywood. À l'heure convenue, j'ai eu sa secrétaire, et avant de me le passer, cela a donné ça : « J'ai au téléphone mister Par… Por… Paour… Pirette… Poah… Pool… Poï… *Damn it ! It's the French director…* »

Un autre foutu mauvais conseil de mon agent a été de m'empêcher de signer ma participation à *Mais où est donc passée la 7e compagnie ?*, de Robert Lamoureux, où j'étais *script doctor* anonyme, un boulot de rasfitoleur de scénarios.

---

1. John DeCuir est le nom d'un célèbre directeur artistique américain ; je me souviens encore de ce nom entraperçu dans un générique des années 1960. Dick Aprillo est quant à lui le nom d'une *pornstar* gay.

Il pensait que c'était un film ringard, il avait sans aucun doute un assez mauvais sens du grand public. Si je l'avais signé au générique – ma première envie –, je n'aurais pas eu un euro de plus que mon maigre salaire de consultant, mais au moment du renouvellement des droits j'aurais forcément obtenu un petit pourcentage. Pas autant que les deux opus suivants où j'étais réellement auteur du scénario et des dialogues, mais tout de même ! En me basant sur les recettes télévisées du film, mon agent est donc débiteur à mon endroit d'une véritable fortune.

Pour Godefroy, on a choisi Montmirail parce que c'est un nom fréquent, il y a des flopées de Montmirail. Avec Broglie ou La Rochefoucauld, Arcis ou Montfort. On aurait pu être accusés de faire du tort à une grande famille et avoir un procès en calomnie. Quand j'ai visité le plus connu des châteaux de Montmirail, il y avait une geôle atroce dans un soubassement, avec un puits de lumière étroit qui montait en se rétrécissant jusqu'à une minuscule meurtrière donnant sur l'extérieur, 8 mètres plus haut. Un jeune homme avait été emprisonné là, pendant des années, parce qu'il zyeutait la fille Montmirail à l'église, tous les dimanches. Il venait d'hériter d'un château et d'un domaine. Il voulait sans doute l'épouser. Il était amoureux. Un jour il s'est enhardi, il lui a fait un signe pendant l'office et ils se sont retrouvés, complices, dans un coin du cimetière. Il a tenté un baiser. Montmirail l'a appris. Comme il convoitait âprement le domaine voisin, il a pris cet affront comme prétexte pour piquer son château au mec, l'enlever et l'enfermer, sans le moindre procès, dans sa cave. Le prétendant voulait s'enfuir. Jour après jour, il a creusé des marches dans le long soupirail, mais il a finalement été coincé par la meurtrière, trop petite, l'empêchant d'avancer ou de reculer. Montmirail l'a fait mettre dans une geôle à l'étage en dessous, sans la moindre fenêtre, un lieu si confiné qu'il est mort asphyxié. Beaucoup de ces seigneurs étaient de véritables gangsters. C'est ce que pensait Lucien Grosso qui allait me louer son sublime château de Beynac pour *Les Couloirs du temps*.

Oublions la grande Histoire. Mon but dans *Les Visiteurs* était de faire un pur divertissement, pas un film historique. Si je peux être authentique sans nuire à la drôlerie, tant mieux. Mais ce qui compte avant tout, c'est d'amuser les gens. C'est une époque sur le fil du rasoir, car on peut vite tomber dans la cruauté.

Quand on a écrit la scène du repas avec le pet à table, on a eu des pudeurs de jeunes filles, Clavier et moi. On pleurait de rire tout d'abord, mais le lendemain, on avait des doutes. Comme une gueule de bois. En Amérique, quand on veut parler d'une comédie pitoyable, on l'appelle un *fart movie* (un « film de pets »), car c'est, paraît-il, le truc qui vient en tête quand on est à court d'idées.

Pourtant, même Harold Pinter n'a pas hésité à coller un pet dans une pièce – ce n'était pas une de ses meilleures – parce qu'elle était un peu barbante ! Nous étions conviés à la voir, à Londres. Le personnage, bavard, était dans un lit d'hôpital. À un moment il balançait une caisse, entre deux tirades. Le rire du public a fait vibrer la salle, un rire qui ne s'arrêtait pas. La pièce continuait, soporifique, mais de temps à autre quelqu'un repensait à ce pet incongru et repartait à rire. La contagion opérait et la salle s'écroulait à nouveau, c'était sans fin. Au souper, j'ai dit à Harold :

– Je suis très jaloux. Moi, je me crève à écrire un gag toutes les deux minutes, et là, toi, avec un seul gag, tu fais toute la soirée.

Il m'a souri gentiment.

– D'où l'avantage d'écrire une pièce rasoir. Un gag est tellement inattendu, et donc tellement apprécié, qu'il perdure. Les gens se relâchent, et ça dure des heures.

Ce n'est pas toujours le cas. Zero Mostel, vedette de théâtre et acteur prodigieux du film *Les Producteurs* de Mel Brooks, jouait une comédie à Broadway, dont j'ai oublié le titre. Le soir de la générale, pas un seul rire, le four intégral. Pris de panique, au troisième acte, le trac lui collant un gros mal de ventre, il décida de prendre les choses en main : il montra ses fesses au public, baissa sa culotte et balança une violente caisse sonore (vu la corpulence du bonhomme, elle a dû être gigantesque). Il a fallu baisser le rideau.

C'était drôle et inattendu, ce pet de Jacquouille, mais n'était-ce pas vulgaire ?

On coupait la scène puis on la remettait le lendemain, puis on la coupait à nouveau. Finalement, et heureusement, on l'a gardée. Après tout, un homme de cette époque avait le droit de faire ça. C'est une clé d'écriture : *le personnage peut-il le faire ?* Ça ne doit pas être la volonté de l'auteur.

La même question s'est posée pour la réplique du « sarrasin ». Était-ce raciste ? On a hésité longtemps. Là encore, on a pensé que le personnage aurait dit ça. Un Noir, à cette époque, lui apparaissait forcément comme un ennemi, les armées musulmanes venaient faire des razzias et terrifiaient.

La douleur est universelle, le rire est culturel. Par exemple, un pet ne fait rire personne en Corée. Les Coréens ne se gênent pas pour péter à table, ou dans un salon. Pour eux, c'est banal. Notre distributeur, qui nous avait invités dans un resto huppé, a pété en plein dîner, sans même interrompre sa conversation. J'ai réussi à masquer ma réaction, mais mon voisin de table, Frédéric Mitterrand, qui était là pour un autre film, m'a dit tout bas :

– Tu as entendu ?

– Hum…

– Très chic.

On est alors partis à rire comme deux benêts. Le distributeur n'a rien compris.

Un autre truc culturel qui ne fonctionnait pas en Corée, c'est quand Reno vidait la grosse bouteille de Chanel N° 5 dans son bain. Vu la blinde que ça coûtait là-bas, trois fois plus cher qu'ici, le public était scandalisé. Il hurlait : « Ohwowaowwowohhh ! », « Oh, oh, aouh, oh ! », « *Nooo !* » Le film a tout de même très bien marché là-bas. Comme dans tous les pays où il y a des maîtres et des servants.

Si le mari de Béa est dentiste, c'est parce que l'une des choses qui a le plus changé depuis le Moyen Âge est la médecine. Surtout les dents. Pour arracher une molaire, le barbier enroulait une ficelle bien sale autour, l'autre extrémité était attachée à la selle d'un cheval, on lui collait une violente tape sur la croupe et l'animal partait au triple galop avec la moitié de votre bouche ensanglantée. Pour désinfecter le trou béant, un bon coup d'armagnac (barbier cher) ou du jus d'ortie (barbier pauvre). Ce n'est pas si ancien, la torture chez le dentiste.

Il y a eu bataille avec Gaumont pour le titre *Les Visiteurs.* Quand on a écrit le scénario, il s'appelait *Les Explorateurs du temps de...* puis *Les Aventuriers de Louis VI le Gros.*

Godefroy sauve Louis VI le Gros d'une embuscade. Cette bagarre est un fait historique. Dans la réalité, c'est le roi, et non Godefroy, qui a coupé l'Anglais en deux, de haut en bas, à travers son casque, chaque jambe tombant d'un côté, trop dégueulasse pour un gag de film. J'ai préféré la tête décapitée et j'ai offert le privilège de cette bravoure à Jean Reno, mon acteur principal, plutôt qu'au roi. Il est possible que les textes d'époque aient exagéré l'exploit, par flatterie, mais la ligne de dialogue « Apprends que le roy point ne se prend, comme au jeu d'échecs » est authentique.

Louis VI est un roi important de l'histoire de France : à cette époque, le commerce se faisait dans des foires itinérantes. Elles étaient ruinées par le mauvais temps, or il faisait mauvais souvent, la France étant fort pluvieuse. (80 % du sol français était composé de forêts, et les arbres attirent la pluie pour boire. Les arbres créent le climat et la vie. C'est intéressant par ailleurs : 25 millions d'habitants vivaient sur 15 à 20 % du territoire défriché, c'est dire combien les villes étaient surpeuplées !)

Désireux de renforcer et de réguler les revenus des commerçants, Louis VI a eu l'idée d'instaurer des marchés couverts municipaux. Il en a fait construire partout. Il en reste quelques-uns, magnifiques, avec de gigantesques poutres et des tuiles splendides. Cela a pérennisé le commerce. Un grand roi. Je voulais lui rendre hommage à travers ce titre, car c'est génial de soutenir les commerçants, le lien entre les gens, le sang d'une société.

Ce qui m'a fait faire volte-face, c'est qu'un jour je ne sais plus qui dans les bureaux du distributeur m'a dit :

– Marrant, ton titre ! C'est une bonne vanne !

Ça m'a scié. Le type pensait qu'on avait inventé « le Gros » pour faire rire.

– Mais pas du tout. Ce n'est pas une vanne. À l'époque, « le Gros » ne voulait pas dire l'obèse, mais « le Grand ». C'était flatteur. Louis était un colosse, un géant pour l'époque (1,85 mètre)[1]. On l'appelait aussi le Batailleur.

– Ah ouais ? Peu importe. C'est très marrant.

On a flippé avec Christian. On ne voulait pas d'un titre « comique ».

Les distributeurs nous imposaient les titres. On en a souffert. Quand on a écrit *Papy fait de la résistance*, ça passait très bien. C'est un joli titre. « Papy », c'est chic, plus que « Pépé ». La « Résistance », c'est un mot admirable. Mais *Les hommes préfèrent les grosses*, c'est une parodie vulgaire qui m'avait déplu. Je ne m'étais pas battu contre, je n'étais pas assez connu pour le faire. Mais j'avais été marqué par une réflexion, celle d'un toubib que j'avais vu à cette époque, pour je ne sais plus quel bobo.

– Il paraît que votre film fait un malheur et qu'il est très drôle !

– Vous ne l'avez pas vu ? Allez le voir !

– Ah non ! Avec un titre comme ça, jamais ! Ce n'est pas ma tasse de thé.

Il y a des titres qui rabaissent les œuvres et bien souvent les distributeurs en sont fans. Audiard avait écrit une bonne

1. De la même façon, son épouse Berthe était dite « aux grands pieds » parce qu'elle était grande de taille.

réplique pour Paul Meurisse : « C'est vulgaire, ça plaira. » La réplique est rigolote, mais elle n'est pas vraie. Le public n'aime pas les choses vulgaires. Sinon Mozart ne serait pas le musicien le plus connu de tous les temps, ni Léonard de Vinci ou Picasso les peintres les plus appréciés.

Francis Veber s'est battu avec Gaumont qui préférait *Les Gringos* à *La Chèvre*. (Moi aussi, pour être franc, je trouvais *Les Gringos* sympathiques.) Avec les 6 millions d'entrées du film, j'ai compris que Francis avait eu raison.

Comme on tenait beaucoup à un titre non racoleur, on s'est battus comme des kangourous. La dernière version du titre était *Les Visiteurs de Louis VI*. On a biffé le nom du roi et on a gardé *Les Visiteurs* contre vents et marée. Tout le monde nous disait : « C'est banal », « C'est anodin », « Ce n'est pas drôle », « Ça a déjà été fait[1] »...

J'étais convaincu que c'était un bon titre. Ça me rappelait *Les Visiteurs du soir*, un autre film fantastique, avec Marie Déa, une superbe actrice qui était aussi ma marraine. Elle venait de mourir. C'était comme un hommage. J'ai pensé qu'elle aurait aimé et qu'elle « me protégerait ». Je ne prétends pas à la réalité objective de cette protection, mais ça aide de le croire.

J'ai argumenté :

– Un titre, c'est important quand il n'y a pas de vedettes, mais là, on a Clavier et Reno ! Pas besoin de racoler. Déjà, je regrette d'avoir appelé *Corned Beef Corned Beef*. Ça vous plaisait beaucoup à vous, les distributeurs, mais je crois qu'on s'est tous trompés. Le film méritait un titre plus classe que celui-là ! J'ai pensé à mon toubib du temps des *Hommes préfèrent les grosses*. Il était jeune. Je suis sûr qu'il a vu et aimé *Les Visiteurs*.

---

1. *Les Visiteurs* (*The Visitors*) d'Elia Kazan, en 1972. Mais le film n'avait pas été remarqué, et il était ancien.

3

OKAYYY

On a pris du retard sur le tournage. Terzian est venu me demander de faire quelques coupes, pour revenir dans les clous. Je lui ai dit que je ne m'opérais pas moi-même de l'appendicite. Qu'il me fasse des propositions, j'aviserais. Il m'a téléphoné le week-end :

– J'ai trouvé une scène inutile et pas bien bonne qui coupe une journée de tournage. C'est une scène vraiment pas terrible…

Il m'a lu la scène de la cuisine entre Jacquouille et Isabelle Nanty, la première fois que Jacquouille découvre le « okayyy ».

– « OK… c'est dingue… C'est dingue… c'est OK. » Vraiment, vous avez écrit de meilleurs dialogues ! C'est franchement faiblard.

Il a tellement mal lu la scène, son intonation était si mauvaise et le ton si ennuyeux qu'il a fini par me troubler.

– Ouais… Tu as peut-être raison…

– C'est une certitude. Mais il faut que je trouve une autre journée à couper.

C'est capital, le ton d'une lecture. Avec ses intonations atones et sans drôlerie, ennuyées presque, Terzian a failli me niquer la tronche. On lit avec son cerveau et le cerveau a votre voix, les intonations qu'on a dans la vie. Les acteurs sont de merveilleux lecteurs car ils ont le ton juste. Ma marraine allait chez Arletty lui faire la lecture, quand celle-ci est devenue aveugle. C'est Dominique Marcas, une charmante vieille dame qui jouait dans *Les Anges gardiens* le rôle d'une bonne sœur, qui me l'a raconté. « Arletty a dit à ta marraine : "Tu lis merveilleusement, Marie. Tu devrais faire la lecture aux aveugles, ça leur plairait." »

Marraine l'a fait jusqu'à la fin de sa vie. Elle allait dans un institut, une fois par semaine, et ses lectures faisaient le plein.

Robert Lamoureux lisait ses scénarios et Gérard Oury, des pages entières au légendaire producteur de la Gaumont, Alain Poiré. Cet homme-là me rendait fier. Mon père était un producteur mythique, qui a produit ou distribué plus de trois cents films. Tout le monde a lu son nom au moins dix fois sur les génériques de films cultes. Il a vendu dans sa vie plus de 500 millions de tickets, un record mondial sans doute. Mon père m'a beaucoup appris, par son intransigeance professionnelle, mais aussi son humour et sa bonne humeur. Alain Poiré avait cette particularité de vouloir qu'on lui raconte les histoires. Pour lui, le scénario était la priorité. Alexandre Mnouchkine, un autre grand producteur, quand on lui demandait ce qui était le plus important dans un film, disait : « Trois choses : l'histoire, l'histoire et l'histoire. »

Aujourd'hui, ça manque, des hommes comme ça.

Pour le « OK » que Terzian trouvait « faiblard, » j'ai eu un bol de dingue. Ma monteuse, Catherine Kelber, m'a téléphoné une heure plus tard pour m'engueuler :

– Tu termines tes journées trop tard et du coup tu n'as plus le temps de voir tes rushes ! Or moi, j'ai besoin de tes instructions. Viens au studio dimanche, on regardera les prises sur la Moritone[1] et tu choisiras celles qui te plaisent, que je puisse continuer le montage.

En visionnant les scènes tournées, il y avait un plan où Jacquouille croise Nanty dans un couloir et lui assène un « okayyy » retentissant (au cinéma, on ne tourne pas dans l'ordre chronologique, le tournage de la scène de la cuisine

1. La Moritone est une visionneuse qui permettait de monter, avant l'ère du numérique. Catherine Kelber a été la monteuse de tous mes films, du *Père Noël* aux *Couloirs du temps* (*Les Visiteurs 2*).

était prévu plus tard). Je demande, d'un ton distant, à Kelber :

– Tu la trouves drôle, cette scène ?

J'ai fait comme si je n'aimais pas trop la réplique. Les techniciens sont souvent lèche-bottes (ce qui n'était pas le cas de Catherine) et veulent en tout cas être rassurants avec les metteurs en scène. Elle m'a regardé, étonnée.

– Non, ce n'est pas drôle. (Elle a allumé une cigarette mentholée.) C'est *i-né-nar-ra-ble* !

J'ai éclaté de rire, libéré. C'était mon impression aussi.

– Ah oui, tu es d'accord ? C'est hilarant, ce « okayyy » !

– Hilarant. J'ai pleuré de rire quand je l'ai vu, en recevant les bobines.

J'ai appelé Terzian le soir même :

– J'ai changé d'avis. On va tourner la scène de la cuisine. Si tu as raison et que ça ne fait pas rire, je la couperai au montage, je te le garantis, et ça n'aura pas coûté bien cher. Mais si, comme je le crois, c'est à se rouler, alors on aurait tort de s'en priver !

Sans cette scène de la cuisine, j'aurais dû couper tous les autres « OK » car ils perdaient leur sens. Sans ces « OK », le film aurait sans doute été un succès, mais pas le triomphe que c'est devenu. C'est le gimmick qui a rendu le film culte.

C'est au ski qu'on l'a compris.

Le film était sorti et se dirigeait gentiment vers les 7 ou 8 millions d'entrées. Avec Christian, on pouvait enfin respirer. On avait le droit de partir en vacances. On était à Megève où il faisait un temps pourri. On avait des foulards sur la bouche, pour éviter de becqueter de la neige, des lunettes, des bonnets enfoncés jusqu'aux épaules. Impossible de reconnaître le Christian dans ces conditions. Sur une piste, on a été doublés à fond les ballons par des gamins montés sur skates. Un premier ado saute une bosse et crie : « Okayyy ! » Son copain lui répond : « Okayyy ! »

Bon, c'est bizarre, OK, mais on ne va pas en faire un fromage.

Sur une autre piste, on est doublés par des jeunes qui godillent en criant : « Okayyy ! Okayyy ! » C'est suivi de rires. Je rejoins Christian en bas de la pente (Christian est très bon skieur, moi, je traîne derrière).

– Tu crois que c'est notre « OK » ?

– Je ne sais pas, mais c'est troublant.

On est restés comme deux ronds de flan.

Le soir même, Terzian m'appelle :

– Tu as vu les chiffres ? Les vacances ont débuté et on a pulvérisé hier les entrées du premier samedi.

On était déjà dans la cinquième semaine d'exploitation, c'était du jamais-vu. Terzian était désormais réconcilié avec le fameux « OK »...

À peine rentré à Paris, j'ai foncé au cinéma à Montparnasse. Le directeur m'a accueilli avec une sacrée banane :

– Venez voir.

Dans la salle, des gens disaient certaines répliques en même temps que les acteurs. Ça voulait dire qu'ils étaient déjà venus plusieurs fois. Il y avait des briquets qui s'allumaient partout, comme dans une salle de rock. Le public peut vous donner des joies invraisemblables.

– Monsieur, merci pour votre film ! Il a changé ma vie... m'a dit cette jeune femme.

– Oui, enfin, n'exagérons pas... j'ai fait, ravi et dubitatif.

– Si. Si. Avant mon fils me cassait les pieds. Quoi que je lui propose, c'était toujours non. Maintenant il dit : « Okayyy. »

À mi-tournage, j'ai encore eu du bol. La femme de Christian Bujeau, l'acteur qui joue le mari de Lemercier, avait perdu un de ses proches et devait aller l'enterrer en province. Bujeau est venu me voir :

– Je n'ai trouvé personne pour garder mes deux gamins. C'est possible que je les amène sur le tournage ? Ils sont bien élevés. Ils ne dérangeront pas.

Ils étaient gentils comme tout, habillés comme dans les années 1950, vestons et cravates, propres comme des sous neufs, bien peignés. Bujeau est un papa très traditionnel (ce qui m'a fait penser que j'avais fait un bon choix en lui confiant ce rôle). Il les a briefés sévèrement :

– Je ne veux pas vous entendre, et ne restez jamais dans les pattes des gens ! Et ne vous asseyez JAMAIS dans le fauteuil des acteurs ni dans celui du metteur en scène !

Ils se sont mis discrètement derrière mon fauteuil quand je regardais le combo[1]. Ils étaient si bien éduqués que je les ai oubliés.

On tournait la scène où Christian et Jean se lavent les mains dans les cabinets. Soudain un bruit m'a dérangé : celui d'une petite souris écrasée par une grosse godasse. Un couinement douloureux. Je me suis retourné. Les deux gosses étaient par terre. L'aîné s'étouffait de rire dans un gros pull rouge qu'il avait enroulé autour de sa tête. Le plus jeune avait la main enfoncée dans sa bouche jusqu'au poignet, pour étouffer ses rires. Les deux étaient cramoisis. Quand ils ont vu qu'ils s'étaient fait choper, ils se sont lâchés. Ils ont ri pendant cinq minutes à se broyer les côtes, se trémoussant sur le sol en battant des pieds. Ils pleuraient.

Le soir même, j'ai appelé Christian Clavier :

– Tu fais quoi, ce week-end ?

– Je descends à Eygalières.

– Annule. Viens à la maison samedi, avec ton script. Je crois que pour la première fois on tient un film pour les enfants. Je voudrais qu'on relise tout, ensemble, et qu'on le purge de toutes les répliques gênantes pour les familles.

Certaines étaient déjà tournées. J'ai été contraint de les doubler. Par exemple, un banquier demandait à Jacquard : « Dites donc, Jacquart, votre cousin de Montmirail, il ne serait pas un peu pédé par hasard ? »

---

1. Une télé reliée à la caméra qui vous donne l'image que l'on tourne. C'est évidemment la meilleure place pour des spectateurs sur le plateau.

Jacquard répondait : « Et moi, je vous demande si votre sœur est goudou ? » J'ai doublé « pédé » par « tsoin-tsoin » (sonorité marrante, sens incompréhensible) et j'ai remplacé la deuxième réplique par : « Et moi, je vous demande si votre père pue du cul ? » Là, c'était peinard. Les gamins comprenaient très bien, ça les faisait rire et ce n'était pas méchant. Le but était d'éviter des questions comme : « Maman, c'est quoi, goudou ? »

On a allégé comme ça le film de pas mal de répliques trop adultes.

Le matin du tournage de cette scène, on a frôlé un mini-drame.

Je tournais dans une maison en décor naturel, mais les toilettes étaient un décor de ciné qu'on avait installé dans l'entrée – elles étaient fausses. Le même jour, je devais tourner plus tard une scène avec la fille qui interprétait la baby-sitter, un petit rôle. On l'avait maquillée en premier pour laisser la place aux vedettes. Je préparais un plan dans le salon, quand elle a passé la tête.

– Excusez-moi de vous déranger, mais je viens d'aller aux toilettes, et il y a un problème… elles sont bouchées. La chasse d'eau ne fonctionne pas !

– Pardon ?

Elle avait rempli les fausses toilettes avec sa propre production, copieuse, et une demi-tonne de PQ.

J'ai appelé mon accessoiriste :

– On a une deuxième chiotte ?

– Non. Une seule. Pourquoi ?

– Vide tout dans le jardin ! Vite et en cachette ! Lave la cuvette à fond, à grands jets, et désinfecte à la Javel. Pas un mot aux acteurs ! Sinon la journée est panée.

4

QUAND LUCHINI SE VOIT DÉJÀ TOUT EN HAUT DE L'AFFICHE

Ce rôle dans lequel Christian Bujeau a brillé a failli être interprété par Fabrice Luchini. J'étais encore en plein casting, quand il m'a téléphoné. Après des flatteries d'usage, il m'a dit :

– J'ai fait quelque chose qui ne se fait pas, mais je n'ai pas pu résister. Votre script traînait sur le bureau de mon agent et pendant que je poireautais à l'attendre, je l'ai lu… C'est très drôle ! J'ai adoré le rôle du dentiste. Vous avez déjà quelqu'un en vue ?

– Pas encore.

– C'est pour moi.

J'ai rigolé.

– Fabrice, vous avez beaucoup de talent, je vous adore, mais ce rôle est exactement le contraire de vous. Vous êtes un extraverti flamboyant et le personnage est timide, introverti, totalement dominé par sa femme et, du coup, par les moyenâgeux qu'elle trouve sympas. Je ne suis pas un fan des contre-emplois.

Il n'a pas voulu laisser tomber :

– Permettez-moi de vous inviter à déjeuner. Il y a un très bon restaurant en bas de chez vous. Faites-moi cette grâce…

Compte tenu de mon admiration pour l'acteur, j'ai accepté. En plus, le bistro était étoilé au Michelin, c'était cool de sa part et aussi un effort, car on dit qu'il est près de ses sous.

Le déjeuner a été charmant. On a commencé par des mondanités, quelques saloperies sur le métier pour détendre l'atmosphère, et soudain, en plein milieu d'un plat, il s'est mis à jouer une scène du film. C'était brutal et incroyable. J'ai mis dix secondes à réaliser... Il avait appris le script par cœur. Non seulement le rôle du dentiste, mais aussi celui de tous les autres acteurs, Godefroy, Jacquouille, et même Béatrice. Il était bon dans tous les rôles, jouant Béa à la perfection, comme celui du dentiste. Il était sensationnel. Sobre et d'une grande drôlerie. C'est un acteur-né. J'étais sidéré. Je lui ai dit :

– C'est bon, vous êtes engagé.

Quelques jours plus tard, il m'a appelé une nouvelle fois :

– Je viens de discuter avec mon agent. Je ne suis pas du tout d'accord avec la somme qui m'est proposée. Je veux toucher la même chose que les trois autres.

– Fabrice, d'abord les trois autres ne sont pas tous payés pareil. Lemercier touche moins que Reno et Clavier...

Il m'a coupé la parole :

– Je veux la même chose que Reno et Clavier !

Je me suis fichu de lui :

– Les deux ensemble ou séparément ?

– Séparément bien sûr... (Quand on parle fric, il perd son humour.)

– Mais Fabrice, soyez raisonnable ! Je serais enchanté que vous fassiez le rôle, mais en aucun cas vous n'avez cette valeur commerciale... Le tour de table est bouclé avec les télés et Canal +. Si je leur dis que vous êtes dans le film, je suis prêt à prendre le pari qu'ils ne me donneront pas un kopeck de plus[1].

– Je vais faire un film avec Delon.

– Et vous êtes payé la même somme que lui ?

Il y a eu un silence. Il a repris :

– Écoutez, pour l'instant votre film est un trio, là il devient un quatuor. Je dois être payé en conséquence.

---

1. Dommage qu'il n'ait pas parié, j'aurais gagné : la mention de son nom n'a fait sourciller personne.

– Je vais appeler votre agent et reparler fric avec lui, mais d'ores et déjà, je crois que nous n'arriverons pas à quelque chose qui puisse vous satisfaire…

Effectivement. Il n'a pas fait le film. Il faut savoir parfois ne pas être trop rigide en affaires.

Terzian m'a convié à un déjeuner avec Jacques Blanc, le président de la région Languedoc-Roussillon. Je devais lui faire l'article pour décrocher une subvention[1].

Le président Blanc a écouté mon bla-bla en se goinfrant d'œufs mimosa et il a fait la grimace.

– Nous venons de sortir 5 millions pour un film avec Delon (le fameux film dans lequel tournait Luchini), il ne nous reste plus rien. Vous arrivez trop tard.

Quelques jours après, il nous a annoncé qu'il avait réussi à nous trouver 500 000 balles[2] et que c'était déjà un exploit.

– Vous devrez vous en contenter. Vous êtes un petit film comparé à celui de Delon, ne vous plaignez pas ! Rien ne nous prouve que votre film marchera…

Nous avons tourné à Carcassonne, sur les remparts, dans la cour du château relookée par mes soins. L'extérieur du château était médiocre : c'était un parking de bagnoles avec un pont en pierre modeste donnant sur une entrée étroite, remplaçant l'ancien pont-levis. Pas de quoi pavoiser ! Heureusement qu'il y avait les effets visuels ! J'ai effacé les voitures, fabriqué un pont-levis majestueux avec une herse, j'ai remis des chemins de ronde en bois sur les tours. J'ai inventé un paysage au loin avec une chapelle. Leurs douves sont riquiqui. Mon plan était sexy.

---

1. Ces subventions régionales sont donnant-donnant. Si on vient tourner dans la région, celle-ci vous donne des sous à dépenser dans des structures régionales – hôtels, restaurants, fournisseurs locaux – et en échange on engage des gens du coin comme techniciens, petits acteurs ou figurants.

2. Il s'agit encore de francs. 5 millions = 762 245 euros, 500 000 francs = 76 225 euros.

À la suite de mon film, Carcassonne a doublé ses visites, pendant que le film de Delon ne faisait pas un caramel.

Pour *Les Couloirs du temps*, Terzian n'était plus là. J'ai invité à nouveau l'inamovible président Blanc.

– La dernière fois, vous avez filé plein de thunes à Delon qui a fait zéro, et nous, on a eu les miettes. Cette fois-ci, je suppose que vous comptez inverser la vapeur. Les 5 millions pour nous, et les 500 000 balles pour qui vous voudrez…

Cela l'a amusé modérément.

– Encore une fois, vous arrivez bien tard. Il faut que je voie ce qui me reste dans mon budget.

Il m'a rappelé le lendemain, d'une voix pimpante :

– Dites-moi, monsieur Poiré, vous avez des raccords impératifs, non ? En fait, vous êtes obligé de venir chez nous.

Je ne sais pas quel crétin professionnel lui avait suggéré ce mot, « raccord ». Il ne le connaissait sûrement pas avant. Un raccord, c'est le travail du scripte pour que quand on passe d'un plan à un autre, les choses soient pareilles. Et lui pensait que le décor du château m'était imposé. Il a ajouté, avec arrogance :

– Alors, par amitié, je vais vous favoriser les autorisations dans la région, mais pour ce qui est des subventions, désolé, je vais vous donner zéro.

J'ai éclaté de rire et je lui ai dit que j'allais chercher mes décors ailleurs, dans un coin plus accueillant. Il a cru que je bluffais. C'était idiot de sa part. Avec les effets visuels qui avaient progressé, Carcassonne, je pouvais le recréer dans mon garage, et je ne me suis pas privé de le lui dire. Question raccords, j'avais déjà changé l'actrice principale. Alors ce n'était pas un petit changement de château qui allait m'empêcher de dormir.

J'ai bondi dans le Périgord. On y mange mieux. Le château de Beynac est infiniment plus beau que le château Comtal. Il avait un autre avantage : il est authentique, au point que je n'ai presque pas eu de frais de décoration, contrairement à

Carcassonne. Et ça m'a permis de rencontrer son propriétaire, un personnage haut en couleur : Lucien Grosso.

Ce qui m'a amusé, et même touché, chez ce vieux gangster qui avait fricoté avec le milieu, dans les années d'après-guerre, c'est que c'était un authentique amoureux du Moyen Âge, au point de se prendre pour un seigneur des temps anciens. Dans l'entrée du château, là où les comtes successifs de Beynac ont leurs noms gravés dans la pierre – une longue liste comme les vainqueurs de Wimbledon –, il a fait graver le sien à leur suite : « Sieur Lucien Grosso et Dame Denise », sa femme, avec la date de leur accession à la propriété.

Beynac est devenu, pour les gens, le château officiel des *Visiteurs*. Après mon film, les tickets d'entrée de la forteresse ont été multipliés par trois. Le Périgord m'a bien entendu subventionné et, du coup, j'ai fait bosser sur le film plein de gens du coin.

Même pendant le tournage, les visites se sont succédé et le public arrachait pour les garder en souvenir, par grosses poignées, les bouts de remparts en polystyrène qu'on avait ajoutés ici et là. Ça faisait des trous partout. Il fallait en permanence les repeindre en fausse pierre patinée.

Je me demande encore si le président Blanc a bien fait de me parler de « raccords »…

5

MURIEL ROBIN SAUVE LES MEUBLES

Je suis reconnaissant à Muriel d'avoir accepté de jouer le rôle de Béa. Le lâchage de Lemercier était un accident industriel. Par caprice (ou manœuvre financière), les « décideurs » exagéraient beaucoup l'importance de sa participation dans le succès du premier opus. Elle était devenue soudain la vedette du film.

J'ai évoqué pour la remplacer une comédienne que je trouve brillante : Sabine Azéma. Un beau râteau ! Tous ont poussé des hurlements stridents :

– Non ! Mais quelle idée ! Pas une vedette ! Second rôle, parfait, mais là ! Impossible ! Complètement idiot !

J'ai proposé à Sabine, ensuite, le rôle de Cora de Montmirail. Elle a refusé, après quelques hésitations, pensant qu'il était trop tôt pour qu'elle quitte les premiers rôles (si la malheureuse avait entendu les décideurs !). C'est Claire Nadeau qui a incarné ce personnage avec talent.

Avec tous les noms qu'on évoquait, presque toutes les actrices françaises, on se prenait une bourre.

– Bon. J'ai compris. Vous préféreriez Lemercier mais elle a dit NON !

– Bah c'est bien dommage !

– Alors on fait QUOI ?

On aurait quand même monté le film avec n'importe qui, c'est certain, la suite d'un tabac est toujours bienvenue, mais l'investissement des décideurs aurait été revu à la baisse et cela aurait considérablement endommagé mon projet.

Avec Christian, on avait beaucoup réfléchi au succès des *Visiteurs*. Le film était drôle, c'est évident, mais c'était aussi un film de genre, fantastique, avec du suspense, émouvant parfois, bref un film qui n'était pas drôle tout le temps, à l'inverse du *Père Noël* ou de *Papy*. Quand Terzian disait qu'on ne riait vraiment qu'au bout de vingt minutes, ce n'était pas faux !

Comme les gens s'étaient tellement amusés dans les passages comiques, on pensait que cela avait twisté leur mémoire : ils gardaient du film un souvenir plus hilarant qu'il n'était. Si on faisait le deuxième volet avec le schéma du premier, ils seraient déçus. On n'avait plus besoin d'installer l'atmosphère car la crédibilité de l'histoire était acquise. Donc on a écrit un film de gags, avec beaucoup plus de vannes et d'effets comiques. Les gags coûtent une blinde. Une scène de jeu d'acteurs est plus ou moins réussie, mais même à 70 % de son potentiel, elle est supportable. Ce n'est pas le cas d'un gag ou d'un numéro de cirque. C'est à 100 % ou c'est nul. Quand c'est raté, il faut le refaire et le refaire. Ça prend du temps et le temps coûte cher. J'avais un devis impressionnant et il fallait que les investisseurs mettent la main à leur farfouille. Ils ont souvent des oursins dans les poches et aucune gratitude pour les succès précédents. C'est la vie des affaires. Le cinéma est une industrie. Les bons sentiments en sont absents.

Le nom de Muriel Robin a été un sésame.

On y a pensé assez vite, mais on a beaucoup hésité, car elle est moins naturellement snob que Valérie. On a parié sur son côté bonne actrice. De toute façon, ils refusaient tous les noms en cascade.

Quand on l'a proposé, ils ont tous été aux anges. C'était une star du seul en scène. Inénarrable comme Lemercier. Folle comme Lemercier. Elle était même une plus grosse vedette que Valérie, plus grosse jauge de spectateurs, plus d'Audimat, plus de cassettes (pas difficile, Valérie n'en fait pas). Muriel nous a sauvé la mise. De plus, elle est sympathique. C'est une des rares personnes à m'avoir offert un petrus au resto (deux bouteilles, dis donc !). Ce n'est pas une pingre, ce qui n'est pas si fréquent dans ce métier.

Muriel s'est culpabilisée, je ne sais pas à quel moment ni pourquoi, d'avoir repris le rôle de Valérie. Je trouve ça sidérant. Non seulement j'ai trouvé son travail remarquable, mais elle a permis au film de se faire dans de bonnes conditions, et rien que pour ça je ne la remercierai jamais assez.

6

HOLLYWOOD IS NUL

« Qu'est-ce qu'ils comprennent, ces Américains,
à part le rock et le twist ? »
Michaële/L. et P. Sébastien / R.Rinaldi
Gigi l'amoroso (pour Dalida)

Clavier a repris le rôle de Clavier et Reno, celui de Reno dans le remake, *Just Visiting* (*Les Visiteurs en Amérique*).

Quelle erreur de faire un remake de soi-même ! Il ne faut pas céder aux sirènes de l'argent, même s'il existe des offres difficiles à refuser. Je n'avais aucune excuse, je gagnais très bien ma vie. Jeune, il m'est arrivé de partager un yaourt pour deux. Musicien, j'ai dormi sur un banc parce que l'organisateur d'un gig n'avait pas prévu de nous payer l'hôtel. Mais c'était fini. J'aurais dû refuser.

Je n'ai pas aimé l'Amérique de *Just Visiting*, la façon dont les studios traitent les réalisateurs (comme des larbins) et les films (comme du dentifrice).

C'est John Hughes, méga star d'Hollywood, l'homme qui a écrit ou réalisé *Maman, j'ai raté l'avion*, *La Folle Journée de Ferris Bueller*, *Seize Bougies pour Sam*, parmi tant d'autres, qui devait diriger ce remake. Il est venu nous voir à Paris pour nous acheter les droits. Quand je lui ai demandé qui il avait en tête pour jouer les rôles de Clavier et Reno, il m'a répondu : « Clavier et Reno. »

J'aurais dû me méfier et quitter la table parce que, déjà, il n'arrivait pas à prononcer correctement Clavier. Il disait :

« Clouvières... » Il a vu mon étonnement et s'est justifié : « Aucun acteur américain ne pourra jouer des chevaliers français comme Clouvières et Rino. Qu'ils soient inconnus, je m'en fiche. J'ai fait mes plus gros succès avec des inconnus. Dans *Maman, j'ai raté l'avion*, la seule vedette, c'était moi. »

OK. Un peu prétentieux, mais en même temps producteur aussi important que Spielberg (à l'époque), donc pourquoi ramener ma tronche ? Fêtons ça ! Si son film est moins bon que le mien, tant mieux ! S'il est meilleur, tant mieux, ça fera de la thune et de la célébrité.

John était assez marrant, d'ailleurs. Cinglé mais marrant.

Il nous a invités dans son ranch dans la pampa pour travailler sur le scénario. Son chauffeur est venu nous chercher à Chicago. On est partis vers l'est, puis le nord. Ça devenait de plus en plus plat, de plus en plus venteux, de plus en plus moche.

– Vous connaissez le ranch de mister Hughes ? a demandé le chauffeur.

– Non, pas du tout.

Après un long temps, il a repris :

– Vous ne connaissez pas non plus son manoir à Lake Forest ?

– Pas plus.

– C'est bizarre qu'un homme qui possède un manoir aussi luxueux à Lake Forest puisse vivre sans sourciller dans un pareil ranch... Il est spécial, mister Hughes... Imprévisible.

Ça nous a inquiétés :

– Pourquoi ? Son ranch n'est pas bien ?

– Ah si... Très grand, vraiment très grand... mais... (Il cherchait ses mots.) Euh, très rustique !

Clavier est devenu blanc.

– Rustique, rustique... À quel point, rustique ? a-t-il baragouiné.

– Rustique. Champêtre. Brut. *Très* authentique. Primitif, presque... Je me souviens que l'année dernière il y avait des ragondins comme ça.

Il a lâché le volant pour nous montrer la longueur totale de son bras.

La conversation est devenue rapide à l'arrière, et en français.

– Si c'est un camping sauvage, non merci ! a dit Clavier à Ledoux. Tu vas nous réserver des chambres habitables dans le premier hôtel du coin…

– Pas de parano, c'est une star. Il vit sûrement dans un grand confort, a répondu Ledoux.

J'étais plus dubitatif :

– Tu sais, les Amerloques sont souvent barjots, surtout les stars… J'ai des copains bourrés aux as, très écolos, ils dorment par terre sur des futons, tu te niques le dos, et ils bouffent du tofu. Et à Big Sur, j'ai dormi dans une cahute à tous vents, au sommet d'un arbre, dans un hôtel branché hors de prix…

– Ouais, ben réserve un hôtel tout de suite, a fait Clavier. Et pas dans un arbre !

On a entendu que le chauffeur mettait son clignotant. Nos trois têtes se sont collées aux vitres. On est passés devant une usine abandonnée, puis on a tourné à gauche sur un chemin de terre chaotique vers un boqueteau de bouleaux sauvage. Il débouchait sur une très belle maison en bois d'un étage, genre coloniale, imposante mais délabrée. Deux, trois volets étaient de traviole. John nous attendait au sommet des marches avec son associé, Ricardo Mestres.

– Bon voyage ?

Ils sont venus vers nous, faisant craquer les lattes de la terrasse. Certaines étaient visiblement manquantes, d'autres, bien défoncées.

– Entrez ! Choisissez la chambre qui vous plaira, il y en a plein ! Ici, c'est à la bonne franquette.

Le chauffeur nous a tendu nos bagages.

– Comment trouves-tu ma bicoque ? a demandé John à Christian.

– Belle. Très belle. Authentique…

John a souri.

– Vous, les Français, vous êtes tellement polis !

J'avais déjà compris que c'était une blague car Ricardo s'était écarté pour se retourner dans un coin, incapable de garder son sérieux.

– Allez, je vous emmène, a fait John. Suivez-nous. Ici, c'est une maison de métayers du siècle dernier. Elle est abandonnée.

Le chauffeur a repris nos bagages et on a suivi son buggy jusqu'à son vrai ranch, une bâtisse ultra luxueuse, mais d'un goût discutable, éclairée par des dizaines de projecteurs.

Si j'avais été lui, j'aurais retapé la maison des métayers.

Quand John a vu *Les Anges gardiens* et sa flopée d'effets visuels qu'il trouvait splendides, il a compris que lui n'en avait jamais fait. Les Amerloques ne sont pas courageux : ils ne font que ce qu'ils savent faire, en somme ils n'apprennent jamais rien. Un soir il m'a dit :

– Ça te dirait de mettre *Les Visiteurs* américains en scène ?

– Pas vraiment, non. Faire un remake de soi-même ressemble à une punition. Je préfère cent fois que tu le réalises, toi…

J'ai senti que ma réponse ne lui plaisait pas et le résultat ne s'est pas fait attendre : on n'a plus eu de nouvelles de lui pendant six mois. Il ne répondait ni au fax, ni au téléphone. Black-out complet.

Patrice Ledoux et Clavier ne comprenaient pas quelle mouche l'avait piqué.

– Je crois que c'est parce que j'ai refusé. Cela l'a vexé, j'ai suggéré.

Ils m'ont traité de prétentiard, un peu vertement je dois dire :

– Un metteur en scène français, il s'en fout ! Désolé, ce n'est pas du tout ça, son problème.

C'est par un amour-propre imbécile que j'ai fait ce film. Je m'entends encore dire :

– Vous pariez ?

C'était idiot de ma part. J'ai envoyé un fax à John : « J'ai bien réfléchi. Ta proposition était une chance pour moi. Si tu es toujours d'accord pour que je dirige ce film, je le ferai avec plaisir. Surtout si tu l'écris et que tu le supervises. »

À peine une heure après, le téléphone a sonné :

– Jean ? C'est John... Alors, tu veux faire ce film ?...

C'est comme ça que je me suis trouvé embringué dans ce fiasco.

Comme j'ai immédiatement regretté ma décision, j'ai finement pensé à demander un salaire de pharaon et un pourcentage sur les bénéfices de fou furieux, dans l'espoir que ça me serait refusé et que je pourrais me trisser, comme une reine offensée. Mais très rapidement, ils m'ont dit : « Okayyy. »

J'étais le mieux payé de tous les réalisateurs non américains pour un film US.

Le casting était marrant, car c'est toujours intéressant de rencontrer les acteurs et les actrices. Charlize Theron, qui a d'abord accepté le principe, a préféré un autre film. Malgré son refus, c'était tout de même merveilleux de déjeuner avec une jeune femme aussi belle. J'ai rencontré beaucoup d'actrices charmantes, dont Salma Hayek, tellement sexy, surtout intelligente et spontanée, Bridgette Wilson-Sampras (qui allait avoir un petit rôle) et la si marrante et ravissante Kate Hudson (que je désirais pour jouer le rôle principal).

Les filles qui déboulent chez les réalisateurs à Hollywood mettent la gomme. C'est un assaut de charme et de sourires. On peut difficilement faire plus agréable. Là-bas, je pourrais caster toute la sainte journée. Elles sont habillées comme pour un cocktail, et pas avec un corsage ras du cou, vous pouvez me croire. Elles sont allées chez le coiffeur, chez le maquilleur, ce n'est pas du tout comme en France, où une actrice peut se pointer dans votre bureau avec le cheveu gras, une pince à linge dans les tifs, et un jean troué à peine propre. Je suppose que le message est : « Je suis intègre. Je viens pour l'art. »

Les actrices américaines balançaient tellement de parfums sirupeux dans la pièce (chacun en soi très agréable, mais l'addition, en fin de journée, vous fichait une migraine carabinée), tout se mélangeait dans mon salon, je devais ouvrir les fenêtres en grand, et passer un bon moment sur le balcon pour ne pas vomir.

Donc pour le rôle de Béa, j'avais choisi Kate Hudson, qui avait la fantaisie de sa mère mais semblait plus rock. Kate est la fille de Goldie Hawn. Elle a eu un Golden Globe en 2001 et une nomination aux Oscars l'année suivante. C'est une fille marrante. Elle a accepté, j'étais enchanté, mais la production l'a trouvée trop chère et a finalement engagé Christina Applegate (à peine plus connue qu'elle et pour trois fois plus cher, absurde, non ?).

Pour Ginette, le rôle de Marie-Anne Chazel, j'avais envie que Jacquouille tombe amoureux d'une Noire – un serf avec une descendante d'esclave, c'était une chouette parabole. Tous les deux effrontés. Tous les deux victorieux. Et je suis tombé sur une Black fort intéressante. Mais je n'avais encore jamais vu aucun des films dans lesquels elle avait joué. Son CV était copieux, mais ce n'étaient que des petits rôles. Elle m'a dit qu'elle me fournirait un DVD de ses films. Je lui ai dit :

– Choisissez deux ou trois comédies. C'est dans ce genre-là que je préfère vous voir.

– Je n'ai fait que des comédies !

J'étais étonné :

– Les plus ou moins vingt films marqués là sont tous des comédies ?

– Ah non ! Mais moi, je joue toujours comme si j'étais dans une comédie. Je me fais beaucoup engueuler, d'ailleurs. Certains metteurs en scène détestent qu'on fasse rire. Surtout dans un drame… Mais je ne peux pas m'en empêcher. J'aime faire le pitre.

Ça m'a beaucoup plu. C'est vrai qu'elle était un clown. Je m'en veux d'avoir oublié son nom.

Elle m'a déposé quelques DVD de son choix. Elle était excellente. Quand je l'ai revue, deux jours plus tard, elle m'a dit :

– Je voulais voir votre film et je l'ai loué en vidéo. C'est vachement bien.

– Merci.

– C'est gonflé ! L'idée de tourner en noir et blanc, c'est très art et essai.

– En noir et blanc ?

Elle avait loué *Les Visiteurs... du soir* ! Quand je lui ai expliqué sa méprise, elle a souri.

– Je comprends mieux ! Je ne voyais pas ce que jouait Jean Reno ! À un moment, on aperçoit un petit garçon près d'une cheminée, je me suis dit : ça doit être lui plus jeune !

Malheureusement mon idée d'une femme noire a déplu à John Hughes.

– Trop *touchy*[1]. On peut être accusés de racisme. Et puis un couple métis, ça ne colle pas avec le Moyen Âge !

J'étais stupéfait. Je ne comprenais rien à son argument. Mon intention était totalement à l'opposé de cette idée inepte.

– Mais ça se passe aujourd'hui, John ! Au contraire, un couple mixte, c'est très sympa, très branché...

– Non. Non.

Tara Reid, une blonde platine qui jouait dans *American Pie*, était drôle mais trop jeune, pourtant ils l'ont préférée.

Matt Ross, le méchant de notre film, était très bon. Ils ont suivi ma prescription, comme pour sa maîtresse, Bridgette Wilson. Dans la vie, Bridgette était mariée avec le champion Pete Sampras, un mec qui ne jouait pas si mal que ça au tennis, et qui en plus était marrant et décontracté, ce qui ne gâche rien.

---

1. « Délicat ».

J'ai été très malheureux sur ce film, dont l'insuccès a eu des conséquences désastreuses pour ma carrière, mais ce n'est pas une raison pour me plaindre. La blessure de n'avoir pas pu faire le film que je voulais, c'est mon affaire, comme d'avoir accepté, de plein gré, d'être torturé par des producteurs américains imbéciles. Ce n'est pas intéressant à raconter, car quand on raconte, on revit les événements. C'est pénible.

Cela dit, mon contrat était juteux et le fric a du bon. En plus d'avoir abondamment aidé le gouvernement américain à acheter des missiles en payant des impôts copieux, je pouvais m'offrir tout ce que je voulais avec le reste. J'avais droit à une poignée de billets d'avion gratuits. J'ai pu faire venir ma femme, ma mère, et une foule d'amis dans une suite du Beverly Wilshire offerte, contiguë à la mienne. *Double bedroom suite*. La production m'a permis de m'éclater au volant des plus belles caisses de la création. En Cadillac décapotable, Lincoln Continental, Rolls Phantom, Aston Martin, ou encore Jaguar rose, j'ai pu sillonner l'Amérique.

Et je peux dire que le vieux Far-West n'est pas mort et que s'y balader en Jaguar rose n'est pas sans risque. J'ai encore en mémoire cette route sablonneuse et sinueuse dans un paysage sans fin, perdu entre Yosemite Park et la *highway* Los Angeles-San Francisco. Les dunes et le bush à perte de vue. Mon portable ne passait plus. Isolement total. La pampa. Soudain, au détour d'un rocher, se dresse une cabane en bois sur pilotis (je suppose pour éviter les serpents). Devant la maison, il y a un sofa défoncé et dessus, vautré plus qu'assis, un vieux avec des cheveux jusqu'aux fesses et une tresse à la ZZ Top, surmontés d'un chapeau en cuir. Il tient un fusil. Il se lève et me met en joue. Au pied du canapé, je repère plusieurs cadavres de Jack Daniel's. La Jag rose avance lentement vers lui. Je ne sais pas trop si je dois m'arrêter. Après tout, c'est une route publique. Je ne tiens pas à faire allégeance, ni à lui parler. Je fais de petits appels de phares, espérant qu'il trouvera cela amical. Il continue de me viser. La route tourne au pied des marches qui montent vers lui. Je disparais. Il n'a pas tiré… Je repère, dans mon rétro, qu'il possède un ignoble pick-up Toyota esquinté, avec d'énormes pneus renforcés. Un truc qui roule bien plus vite qu'une Jag rose dans cet environnement hostile. Il peut même me doubler avec, en me grimpant dessus. Il peut me tuer et dépecer mon cadavre, voler mes valises, démanteler la bagnole pour revendre les pièces détachées et brûler mon corps avec de l'essence…

La voiture patine dans un creux. Je repars.

Quand j'ai revu du goudron et que j'ai pu accélérer, je me suis tout de suite senti mieux. Je crois que le type était tellement cuit qu'il a pris ma Jag rose pour une hallu.

7

INTERMÈDE : JACQUOUILLE SE FAIT BRAQUER

Pour devenir Jacquouille, Clavier subissait un maquillage exceptionnellement long (noircissage des dents, faux nez, verrues, etc.). Il devait arriver très tôt le matin, et comme pendant deux jours le tournage était très éloigné de Paris, je lui ai proposé, pour lui éviter de se lever à 5 heures du mat, que le film l'héberge dans la région, à l'Hôtellerie du Bas-Bréau, une auberge renommée, que je connaissais bien pour y être allé de nombreuses fois.

On y est arrivés tard. Vers 22 heures. On s'est pointés à la réception et la fille de l'accueil nous a emmenés directement dans la salle à manger.

– On va s'occuper de monter vos bagages dans vos chambres.

– C'est adorable de nous servir aussi tardivement. Merci.

Au moment de réserver nos chambres, ils avaient eu l'extrême gentillesse de nous annoncer que le chef nous attendrait pour dîner après la fermeture du restaurant. Cela valait mieux, les horaires des tournages débordent souvent.

On nous a apporté les menus.

– Si ça ne vous dérange pas, la carte va être limitée. Le chef vous propose un filet de bœuf ou un poisson grillé. Il est déjà tard.

– Bien entendu.

Un gus nous a apporté plein d'amuse-gueules appétissants, un autre nous a déposé les clés de nos chambres, le sommelier nous a décanté le vin que j'avais commandé.

– Si ça ne vous ennuie pas, je vous laisserai vous servir seuls le reste de la carafe… J'aimerais pouvoir rentrer chez moi.

– Bien sûr. C'est déjà très sympa…

On a gobé les amuse-gueules mais l'entrée se faisait attendre. On ne s'en est pas aperçus tout de suite, parce qu'on avait plein de choses à se dire concernant le film, l'organisation, peut-être même mes difficultés avec Lemercier, toujours est-il que Christian a assené soudain :

– Mais qu'est-ce qu'ils peuvent foutre ? Je meurs de faim !

– Oh oui, c'est vrai, c'est ultra long !

La salle à manger était désespérément vide, sans le moindre personnel. J'ai été à la porte qui conduisait aux cuisines et j'ai appelé. Personne !

Sur le trajet, il y avait un splendide plat en argent avec des charcuteries recouvertes d'un film de cellophane. Je l'ai rapporté.

– On va commencer par ça ! Ils font chier !

On a englouti la charcutaille, bu du vin. Personne ne venait.

– Tout de même, c'est anormal !

J'ai foncé dans la cuisine. Personne. Notre poisson attendait sur le plan de travail à côté d'une poêle. Il y avait un paquet de beurre encore dans son emballage, juste à côté. Un couteau et une cuillère en bois inutilisés.

Je suis passé devant Christian comme une fusée pour foncer à la réception.

– Le cuisinier est parti !

Personne dans l'entrée non plus. J'ai regardé dans la rue (au cas où quelqu'un soit sorti fumer une cigarette). Pas un chat. On pouvait entrer et sortir de l'hôtel comme dans un moulin.

En revenant dans la salle à manger, j'ai vu que Clavier avait posé sur la table un plateau de fromages achalandé et alléchant.

– On va passer direct au fromage, ça suffit !

– Mais oui. Parfait. Dîner fromage. On a un excellent pinard.

On a ensuite repéré le chariot des desserts.

– C'est un excellent début de film, j'ai dit à Christian en savourant un très bon éclair au café. Un couple arrive dans un hôtel en pleine forêt et…

J'ai été interrompu par un bruit violent. Des gendarmes venaient de faire irruption dans la salle, mitraillettes au poing, après avoir fichu un grand coup de pied dans la porte.

– Qu'est-ce que vous faites là ?

– Ben, on dîne. Ça ne se voit pas ?

– Vous n'avez rien vu ?

– Non. Personne.

On avait passé un excellent repas improvisé pendant un hold-up ! Des truands avaient menacé le personnel avec des fusils, les séquestrant dans la chambre froide. Ils avaient enfermé des clients dans un placard, y compris un couple en pyjama qui pionçait dans une chambre. Ils avaient forcé le coffre de la réception, piqué l'argent de l'hôtel, des bijoux, et ils étaient repartis. Ils avaient fait un petit ballet autour de nous, pendant qu'on se bourrait de sauciflard et de fromages. Aucun des agresseurs n'avait pensé à venir dans la salle à manger ; elle était supposée être fermée à cette heure tardive, et ils devaient être bien informés des habitudes de l'hôtel.

C'est agité, parfois, les tournages !

8

JAMAIS DEUX SANS TROIS

Dix-huit ans après *Les Couloirs du temps*, j'ai réalisé mon dernier film : *Les Visiteurs, la Révolution*. J'ai eu du plaisir à le faire, car comme Annie Girardot l'a dit aux Césars de façon si émouvante : « Je sais pas si j'ai manqué au cinéma français, mais à moi le cinéma français a manqué follement... » Comme elle – toutes proportions gardées – le cinéma me manquait affreusement.

Je ne peux d'ailleurs pas oublier mon dernier souvenir d'Annie. Il est terrible.

Elle était invitée dans un festival (je ne sais plus lequel, il y en a tant... peut-être à Agde) où on m'avait rendu un hommage (déjà ! Le musée approche !). Ils ont passé un petit montage récapitulatif de mes films, bien fait, gai et flatteur. Elle était assise non loin de moi. J'ai senti son regard. Elle m'observait, puis l'écran, puis moi à nouveau, avec une expression de vive incompréhension – « Qui est-ce ? C'est quoi, ces films ? » J'ai compris qu'elle était perdue, mal portante, affligée de l'affreuse maladie qui allait l'emporter. Ma gorge s'est serrée car je l'admirais. Une heure après on nous a présentés, alors qu'on se connaissait très bien (pour le meilleur et pour le pire). Elle m'a souri, m'a dit des choses aimables, mais lointaines, polies. Indifférente, déjà. Ça ne l'intéressait plus.

Sur *Les Visiteurs 3*, on n'a pas eu de problème pour le casting, tout le monde voulait en faire partie. Un casting de roi dans un film sur la Révolution ! C'était la première fois de toute ma vie, une sensation douce que doivent ressentir Dolan, Scorsese ou Tarantino. J'ai toujours ramé pour avoir de grands acteurs, alors qu'ils ont toujours été excellents avec moi. Je n'aurais pas la prétention de dire que c'est grâce à moi, mais en tout cas je ne les ai pas empêchés d'être étourdissants.

Si tout le monde était partant, c'est parce que *Les Visiteurs* était devenu culte, et jouer dans un nouveau volet, c'était comme entrer dans l'histoire du cinéma. Cela facilitait les choses. Mais le fait d'avoir une pléthore de vedettes a peut-être été moins positif que je le pensais.

Non pas que je regrette un instant ces actrices et acteurs époustouflants que j'ai eus, qui sont devenus de chers amis. En dehors de leurs talents et de leur charme évidents, Karin Viard ou Sylvie Testud sont des amours. Elles sont drôles, des pitres, de bonnes camarades. Alex Lutz est follement amusant. En plus il est agréable, met une folle ambiance sur le plateau et capte merveilleusement la caméra. Franck Dubosc, Ary Abittan, Pascal Nzonzi, tous nous ont rejoints, en plus de Marie-Anne Chazel et des deux héros. Lorànt Deutsch s'est proposé et il a été clair :

– Je dis « Bonjour » ou « Bonsoir », je dis « Par ici », je dis n'importe quoi, une réplique, un seul jour, mais je veux en faire partie.

Cela m'a touché. J'ai bien sûr accepté et il a joué Collot d'Herbois. Pour un type aussi féru d'Histoire, cela devait être excitant de jouer un film en costumes dans des décors aussi authentiques. Il y a eu aussi beaucoup de rôles épisodiques pour lesquels j'ai eu des acteurs faramineux.

Voilà le problème : il y avait tellement de cases à remplir, tellement de talents à fournir en dialogues, que j'en ai un peu oublié nos héros : Clavier et Reno. Ils sont très bons camarades et n'ont pas protesté (d'autant que Clavier, comme auteur, est tellement passionné par le script qu'il en oublie facilement Clavier l'acteur).

Cela a été beaucoup moins facile d'avoir l'accord des « décideurs », Gaumont en tête. Ils pensaient sans doute que trop de temps était passé depuis le dernier opus. Ils avaient des doutes. Ils refusaient d'admettre qu'il n'y avait pas une semaine sans que quelqu'un qui m'avait reconnu dans un restaurant ou un supermarché me demande : « Il y aura un numéro 3 ? Quand ? » Lorsque je le leur disais, ils pensaient que j'affabulais.

J'ai eu une chance folle de connaître des producteurs comme Christian Fechner, ou Claude Berri, ou mon père, bien entendu. Quand ils croyaient à des artistes, ils n'avaient pas froid aux yeux. Mon père a produit des films sans l'aval des télévisions, qui commençaient à devenir indispensables au financement des longs-métrages. Il pensait : « Je leur vendrai après et ils paieront plus cher... » C'est arrivé.

Ces hommes avaient confiance en leurs goûts et croyaient au talent des artistes.

Je ne sais pas qui, aujourd'hui, aurait assez de culot pour produire un film dans ces conditions. C'était fantastique d'être soutenu par des gens pareils, qui pensaient que si tu savais remplir une salle, plaire au spectateur, tu méritais une seconde chance. C'était une chose que disait souvent Fechner : « Si tu l'as fait, tu le referas... »

Toutes ces années, entre mes deux derniers films, je n'avais pas fait qu'attendre. J'avais écrit des sujets qui ne se sont pas faits. Ça serait triste, si ça n'avait pas été l'occasion de faire de belles rencontres, débouchant sur de grandes amitiés, en particulier celle que j'ai eue avec Éric Assous, un brillant auteur de théâtre, charmant de surcroît, disparu bien trop jeune, avec qui j'ai écrit deux films non financés et connu de grandes rigolades et quelques bonnes moqueries.

Par contre, là, le tournage des *Visiteurs*, troisième opus, avait finalement trouvé son financement.

Enfin !

Quand on tourne avec des carrosses, des malles de poste ou des diligences, on prend des véhicules d'époque, des bidules très bas de plafond. Les gens étaient moins grands qu'aujourd'hui. Dans certains, j'étais contraint de me courber. Comment faisaient les dames du XVIIIe pour monter dans ces berlines avec les pièces montées qu'elles avaient sur le crâne ? C'est mystérieux. Un coiffeur ingénieux a trouvé cette idée de mettre une poche en plastique remplie d'air sous la perruque de Karin Viard. On dégonflait la poche quand elle entrait dans son carrosse, et quand elle en sortait, un petit coup d'air comprimé et le tour était joué, la belle retrouvait ses atours. On m'a montré le système pour savoir s'il me convenait. Je l'ai trouvé si cocasse que j'ai décidé qu'on le ferait à l'image, que ça deviendrait un gag. (Il a bien fonctionné.)

Certains ont trouvé le troisième film moins drôle que les précédents. D'autres l'ont aimé, j'ai eu des retours enthousiastes, et le film a été malgré tout un grand succès avec plus de 2,25 millions de spectateurs. J'ai lu dans la presse qu'avec ces chiffres c'était un bide ! C'est curieux comme pour beaucoup de journalistes le bide est à dimensions variables. Je fais un bide là où d'autres, plus chers à leur cœur, font un tabac. Pour moi, la barre doit être le succès historique des *Visiteurs* – un score inouï – ; tout ce qui est en dessous est un échec. On a affaire là à une grande sottise. Moi, par contre, je suis émerveillé par tout ce monde. Imaginez une file de 2,25 millions de personnes. C'est Paris-Varsovie, mais en faisant un détour par Budapest. Ou encore la distance New York-Miami. Filmez-la en drone. C'est une belle queue, si j'ose dire.

Avec mon ami Clavier, cette fois, on a choisi la dramaturgie plus que les gags. On a mis sans doute un peu trop d'Histoire, avec une grande hache. Je crois, avec le recul, qu'on aurait dû être moins respectueux de la réalité historique. Par maladresse ou par méchanceté, Jacquouille aurait dû bousiller avec du lait chaud, de la crème épaisse, une poularde ou un gros jambon transmué en matraque, la perruque splendide de Robespierre, cette ignoble fasciste responsable de meurtres et de génocide… Le public aurait jubilé. Mais c'est l'exemple type du problème économique. La perruque de Robespierre coûtait bonbon et ça prenait une plombe pour la lui mettre. Si j'avais eu quatre perruques et qu'on avait dû refaire le plan trois fois, ça aurait pris une journée. Vingt gags de la sorte, ça faisait sans doute un plus gros succès, mais ça faisait aussi quinze jours de tournage en plus. On se serait approchés du budget des *Visiteurs* (je ne parle même pas du 2). Le film ne se serait pas fait.

On s'est un peu trop censurés.

J'ai malgré tout aimé faire ce film-ci, parce qu'il est beau (grâce à mes talentueux collaborateurs). J'ai tourné dans les plus beaux châteaux de Belgique, avec des meubles sublimes (à la différence des châteaux français qui ont été pillés par les sans-culottes, la plupart des châteaux belges ont gardé leur mobilier d'époque). Mon décor copié sur des salons XVIIIe (un moment de pic du style français) par l'excellent décorateur belge Philippe Lévêque a été repeint trois fois de suite, pour arriver à la nuance précise de la couleur originale, grâce au regard précieux d'Isabelle de Araujo, ma directrice artistique. Un travail de dingue. Les costumes de Pierre-Jean Larroque, un des créateurs les plus doués du cinéma français et les plus acclamés (quatre césars sur dix nominations), étaient splendides. Stéphane Le Parc a éclairé ces scènes à la bougie comme dans *Amadeus* ou *Barry Lyndon* – des photographies inoubliables. Le Parc a mis son talent méticuleux au service d'une comédie populaire. Une comédie peut être très scrupuleuse dans le choix de ses plans, de ses décors, de sa lumière. J'y suis très attaché, ne faisant aucune différence entre drame et comédie. Tout cela est avant tout du cinéma, du bon et du beau cinoche !

Mon film a pourtant été assassiné par la critique.

Que cette dernière vomisse sur Clavier ou Reno, en raison de leur succès, est d'une banalité ennuyeuse, tellement prévisible, mais qu'elle ne repère pas les performances exceptionnelles de

Nicolas Vaude, de Christian Hecq, d'Eric De Staercke, de Julie-Marie Parmentier, des acteurs rares qui viennent de la scène, cela m'a choqué. Que personne n'ait repéré Renaud Capuçon qui jouait du violon, dans une courte scène, c'est étonnant. Les critiques sont-ils incultes ou simplement de mauvaise foi ? Je ne parle même pas du talent, de la beauté et du charme, de Karine Viard et de Sylvie Testud. J'ai le sentiment que les critiques font un papier d'humeur, presque de haine sociale, comme s'ils détestaient déjà mon film avant même d'entrer dans la salle.

Je m'emporte ! Mais quand on a bossé des mois entiers avec passion, avec des acteurs aussi fantastiques, fût-ce pour une comédie populaire que certains regardent en se bouchant les narines, j'ai envie de laisser parler mes émotions face à de telles méchancetés gratuites.

Cela me rappelle cette polémique fameuse au moment de *L'As des as* de Gérard Oury. Jacques Demy sortait le même jour *Une chambre en ville*. La presse, unanime, a descendu Oury en flammes et adulé Demy. Le public n'en a pas tenu compte. Oury faisait un tabac. Demy, un flop. La presse, vexée, a alors loué une pleine page dans tous les journaux, le même jour (cette page était gratuite, offerte par le canard), pour marquer un grand coup et alerter le public de leur mauvais choix (de leur mauvais goût ?). Tous les journalistes français ont signé cette pétition. Cela n'a rien changé. Les recettes n'ont pas bougé d'un iota. C'était la preuve cruelle de leur grande utilité.

La quasi-totalité de mes films a été démolie par la presse et cela n'a jamais endommagé la carrière d'un seul. Les rares qui ont été un peu soutenus, *Les Petits Câlins* ou *Mes meilleurs copains*, ont été mes plus mauvais scores.

Une histoire marrante – pour détendre l'atmosphère – est celle de Victor Mature, une méga star américaine des années 1940-1950, vedette de *Samson et Dalila,* avec la sublime Hedy Lamarr qui en dehors de pouvoir « faire bander un mort » a aussi inventé le wi-fi, ce que la plupart des gens ignorent. Mature passait par hasard en voiture devant le Golf Club de Los Angeles avec un ami. Il disait que ça lui faisait drôle de revoir cet endroit parce que, gamin, né dans une famille pauvre, il bavait d'envie devant les bagnoles rutilantes que le voiturier allait ranger au parking.

– C'était un rêve pour moi de faire partie de ce club...

– Eh bien, pourquoi tu ne t'y inscris pas ? Maintenant que tu as réussi, tu pourrais...

Mature a fait sa demande. Il fallait deux parrains. Il les a dégotés en vingt minutes. Mais sa demande a été refusée. Le directeur lui a écrit pour lui dire qu'il était honoré de son souhait mais l'a informé qu'un des statuts du club stipulait... qu'« aucun acteur ne pouvait être membre ».

Mature lui a répondu qu'il prenait note de son refus à regret, bien que, écrivait-il : « J'ai ici, classées dans des albums, tout un tas de critiques qui peuvent vous prouver que *je ne suis pas un acteur.* »

S'il est une chose que je n'ai jamais cherchée, c'est une excuse à mes échecs. Mes réussites, je les ai construites avec l'aide de mes collaborateurs, même si je revendique une certaine direction. Mes échecs, c'est pour ma pomme. Je n'ai jamais cru aux mauvaises dates, aux mauvaises affiches. Je n'avais qu'à me battre plus courageusement. J'ai vu des tas de films réussir à atteindre leur public avec des affiches exécrables, d'épouvantables dates de sortie et un nombre de salles réduit. L'exemple type en est *Pas de problème !* – film de Lautner, avec Miou-Miou, écrit par votre serviteur – qui avait tous ces handicaps réunis et qui a achevé sa course en gros succès. De la même façon, j'ai l'honnêteté de dire que je ne crois pas trop en la portée des pamphlets des blogueurs vitrioleurs. Ils n'aident pas, c'est sûr, mais c'est leur donner trop d'importance que de penser qu'ils influencent réellement. En réalité, ils servent d'excuse à des gens peu convaincus d'aller voir le film, qui peuvent dire « il paraît que ce n'est pas bon ». Quand le succès est limité, comme ce fut le cas sur *Les Visiteurs 3*, c'est que la communication n'était pas bonne, ou que le film était insuffisamment drôle, ou les deux.

Certains de mes échecs sont devenus des films cultes comme *Mes meilleurs copains*. C'est vrai aussi des franchises. Elles ont l'avantage d'être plus résistantes qu'un film individuel. *La 7e Compagnie au clair de lune*, dont l'accueil a été une déception à sa sortie, passe maintenant à la télé aussi souvent que les deux autres. Ça lui a donné la chance d'être découvert et apprécié. Le film fait quasiment autant de téléspectateurs aujourd'hui que les deux premiers volets. C'est ce qui arrive déjà aux *Visiteurs 3*, qui passe maintenant à la télé autant que les précédents. Il y a tellement de films rasoir qu'il existe une prime au divertissement. *Long life to* la comédie ! Les gens ont envie qu'on les amuse pour s'affranchir d'une vie difficile, surtout quand la télé devient anxiogène, comme c'est le cas aujourd'hui. La télévision vend de la peur, je suis ravi de fournir l'antistress.

Il ne s'agit pas de critique, cette fois, mais d'une opinion paradoxale, une histoire rigolote que mon ami Gérard Barthélémy, excellent peintre, m'a racontée. Il était à Londres pour une exposition. À un dîner avec des confrères venus de tous les pays d'Europe, ils ont parlé du cinéma français. Celui-ci n'avait pas la cote. Tout était à jeter.

– Pas du tout ! De temps en temps, il y a un film français fantastique !

L'homme qui avait élevé la voix était un acteur anglais renommé – je ne me souviens plus de son nom car je n'en avais jamais entendu parler auparavant. Barthélémy m'a dit que c'était une star de théâtre en marge, ce qu'on nomme aux USA un *off-off-Broadway*, un type intègre qui refuse toute concession, un génie, encensé par la presse intello.

– C'est quoi, ton film français si merveilleux ?

– Les *Visitors*. Je l'ai vu hier. Il y a dedans un acteur comique immense, le plus grand que j'ai jamais vu. (Il parlait de Clavier.) Je n'ai jamais autant ri.

Il a ajouté, amer :

– Bien entendu, le film est un four, totalement incompris. Le producteur a dû prendre un gros bouillon. J'ai vu ce film dans une grande salle de Piccadilly et quand la lumière s'est rallumée, j'ai compté… nous étions cinq ! Les gens sont idiots !

Le film a été, c'est vrai, un gros flop à Londres, et aussi aux États-Unis, même s'il a fait un triomphe en Espagne, devant un film de Stallone. Ça a été un succès en Allemagne, en Italie, au Japon, en Corée, dans tous les pays de l'Est. Barthélémy m'a dit :

– Je n'ai pas osé lui dire que ce flop avait fait plus de 20 millions d'entrées à travers le monde. Il aurait été vexé, et déçu de sa *découverte*.

Si, dans un multivers abominable, j'étais contraint, pour payer mon loyer, d'être critique, je crois que je ne ferais que des articles positifs. J'aimerais inciter les gens à voir un spectacle, mais ça ne me viendrait pas à l'idée d'en dénigrer un, par respect pour les participants qui se sont donnés à fond. On se donne le même mal pour un échec que pour un succès, c'est ainsi. J'adore dire du bien d'un musicien, d'une cuisinière, d'un peintre, d'un écrivain. Dire du mal des gens ne me procure aucune joie. Si je débine un truc, je précise que c'est mon avis personnel et que mon avis n'engage que moi. Je ne suis pas fait pour être critique, pas plus qu'un tueur à gage dézinguant à tout-va.

Ma mère avait une excellente formule, « Je suis sans O » ou, plus abruptement, « Sans O ». Cela signifiait : « sans opinion ». J'aime les gens sans opinion, et même ceux qui doutent.

J'aimais les acteurs qui ne parlaient de rien d'autre que de leur travail, autrefois. Même multimillionnaires, ils étaient modestes. Ils ne pensaient pas que l'argent donnait des vues pertinentes sur la vie. S'exprimer sur la politique à la télé, par exemple, ils auraient trouvé ça indécent. Et sot. Un truc à se fâcher avec une partie de la population. C'était du bon sens ! C'est déjà assez dur comme ça de faire des entrées, de séduire son monde, pour se sentir obligé de fabriquer des réticences. Il faut avouer qu'on ne leur posait pas à tout bout de champ des questions sur la vie, sur la mort et la coiffure, comme maintenant. Les médias vous poussent à dire n'importe quoi, surtout si c'est colérique. Ils vendent mieux les bagarres et les polémiques. J'admire les gens qui leur résistent.

J'ai aimé Tina Turner interrogée sur son passé de femme battue :

– Je ne vous répondrai pas. J'ai écrit un livre entier pour en parler.

– Oui, justement, j'aurais aimé que vous nous disiez…

– J'ai écrit ce livre pour exorciser ce problème. Je ne veux plus y revenir. Vous pouvez acheter mon bouquin chez Simon & Schuster pour 17 dollars seulement. Ce soir, je ne parle que de rock'n'roll.

Après une question, Jean Genet, l'immense auteur de *Notre-Dame-des-Fleurs*, prend un temps vertigineux. Le journaliste lui demande :

– Vous avez entendu ma question ?

– Oui, mais elle est tellement bête que je ne trouve pas de réponse.

Il m'arrive, Dieu merci, de rencontrer tout de même des journalistes bienveillants. Des gens de bon sens. Ça fait du bien. Je leur suis reconnaissant de faire connaître mon travail. La bienveillance est tellement plus séduisante que la sournoiserie et les idées toutes faites.

9

UN OGRE NOMMÉ DEPARDIEU

Être réveillé aux aurores par la grosse voix puissante de Gérard Depardieu fait un drôle d'effet. Surtout si on ne le connaît pas. Et je ne l'avais jamais rencontré.

– Salut Jean-Marie, j'ai trouvé ton film formidable !

Pour être exact, c'est Claude Berri qui m'a réveillé à 7 heures du mat.

– Je ne te réveille pas, mon chéri, j'espère ? Je vais te passer quelqu'un qui veut te parler.

Claude était horriblement matinal – surtout en tournage –, il m'avait réveillé des dizaines de fois avec les propositions les plus hallucinantes.

– Tu n'as pas envie de faire un film avec Patrick Sébastien ?

– Euh, non…

(Non seulement il t'extirpe de tes rêves, mais en plus c'est pour une douche froide.)

– C'est une grosse vedette, tu sais. Il amuse les gens.

– Oui. Mais les matchs de foot aussi amusent les gens et pourtant je n'ai pas envie de faire du foot ! Comme animateur, il est formidable, et quand il chante ses rengaines, je suis sûr qu'il amuse plein de gens, mais comme acteur, c'est moins certain.

– Bon. Oublions.

Toute personne qui avait du succès pour quelque raison que ce soit paraissait un acteur idéal à Berri. D'ailleurs pour son film *Germinal* – le tournage depuis lequel il m'appelait –, il avait engagé Renaud que Depardieu surnommait « le chouchou » (il le trouvait mauvais et c'est vrai que, comme acteur, Renaud est fadasson et prévisible – mais comme chanteur, il a un véritable talent).

Avec l'échec de *Mes meilleurs copains*, Claude Berri avait oublié mon téléphone mais là, après la sortie triomphale des *Visiteurs*, il l'avait vite retrouvé. Donc le grand Gégé voulait me parler.

– J'adorerais faire un film avec toi et ton copain Clavier. Ta mise en scène des *Visiteurs* est géniale.

L'avait-il même vu ? En dehors de lui permettre de gagner du pognon, Gérard n'avait pas un intérêt démesuré pour le cinéma, je le savais. Il préférait la bouffe, la terre, le pinard, les femmes, les motos, les statues, la chanson, Barbara, les bouquins, les hommes d'État (avec une fascination certaine pour les autocrates et même les fumiers), les hommes d'affaires, voire les escrocs, la vie, quoi, dans tous ses excès. Le cinéma le gavait plus ou moins, par contre il ne se levait jamais sans bondir sur *Ciné chiffres* pour savoir comment avaient démarré les sorties du mercredi. *Ciné chiffres* est un fascicule qui vous donne les entrées des films salle par salle. Son abonnement est cher et Gérard n'aime pas dépenser. Alors il appelait au téléphone son agent ou ses potes producteurs pour avoir les chiffres. Comme il est très impatient, il est hors de question pour lui de ne pas les avoir tout de suite. Il peut faire tout son agenda jusqu'à obtenir le tuyau. Il veut connaître les entrées pour ne jamais rater une aubaine au box-office.

– Tu n'as jamais pensé à écrire pour moi ?

– Bien sûr que si. Je te trouve génial. J'ai toujours écrit pour toi, mais tu n'étais jamais disponible…

Il y a eu un moment de silence.

– Comment ça ?! Je n'ai jamais reçu aucun de tes scripts !

– On a toujours pensé à toi. J'ai même écrit *Corned Beef* pour toi. Tu étais *first* sur la liste. Et aussi *Mes meilleurs copains*. (C'était exact pour *Beef*, on avait très sérieusement pensé à lui. Pas vrai pour *Mes meilleurs cops*.)

– Mais alors pourquoi ? Comment ?

– Parce que Livi[1], notre sympathique agent commun, m'a dit que ça n'allait pas t'intéresser ou que tu ne serais pas libre. En fait, tu n'étais jamais libre.

– Il ne m'a jamais parlé de ça ! Tu penses bien que j'aurais été emballé ! Je ne te quitte pas des yeux depuis *Le Père Noël*... Quel con, ce Jean-Louis !

Jean-Louis était loin d'être con (et Gérard ne pensait pas ce qu'il disait), en revanche il était affairiste, ce qui n'est pas un reproche à mes yeux. Le business, c'est le job de l'agent. Et la politique d'Artmedia, sa boîte, était de ne pas mettre tous ses œufs dans le même panier. En disséminant les talents, ça faisait plus de projets, donc plus de chiffre. Je crois aussi que Jean-Louis classait les projets de Gérard en films A et moi, en films B (allez, pour être gentil, je dirais qu'il me voyait comme un B +). La sortie des *Visiteurs* chamboulait tout le classement, mais Livi n'était plus agent depuis un moment, il était producteur désormais. Un bon producteur, d'ailleurs, et le mec est avenant, mais sans avoir toujours la vista. Je n'ai jamais oublié comment il débinait *La 7e Compagnie* et comment il m'avait conseillé de ne pas apparaître au générique du premier opus.

– Bon, ces cons sont prêts... a repris Gérard. Faut que j'aille tourner. On en reparle... Mais faisons un truc tous ensemble !

Je déjeunais ce jour-là avec Clavier. Je lui ai parlé de ce coup de fil. Il était visible que ça le bottait de tourner avec Depardieu.

Je sais bien qu'il est en vogue aujourd'hui de vouer Gérard aux gémonies, mais ce débat regarde plus la Justice que le quidam qui ne connaît pas tous les tenants et aboutissants du dossier – en tout cas, moi, je n'y ajouterai pas mon grain de

1. Jean-Louis Livi était le grand ponte de l'agence Artmedia, la plus importante écurie de stars, de réalisateurs et d'auteurs sur la place de Paris. Sur son bureau s'entassaient tous les scénarios de producteurs qui espéraient réunir un casting de luxe. Il était aussi, au passage, le neveu d'un certain Ivo Livi, autrement plus connu sous le nom d'Yves Montand.

sel, par respect tant pour les plaignantes que pour l'accusé. Il n'en reste pas moins que Depardieu est un acteur de légende, colossal et, en tant que tel, Christian et moi l'admirions.

Christian voyait tout de même un hic à ce projet :

– Mais qu'est-ce qu'on va dire à Gaumont ? Ils vont être fumasses ! Tu sais bien qu'ils ont dans l'idée de faire une suite aux *Visiteurs* !

C'est vrai qu'après avoir refusé de faire le film en deux volets, comme je l'avais suggéré au départ, Gaumont ne pensait plus, après un tel triomphe, qu'à lui mitonner une suite à la cool.

– On n'appartient pas à Gaumont, on n'a aucun contrat signé. On les fera attendre. Cela les incitera peut-être à être moins près de leurs sous… Ça sera bien de prendre du recul, que tout ça ne devienne pas un système. Se laver la tête avec un autre projet fera qu'on aura plus de plaisir à retrouver nos personnages et à avoir de nouvelles idées.

Il en a convenu. On a donc décidé de passer chez Claude Berri avec armes et bagages.

Le week-end suivant, Claude Berri m'a demandé de passer chez lui pour rencontrer Gérard. Claude avait un appartement magnifique donnant sur des jardins, avec des tableaux sensationnels, en particulier un immense Twombly, un bleu de Klein, un noir de Soulages. Il était un collectionneur avisé. Il avait également une galerie d'art privée, en bas de chez lui, où il exposait ses Ryman et d'autres belles œuvres. En réalité, il ne vendait jamais aucun tableau, il ne faisait qu'acheter.

Son appartement est un lieu superbe mais ancien, sans ascenseur. La montée des marches est sévère. Je suis arrivé le premier, mais quand Gérard est monté, cela a été tout un cirque. J'entendais Berri sur le palier :

– Prends ton temps, mon Gérard, ça grimpe sec !

Gérard a effectivement pris son temps et est entré dans la pièce, rouge violacé, à court de souffle. Je l'ai trouvé gros, presque obèse.

– File-moi un truc à boire…

Berri lui a apporté une bouteille d'eau. Gérard a attrapé sur une desserte une bouteille de vin déjà entamée.

– C'est quoi, ça ? Ça m'a l'air sympathique…

– Un petit bordeaux d'hier. Goûte s'il est encore bon.

Je ne sais pas si le verbe « goûter » est approprié. Gérard a bu, au goulot, la bouteille d'un seul coup, puis il est allé se chercher à manger dans la cuisine. Il est revenu avec un reste de poulet et un fond de salade et il s'est installé sur la table de la salle à manger. Il a mangé le tout avec les mains.

– Tu n'as pas une autre bouteille, mon Claude ? Celle-là est finie. Faut dire qu'il ne restait qu'un petit fond…

En fait, elle était aux trois quarts pleine, largement…

Il m'a regardé avec sympathie.

– Vous n'en finissez pas de cartonner avec le Christian…

Il a avalé son poulet comme un ogre, j'ai cru qu'il allait manger les os avec. Et la salade, il l'aspirait, feuille à feuille, sans les couper.

Je pensais à deux mille à l'heure. C'était ma première rencontre avec lui. Je ne voulais pas rater le coche. Je n'avais aucune envie de revivre un épisode à la Coluche, un ancien projet avec Claude, qui ne s'était pas bien terminé.

Je ne compare pas les deux hommes. Comme acteur, Gérard, malgré sa stature d'ogre, est parfois fin comme une fille. Coluche était juste naturel. Gérard est vif et intelligent. Coluche, en dehors d'être drôle et malin, voire retors, était balourd. Personnellement je l'ai entendu affirmer beaucoup de conneries avec une assurance folle. Par exemple, il était persuadé que François Mitterrand avait la *pétoche* de lui ! Quel mégalo ! Ça a l'air d'une blague mais il en était persuadé et il avait peur que l'autre le fasse tuer. La politique rend zinzin. Il croyait, à l'inverse (et sans voir la contradiction), que Mitterrand avait dans l'idée de le coller patron d'une chaîne de télé (comme si c'était du ressort du Président). Peut-être que Coluche l'avait suggéré et le vieux marlou avait fait semblant de trouver l'idée séduisante. Mitterrand n'était pas à une flatterie près. Il avait dit à mon ami Frédéric Dard qu'il était, avec Céline, « le plus grand écrivain de langue française du XXe siècle ». Du coup, Frédéric, tellement à droite qu'il aurait pu faire passer Le Pen pour Rosa Luxemburg, est devenu un mitterrandiste convaincu. Et au chanteur Renaud, Mitterrand a dit qu'il était fou de ses chansons. Ça m'a fait marrer. J'imaginais Mitterrand fredonnant *Laisse béton* sous sa douche. Les artistes sont des benêts si faciles à flatter (berner). Depardieu, pas. Il est lucide là-dessus. Un jour, parlant d'un de ses confrères, il m'a dit : « Encore un qui croit aux compliments qu'on lui fait ! »

Gérard est fascinant comme homme, Coluche ne l'était pas à mes yeux. Juste très drôle quand il balançait des conneries...

Berri était faible avec les acteurs, presque complexé. Comme producteur, c'était un titan, mais il avait débuté comme comédien (il n'était pas mauvais d'ailleurs) et comme il n'avait pas percé dans ce domaine, il était une carpette face à ceux qui avaient réussi. Je regardais Gérard boire comme un trou et ça ne semblait pas déranger Claude. Gérard était un peu moins violet qu'à son arrivée mais loin d'être rose baigneur et, à dire vrai, pas très sexy. Je me suis dit qu'il valait mieux planter mes marques.

Bien entendu, j'ai commencé par lui dire à quel point j'avais apprécié son coup de fil et combien je rêvais de tourner avec lui. Je l'ai en particulier félicité pour sa partition dans *Uranus*, un très bon film réalisé par Berri d'après un roman de Marcel Aymé, où il était saisissant. (Mais comme je l'ai dit, les compliments, Gérard les balaye d'un revers de main et d'un coup de rouge. Par contre, Berri a bien aimé.) Je lui ai dit que sa *vis comica*[1] était énorme, qu'il était un puissant acteur comique. Ça sautait aux yeux dans *La Chèvre* où, à ma

1. Locution latine signifiant « la force comique », une qualité inexplicable qui fait que certains font rire dès qu'ils apparaissent, d'autres, jamais.

grande surprise, je l'avais trouvé meilleur que Pierre Richard, une pointure dans le genre, et j'ai pris un virage sec. Il était temps d'arrêter les flatteries.

– Je vais être franc avec toi, Gérard. Mes films sont très rapides, ils demandent une énergie considérable. Clavier est super énergique, il joue sur un timing de champion athlétique, alors si j'ai un conseil à te donner, c'est de perdre du poids… Si tu restes gros comme tu es en ce moment, tu souffleras, tu n'y arriveras pas, tu souffriras, et Christian va te bouffer.

La tête de Berri m'a presque fait rire. Il était stupéfait que j'amorce les choses de cette façon. C'était un craintif.

Gérard est vif. Il a bien encaissé la pique, pas un muscle de son visage n'a cillé.

– Dès que j'ai fini *Germinal*, je fonce en thalasso, et pour ton film, j'y retournerai dix jours avant le tournage. Je perdrai 20 kilos. Tu sais, je fais le yo-yo, mais quand il faut, je sais perdre du poids, faire du sport, me mettre en forme. Un bon coup de Quiberon et ça repart ! Tout ira au poil. Je serai dans une forme olympique et c'est moi qui boufferai Clavier…

J'étais ravi que les choses prennent cette tournure. La compète entre acteurs, c'est ce qui produit les meilleurs spectacles. Les belles rencontres. Ils veulent s'épater et cela fait des étincelles. C'est comme au tennis, si vous jouez avec quelqu'un de dix fois plus fort que vous, vous allez jouer comme vous n'avez jamais joué de votre vie. Je n'ai jamais joué aussi bien que contre Marcel Bernard… Un vainqueur de Roland-Garros ! C'est envoyé, ça ! Ça vous en bouche un coin ! Sauf qu'il avait soixante-dix balais, un pacemaker, et qu'il évitait de courir. Il m'a battu à plate couture, en plus. De la même façon que je n'ai jamais skié aussi bien qu'en suivant Henri Oreiller, champion olympique, un jour où nous descendions la noire de Val-d'Isère avec les sœurs Goitschel. Il n'était pas question pour moi de perdre la face devant un tel groupe. D'habitude je skiais comme un glandu pétochard, fesses en arrière, agrippé à la montagne, aérofreins ouverts à fond, évitant le grand mur par le détour en forêt.

Pendant que j'y étais, autant coller à Gérard un deuxième coup dans les tibias. Il achevait sa deuxième bouteille de vin et il en cherchait déjà une troisième.

– Ah, pendant que j'y suis, je dois te prévenir que je ne supporte pas les acteurs bourrés. Je veux dire : pendant le tournage. Après, je m'en fous. Quand un acteur est pété sur mon plateau, je me casse.

Ça ne lui a fait ni chaud ni froid.

– Non mais attends, pas d'angoisse... Là, je picole parce que je suis crevé et que c'est le week-end, mais pendant le tournage, je ne bois jamais un verre, je t'assure.

– Ah, tu me rassures !

Il était en pleines prises de vues de *Germinal*.

– Ce tournage est stressant, en plus ! Hein, le père Claude ? On tourne loin, dans des décors crasseux, dans des tenues qui piquent la peau. C'est un sacerdoce. Et il ne s'occupe que de Renaud le chouchou ! Faut dire qu'il a du mal !

Claude a ri jaune.

Les acteurs mentent bien. En disant qu'il ne picolait jamais pendant un tournage, il était si sincère que je l'ai presque cru. Pourtant je m'étais renseigné. Avant ce rendez-vous, j'avais fait venir un assistant qui avait beaucoup travaillé avec lui et qui l'avait vu dézingué de nombreuses fois. L'autre chose que m'avait dite ce type et qui allait me servir plus tard, c'est : « Fais gaffe, sur les films, il pique tout ! »

Gérard venait de nous gratifier d'un rot monumental, un truc qui l'amuse bien, surtout lors des premières rencontres.

– Bon, ben... comme tu promets de ne pas boire, je suis content. On va pouvoir se mettre au travail, Christian et moi...

– Je ne te le promets pas, je te le jure !

On pouvait craindre que, menteur professionnel, dénué de scrupule, Gérard se ficherait de sa parole. Eh bien, c'est le contraire qui s'est produit. Il a respecté sa promesse à la lettre : il a perdu 20 kilos à Quiberon et il n'a pas bu une goutte d'alcool pendant les heures de boulot. Il a été merveilleux. Je crois aussi qu'il s'est bien amusé. C'est souvent sur les films où les acteurs s'ennuient (ou s'angoissent) qu'ils commencent à déconner.

Ce qui explique pourquoi Depardieu est un acteur éblouissant, c'est que le type est hors norme, un humain surdimensionné. Un personnage à la Michel Simon. On ne peut pas faire plus méchant et on ne peut pas faire plus adorable et amène, une fripouille et un homme honnête tout à la fois. On ne peut pas faire plus menteur ni plus sincère et vrai. C'est un pingre, mais il peut être d'une grande générosité. Il est tout et son contraire, et toujours dans les extrêmes. En fait, c'est une éponge humaine. Il voit tout de suite le fond de l'âme des gens et immédiatement leurs points faibles. Il n'hésite pas à appuyer dessus, à titiller, à jouer avec les gens, cruellement, comme un chat. Il a vite compris qu'il était réclamé, important et admiré. Il en profite. Le mec des rues occupe tout l'espace qu'il peut prendre, cela ne le dérange pas de bousculer ton espace vital. À toi de ne pas te laisser faire. C'est la règle dans la rue. Mais si tu gueules, comme il est ultrasensible, il retire la main, il arrête de boxer, il devient gentil comme un cœur, il est chaleureux et bienveillant. Le tout est d'être authentique car il repère les faux-jetons comme un fox-terrier.

Je l'ai vu depuis, à la télé, balancer des propos obscènes, graveleux, d'un goût infect, à la limite même du syndrome de la Tourette, cela m'a affligé, mais sur mon tournage il s'est toujours tenu très correctement et je n'aurais pas admis le contraire. Avec moi, il a été un amour, pas chiant une seconde (je ne vous raconte pas l'enfer qu'on m'avait décrit !). Il a surtout été très talentueux. *Les Anges* est un de ses rôles les plus brillants. Comme c'est une comédie, ça ne se dit pas, mais il le sait.

Quelques mois plus tard, on était invités au consulat de France de Hong Kong où je tournais mon film, pour un cocktail. Dès son arrivée, Gérard a disparu, on le cherchait partout. Le consul était très inquiet :

– Il est déjà reparti, vous croyez ?

On a fini par le trouver dans la cuisine, en train de bavasser avec le chef, goûtant avec son doigt la crème anglaise et les œufs à la neige qu'il avait préparés. Il était à tu et à toi avec le type, le consul l'ennuyait. D'ailleurs, à une réception que le même consul a donnée en son honneur dix jours plus tard et où il avait invité tout Hong Kong, Gérard s'est décommandé à la dernière minute. Il a prétexté une grosse crève : « Je vais me coucher sinon je ne pourrai pas tourner demain ! Je suis sous antibiotiques. »

L'ennui, c'est qu'il est connu. Le lendemain la presse montrait son portrait en première page, dans une autre réception où il était en train de faire goûter son vin à un négociant. Il était rouge hilare sur la photo. Faut dire aussi que le consul était un peu crétin. Croire que Depardieu était un mondain traînant de soirée en soirée où il s'emmerdait ferme, c'était vraiment méconnaître l'engin.

Gérard est madré. Sa grand-mère était sorcière, une rebouteuse du Berry, il a des gènes de médium. Il entre en contact avec les gens en deux minutes, c'est pour ça qu'il les restitue si bien. Il arrive même à communiquer avec ceux dont il ne parle pas la langue, des gus qui ne le connaissent même pas qui plus est, tel ce vendeur de vin de serpent…

Le bonhomme avait son échoppe dans le marché aux serpents (ce qui semble logique), un endroit pittoresque que je voulais filmer. Des baraquements comme aux puces de Saint-Ouen y vendent de tout, depuis les objets précieux jusqu'aux boulons dépareillés, mais c'est la bouffe le plus spectaculaire. On y trouve les espèces les plus bizarres, comme un petit lézard terrifiant, sorte de dragon du Komodo miniature, avec des dents acérées, un cou puissant et une tête préhistorique engageante. Les Chinois en raffolent, bouillis ou frits. Le vendeur les saisit dans un aquarium avec des gants matelassés, il leur coupe la tête avec un sécateur, jette leurs corps frétillants dans un sac en plastique et expédie les têtes directement sur le trottoir. Elles vous passent devant la figure et elles tombent sur le macadam où elles continuent à mordre le vide, avec un claquement de mâchoire sinistre, sauf si elles rencontrent vos chaussures où elles plongent avidement leurs chicots, sans plus jamais les desserrer. C'est effrayant ! Vous trimbalez ces bêtes au bout du pied jusqu'à leur mort clinique qui prend quelques longues secondes. Après, il vous faut taper par terre très fort pour qu'elles se détachent et vous retrouvez vos grolles avec de fines rayures ou des trous pointus.

C'est horrible aussi de tomber sur un berger allemand sur un étal, le corps démembré, présenté à votre appétit et aux mouches. On a gardé la tête intacte pour prouver qu'il est frais et toute sa fourrure est remontée autour de son cou, lui faisant un gros col roulé. La première fois que j'ai vu ça, j'ai failli avoir un malaise.

Mon assistant chinois m'avait dit que tourner sur le marché allait être ardu car c'était un coin contrôlé par les triades. J'ai posé la question à mon coproducteur chinois qui me ramenait à mon hôtel dans sa grosse Mercedes :

– Les triades vont nous faire des ennuis, si je tourne là-bas ?

Il a ri comme un forcené, il en secouait la tête. Il n'arrêtait pas. J'ai alors pigé que les triades, c'était lui, ou qu'au moins il était acoquiné avec eux.

Au marché aux serpents, ce ne sont pas les triades qui nous ont posé problème, mais les commerçants. Ils voulaient du fric parce qu'on les dérangeait soi-disant, alors ils dérangeaient le tournage en venant manger leurs nouilles sur des tables pliantes, devant les caméras, pour qu'on leur graisse la patte pour s'en aller. Le plus odieux était le marchand de vin qui nous a fait tout un souk parce qu'un technicien avait posé des câbles devant sa boutique. Il voulait appeler la police et nous faire expulser. C'était un sale type.

J'ai fait construire quelques fausses échoppes sur un terrain vague où on était peinards, afin d'y tourner les gros plans, et j'ai répété la poursuite où Gérard s'enfuyait pour échapper à des truands dans une rue à un kilomètre de là.

– Bon, Gérard, je t'explique. On va filmer maintenant en cachette dans le marché. Je vais te précéder avec un Steadicam[1]. J'ai un deuxième Steadi pour les mafieux, qui partira une minute plus tard. Tout est chronométré. Vous allez traverser le marché, en courant comme des dératés. J'ai éparpillé, ici et là, quelques figurants, comme si c'étaient de vrais clients, pour avoir des réactions à ton passage et pour discuter avec les marchands si certains font des histoires. On pensera que ce sont des badauds qui discutent le bout de gras. C'est de l'impro. On ne pourra faire cette scène qu'une seule fois. Donc, dès que les caméras sont prêtes, j'envoie une assistante te chercher dans ta caravane et je t'en supplie, ne nous fais pas attendre, car un Steadicam, c'est gros et visible de loin, on risque de nous démasquer vite.

– Aucun souci. Je serai prêt.

Les Steadi équipés, j'ai envoyé l'assistante et bien entendu Gérard n'était pas dans sa loge. On ne le trouvait nulle part. L'équipe a dû aller se planquer dans les camions pour éviter d'être repérée.

– Je sais où il est, m'a dit une stagiaire. Je l'ai aperçu chez le marchand de vin odieux d'avant-hier.

J'ai foncé à la boutique. Il y était effectivement attablé, avec plein de verres devant lui et une flopée de petites bouteilles. Le type lui faisait goûter les différents types de vin de serpent et ils avaient l'air copains comme cochons.

– Ah, Jean-Marie, goûte-moi ça ! C'est étrange mais c'est pas mal !

Il parlait au gus en anglais mais l'autre ne parlait que chinois, alors ils faisaient tous les deux des gestes et des grimaces, des trucs pour les sourds-muets.

---

1. Un système stabilisateur portatif de caméra.

– Fais goûter celui-là à mon copain Jean-Marie. Il est meilleur que celui-ci, qui est âpre au goût.

Le Chinois a hoché la tête en riant et est allé chercher le vin demandé. J'ai goûté. Ce n'était pas mauvais. Un peu sucré et râpeux. Le plus fou, c'est que cet odieux bonhomme était devenu soudain très amical, gentil comme tout, alors qu'il ne savait même pas que Depardieu était un acteur fameux – le taulier, en dehors des serpents et des dollars, peu de choses l'intéressaient. Ils ont papoté encore en se tapant dans les mains pendant un moment et j'ai emmené Gérard faire le plan. C'est incroyable que Gérard ait pu devenir pote avec ce type en moins de deux minutes sans même parler sa langue. Le courant passe. Il n'a même pas payé le vin, en plus. Le vieux Chinois lui a fait des signes de main cordiaux jusqu'à ce qu'il disparaisse au bout de l'allée.

Quand il a vu courir Gérard, cinq minutes plus tard, précédé par une caméra, il a écarquillé des yeux stupéfaits. Il a compris qu'il avait offert son vin à une star de cinéma et il a pensé qu'il s'était fait avoir. Il était fumasse.

Le concept des *Anges gardiens* est venu très vite : une rencontre improbable entre deux individus que tout oppose, un gangster et un curé. Le gangster est le patron d'un cabaret de strip-tease.

Une autre envie que nous partagions avec Christian, c'est que l'histoire se filme en partie à Hong Kong. On avait flashé sur cette ville pendant la promo des *Visiteurs*. C'est un endroit d'une modernité magnifique, fascinante, un carrefour entre un luxe tapageur et une pauvreté de bidonvilles quasi moyenâgeuse. Des côtes escarpées, des baies alambiquées, des jonques, des collines torturées et des super gratte-ciel, c'est spectaculaire. En plus, c'était un lieu provocant : un drapeau de la société de consommation brandi devant une Chine communiste lugubre et pauvre (à l'époque). J'avais déjà adoré la décadence de Berlin au milieu de la glacière communiste de l'Est. L'histoire se répétait. Rien ne m'ennuie plus qu'un monde uniforme, où tout est semblable et égal.

Après un début relativement facile, notre scénario a commencé à patiner. C'était bien ficelé, certes, une opposition d'hommes traditionnelle et au comique assuré, une belle machine qui ronronnait, mais trop prévisible. Somme toute, peu excitante.

On était au bord de laisser tomber ce sujet et de repartir à zéro.

Entre-temps un truc inattendu s'est produit. Berri m'a téléphoné (un matin ultra tôt) pour me dire qu'il abandonnait notre projet. Nicolas Seydoux, le patron de Gaumont, était venu le voir chez lui, pour lui demander de renoncer à ce film qu'il voulait financer lui-même. Dans un monde normal, Claude Berri l'aurait envoyé barrer, mais il se trouve que le frère de Nicolas, Jérôme, est le patron de Pathé et qu'il était le principal associé de Claude Berri. Claude n'a pas osé se dresser contre la famille.

Du coup, on a vu revenir l'ineffable Alain Terzian comme producteur exécutif.

Sur tous nos films – et ce fut le cas pour *Les Anges gardiens* –, quand on était à court d'idées, Clavier et moi, on fonçait en thalasso. Ça permettait de perdre un peu de poids sur le ventre et d'en gagner un peu dans le cerveau. L'iode, c'est bon pour les méninges.

Ce jour-là, entre deux soins, on était sur la terrasse de l'hôtel, avec nos bêtes peignoirs et nos élégantes tongs en plastique qui font *flic-floc*, déprimés parce qu'on ne trouvait pas de solution à notre cuisante panne de scénario. On avait l'air de deux petits vieux à l'hospice. C'était bien gentil de faire un film avec Depardieu, mais encore fallait-il avoir une histoire qui tienne la route… Pour une rencontre d'acteurs exceptionnelle (Clavier et Depardieu n'avaient jamais tourné ensemble), il nous fallait un script exceptionnel, or Christian trouvait notre sujet banal.

Je lui ai répondu que j'étais d'accord, qu'on partirait sur de nouvelles pistes l'après-midi (matin : boue relaxante ; après-midi : boulot exténuant).

Et là, un miracle a eu lieu dans un bain bouillonnant.

J'étais plongé dans mon eau tiède qui giclait de partout, des mini-geysers. De temps à autre une bille d'eau salée sautait hors de l'eau et venait picoter ma joue. Tandis que de petits jets attaquaient agréablement mes côtes, j'ai eu une vision.

Sur le rebord de ma baignoire, dans une buée intense, j'ai aperçu un petit bonhomme, la taille d'une marionnette à peine, assis les jambes croisées, avec des yeux malicieux et une tête disproportionnée par rapport à son corps. Il me ressemblait énormément mais il avait l'air un peu fou, avec les cheveux dressés en l'air, coiffés avec un pétard. C'était mon ange gardien. Il se fichait visiblement de moi et m'a dit un truc peu compréhensible comme : « Blabloublubliblablabloublublublo… » J'extrapole, car j'étais trop surpris pour comprendre quoi que ce soit. Les jets latéraux ont été remplacés par d'autres, assez violents, sous les pieds. Les baignoires font un raffut terrible quand elles changent de programme, un à-coup de moteur de paquebot. Mon ange a eu peur et a disparu d'un coup. J'ai pris deux ou trois gouttelettes d'eau salée dans les yeux et les narines.

Ça m'a réveillé.

Au déjeuner j'ai proposé ce concept des *Anges gardiens* à Christian. Les deux personnages en avaient chacun un : celui de Depardieu, le voyou, était benêt et gentil, celui de Clavier, le curé, était infernal et malfaisant et il le poussait au péché, comme le petit diable dans le film de Roberto Benigni *Il piccolo diavolo*.

Christian a tout de suite acheté le principe. On avait brusquement retrouvé de l'espace pour l'imagination. Bien entendu, cette idée saugrenue multipliait notre budget par deux, car les effets visuels sont chers, mais personne n'allait venir nous embêter après *Les Visiteurs*. C'est l'avantage des succès.

Au début des *Anges*, Carco, directeur d'un cabaret de strip-tease, reçoit un coup de téléphone en provenance de Hong Kong d'un copain, un voyou français qui est pourchassé par des mafieux locaux. C'est un rôle court mais essentiel, car c'est ce voyou qui lance l'histoire. La plupart des acteurs pressentis trouvaient le rôle trop petit pendant que moi, j'étais en plein doute sur leurs capacités à l'interpréter. La génération d'avant, celle des Belmondo, des Delon, était crédible revolver au poing. La mienne, pas vraiment. Il y a eu rupture de civilisation, une rupture culturelle, les hommes se sont féminisés. Même quand ils ne sont pas efféminés, ils ont perdu ce côté macho, ces tronches de durs, ces poils aux pattes. J'ai fait des essais avec beaucoup de mecs, et un pétard dans leurs mains faisait déguisement. On avait le sentiment qu'ils en tenaient un pour la première fois, qu'ils allaient le laisser tomber par terre au premier danger. Je n'arrêtais pas de houspiller ma directrice de casting. Putain ! Il devait bien y avoir un mec à la André Pousse, la gueule du gangster parfait dans les films d'Audiard, une vraie tronche à tirer comme un homme ! Elle m'a proposé quelques brutes épaisses mais ils étaient lourds, ils jouaient avec la grâce d'un buffet normand ou ils avaient l'air antipathiques.

Rentré tard chez moi, je me suis fait un plateau dîner-téloche. Je suis tombé par hasard sur *Commissaire Moulin* : mon cousin Yves Renier, en flic de choc, tirait à tout-va de façon convaincante.

Et pourquoi pas Yves ? Je me suis dit que ça pourrait l'amuser. J'ai pensé qu'il saisirait l'importance du rôle. C'était un garçon intelligent. Je l'ai invité à déjeuner. L'idée lui plaisait mais il avait peur des scènes où il devait courir, car il avait eu un problème cardiaque peu de temps avant.

– Tu sais, ce genre de scène, ce n'est pas compliqué. Je ne vais pas faire vingt prises, non plus. Une ou deux prises, et ça va. Parfois même une seule. Je te trouve incroyablement crédible avec un revolver. On voit que tu sais t'en servir. (C'était vrai. Il s'entraînait aux Invalides, avec de vrais flics, on me l'avait dit.)

– C'est surtout que je tire à balles réelles ! C'est dans mon contrat. On m'amène un caisson de sécurité, je tire dedans ! À balles réelles, tu es obligé d'arc-bouter tes muscles, sinon avec le recul, tu tires dans le plafond. Ça te fait un visage tendu, des trapèzes crispés, ça se voit. Tu prends plein de fumée et de poussière de poudre dans la gueule, ça donne un meilleur rendu en image.

J'ai compris pourquoi je l'avais trouvé excellent. En plus, c'était un bon acteur, avec une voix grave bien timbrée.

J'ai donc commandé un caisson *bullet-proof* à Hong Kong et un vrai flingue, mais mon producteur chinois m'a dit que c'était interdit par la loi. Non seulement on n'avait pas le droit d'utiliser de vraies armes, mais on ne pouvait pas employer d'armes à blanc non plus, toute détonation étant prohibée. Les faux flingues devaient rester totalement silencieux.

Pour sa première scène, j'ai dit à Yves :

– Je vais te donner un flingue en plastique et tu feras *pan pan* avec la bouche !

J'ai ajouté des flammes, en effet visuel. Il a tout de même joué de façon crispée, ça allait. Comme il avait une grande habitude de tirer, il n'a pas eu beaucoup de mal à faire semblant.

J'ai cette terrible manie de faire des explosions un peu partout. Elles sont rarement du goût des autorités parce que les responsables des effets spéciaux ont souvent la main lourde. Les gars de Hong Kong n'échappaient pas à la règle. Ma deuxième équipe a tourné une explosion d'un bateau en pleine mer. Ici, le risque était nul. Par contre, très futés, ils ont choisi au plus mal le moment de faire exploser leur bidule : celui du passage d'un avion dans sa descente vers l'aéroport. Heureusement que les avions peuvent atterrir de façon automatique, car le pilote n'y voyait plus rien, son pare-brise était recouvert de suie. Après une plainte (justifiée) de la compagnie d'aviation, on nous a priés de bien vouloir cesser définitivement nos cascades.

Je n'avais plus grand-chose à tourner, ce n'était pas grave : une scène dans le port d'Aberdeen, où les gens se poursuivaient, certes, mais à pied.

Un jeune régisseur nous a amené des sandwichs avec un Chris-Craft, puis il a eu un coup de gringue pour une jolie figurante qui désirait passer un coup de fil. Il lui a proposé, tout excité, de l'emmener en bateau le passer depuis la régie.

– Je t'embarque, viens !

Pour épater la fille, cet abruti est parti manettes à fond, pour que l'embarcation se cabre comme dans un *James Bond*. Il a tourné au coin du restaurant flottant le Jumbo, et on a entendu un fracas épouvantable. Il venait de s'emplafonner de plein fouet dans une jonque qui avançait paisiblement, et il l'a tout bonnement coupée en deux. La police du port n'a jamais voulu croire à un simple accident (de demeuré !) et on nous a priés de quitter le pays. J'ai tourné les scènes qui restaient à Macao.

Il faut dire que je leur avais donné du fil à retordre.

Je devais filmer une cascade sur une jolie place au bord de l'eau : la mort du personnage d'Yves Renier. Il téléphone d'une cabine, un camion surgit à tout berzingue et vient l'écrabouiller. La cabine est traînée sur plusieurs mètres avec le personnage apeuré derrière la vitre, et elle finit broyée avec son occupant contre une benne à déchets.

À l'hôtel, Margaret Thatcher dormait dans ma chambre. Pour être exact, on m'avait demandé poliment de quitter ma suite présidentielle pour la suite royale, juste à côté, un peu plus petite, le temps de sa visite officielle. Elle était donc ma *British* voisine.

On m'a refusé le décor de la jolie place qui me plaisait tant parce qu'à cet endroit précisément Thatcher devait inaugurer, deux jours plus tard, une statue d'elle-même, en bronze, que les Hongkongais avaient érigée en son honneur, un véritable objet d'art qui magnifiait l'amitié sino-britannique.

Les Hongkongais adoraient la Dame de fer et voulaient lui signifier leur gratitude car elle avait magistralement négocié avec Deng Xiaoping le statut de Hong Kong (un bon statut = une belle statue – un statut que les dirigeants d'aujourd'hui s'escriment à démolir) : autonomie pendant cinquante ans, dollar sauvé, opérations boursières perpétuées, liberté de la presse conservée, d'où leur envie de lui rendre hommage avant que la Chine ne reprenne le pouvoir. J'ai fait dire aux autorités de Hong Kong que nous étions des professionnels et que tout serait fait pour protéger leur œuvre d'art. La benne à déchets serait remplie à ras bord de cubes de béton et, derrière, j'allais installer une deuxième benne, avec le même poids écrasant, pour sécuriser l'ensemble.

Le camion est arrivé à toute blinde et a percuté la cabine avec une violence inouïe (un mannequin en plastique remplaçait Renier). Il l'a écrabouillée contre la benne mais surtout, obéissant à je ne sais quel zèle stupide, le conducteur a continué son action une fois la cabine défoncée. Il a reculé et il est reparti à l'assaut vers l'avant, alors que j'avais coupé le moteur de la caméra depuis un moment. Il a cogné les restes de la cabine contre la benne une nouvelle fois. Du coup, celle-ci est allée percuter la deuxième. Cette dernière a ripé sur un terrain vaguement pentu (ils avaient visiblement mal étudié l'emplacement des bennes !) et, la force de gravité aidant, la deuxième benne de sécurité, avec son poids énorme, a glissé comme une luge et est allée pulvériser la statue que devait inaugurer Thatcher, la brisant en mille morceaux ! La *First Lady* arrivait le soir même.

Nous avons eu une réunion d'urgence avec les autorités qui se retenaient à grand-peine de nous faire fusiller, mon équipe et moi.

– Vous êtes dans le cinéma, vous savez faire de faux décors… Est-ce que vous pouvez refaire la statue rapidement ? On a des photos sous toutes les coutures. Bien entendu, ça sera à vos frais. (Les Chinois n'oublient jamais les affaires.)

Mon décorateur Hugues Tissandier a eu les sourcils en accent circonflexe. Il a pris une voix blanche :

– Avec la meilleure volonté du monde, je ne crois pas que ce soit possible. La seule chose qu'on peut faire, c'est rafistoler la... euh... la statue...

Le lendemain, Thatcher est arrivée en grande pompe pour inaugurer sa statue. Une fanfare massacrait à tue-tête le *God Save the Queen* et *Pomp and Circumstance*. Elle a été surprise de voir que la tribune officielle était à une distance très inhabituelle de la statue, j'oserais même dire à Dache-les-Oies. Mon décorateur l'avait déplacée à nos frais pour que Maggie ne puisse pas observer l'objet de trop près. Quand elle a coupé le cordon, celui-ci, relayé par plusieurs poulies, a fait tomber la bâche rouge qui recouvrait l'œuvre d'art. Elle est apparue dans toute sa splendeur. Tous ont applaudi. Thatcher, frustrée de voir la statue à 60 mètres, a demandé si c'était possible d'aller l'examiner à pied. Elle était intriguée. D'autant plus que, connaissant les Chinois, je pense que c'est le Royaume-Uni qui avait dû payer 98 % du bronze. On lui a dit que non, bien malheureusement, que ça risquait de mettre en danger l'horaire des réceptions suivantes. Les Chinois sont très tatillons sur la ponctualité et ne veulent jamais perdre la face. Elle est donc repartie sans voir la statue en détail. Heureusement ! Pendant la nuit, l'équipe déco l'avait rafistolée à la va-vite, réassemblant les morceaux épars avec des rouleaux adhésifs du Mr Bricolage local. Là où il manquait des bouts, ils avaient plâtré, à la louche, puis un peintre de plateau avait barbouillé le tout avec une peinture couleur bronze *ad hoc*.

Je ne sais pas où est cette statue aujourd'hui, si le sculpteur l'a refaite, à mes frais, ou si le président Xi l'a fait foutre à la baille.

À Hong Kong, même pour un film, on doit respecter le code de la route. C'est compliqué quand on a tout un tas de cascades spectaculaires à faire. Depardieu volait un triporteur et il lui arrivait pas mal de péripéties. Heureusement, on avait amené de Paris six triporteurs identiques. Je trouvais ça dispendieux, mais cela a finalement été utile, car la police nous les a confisqués définitivement, un par un, chaque fois qu'on cassait quelque chose, au mépris des règlements de la circulation.

On faisait nos cascades sans demander la moindre autorisation. Comme s'il s'agissait de banals accidents de la route.

On a jeté un camion dans le nez d'une bagnole, par exemple, double tonneau, et les cascadeurs sont restés sur place pour faire un constat en bonne et due forme. J'ai plongé dans une limousine qui attendait en retrait, les caméras ont été dissimulées dans une camionnette, les techniciens ont filé à l'anglaise dans des mini-vans. Bonsoir la compagnie ! Le tournage avait déguerpi avant l'arrivée des flics.

– Et vous, Français tous les deux ? a demandé aux chauffeurs un policier chinois, super perplexe.

– Oui, c'est une coïncidence. On aurait préféré faire connaissance autrement… Autour d'une bière, par exemple…

Depardieu avait plusieurs scènes de comédie sur son triporteur, dont une où il était au téléphone. Il conduisait sans complexe, c'est un motard et il a peu le sens du danger. Dans la vraie vie, il s'est vautré pas mal de fois. Il se relève toujours sans dommage. C'est Raspoutine.

Je le précédais sur une voiture travelling. En plein milieu du plan, alors qu'il parlait dans un cellulaire bidon, son vrai portable a sonné dans sa poche. Il s'en est saisi pour répondre :

– Je ne peux pas te parler, là. Je tourne un plan. Tu voulais quoi ?

Son interlocuteur lui a expliqué quelque chose et il a conversé trois bonnes minutes.

– Allez, allez ! Je t'embrasse. J'ai un plan à finir…

Il a refait l'échange en un clin d'œil et il a repris son dialogue, là où il l'avait laissé, avec exactement la même expression, la même intonation, la même sincérité… Au montage, j'ai enchaîné les deux plans, j'ai pu ainsi couper son appel personnel, ça marchait au poil. Sa facilité pour jouer la comédie est absolument stupéfiante. C'est une concentration innée. Il blague, il parle d'autre chose, il déconne et soudain, toc, il est le personnage avec ses émotions.

Il m'a fait le même coup en studio. Mais je dois d'abord vous apprendre un peu de technique : pour que les acteurs aient plus de présence et d'intensité, je veux qu'ils regardent presque dans l'objectif. Je demande donc aux partenaires de se coller le plus près possible de la caméra, pour échanger leurs regards. Ce n'est pas toujours confortable, surtout quand il y a des projecteurs autour de celle-ci.

Ce jour-là, Eva Grimaldi s'est écartée de l'appareil, faisant perdre à Gérard son acuité de regard. En plein milieu d'une réplique, il s'est avancé, l'a soulevée, l'a recollée à sa place initiale, puis il s'est reculé et il a repris son jeu, comme si de rien n'était. À l'aise, Blaise. C'est un virtuose.

Quelle joie j'ai eue d'avoir un duo d'acteurs aussi brillants ! C'était un régal, tant le rythme était rapide, léger, fantaisiste, la comédie aux premières loges. Innocence (ou bêtise), mauvaise foi, embarras, mensonges, tous les sentiments fusaient à la vitesse de l'éclair. C'est un privilège d'être le premier témoin d'un tel talent. Ils s'amusaient tellement, les deux, qu'ils frôlaient le fou rire à tout bout de champ. J'avais tant de prises ratées que j'ai pu faire un making of pour le générique de fin et le DVD. À un moment, Depardieu s'assied par mégarde sur un jouet d'enfant qu'il bousille avec son imposant postérieur. Quand il s'en aperçoit, il met la main devant la bouche et il a une mimique de mioche, style « j'l'ai pas fait exprès ! ». Cette mimique est si gracieuse et si inattendue, venant d'une grosse bête comme lui, que je l'ai gardée pour clore le film. Elle exprime son charme à merveille.

Mais Gérard n'était pas toujours aussi charmant. Il était parfois casse-bonbons. Nous tournions dans un avion et je l'ai vu tout à coup faire une mimique très curieuse. Il regardait vers le bas, comme s'il semblait réfléchir, et après un soupir, il a balancé sa réplique d'une traite.

– Coupez ! Qu'est-ce que tu me fais, Gérard ? Tu me la joues Actors Studio[1] ? Pourquoi tu prends tout ce temps ?

Il bredouille un truc incompréhensible :

– Je pensais que... *meumeumeu*. (Baragouin à peine audible).

Et il ajoute :

– C'est rien ! On va la refaire plus vite !

Je m'avance et je constate que sur l'assise du siège devant lui, là où il baissait précisément les yeux, il y a des feuilles blanches dans tous les sens où son texte est écrit, au marker, en TRÈS GROS. Par terre, il y a encore d'autres feuilles. Le steward, à qui il fait face, se retourne. Gérard lui a collé une feuille sur le thorax, avec du Scotch, où une de ses répliques est inscrite. Il faisait souvent ça avec les petits acteurs qui n'osaient rien dire. Il fonçait sur eux et sans un mot, avec du Scotch, il leur collait ses propres répliques un peu partout sur leurs costumes.

Dans cet avion, Depardieu ne jouait pas du tout selon la méthode de l'Actors Studio : il lisait son texte !

J'ai ramassé toutes les feuilles et je les ai déchirées.

– Mais t'es con ou quoi ? s'énerve Gérard. Je n'ai pas eu le temps de les apprendre ! Et il y a plein de trucs à dire !

– Eh bien, apprends-les ! Mais moi, je n'aime pas que tu lises. Tu es beaucoup moins bon.

Il était furax :

– Ce que tu es chiant ! Je te préviens, ça va prendre une heure...

---

1. La méthode Actors Studio, professée à New York par Lee Strasberg, d'après les théories de Stanislavski, consiste à ramener le rôle à soi, à ce qu'il évoque dans les souvenirs de celui qui joue, et non à aller vers le personnage, comme dans le jeu classique. L'acteur s'exprime avec son corps. Certains gestes ou certaines attitudes corporelles sont supposés exprimer les sentiments. C'est intellectuel.

– Ça prendra le temps qu'il faudra.

Cet enfoiré a pris presque deux heures, rien que pour m'emmerder. Quand il est revenu, il a été génial. Ses répliques fusaient à la vitesse d'une mitrailleuse. Il est sincère, il vit l'angoisse du personnage. Il est époustouflant. C'est une de mes scènes préférées. Même quand il bafouille (un quart de seconde, un mini-trou), c'est encore mieux. Les acteurs sont franchement meilleurs quand ils savent leurs textes, car ils peuvent se concentrer sur leur jeu et, surtout, répondre aux mimiques de leur partenaire. Ils ne sont pas uniquement attentifs au dernier mot, pour enchaîner. Ils vivent la scène.

Air France nous avait prêté un Boeing et on était garés sur une piste à l'écart. L'équipe remplissait l'avion le matin de tout ce dont nous avions besoin, car rouler sur les pistes est réglementé et retourner au camp de base prenait un temps fou.

La scène se passait en première classe. Une hôtesse présentait aux passagers des petits-fours appétissants sur un plateau d'argent. Un détail m'attire. Mes yeux quittent les acteurs et vont vers son plateau. Sur sa grande surface brillante, il n'y a que deux petits-fours minables qui se battent en duel.

– Coupez !

J'engueule l'accessoiriste :

– C'est quoi, ce plateau, c'est ration Cambodge ?

Le mec rougit et me fait signe de venir à part.

– C'est Gérard, me confie-t-il tout bas. Tu sais le matin quand j'arrive, je remplis les deux frigos qui sont là (il me montre deux énormes armoires frigorifiques) avec des petits-fours frais. Eh bien, quand il monte dans l'avion, il fonce se servir. Ce matin il a tout mangé. Il ne me reste plus qu'un demi-étage. Je suis obligé de rationner !

Envoyer une voiture chez Servair pour recharger le frigo, avec les autorisations à demander à la tour de contrôle, nous a fait perdre une heure ! Si j'avais su, j'aurais prévu le réassort en bouffe pendant que Gérard apprenait sa leçon dans sa loge !

Gérard ne piquait pas uniquement la bouffe. Un assistant m'avait prévenu qu'il volait aussi ses costumes et ses accessoires, en fin de film. C'est un brigand.

Il portait une montre Boucheron – prêtée – d'une valeur de 40 000 euros. Ça exprimait que le personnage avait réussi, qu'il était plein aux as. Une semaine avant la fin du tournage, j'ai appelé son habilleuse :

– Apporte-moi la montre. Je vais la rendre à Boucheron aujourd'hui.

– Gérard a encore une scène avec !

– Tu lui mettras la montre de sa doublure. On n'y verra que du feu. Surtout dans une séquence où le héros passe à tout berzingue sur une moto !

Gérard est arrivé furibond :

– C'est quoi, ça !?

Il a brandi la montre du cascadeur, en plastique doré.

– Désolé, Gérard, mais Boucheron avait un acheteur. À ce prix-là, ce n'est pas tous les jours. J'ai dû leur rendre.

– Ouais eh ben moi, je mets pas ça !

Il l'a jetée violemment contre le mur où elle a explosé en pièces multiples.

– Eh ben, tu ne mets pas de montre du tout ! Ce n'est pas grave. Dans mes films, le rythme est tel qu'on a du mal à voir les acteurs, déjà. Alors personne n'a le temps de voir les faux raccords, à moins de faire un arrêt sur image !

Il est reparti furieux et, rien que pour m'embêter, il a joué les deux scènes qui restaient avec ses manches de veste relevées sur ses avant-bras. C'est bien ce que je dis, le public ne regarde que l'acteur. Pas sûr qu'on ait même remarqué qu'il avait une montre avant !

Et notre ogre national n'a pas cessé de me faire des niches. Quand je suis arrivé au studio pour le tournage à Paris, il y avait une émeute devant mon plateau… Mon assistante est venue me voir :

– C'est les décos du plateau d'en face qui nous accusent d'avoir piqué leurs meubles ! Ils veulent appeler la police !

– Envoie-les balader ! En quoi est-on responsables ?

– Ils disent que ce matin on a livré leurs meubles devant la porte du plateau. Et qu'après tout a disparu… Comme le nôtre est en face, ils pensent que c'est nous !

– Mais c'est absurde ! On a nos meubles, on n'a pas besoin des leurs ! Fais-leur visiter notre décor pour qu'ils constatent qu'on n'a rien pris !

Pendant que l'équipe d'en face commençait la visite, un machino s'est approché.

– C'est m'sieur Depardieu, Jean-Marie ! Il est arrivé tôt ce matin, pour le maquillage. Il est descendu de son auto et il a inspecté les meubles. Il a même ouvert des tiroirs. Puis je l'ai vu téléphoner. Une heure après, un camion est venu, avec deux gars, et ils ont tout embarqué pour son château de Tigné.

J'ai bondi dans sa loge.

– C'est toi qui as piqué les meubles devant le plateau ?

– Ben, ils ont terminé, non ? Il y a tout ce qu'il faut comme meubles dans ton décor ! Il manque rien !

– C'est ceux du film d'en face, Gérard ! Et ils n'ont pas commencé !

– Merde !

Il a appelé ses gus.

– On s'est gourés, les gars, c'est pas les meubles des *Anges*. Ramenez-les dare-dare !

– Si je comprends bien, si c'étaient les miens, ça ne te dérangeait pas de les grappiller !

Il a rigolé.

À Hong Kong et à Macao, il touchait de gros défraiements quotidiens en dollars. Il les rangeait dans le coffre de sa chambre. Il les comptait souvent, d'après les confidences que m'a faites sa copine Karine, la maman de sa fille Roxane.

Ses défraiements, c'étaient pour ses repas du soir et ses consommations, en principe. À déjeuner, notre cantine le nourrissait – ainsi que les frigos des avions.

Quand je suis reparti pour Paris, l'hôtel m'a tendu une facture astronomique : ses *room service* avec une flopée de caviar, de champagne, de liqueurs de prix. Il y avait aussi des factures de magasins, tout un tas de petites robes qu'il avait offertes à sa jolie copine.

– Monsieur Depardieu a dit que ce n'était pas à lui de payer, mais à vous ! Il a dit que c'était marqué dans son contrat.

J'ai casqué ; je savais que si je lui envoyais la facture, il ne l'honorerait pas. Alors j'ai attendu mon heure.

J'ai eu ma vengeance quelques mois plus tard ! Gérard devait recevoir un chèque pour les synchros, le premier jour en principe. Je ne le lui ai pas apporté, le lui promettant pour le lendemain. Il n'aimait pas trop. Quand il a enfin eu son enveloppe, il a tout de suite regardé le chèque et s'est mis à brailler :

– Mais ce n'est pas la somme prévue !

– Mais si ! Il y a un courrier comptable, avec.

Il l'a lu. Il est devenu blême. On avait déduit du chèque toutes les dépenses qu'il m'avait laissé régler à Hong Kong.

Il a été beau joueur, je dois dire. Après avoir hurlé à la mort, il a fini sa session avec zèle.

C'est un homme très gentil, en fait, juste un peu radin parfois. Sa fille Julie me faisait rire. Un jour elle était venue le voir pour qu'il lui donne des sous pour acheter des baskets. Je l'entends gueuler comme un veau parce qu'il trouvait ces baskets hors de prix, mais il a finalement cédé et lui a offert la paire qu'elle voulait. En sortant, levant les yeux au ciel, et évoquant ironiquement la mouscaille noire qu'a connue Gérard dans sa ville natale au cours de son enfance, elle a soupiré :

– C'est Châteauroux !

Il peut aussi être très généreux, comme avec la veuve de Jean Carmet qui est mort sans beaucoup de ronds.

Parfois, pendant le tournage, il me demandait :
– Il est quelle heure en ce moment à Paris ?
– Avec le décalage horaire… 3 heures du mat, quelque chose comme ça…
Je voyais ses yeux s'allumer de malice.
– Qui je pourrais bien faire chier ?
Alors il appelait quelqu'un, souvent notre ancien agent commun, Jean-Louis Livi.
– Jean-Louis ? C'est Gérard. Je ne te réveille pas ? Ah… Désolé… Comment a démarré (suivait le nom d'un film sorti le mercredi) ? Ah, tu en es sûr ? Ça me paraît beaucoup… Tu n'as pas le *Ciné chiffres* devant toi ? Ouais, je me doute bien que tu ne le gardes pas près de ton lit… Pourquoi tu ne vas pas le chercher ? Ça m'intéresse.
Et pendant que Jean-Louis partait le récupérer dans le noir, se cognant probablement à tous les meubles, il me regardait avec un sourire de sale mioche.
– Il est parti le chercher dans son bureau…
Plusieurs fois je l'ai vu appeler des gens et leur parler une plombe en les tenant éveillés. Après, il leur disait :
– C'est quelle heure chez toi ? Oh merde ! Excuse-moi… Rendors-toi !
Il raccrochait, content de lui, avec la sensation d'avoir fait une bonne blague.

Le personnage que jouait Gérard portait des chaussures Berluti. On les cite même dans le film. Il engueulait Clavier en hurlant :
– Dans quel état vous avez mis mes pompes ! Des Berluti !
J'avais envoyé mon épouse d'alors, chef costumière du film, à leur boutique, pour tâcher d'obtenir un deal intéressant. Ça s'était passé moyennement. Mme Berluti pensait que les spectateurs de mes films n'étaient pas du tout sa clientèle. Elle a refusé de nous donner de l'argent. Elle nous a juste offert quelques pompes flashantes pour le personnage de Gérard et quelques vieilles paires pour que Clavier puisse les écrabouiller.

J'aimais beaucoup cette boutique, qui était en face de mes bureaux, rue Marbeuf, une horrible tentation. Je reluquais, je me souviens, une grolle d'enfer avec une couleur invraisemblable, une sorte de vert brillant miraculeux. J'ai craqué. J'ai essayé ces chaussures. On me les a apportées en marron.

– Ah non, ce sont les vertes qui me plaisent.

Mme Berluti a soupiré :

– Elles existent en noir et en marron. Si vous voulez ce vert, mettez-les au soleil derrière une vitre pendant cinq ans et attendez qu'elles décolorent. Mais il faut les cirer tous les deux jours !

J'ai compris que cette couleur sublime était due aux photons.

– Je ne peux pas vous acheter celles de la vitrine ?

Elle est allée chercher l'autre pied qui était marron, car il n'y avait qu'un pied dans la devanture.

– Si ça ne vous dérange pas de porter des dépareillées, je vous les vends…

Je me suis senti comme le grand con avec une chaussure verte.

Quelque temps après la sortie (et l'immense succès) des *Anges*, je suis retourné chez le célèbre bottier.

Mme Berluti m'a accueilli avec le sourire.

– Monsieur Poiré, je suis contente de vous voir, parce que je me sens coupable. Je me suis trompée. À la suite de votre film, on a eu un regain de clientèle considérable. Et des jeunes, en plus, des gens qui n'avaient jamais entendu parler de notre marque, qu'ils ont découverte grâce à vous. C'est le futur, c'est formidable. Je m'en veux d'avoir envoyé balader votre épouse comme ça. Pour me faire pardonner, je vous laisse choisir huit paires en demi-mesure. Je vous les offre.

Quelle élégance !

Tout le monde, je l'admets, n'a pas le privilège de se faire offrir des grolles aussi luxueuses au coin de la rue.

Pendant que je choisissais huit superbes paires, mes yeux sont tombés sur une rangée de pompes, toutes plus belles les unes que les autres, prêtes à être expédiées aux États-Unis.

– C'est pour Mel Gibson, m'a confié la patronne. Nous avons toutes ses mesures ici. Il veut du sur-mesure bien entendu.

J'ai alors repéré une paire resplendissante, en cuir massif presque brut, originale, comme des bottes anciennes, qui brillait sur des formes en bois.

– Ça, ce sont les plus chères de la boutique. Elles sont destinées au pape Jean-Paul II. Elles coûtent une fortune parce qu'il ne veut pas voir de coutures ! On doit les faire à la main, en les cousant de l'intérieur, vous vous rendez compte du boulot ? Ça prend un temps fou et très peu de gens savent le faire. En dehors d'être le meilleur cuir qu'on ait, c'est aussi le plus résistant.

– Il est allergique aux coutures ?

– Oui. Pas de coutures ! Il trouve que ça fait plus pauvre… plus pèlerin…

Et puisqu'on parle du pape et des hommes de Dieu, je me souviens d'avoir été à la rencontre de Mgr Di Falco, qui était secrétaire de la Conférence des évêques de France, à l'époque, car j'avais un mal de chien à trouver une église pour tourner. Les curés avaient peur du scénario, à cause des scènes du Crazy Horse. Ils pensaient tous que c'était inapproprié. Di Falco m'a reçu très aimablement. Je lui ai fait valoir mes arguments.

– Ils devraient comprendre que ce film est une pub pour l'Institution. S'il y a des anges gardiens, c'est qu'il y a un Dieu, non ? C'est ce que vous voulez qu'on pense. Même si c'est à la blague, ça fait du chemin dans les têtes. *Don Camillo*, avec Fernandel, a beaucoup œuvré dans votre sens, puisque le bon Dieu lui parlait.

Falco m'a sympathiquement aidé et m'a trouvé une église ravissante. C'est un homme de goût, charmant et cultivé, intelligent donc, avec qui je suis resté ami. Il a célébré la messe d'enterrement de mon père, ce qui a fait plaisir à ma mère. Il a servi de coach à Clavier, pour lui apprendre les bons gestes d'un prêtre et les bonnes attitudes, qu'il paraisse crédible.

Il lui disait :

– Non, ne vous pressez pas comme ça ! Vous avez tout le temps. Vous officiez pour Dieu qui représente l'éternité. Et le temps donne de la grandeur au sacré. Vous avez la Parole.

Le contraire de ce que je demande aux acteurs ! Je dois dire que je suis mauve quand je pense au nombre d'entrées que le christianisme a réalisé dans ses églises, d'une messe l'autre, depuis des générations. Peut-on dire sans vouloir choquer les consciences que parfois le spectacle est un peu rasoir (en dehors des messes chantées, les meilleurs chants étant ceux de l'Église orthodoxe), et que certains offices ont beau faire le plein, on s'y ennuie parfois à mourir ?

En tant qu'homme de Dieu, Clavier, en cureton, avec son splendide épi sur le sommet du crâne, marquait les spectateurs. Sans oublier les filles du Crazy, si ravissantes que les hommes en écarquillaient les yeux, langue pendante, comme le loup de Tex Avery. Par ailleurs les danseuses du célèbre cabaret savaient tenir les hommes à distance. Même toutes nues, ou en mini-peignoir, on aurait dit des demoiselles de bonne famille. Le Crazy, c'est le couvent des Oiseaux. M. Bernardin était intraitable sur la vie privée, tout autant que sur leur poids. Les filles passaient sur la balance toutes les semaines. Un kilo en trop, un avertissement, 2 kilos, virée. Elles n'avaient pas le droit de téléphoner à un garçon (appels entrants ou sortants), les mecs n'avaient pas le droit de les attendre dans un rayon d'un kilomètre autour du music-hall. Elles étaient prudes et bien élevées et se méfiaient un peu de mon équipe de techniciens, une majorité d'hommes, sans parler de Gérard qui n'est jamais avare de réflexions graveleuses. Alors elles s'agglutinaient autour de Clavier, sur son fauteuil, habillé en prêtre. Elles se sentaient en sûreté avec cet homme de foi. Ça m'amusait. Comme quoi, l'habit fait le moine.

Pour l'héroïne principale, j'ai choisi Eva Grimaldi car on avait du mal à trouver des filles françaises qui aient à la fois du gabarit et du talent, de bonnes actrices jolies et drôles, avec une conversation copieuse et spectaculaire. Eva est venue me voir à Paris. Au bout d'une heure d'entretien, un homme a sonné à ma porte.

– Je suis le taxi de la dame. Elle devait redescendre me payer tout de suite.

Ça m'a coûté 100 balles. Il n'a même pas regardé mon billet, ni moi, les yeux rivés sur Eva.

– J'en avais marre d'attendre ! Mais je pardonne à la petite dame ! Si elle a besoin d'un taxi pour retourner à l'aéroport, appelez-moi !

Eva portait une robe bleu marine, très décolletée, avec deux flèches blanches en tissu qui semblaient désigner son corps sculptural. Un délice de provocation à l'italienne qui rappelait les meilleures heures de Sophia Loren. Super kitsch. Hilarant. Je lui ai demandé de porter cette robe dans le film, pour une scène, c'était trop bien.

Eva m'a plu tout de suite. C'est une actrice amusante qui faisait *cartoon*.

J'ai d'ailleurs adoré le tournage des *Anges* car on était sans cesse entourés de jolies filles.

Pour en revenir à Depardieu, il a tenu sa promesse de ne jamais boire sur le tournage des *Anges*. La seule fois où je l'ai vu ivre, c'était en post-production, au moment des doublages. Il arrivait de Hollywood où il avait tourné un film qui l'avait saoulé (dans tous les sens du terme !), *Bogus*, avec Whoopi Goldberg. Il débarquait directement de l'aéroport. Je pense qu'il avait bu toutes les petites fioles du zinc, plus celles qu'il avait dû piquer dans les frigos. Il voulait un café. Je l'ai emmené au bar de l'auditorium. J'ai dû l'empêcher d'étrangler le patron, en écartant ses doigts du cou du malheureux. C'était dur, ses mains sont en acier. Il l'avait collé au mur et le pauvre ne touchait plus le sol. Ses pieds gigotaient dans le vide. Gérard lui reprochait de ne plus acheter son vin pour son resto, et il avait eu le culot de répondre que sa clientèle n'en voulait pas !

– Mes clients sont bières, Gérard ! Ils sont bières !

Arriva le temps de la promo. On devait aller faire une télé à Munich. Gérard m'a dit qu'il m'emmenait avec son jet – « ça sera plus sympa que la ligne commerciale ». Son avion était un zinc qu'il partageait avec Gérard Bourgoin, l'empereur de la volaille qui dégommait six cent mille poulets par jour, et qui avait aussi, malheureusement, sa licence de pilote.

Je suis arrivé au Bourget à 8 h 30 du matin. Il n'y avait pas le moindre avion. Seulement Jacques Attali qui venait avec nous, car ils devaient tous continuer jusqu'à Petaouchnokenski, pour rencontrer un ministre russe, je crois (sans doute de l'Agriculture, afin de lui cloquer quelques poulets), ou un de ces Présidents effrayants qui amusent considérablement Gérard. Il a téléphoné pour dire qu'il serait en retard, qu'on ne s'inquiète pas.

On a attendu le jet de Depardieu au moins une heure et demie. Dès qu'il a atterri, Gérard nous a rejoints pour nous embrasser et prendre un verre.

– On doit attendre vingt minutes avant de repartir, c'est le premier créneau libre.

J'ai regardé ma montre, j'ai vu qu'on risquait d'être franchement en retard. Gérard était cuit, et l'autre Gérard (Bourgoin) aussi. C'était plus fâcheux parce que c'est lui qui pilotait.

On a décollé. Enfin.

Il y avait un immense carton par terre, dans la carlingue, ressemblant à celui d'une pizza pour huit personnes.

– J'ai été à Meaux, acheter un brie pour le pote ministre de Bourgoin, a fait Gérard. Il est sublime, vous voulez goûter ?

– Ça serait peut-être plus judicieux de lui offrir intact ! a suggéré Attali.

– C'est déjà entamé.

Effectivement, le brie resplendissant était déjà sérieusement amoché. Gérard a cherché un couteau dans l'avion, mais il n'y en avait pas, juste une grosse cuillère blanche en plastique. Il a donc coupé une grosse part en cercle (le brie, déjà moche, devenait maintenant une œuvre d'art post-moderne) et il me l'a proposée.

– Tu n'as pas une assiette ?

– Non.

– Alors non merci, je n'aime pas le fromage avec la croûte !

– C'est très bon, la croûte !

Du coup, il a tendu ma part à Attali qui est un homme très poli. Il a mangé les deux parts, sans pain, sans vin, en tachant son costume, car le brie coulait de partout.

Ce voyage a tourné au cauchemar. On arrivait au-dessus de Munich. Le retard s'accumulait. La tour de contrôle donnait ses ordres :

– Mettez-vous en approche ! Vous êtes septième. *Number 7.*

– *No !* a crié Bourgoin. On passe en premier ! *We go first ! Emergency !* Urgence !

– *You're number 7*, a repris la tour, impavide. *Copy that ! Repeat*[1] *!* Descendez à 4 000 pieds…

– *No, no !* a hurlé Bourgouin. *I'm with* Gérard *Depardiou. Interview TV. Urgent. TV. Mayday. Mayday*[2]. *We got to go first.*

– *You're number 7. Please repeat ! Go down now to…*

L'autre timbré a piqué vers le bas.

– *I go first. Interview TV !* Gérard *Depardiou ! Priority !*

L'officier lui a intimé l'ordre de remonter d'une voix sévère, mais Bourgoin a continué sa descente sans état d'âme. J'étais pétrifié. Non seulement cet avion puait le brie, mais en plus on allait se farcir un Boeing en plein vol et être réduits en purée.

---

1. « Vous êtes en septième position. Notez-le ! Répétez ! »
2. *Mayday* est la formule de détresse en anglais, correspondant à « SOS ».

Comprenant qu'elle avait affaire à un forcené qui n'avait pas l'intention de changer ses plans, la tour, en panique, a détourné tous les avions avant nous. Elle les a expédiés dans toutes les directions. Terrifiant. Heureusement les Allemands sont organisés et leur système d'urgence est au point. Chacun a été envoyé sur une trajectoire sécurisée. Ça s'est bien terminé. On a atterri sans dommage.

Un taxi nous attendait sur la piste. La police de l'air est venue arrêter Bourgoin.

Dans le taxi, Depardieu a compris qu'il était complètement saoul :

– Je ne sais pas comment je vais pouvoir faire cette interview !

C'était une évidence, mais c'était bien qu'il le reconnaisse.

– Tu aurais dû avaler une cuillerée d'huile d'olive avant de picoler, Gérard... L'huile tapisse l'intestin et l'alcool passe plus lentement dans le sang. Ça dissimule assez bien les bittures.

– Je ne savais pas.

Ce n'était pas tombé dans l'oreille d'un sourd...

Notre émission était en direct. Nous, les invités, jactions autour des micros, tandis qu'un cuisinier, plus loin, mitonnait une recette, l'explicitant entre chaque interview.

Au milieu d'une question d'un journaliste, Gérard s'est levé brutalement et il a foncé vers les fourneaux. Une caméra l'a suivi pendant son trajet. Il a demandé au cuistot :

– Tu as de l'huile d'olive ?

– *Ja.*

Gérard a chopé la bouteille et il l'a vidée cul sec, en direct. Le gus n'en croyait pas ses yeux. Gérard est revenu répondre aux questions, après un rot impérial. Quel trapéziste !

Je m'étais attendu à ce que Bourgoin soit menotté, mis en prison ou expulsé immédiatement, mais soit par corruption soit par charme (il sait en avoir), il est arrivé, peinard, à la fin de l'interview de Depardieu. Il avait peut-être tout bêtement payé une amende pharaonique.

Ils m'ont proposé de les accompagner à Petaouchnokoko. J'ai décliné. Visiblement, on n'avait pas retiré sa licence à Bourgoin… mais l'expérience d'avion-tamponneuse m'avait suffi.

Depardieu, lui, est parti faire cette virée au fin fond des toundras russes. Il s'est battu dans un bar avec un marin, et s'en est tiré avec douze points de suture.

À la suite des *Anges*, Gérard est resté très copain avec Clavier.

J'ai regretté de n'avoir pas pu faire *Astérix*, car je suis sûr qu'on se serait encore bien amusés.

10

QUAND GIRAUDEAU ME BOUDE ET QUE LANVIN SE FÂCHE

La voix de Bernard Giraudeau pouvait être cassante et glaciale :

– Qui t'a donné ce numéro ?! Il est réservé à ma mère et à ma femme ! Il ne faut jamais appeler sur ce téléphone !

– C'est... euh, une secrétaire, au bureau...

Ça m'évitait de dire que c'était son agent, histoire d'éviter des salades !

– Oui, eh bien, je vais t'en donner un autre que tu vas noter et filer à ton bureau ! Et oublie celui-ci définitivement ! Efface-le de ton agenda ! Bon. Qu'est-ce que tu voulais ?

C'était tentant de répondre « Rien », parce que le ton qu'il prenait était légèrement agaçant, mais j'ai dit :

– Te proposer un rôle dans le film que j'écris en ce moment pour Clavier. Un rôle où vous seriez face à face. *L'Opération Corned Beef.*

Comme il jouait au théâtre, je lui ai proposé de venir le voir. J'en profiterais pour lui donner le scénario.

– Ça va être ardu. On est complet tout le temps ! Enfin... Je vais voir ce que je peux faire. Je te rappelle.

Il m'a rappelé quelques minutes plus tard :

– Impossible de te trouver même un strapontin !

– Mais je peux payer ma place ! Tu n'es pas obligé de m'inviter.

– Tu n'en trouveras pas avant trois semaines. On est overbookés.

– Tu sais, je suis un professionnel, je peux voir ta pièce depuis les coulisses... Tu as juste à me dégoter une chaise. Je me rendrai très bien compte de ta performance.

– Non, ça, c'est impossible. Viens me déposer le scénario. Ah ! a-t-il ajouté, je ne suis pas du genre à arriver en avance au théâtre : viens vers 20 h 45 et tu me demandes. Salut.

Bien entendu, je n'y suis jamais allé. Un film, c'est trop délicat pour commencer comme ça.

J'ai raconté cette stupéfiante attitude de Giraudeau à Philippe Noiret, qui m'avait invité très gentiment dans sa maison près de Carcassonne. Il était scié, et en même temps aux anges.

– Ce que tu me racontes est tout bonnement merveilleux. À mon âge, je devrais être à la retraite… remplacé par des stars plus jeunes… Eh bien, ce que tu me dis laisse présager que j'ai encore de beaux jours devant moi !

Ce rôle du Squale, l'agent de la DGSI dans *Corned Beef*, je l'avais en fait écrit pour Gérard Lanvin, en l'an de grâce 1989. J'avais aimé son travail sur *Mes meilleurs copains*, on s'était bien entendus, et je lui avais confié mon envie de tourner à nouveau avec lui, de lui offrir un face-à-face avec Clavier dans un polar, dans des rôles très antinomiques. Ça l'a botté. Je suis ensuite allé soumettre mon idée à Christian Fechner et j'ai été très mal reçu :

– Oui… enfin, bon… recommencer tout de suite avec Lanvin, après le flop de *Mes meilleurs copains*, je ne suis pas sûr que ce soit le meilleur choix…

Je ne savais pas qu'ils étaient brouillés – ils s'étaient engueulés, d'après ce qu'on m'a dit, parce que Fechner trompait sa femme et que Gérard lui avait maladroitement fait la morale. Lanvin adore sa femme et a des principes rigoureux.

Et j'ignorais que Fechner avait troqué son ex-amitié idolâtre pour Lanvin contre un amour nouveau, tout aussi fanatique, pour Johnny Hallyday. Admirer les artistes le motivait. Il était désormais en pâmoison devant notre Johnny national.

Il venait de lui offrir le rôle principal d'une série policière (un bide) mais Hallyday savait faire du charme, et aussi faire la star, deux choses qui vampaient Fechner. C'était sa came, en plus. Il avait commencé comme producteur des Charlots, Johnny était tout de même une classe au-dessus ! La vieille canaille est devenue sa danseuse. Le rocker le réveillait à 3 plombes du mat pour lui dire qu'il était retenu au commissariat pour ivresse et tapage nocturne et qu'on lui confisquait sa moto. Fechner se levait sans barguigner et allait le sortir du pétrin. Je ne suis même pas sûr qu'il aurait fait ça pour une copine.

– Je le vois très bien pour ce rôle… Johnny et Clavier, ça sera un tandem explosif !

– Je vais te faire un aveu, Christian. Johnny est une star du rock, indéniablement, mais comme acteur je le trouve assez moyen. Son côté star le vampirise. Le public voit Johnny, pas le personnage. Un type comme Sinatra, quand il est devenu acteur, a eu l'intelligence d'arrêter de chanter. Yves Montand l'a imité. Ils ont bien fait.

– Avec quelqu'un de talentueux comme toi, un fantastique directeur d'acteurs, je suis sûr qu'il sera épatant. Tu ferais jouer même des cailloux.

– Tu es gentil, mais franchement je n'aimerais pas diriger un caillou. Je préfère avoir affaire à des pointures. Les nuls, je les coupe quand ils sont mauvais, c'est mon seul pouvoir. La direction d'acteurs, ça consiste à ne pas se tromper de bestioles et à engager des gens extraordinaires.

Ça s'est donc mal terminé. J'ai pris la porte, avec mon projet de *L'Opération Corned Beef* dans ma culotte.

Après *Mes meilleurs copains*, mon obsession était de revenir à un cinéma plus commercial, avec une affiche qui évoque immédiatement le cinéma de divertissement. J'ai dit à Clavier :

– Toi, avec un flingue, c'est nouveau, tu ne l'as jamais fait. Et comme un flingue, ça ne t'ira pas forcément bien, on verra tout de suite que c'est une comédie.

Ça lui a fait tilt et on s'est lancés dans cette direction.

Finalement, le flingue a skippé la main de Clavier pour aller dans celle de son face-à-face, l'autre mec du duo. Christian s'est retrouvé avec une sacoche d'homme en cuir, une pochette rectangulaire à bandoulière, un ustensile que j'ai toujours trouvé grotesque, même si Lautner en portait un. Georges me disait : « C'est très commode. Je ne vois pas pourquoi il n'y aurait que les nanas qui auraient droit à ça ! » J'acquiesçais avec diplomatie, mais je pensais que ça faisait ringard.

Notre agent nous a obtenu un déjeuner avec Alain Terzian, un producteur qui occupait une place respectée sur le marché.

La première chose que m'a dite Alain, en acceptant avec intérêt mon idée, c'est : « En tout cas, pas avec Gérard Lanvin ! Depuis *Les Spécialistes*, il n'a rien fait ! *Moi vouloir toi* et *Saxo* ont bidé. Sans parler de tes *Meilleurs copains* ! Il est cramé. Je ne pourrai pas approcher les télévisions avec lui. »

Vous êtes « vedette » et, dix minutes après, vous êtes « cramé ». Quel métier cruel ! Dieu merci, Gérard est par la suite revenu en grande pompe. Les décideurs passent leur existence à se tromper. Une chose est sûre : quelqu'un qui a eu du succès une fois pourra toujours revenir et retaper un carton. Ce sont les acteurs qui ont le pouvoir d'imprimer la pellicule. Les autres sont transparents. Le public n'aime que les gens qui ont de la présence. Gérard est de ceux-là.

On a donc cherché quelqu'un d'autre. À vrai dire, on a contacté tous les noms de Paris. Tout le monde a refusé. Aucun acteur ne voulait être le partenaire de Clavier. Pas croyable, incompréhensible et déprimant !

C'est Marie-Anne Chazel qui a suggéré Reno. Je n'avais pas vu *Le Grand Bleu*. Quand j'ai découvert Jean, j'ai flashé sur son physique, il était « exagéré ». C'était rigolo. Au moment où il donne un coup de poing dans un pare-brise de voiture et que celui-ci tombe sur le capot, ça m'a décidé.

Je dois à Marie-Anne une fière chandelle pour sa brillante idée.

Mon père m'a questionné :

– Tu as trouvé un acteur pour ton film ?

– Jean Reno.

– C'est qui ?

– Le mec du *Grand Bleu*. Pas le héros, l'autre…

– Ah bon ? Tu le trouves comique ? Je ne savais pas qu'il était acteur. Je croyais qu'ils avaient pris un champion d'apnée !

– C'est une caricature de héros. J'ai rendez-vous avec son agent mardi.

Le jour dit, Claude Besson, le père de Luc, arrive à mon domicile.

– Je ne quitte pas les Poiré en ce moment !

– Comment ça ?

Il m'explique que mon père l'a appelé la veille à la première heure pour lui demander de passer d'urgence à son bureau. Il voulait proposer un rôle à Jean avant moi. Heureusement, Jean a préféré mon film. J'ai appelé mon père pour lui dire qu'il était quand même un peu gonflé. Il m'a répondu simplement : « C'est le show-business, mon vieux ! »

Au passage, chaque fois que mon père m'a fait une crasse, il m'a appelé son « vieux » !

Quand Gaumont a racheté ma société, Amigo Productions, qui a produit *Les Visiteurs*, j'ai été le voir pour lui demander si le prix qu'ils me proposaient lui semblait correct ou si je me faisais avoir dans les grandes largeurs.

– Comment peux-tu me demander une chose pareille ? Je travaille pour eux. Tu me mets en conflit d'intérêts.

J'étais scié :

– Ah bon ? Tu préfères les intérêts de Gaumont à ceux de ton fils ?

– C'est une question de déontologie, mon vieux. Ça m'étonne que tu ne comprennes pas ça. Demande conseil à quelqu'un d'autre.

Il était par ailleurs incroyablement satisfait du succès des *Visiteurs*. Il m'appelait tous les matins pour me faire part des chiffres des entrées en salles, avec un enthousiasme touchant, comme si c'était lui qui avait fait le film. Il rabâchait aussi cette histoire d'un type qu'il avait rencontré et qui lui avait dit : « Poiré ? Vous avez un lien de parenté avec le grand réalisateur ? » Cela le faisait mourir de rire et le rendait fier.

11

CASCADES ET SOMBREROS

Tourner une grande partie de *L'Opération Corned Beef* à Mexico City était une nouveauté pour Alain Terzian. Ça ne le rassurait pas. Alain est un homme intelligent, un vrai producteur, mais un pétochard, hyper allergique aux dépenses. Il y avait dans le scénario, page 3, une ligne qui l'empêchait de dormir. Le personnage de Reno – dit le Squale – était poursuivi par des trafiquants armés jusqu'aux dents. Il fuyait sous les balles et sautait dans la voiture de sa copine qui démarrait en trombe. Quatre ou cinq bagnoles américaines les prenaient en chasse. Et la phrase qui défrisait Terzian était la suivante : « C'est le début d'une poursuite à la *James Bond*, ultra spectaculaire, très rapide, dans le décor pittoresque des rues de Bogotá. »

C'était sibyllin et lourd de menaces. Se rendre à Mexico (pour évoquer Bogotá) était une dépense terrifiante pour lui, habitué à des tournages en région parisienne, des films au budget moyen (avec, en retour, des recettes moyennes, généralement, il faut dire), mais la juxtaposition « spectaculaire/*James Bond* » était un peu *too much* pour ses nerfs. Il ne cessait de me demander de « détailler » :

– Qu'on en sache un peu plus !

– Je n'ai pas le temps, Alain ! Je détaillerai là-bas.

– Tu plaisantes ?! Comment veux-tu que nous fassions un budget sérieux si je ne connais pas en détail ce que tu veux faire ?

– Je n'ai pas la moindre idée de ce que je veux faire, en dehors d'une « séquence ultra spectaculaire à la *James Bond* ».

Le public aime ça. Alors prenons les choses à l'envers : combien peux-tu me donner pour cette séquence ? Donne-moi le prix que tu es prêt à mettre et je ne dépenserai pas un centime de plus.

Il m'a dit d'une voix étranglée :

– 600 000 francs[1] ?

– Va pour cette somme. Tu n'auras pas de mauvaise surprise ! La séquence sera époustouflante.

Mon intention n'était pas de torturer Alain à petit feu mais de le faire sortir de sa routine plan-plan.

Dans le domaine des cascades en particulier, on est parfois aidé par la chance. Quand je suis arrivé au studio à Hong Kong, pour *Les Anges gardiens*, je devais faire construire quelques baraques en bois – genre échoppes de marché – pour que Depardieu, sur son triporteur volé, ait un accident et les détruise. Au milieu du terrain qui m'était alloué pour construire le décor, il y avait un petit immeuble qui prenait toute la place. Cela m'a étonné. Je ne voyais pas quel espace il me restait pour construire quoi que ce soit.

– Ne vous inquiétez pas, m'a dit le manager du studio. C'est le décor du film d'avant. On le démolit demain. Vous aurez toute la place.

Mon sang n'a fait qu'un tour.

– Mais non, ne le démolissez pas, surtout ! Je m'en charge !

Cela m'a coûté trois fois rien de redécorer le building. On a fait comme s'il y avait des travaux en bas, avec une grosse poutre de soutènement, que le triporteur allait percuter. L'immeuble s'écroulerait. La chance m'a procuré un décor superbe pour bien moins cher que le décor raisonnable qu'on avait imaginé. Un immeuble entier qui s'effondre, c'est fichtrement spectaculaire.

1. Environ 130 000 euros.

À Mexico, j'ai fait pareil. Plutôt que de demander des choses sorties de mon imaginaire, qu'il aurait fallu fabriquer, qu'on m'aurait facturées très cher, j'ai demandé au studio dès mon arrivée :

– Il y a des choses dont vous voulez vous débarrasser ?

– On a un tas de ballons de football, toute une semi-remorque. On ne sait pas quoi en faire. Ils sont de mauvaise qualité et on ne peut pas les revendre.

– Je vous les achète 300 dollars.

Ils ont accepté, ravis, et j'ai écrit sur un coin de table : « Une des voitures entre dans le hayon arrière d'un camion garé là. Il s'ouvre sous le choc. Des milliers de ballons de foot tombent sur la chaussée. »

Nos voitures roulaient dessus dans tous les sens, c'était impressionnant.

Le seul problème, c'est qu'on a failli être piétinés par un brutal mouvement de foule. Des hordes d'ados voulaient récupérer les ballons pour eux. Si je n'avais pas eu des machinos ultra costauds, la caméra aurait été renversée et pulvérisée. J'ai dû sauter sur un capot de voiture pour ne pas être transformé en planche. À Mexico City, ils aiment le football.

J'ai improvisé une réplique. Un passant, furieux, agrippait le conducteur : « Tu n'aimes pas le football ? » Et l'autre lui logeait une balle en plein front.

Je ne crois pas connaître un autre endroit qui schlingue autant que Mexico. À 5 kilomètres déjà, ça sent comme une usine de soufre, et quand on s'approche, ça se diversifie. Arrive à vos narines une palette d'odeurs ignobles et subtiles, oscillant entre l'aigre du vomi et la putréfaction. Le pire, c'est qu'en se diversifiant ça s'intensifie. Ça devient suffocant, voire toxique. Cet endroit est si grand que, par un ciel sans nuages, on peut le distinguer à l'œil nu depuis la lune : c'est la décharge municipale de Mexico City.

J'y ai tourné un plan spectaculaire de *Corned Beef*, en y faisant chuter une bagnole d'une falaise abrupte de 50 mètres.

Ce dépotoir sans fin était sillonné en permanence par des 4 x 4 occupés par des hommes armés de fusils et de mitraillettes. Ils s'arrêtaient quand ils voyaient des mômes ou des charretiers piquer des trucs pour les revendre. Alors ils les taxaient. Selon la marchandise, ça allait de quelques centimes de pesos à quelques dizaines de pesos pour de grosses prises. Ces brutes travaillaient pour le compte du boss de l'endroit, lequel s'estimait propriétaire du lieu pourtant public. Ce type logeait au centre même de la puanteur, dans un palais ibérique de style baroque. Ça nous avait coûté un peu de fric pour que l'Empereur de la Décharge consente à ce qu'on jette une bagnole sur son tas de merdes et aussi qu'on y installe une caméra. On a payé deux fois pour la même chose : à la ville et à ce parrain. Le producteur mexicain, mon ami Jean-Michel Lacor, m'avait dit : « Paye sans regretter ! C'est cher mais c'est plus prudent. Je t'assure… »

Du coup, le parrain des ordures m'a invité très aimablement à prendre un verre chez lui. Impossible de refuser.

Une Mercedes Classe S rutilante était garée devant son perron ainsi que d'autres voitures superbes. Et aussi quelques *pick-up trucks* déglingués. J'étais au bord de la gerbe en approchant, tellement l'odeur y était ahurissante. On grimpait une volée de marches vers une porte en chêne ouvragée avec du fer forgé partout. L'intérieur était décoré pompeusement, non sans goût, comme la plupart des haciendas des grands propriétaires. L'homme est descendu d'un grand escalier hollywoodien, cheveux poivre et sel, dans une veste intérieure en velours, mais à la mexicaine, c'est-à-dire avec des galons noirs dans tous les sens. Un physique à la Pedro Armendáriz, une star mexicaine d'Hollywood, mais en petit et surtout plus trapu. Il m'a offert un vin de Xérès sorti d'une carafe en cristal ciselé. Nous avons eu une conversation mondaine, un papotage dans la pure tradition de Buckingham Palace.

On ne pouvait être plus aimable et plus chic. Je ne sais pas comment cet homme avait réussi à conquérir son empire sans que la police y fourre le nez. Finalement la puanteur de l'endroit était cent fois plus efficace que la corruption et éloignait naturellement toute visite fâcheuse. Ses branchies devaient être brûlées pour résister à de tels arômes. Son cerveau avait cliqué sur la case « Filtrer l'odorat ». Mais pour régner sans concurrent sur cet amas d'ordures, il devait rester au centre de l'action, pour tout surveiller.

Je me suis souvenu d'un jour où je m'étais rendu chez Lipp, invité par Michel Audiard (ce n'est pas l'odeur qui m'a évoqué ce souvenir). On est arrivés pour déjeuner. Cazes était à l'entrée, comme toujours, qui aiguillait les gens connus vers le rez-de-chaussée, presque un club privé, et expédiait avec autorité les citoyens lambda au premier. Il portait un gros gilet de laine grise sous sa veste et un cache-nez imposant autour du cou. Il avait les yeux rouges, une crève d'enfer.

– Je ne vous serre pas la main, monsieur Audiard, je ne veux pas vous refiler mes miasmes.

– Je ne comprends pas, monsieur Cazes, vous êtes milliardaire, vous pourriez vous reposer pépère dans votre château en Auvergne. Au lieu de ça, vous êtes là, à vous les geler, à côté de la porte !

Cazes rectifie :

– Pas à côté de la porte, Michel ! À côté de la caisse !

Je pense que pour le Roi des Détritus, ça relevait de la même philosophie. À l'extérieur, deux gardes du corps avec kalachs faisaient le guet près des voitures.

Mexico City n'est pas une ville de tout repos. On venait d'arriver à l'hôtel très tard le soir et on nous avait conseillé un bon bistro pas trop loin, ouvert malgré l'heure tardive. Le producteur exécutif nous a dit :

– Je vous rejoins. Je prends une douche parce qu'on étouffe. Commandez-moi un truc genre steak !

Il est arrivé effectivement, un peu plus tard, torse nu sous sa veste, et en chaussettes !

– Quand je suis sorti de l'hôtel, j'ai été abordé par un transgenre qui m'a demandé une cigarette. Pendant que je sortais mon étui, elle a ouvert son sac et a sorti un pétard gros comme ça, qu'elle m'a collé sur le front. (Son geste, exagéré, évoquait la taille d'un Magnum sublimé pour une affiche de Clint Eastwood). « Il est chouette, ton étui en argent, elle a dit. Mets-le dans mon petit sac, avec ton portefeuille ! »

Pendant qu'il s'exécutait, terrorisé, une portière de bagnole s'est ouverte derrière lui. Un gros à moustache a passé la tête.

– Confisque-lui sa chemise, elle est chouette, sa chemise, elle est en voile !

Une deuxième voix d'homme s'est superposée :

– Prends-lui ses pompes ! Elles sont pas moches !

Le type a ajouté en anglais :

– C'est quoi, ta pointure, gringo ?

– 43.

– *Vale*[1].

Du coup, on s'est tous cotisés pour lui payer son dîner car il n'avait plus de carte de crédit.

Mexico est une ville de chômeurs. Des millions de gens n'ont rien à faire. Donc, ils assistaient à nos cascades. On était suivis en permanence par une meute désœuvrée.

Isabelle Renauld, la copine de Reno dans le film, était supposée conduire, et mon cascadeur montait dans l'auto avec la même robe qu'elle, une perruque blonde sur la tête. Il avait du mal à ne pas s'énerver en entendant des milliers de « hou-hou-hou » et de lazzis. Il débutait toutes ses cascades par un doigt d'honneur. Mais il conduisait si vite, si bien et de façon si risquée que les lazzis se transformaient en tonnerre d'applaudissements et en hourras.

1. « Parfait », « c'est bon ».

C'était utile pour moi. J'avais des milliers de spectateurs en live. Quand ils faisaient « Bouh ! », je recommençais. Ça voulait dire que ce n'était pas suffisant. Sous les vivats, la prise était bonne. Les chômeurs de Mexico dirigeaient le film !

J'avais vu à la télé, au JT, qu'un fournisseur de supermarché avait fait faillite et qu'on avait trouvé dans ses hangars des tonnes de briques de lait périmé. Un vrai gâchis. Ça m'a donné une idée : on pouvait acheter tout ce lait, pour presque zéro, on le poserait sur le hayon d'un camion, dans un carrefour. Un des poursuivants perdrait le contrôle de son véhicule et il passerait à travers les briques de lait. Ça serait sûrement formidable. Après, sa voiture irait taper dans un camion Butagaz garé plus loin et ça provoquerait une gigantesque explosion.

On ne suit pas toujours la chronologie au cinéma. On a commencé par filmer l'explosion. Les effets spéciaux étaient à la mexicaine, sans nuance. *El señor* Chovy, en charge des effets détonants et sympathique patron de la compagnie Chovy Special Effects, était un type dangereux. Chaque fois qu'il faisait sauter un truc, c'était Nagasaki. Son explosion était tellement forte qu'il a fait fondre les fils électriques de la ville (à Mexico City il y a des lignes à haute tension en plein centre-ville). Comme si ce n'était pas suffisant, un énorme nuage de suie s'est formé, qui a maculé de noir un immeuble de bureaux plus loin. Un désastre. La police antiémeute a déboulé, suivie par une petite bagnole qui doublait tout le monde en klaxonnant hystériquement, d'où est descendu un colonel hargneux.

– Vous aviez l'autorisation de tourner mais pas de détruire la ville ! Je suspends donc vos autorisations et je vous ordonne d'arrêter ce tournage. Définitivement. Vous allez rentrer à l'hôtel et quitter le Mexique dans la foulée.

J'ai eu beau lui expliquer que mon film faisait vivre une énorme équipe mexicaine, il n'en avait rien à battre. Alors j'ai haussé le ton :

– Je vais appeler le ministre du Commerce, avec qui j'ai déjeuné en arrivant, et…

– Appelez qui bon vous semble ! Je suis le colonel en charge de la sécurité de cette ville. Personne ne s'opposera à mes décisions.

Cette décision – catastrophique – était sans appel.

C'est alors qu'il a remarqué l'énorme tremplin disposé dans une rue adjacente pour la cascade de la traversée du camion de lait.

– C'est quoi, ça ? a-t-il demandé, intrigué.

– C'était pour la cascade suivante… Mon cascadeur doit littéralement s'envoler avec sa voiture et traverser le camion de lait qui est garé là-bas, au moment précis où il s'engagera sur le carrefour.

– Et vous deviez faire ça à quelle heure ?

– Maintenant. Mais si je n'ai plus le droit de tourner, je…

– J'habite à une heure d'ici. Aller-retour, ça fait deux petites heures. Si j'ai le temps d'aller chercher mes gosses et de revenir, je vous autorise à continuer. J'ai la garde de mes mômes cet après-midi et je ne sais jamais quoi leur faire faire pour les amuser !

– Je vous attends, mon colonel. On ne commencera pas sans vous.

Les embouteillages sont monstres à Mexico et il nous a fallu attendre une heure de plus que prévu, mais peu m'importait. La cascade était réussie, lui et ses gosses étaient emballés, tout finissait bien.

Et encore, cette cascade a bien failli ne pas avoir lieu. Le plus jeune des garçons du colonel était sensible. Il avait peur que le cascadeur se tue et il pleurait comme un veau. Son père, le plus impatient de voir la cascade de tous, essayait de le raisonner mais le môme trépignait. Il ne voulait pas :

– *El señor se va a morir.*

Je suis intervenu :

– Il ne risque rien, le *señor*. La voiture est renforcée, on y a ajouté des barres de protection en acier. Viens, je vais te les montrer. Et il y a des harnais pour rester bloqué sur le siège. Donc le monsieur ne va pas mourir et la preuve, c'est que je vais monter à côté de lui. Tu crois que je risquerais ma vie si je n'étais pas sûr de mon coup ?

Cela a convaincu le gosse (et la menace d'une paire de baffes de son père également).

J'ai enfilé le double du veston de Jean Reno que m'a donné le cascadeur qui devait prendre sa place. Il m'a amené aussi un petit coussin.

– Mettez ça sous vos fesses ! Ça secoue !

Solidement harnaché à la place du mort, quand on a refermé la portière et que l'assistant a crié : « Prêt ? Attention ! », j'ai commencé à me demander si ce stratagème était vraiment une riche idée. Le tremplin semblait soudain bigrement haut. C'était interdit par les assurances, en plus, que le réalisateur fasse partie prenante de la cascade. Même si c'était bien préparé, comme je l'avais affirmé au petit chialeur, un pépin peut toujours survenir. Ne serait-ce qu'un lumbago, si votre tête n'est pas écrasée contre le pare-brise, vos genoux, broyés, ou votre squelette, disloqué dans les débris ultra pesants d'une voiture américaine de 2 tonnes. Mais c'était trop tard. Je ne pouvais plus reculer. Roland Neunreuther, notre chef cascadeur français, faisait vibrer le moteur, comme pour se donner du courage et de l'excitation. Il a débloqué le frein à main. Il serrait la mâchoire. J'avais les jetons à l'idée de me briser les os.

La voiture est partie en crissant des pneus. Je ne m'attendais pas à un départ aussi brutal. Et si on ratait le camion ?! Je le voyais arriver lentement et j'avais les jetons qu'il n'atteigne pas le carrefour à temps : on n'allait pas percuter le lait (plus ou moins mou) mais la cabine du conducteur (très dure).

J'avais tort. Les trajectoires étaient bien réglées. Roland est un pro. Une fois que la voiture a été dans les airs, la peur s'est effacée. C'était bizarre. Presque planant. Le choc avec les briques de lait a fait un bruit surréaliste, comme un plongeon en Méditerranée. Un plongeon dans du blanc, rien que du blanc. Un blanc immaculé. Roland a gueulé :

– Putain ! C'est la merde ! J'y vois plus rien !

Un commentaire qu'on accueille avec un vif enthousiasme...

Et c'est vrai qu'on voyait tout blanc, c'est-à-dire *rien* ! Le choc sur le bitume a été assourdissant. Même avec le coussin sous mon cul, mon dos était comme cassé en deux, et on avançait complètement à l'aveuglette. La répétition, le matin, avait eu lieu *sans lait* (et sans moi). Là, c'était différent. Et dramatique. Les essuie-glaces étaient impuissants à balayer une telle masse de blanc.

– Je ne peux pas freiner fort sinon on va déraper et ça peut se terminer très mal.

– Merci pour cette précision !

– C'est mieux tout droit. S'il y a des gens, ils verront la trajectoire.

C'est sûr qu'il y avait des gens. Tout Mexico suivait le tournage et ce n'étaient pas les deux malheureux agents de police qui nous aidaient qui pouvaient stopper cette foule.

Dieu merci, il n'y a eu aucune casse. Les gens se sont écartés.

Le colonel m'a serré la main avec un enthousiasme non dissimulé :

– *Fantástico !*

Il m'a fait une accolade de fou en me démontant les omoplates, comme si je revenais de la Station spatiale internationale. Mon dos avait déjà pris un bon coup, il l'a achevé.

Ce n'était pas la première fois que je participais physiquement à une cascade.

J'étais tout jeune stagiaire à la réalisation sur *Le Grand Restaurant*, avec Louis de Funès, et je ne me doutais pas que j'allais vivre quelques instants plus tard un petit moment d'horreur panique. Je poireautais, modeste assistant maigrichon, sur une route en lacets verglacée à Val-d'Isère, stalactites au nez, attendant avec tout le reste de l'équipe frigorifiée que la voiture américaine conduite par Gil Delamare[1] partie faire une cascade, réapparaisse sans dommage. Le lieu de la cascade était si étroit que seuls tenaient là-bas un cadreur et son assistant, et des cascadeurs déguisés en gendarmes qui devaient éviter la voiture à la dernière minute.

Les minutes s'égrènent. Gil aurait dû être de retour depuis un bon moment. Le metteur en scène Jacques Besnard, sur le parking, est angoissé comme tout. Il appelle sur son talkie-walkie mais personne ne répond.

– On en est où ? Il y a eu un pépin ? Répondez !

Pour toute réponse, que des « brr... », des « grreuh... », des « tchouik... tchouik » et le bruit du vent. Tout le monde a l'air crispé et jette des regards en coin.

Soudain la voiture revient, couverte de neige. Gil en descend et hèle ses assistants :

– Regonflez le pneu avant gauche, j'ai failli me viander dans le ravin ! J'ai préféré le talus... Et nettoyez la bagnole !

Au même instant, l'acteur Venantino Venantini, le porte-flingue de Lino Ventura dans *Les Tontons flingueurs*, descend de l'auto, furibond, claquant la portière.

– Assassins ! Criminels de guerre ! Je suis acteur, moi, pas cascadeur ! Vous auriez dû m'avertir de ce qu'on allait faire ! Je refuse de faire une autre prise ! Vous ne m'aurez pas deux fois ! Mon contrat n'indique pas que je doive risquer ma vie !

Il jette son manteau sur le bitume gelé et va se réfugier dans la doudoune molletonneuse que lui tend une habilleuse empressée. La production a engagé un cascadeur comme doublure pour Louis de Funès mais n'a embauché personne pour les petits acteurs, pensant sans doute que leurs disparitions brutales ne feraient pas la une des canards.

---

1. Cascadeur de légende, fabuleux pilote de voiture. Il est mort l'année suivante, en 1966, en faisant un bête tête-à-queue, alors qu'il avait exécuté les cascades les plus osées et les plus périlleuses sans accroc.

On cherche quelqu'un pour le remplacer et tous les regards se tournent vers moi.

– Jean-Marie a la même taille que Venantino !

C'était horrible mais le manteau m'allait impeccablement. On aurait cru qu'il avait été taillé sur moi.

On m'a ligoté à la place du mort avec tellement de ceintures de sécurité que je ne pouvais plus bouger un index. Gil m'a conseillé de tendre les jambes à fond, de poser les mains sur le tableau de bord, et c'est parti ! Je n'ai pas cessé de penser au bon sens de Venantino, car à 120 à l'heure sur une patinoire en pente le long d'une ravine, on comprend qu'on puisse avoir de sérieux doutes sur le bien-fondé de faire ce métier. Enfin, on a vu les faux gendarmes. On s'est approchés en piqué, comme si on allait atterrir sur leurs crânes, et on en a tapé un très fort. Il a rebondi sur le capot comme une balle de ping-pong.

– Quel con ! a hurlé Gil, pétrifié d'angoisse. Il pouvait pas dégager plus tôt ?!

Pas question de freiner, on pouvait juste rétrograder et attendre que la voiture ralentisse ! C'est alors qu'on a vu la foule qui montait sans se biler voir le tournage, après avoir débordé les deux ou trois vrais policiers censés interdire la route au public.

– Putain ! V'là autre chose ! fait Gil qui se met à klaxonner comme un maniaque en faisant des appels de phares. Si je freine, on plonge dans le ravin !

Cette manie des cascadeurs de crier un truc effrayant en pleine action me glace le sang !

Eh bien, si j'ai appris une chose ce jour-là, c'est qu'une foule, c'est un paquet d'adrénaline qui peut soit vous lyncher, soit faire des bonds. Ce jour-là, ils ont choisi les bonds. Quel bol ! Les gens sautaient sur la neige à droite, à gauche, les petits, les grands, les jeunes, les vieux, avec des anoraks et des écharpes de couleurs. On aurait dit des sauts de karaté. Gil a zigzagué au milieu de toutes ces balles bondissantes et il s'est arrêté en faisant glisser la voiture contre un talus.

Le faux gendarme s'en est tiré avec une clavicule cassée.
C'était ma première cascade.

Les cascades jouaient un grand rôle dans *Corned Beef*, un vaudeville à la Feydeau qui se passait à 150 à l'heure dans des bagnoles.

Nous étions de retour à Paris. Au début, le personnage de Clavier avait une Citroën BX neuve étincelante, qu'il aimait comme si c'était une Aston Martin. Petit à petit la voiture se dégradait pour terminer en fumée, explosée par un missile.

Les effets visuels (ces cascades tournées en studio, à l'arrêt, devant des fonds verts – sur lesquels on incruste plus tard des paysages défilant à toute vitesse) n'existaient pas encore et, de toute façon, notre producteur Terzian les aurait trouvés trop chers ! Il ne voulait pas non plus que je tourne les scènes à l'intérieur des voitures, en direct, avec des caméras vissées à la carrosserie. Ça prenait trop de temps. Il voulait que j'utilise une voiture travelling sur la route, ce que je déteste. Une voiture travelling ou un chariot, c'est lourd, ça roule lentement et de façon trop régulière, ça contraste épouvantablement avec les cascades filmées de l'extérieur, violentes et agitées.

Il a été impératif : « Écoute ! C'est comme ça et pas autrement ! »

J'ai cédé. Je me suis retrouvé avec notre BX sur une vaste plate-forme tirée par un 4 x 4, un énorme bazar peu malléable, mou comme une chique, qui se traînait comme un escargot. Surtout à notre époque où les camionnettes roulent aussi vite que les bagnoles et où les camions sont ultra puissants. Notre voiture était supposée doubler toute la circulation, roulant dix fois plus vite que tout le monde, sacrifiant toutes les règles de prudence.

Devant la caméra, Clavier et Reno jouaient l'angoisse et la crispation, et à travers la lunette arrière, on voyait les appels de phares répétés et exaspérés d'énormes bahuts qui nous rattrapaient sur la route et voulaient nous dépasser.

Ils y parvenaient facilement d'ailleurs, en klaxonnant de rage parce que nous les ralentissions. C'était grotesque. J'ai arrêté le tournage. J'ai demandé à Philippe Lièvre, le directeur de production, de me trouver une autre scène à tourner dans la journée, qu'on ne perde pas notre temps.

– Et demain on tournera les scènes de voiture pour de vrai, en direct. J'ai remarqué que Jean conduisait très bien. Ça sera cent fois mieux.

Terzian, prévenu, a interrompu une partie de tennis pour se précipiter sur le tournage. Son visage de tyran contrastait énormément avec son short et son polo blancs pacifiques.

– Ça suffit les caprices ! Tu tournes sur la voiture travelling comme prévu, un point c'est tout !

Je porte rarement un viseur[1]. Je n'en ai pas besoin pour déterminer mes cadrages, j'ai trop l'habitude. Mon viseur, c'est mon cerveau. Mais là, j'étais allé le chercher dans ma caravane, je l'avais sorti de son étui et mis autour de mon cou dès que j'avais appris qu'il arrivait furibard. Ça m'a permis de faire ce geste mélodramatique : le retirer et le lui tendre.

– Eh bien, tiens ! Va tourner, toi ! Moi, je ne filme pas de la merde !

J'ai fait mine de partir vers ma voiture, offensé. Il m'a rappelé, évidemment. On a fait une réunion le soir même, où l'assistant a estimé qu'en tournant la voiture en direct, il fallait ajouter deux jours au planning. Terzian a cédé.

Le lendemain matin notre convoi est parti, escorté par deux gendarmes à moto qui ouvraient la route. Derrière eux, suivaient quatre voitures avec des techniciens, deux 4 x 4 de matériel, puis ma voiture à moi, avec un moniteur vidéo et des écouteurs, le chef op à côté de moi et la scripte. Derrière moi, la BX avec les acteurs qui jouaient. Derrière la BX, la route devait être libre.

---

1. Une sorte d'objectif modulable qui permet au metteur en scène de déterminer la taille et le cadrage de ses plans.

J'étais hors de moi. Quel besoin avait eu Terzian de demander la protection des gendarmes ? Ils respectaient scrupuleusement les règles de prudence et ils roulaient comme des tortues ! Ce n'était pas mieux que la veille. J'ai essayé de leur expliquer mon problème mais ils ont dit qu'on ne pouvait pas violer le code de la route ni dépasser les limitations de vitesse, même pour les besoins d'un film… Je les ai implorés.

– Bon. On va rouler 10 % au-dessus, d'accord ! Parce que c'est vous… Mais pas plus !

Les gendarmes n'aiment pas trop faire des choses illégales !

Pendant la pause-déjeuner, j'ai pris mon chef op à part :

– Mets-moi six magasins bourrés de pellicule dans le coffre de la BX. On démonte le hayon arrière en ce moment pour y installer également l'ingé son. Moi, je me cacherai par terre derrière le siège du conducteur avec le clap et quand tout sera prêt, je file à l'anglaise. Je ne peux pas supporter de rouler à l'allure de ce matin ! Vous, vous continuez avec les gendarmes, comme si de rien n'était.

– Mais qui va placer les magasins sur la caméra ?

– J'ai été assistant opérateur à mes débuts. Je sais recharger de la péloche !

– Mais la lumière, je dois la contrôler !

– Tu ne vas rien contrôler du tout, mon grand ! Ça va chanstiquer dans tous les sens, ça sera magnifique. La lumière bousculée, c'est sublime. On sera dans l'ombre, puis trop éclairés, puis moins, puis juste comme il faut, ça sera la réalité. C'est génial. En plus les pellicules aujourd'hui ont beaucoup de latitude, tu pourras toujours bidouiller un étalonnage au labo.

J'ai quand même accepté d'avoir son assistant dans les pattes.

– Le plus petit des deux, hein ! Pas le balèze !

Deux personnes à quatre pattes à l'arrière d'une BX, je vous assure que ce n'est pas confortable, surtout avec les secousses, les à-coups et les dérapages. C'est quasiment un match de catch (c'est pour ça que j'avais une furieuse préférence pour le petit).

Après le déjeuner, le convoi s'est ébranlé, comme si de rien n'était, mené par les motards qui pensaient être à fond les gamelles à 95 à l'heure. Au premier village, j'ai repéré une rue perpendiculaire. J'ai crié :

– On se casse à droite, Jean ! Fonce ! Mets les gaz !

Il n'en demandait pas plus, excité comme tout.

– On va où ?

– N'importe où ! Où tu as envie ! Le temps que les motards constatent qu'on s'est fait la malle, on sera loin. Et libres.

Tandis qu'on s'échappait, le convoi continuait gentiment sa route, comme si de rien n'était. Les gendarmes n'ont rien vu.

C'était vraiment rock'n'roll. Tout ce que j'aime ! Reno est un pilote sensationnel. Il a conduit comme un dieu, à une allure vertigineuse. Aller plus vite n'aurait pas été possible sans devenir totalement écervelé, un chauffard dangereux. La voiture avait d'énormes à-coups, des coups de frein, des accélérations. C'était la vie. Jean était attentif et crispé, comme le personnage. Clavier, déjà bon acteur, n'avait plus à faire semblant : il avait vraiment la pétoche. Nous aussi, derrière, en plus de se cogner la tête toutes les trente secondes comme des boules de billard. On a enchaîné toutes les scènes, en changeant la caméra de place au milieu des champs. J'ai fait les six magasins et j'ai tourné les trois jours prévus en un seul après-midi. On a continué jusqu'à la tombée de la nuit.

C'est un hélico de la gendarmerie qui nous a arrêtés. Grâce à un haut-parleur, il nous sommait de nous garer sur une place de village. On a dû attendre le convoi qui nous a rejoints trois quarts d'heure plus tard. Les deux motards étaient hors d'eux :

– Je peux savoir à quoi vous jouez, monsieur Poiré ?

– Excusez-moi. On vous a perdus de vue. Jean a raté un embranchement. On vous a attendus un moment, mais comme vous ne veniez pas, j'ai dit : « Tant pis, continuons, ils nous retrouveront forcément. » C'est tellement cher, une heure de tournage, vous comprenez ?

– Ne vous foutez pas de ma gueule, en plus ! a éructé le gendarme.

Terzian aussi était furieux :

– La police est venue à mon bureau pour m'arrêter. Je risque de perdre ma carte de producteur pour un truc comme ça !

– C'est ta faute, mon pote ! L'idée de faire venir des motards dans des scènes de cascade, il n'y a pas plus nase ! Tu as lu le scénario ou pas ? Tu voudrais saboter le film que tu ne t'y prendrais pas autrement !

– Il y a toujours des flics dans les cascades ! C'est une règle de prudence !

– Pour qu'ils bloquent les accès, ce qui nous permet de foncer à 160 à l'heure ! Mais dans les scènes ambulantes, les scènes de dialogue, c'est bien trop long, on ne peut pas tout bloquer. Alors il ne faut pas les appeler, pour pas qu'ils sachent ce qu'on fabrique.

À la suite de ça, il ne les a plus convoqués. Pour les deux ou trois séquences de voiture qui restaient, j'ai eu une paix royale. Jean a continué à conduire comme un dieu et Christian, à avoir les boules comme un dieu.

Je suis très fier des scènes de bagnole de *Corned Beef*.

Pendant l'écriture de *Corned Beef*, Jacques Attali m'a rendu service, en nous permettant de visiter le bureau de Mitterrand. Ça m'intéressait énormément parce que l'Élysée jouait un rôle crucial dans le film. En fait, j'aurais adoré visiter le PC Jupiter et son accès – la cellule du commandement de guerre nucléaire – mais c'est top secret. J'ai été obligé de l'imaginer, ce qui a été positif, car je l'ai sans doute amélioré visuellement.

Mitterrand avait un bureau commandé à un designer connu, bleu avec des liserés rouges. On aurait cru un meuble pour ado. Ça détonnait horriblement avec les ors alentours, et qui plus est, les proportions n'allaient pas avec la pièce, le bureau paraissant étriqué. Je n'ai pas respecté la réalité des lieux, car les gens n'y auraient pas cru, et je lui ai collé un bureau classique, à la de Gaulle. (Ce désir à tous crins de modernisme, de rester câblé, comme Mitterrand le disait lui-même, frôlait l'excès.)

En arrivant à l'Élysée, Attali nous a dit, à Christian et moi :

– Désolé de n'avoir pas pu vous recevoir plus tôt mais il fallait que j'attende que le Président soit absent…

Devant le bureau du Président, il y a un couloir avec un petit ascenseur.

– C'est l'ascenseur privé du Président. Il n'y a que LUI qui peut l'utiliser. Même moi, je n'ai pas le droit.

– C'est l'ascenseur qui conduit à Jupiter ? ai-je demandé, d'une voix timide et intéressée.

– Je ne peux pas répondre à cette question.

L'ascenseur s'est soudain mis en marche, à grand bruit. Attali est devenu blanc.

– Flûte ! Je ne comprends pas ! IL ne devait pas venir cet après-midi !

Stressé, Jacques nous a poussés avec autorité vers son bureau à lui, mais c'était déjà trop tard. La porte de l'ascenseur s'est ouverte en grand. Un jeune Black avec une casquette de base-ball à l'envers sur le crâne est apparu. Il portait un cageot rempli de bouteilles de Coca.

Je me souviens encore de ma dernière rencontre avec Mitterrand, qui a été cocasse. J'ai bien cru que j'allais être la cause prématurée de sa mort (par choc cardiaque).

C'était pour je ne sais quel pince-fesses à l'Élysée. *Les Visiteurs* venaient de sortir et faisaient un tabac. Le même Attali m'a dit :

– Je vais vous présenter au Président.

Celui-ci était de dos. Attali s'est approché de lui.

– Monsieur le Président, j'aimerais vous présenter Jean-Marie Poiré qui fait un véritable triomphe en ce moment avec ses *Visiteurs* !

– Poiré ? Mais je le connais très bien ! Il est dans le cinéma…

Il a dit ça avant même de se retourner. Il était clair qu'il s'attendait à voir mon père, Alain Poiré.

Il s'est retourné, main tendue, en disant :

– Ça me fait plaisir de vous voir, mon cher am...

Il n'a pas fini sa phrase. Il est devenu vert, rouge, et s'est mis à tousser, à tressaillir, à osciller. J'ai cru qu'il allait faire un infarctus.

– Bonjour, Monsieur le Président, j'ai dit en prenant sa main, qu'il a serrée à mort, en tremblant.

– Oui... Ben... bonjour... mais... Bravo... heu...

Ses yeux disaient : « Mais putain ! Qui est son chirurgien esthétique ? Il fait aussi jeune que ses fils ! »

Je ne trahis pas un secret d'État en disant que le Président était lifté comme un abat-jour. Il aurait pu finir sur le podium entre Kim Novak et Ronald Reagan.

Il s'est ressaisi, mais je ne suis pas sûr qu'il ait compris qui j'étais. Peut-être a-t-il dépêché les RG avec pour mission de découvrir le nom du chirurgien de mon père ?

Je n'aurais jamais songé à confier le rôle de la femme de Clavier à Valérie Lemercier, qui était encore inconnue et que je n'avais jamais rencontrée, si un copain qui m'invitait souvent à dîner (cuisinier exceptionnel) ne me répondait avec une tête malicieuse, chaque fois que je le félicitais : « C'est moi qui l'ai fait ! » Ça me faisait poiler.

Il imitait Valérie dans une fameuse pub pour un gâteau et je me suis dit que s'il l'imitait autant, c'est qu'elle avait visiblement un impact sur le public. Il faut dire qu'elle le disait avec une tête de menteuse formidable, comme une gamine effrontée de huit ans. Elle était irrésistible. J'ai demandé à ma directrice de casting, Françoise Menidrey, si elle la connaissait.

– Il faut que tu la voies dans *Milou en mai*[1]. Elle est excellente et, tu as raison, elle serait parfaite pour le rôle !

J'ai invité Valérie à passer à mon bureau et notre première rencontre a été plutôt froide :

---

1. Un excellent film de Louis Malle (1990) avec Miou-Miou, Michel Piccoli, Michel Duchaussoy et l'admirable et regretté Bruno Carette.

– Vous êtes comme Louis Malle ! Je ne sais pas ce que vous avez, vous, les metteurs en scène, vous me prenez tous pour une petite vieille !

Je venais de lui dire que dans le script son personnage avait des garçons de sept et neuf ans.

– On n'est pas une *petite vieille* parce qu'on a un gamin de neuf ans !

– Je n'ai absolument pas l'âge d'avoir des enfants aussi vieux !

– Mais vous avez quel âge, si ce n'est pas indiscret ?

– Vingt-cinq. (Menteuse, elle en avait vingt-six.)

J'ai souri.

– Bon, ben on pensera que vous vous êtes mariée à dix-huit ans. Habillée un peu stricte, avec une coiffure un peu austère, tout cela amenant de la drôlerie, cela vous vieillira légèrement. Ça vous embête ? En bourgeoise désuète, vous serez bien plus amusante qu'habillée comme vous êtes dans la vie. Vous êtes très mode et élégante, ça n'est pas tellement pittoresque. J'ai écrit ces scènes avant de penser à vous et ça m'ennuierait d'avoir à les modifier.

Elle a fini par accepter et c'est une chance, car elle a été d'une drôlerie exceptionnelle. Elle a eu des trouvailles, des moments de grâce, elle flottait au-dessus du sol.

Corned Beef a été un excellent succès qui a vraiment pris son envol à la télé, après la sortie des *Visiteurs*, car c'était le même casting : Clavier-Reno-Lemercier, un tiercé gagnant. C'est pourquoi j'ai été si triste quand Valérie a refusé de jouer dans *Les Couloirs du temps*.

Le 1er mars 1994, *Beef* a été vu par 12 millions 512 000 téléspectateurs sur TF1, et l'année suivante, en octobre, par presque 11 millions. Élément important de ce succès, le public a compris que Valérie était une clown-née.

Il y a eu beaucoup d'amitié entre elle et moi pendant le tournage et pendant la promo de *Beef*. On a fait pas mal de villes, ça faisait de grands trajets de connivence et beaucoup de dîners sympas.

Un soir dans un resto médiocre d'une ville du Sud où les tauliers étaient très moyennement aimables, on nous a tendu le livre d'or bourré d'autographes prestigieux. Elle a signé. J'ai mis à mon tour un mot aimable. Puis j'ai tourné discrètement les pages pour revenir en arrière. J'ai trouvé un espace vide entre deux grands noms et j'ai écrit : « Dégueulasse ! » Puis j'ai signé « Serge Lama ».

Elle en a ri toute la semaine.

Pendant cette promo, un certain nombre de pièces du puzzle se sont mises en place magiquement. L'envie de tourner à nouveau avec elle était la première de ces pièces. Je lui ai promis que sur mon prochain film elle aurait le rôle féminin principal. J'ai tenu ma promesse : Béatrice de Montmirail est le rôle féminin principal des *Visiteurs*. C'est un double rôle, en plus, car elle joue également Frénégonde. C'est pourquoi je n'ai pas compris qu'elle ait été nominée pour le second rôle aux Césars. C'était désobligeant et perfide. Au fond, cela a peu d'importance car elle a obtenu la récompense, mais ça montre le peu de place qu'on fait aux comédies.

La deuxième pièce du puzzle concerne Jean Reno. Je l'avais trouvé épatant dans le film, pro et facile de rapport, j'avais également envie de retravailler avec lui. Son couple avec Clavier était parfait : différence de taille prononcée, différence de registre, ça me semblait un excellent duo. À refaire.

Dans le TGV qui nous conduisait je ne sais plus où, j'observais Jean. Nous étions face à face. Il lisait son journal. Il avait des lunettes de presbyte au bout du nez et tenait son journal très haut devant son visage, lui-même se tenant très droit. Cela m'a surpris parce que, dans les films de Besson,

Jean était très citadin, moderne, supposé faire djeun. Et là, j'ai vu Jean sous un autre angle, avec une fière allure. Cela m'a surpris.

– En fait, tu es très chic, mon Jean.

– Pardon ?

– Tu es ultra classe. Tu te déguises en voyou, presque de banlieue, mais tu as toujours le menton pointé vers le haut comme ces grands cons d'aristocrates espagnols dans les tableaux de Goya ou de Vélasquez, avec cette morgue admirable, cet air hautain. Tu as une tête ancienne de seigneur.

Cela l'a fait marrer :

– Tu sais que mon vrai nom, c'est Juan Moreno de la Patata ?

C'est moi qui rajoute la particule. Le vrai nom de Jean est Moreno y Herrera-Jiménez, qui est quand même très chicos.

– Dans mon prochain film, je vais t'écrire un rôle de mec copurchic. Ça t'ira impec.

– Avec plaisir, monsieur.

Jean avait ce tic, souvent, d'appeler le metteur en scène « monsieur », comme ça se faisait du temps de Marcel Carné et Julien Duvivier. Une marque de respect.

Le père de Jean aussi était chic, mais sévère, et très petit. Jean le dépassait d'un étage ou deux. Il était venu déjeuner une fois sur le tournage. C'était drôle car il parlait à Jean avec l'autorité d'un père face à un mioche : « Ne tiens pas ta fourchette comme ça ! On ne sauce pas dans son assiette ! » En face de lui, Jean n'était plus du tout une brute épaisse prête à dessouder la terre entière mais un petit gamin timide et obéissant. C'était à se rouler. Touchant et sympathique de la part de Jean.

Je savais que j'allais lui écrire un grand rôle. Celui de *Corned Beef* était du sur-mesure (le Squale), mais Jean méritait un truc avec encore beaucoup plus de panache. Je n'avais pas encore l'idée de Godefroy de Montmirail, mais tout semblait se mettre en place gentiment.

12

DE GROSSES TURBULENCES…

Quand mon avion s'est écrasé à New York, je suis resté d'un cool olympien. Il faut dire que l'équipage a été fortiche. Je ne peux pas vous recommander la compagnie Pan Am, vu qu'elle a fait faillite, mais le personnel, dans ces instants dramatiques, a su garder son sang-froid.

Une annonce nous a fait frémir quand nous entamions notre descente vers Kennedy. Le commandant nous a informés que nous avions un pneu *légèrement* dégonflé.

– Si vous entendez un léger bruit quand nous toucherons la piste, il n'y aura rien d'anormal ! Tout est sous contrôle !

Il y a eu une rumeur dans la carlingue, un véritable frisson d'angoisse. Mais les hôtesses ont calmé tout le monde avec leurs sourires rassurants tandis qu'elles vérifiaient si nos ceintures étaient bien attachées. D'après le commandant, ce n'était pas grand-chose. Tout était léger. Le bruit. Le pneu. L'air. La vie.

Tout de même, à quelques mètres du sol, on était tendus, livides et sages comme des images.

En fait de bruit léger, si douze semi-remorques étaient tombées d'un seul coup sur la carlingue, ça n'aurait pas été pire. La tôle s'est fracassée sur le tarmac, et à ce bruit d'Apocalypse a succédé un sifflement strident vrillant les oreilles à rendre sourd : le métal glissant à même le bitume. Le pneu n'était pas « légèrement » dégonflé, il était à plat, ou il n'y avait plus de pneu du tout, ou, pire, le train d'atterrissage n'était pas sorti. La carlingue raclait le sol. La lumière s'est éteinte subitement, les casiers s'ouvrant tous en même temps, et on a pris nos bagages à main sur le coin de la tronche.

Comme j'avais la chance d'être près du hublot, c'est mon voisin qui a reçu ma mallette sur le crâne, avec un bruit sec, juste avant qu'elle lui broie les genoux. L'aspect positif, c'est que le sifflement avait cessé, remplacé par un glissement mat et rauque, tandis qu'on sautillait dans l'herbe comme sur une piste de ski prise tout schuss et couverte d'énormes bosses. L'aspect négatif, c'est qu'à travers le hublot les spots bleus de la piste s'éloignaient, comme les lumières de l'aéroport au loin. On fonçait dans le noir et il était fort possible qu'on termine dans la mer, noyés.

Je me suis penché vers l'avant et j'ai mis mes mains sur ma tête, comme c'est dessiné sur la fiche plastique rangée dans la pochette du siège, que j'avais relue deux ou trois fois quelques secondes plus tôt. Le temps s'est dilaté. Je me demandais ce qui allait arriver, tout simplement, décidé à réagir vite, avant de crever, si une chance se présentait.

Et l'avion s'est immobilisé, dans un silence de mort.

Le commandant a couru dans l'allée centrale, gueulant avec une autorité exceptionnelle :

– Personne ne bouge ! Seules les femmes avec des enfants vont courir vers le toboggan ! Ne prenez aucun bagage avec vous ! Et retirez vos chaussures !

De son gros doigt, il désignait les élus.

– *You ! You !*

Le toboggan s'est gonflé, notre unique espoir de survie, et quelques femmes et leurs mioches ont disparu dans la nuit avec la fluidité d'une compagnie de parachutistes envahissant une terre étrangère.

– Maintenant les femmes seules ! Vite !

Des femmes ont couru dans l'allée tandis qu'un steward en chaussettes s'est approché du commandant et lui a parlé dans l'oreille. Le chef a esquissé un large sourire.

– Bon. On se relaxe ! Nous n'allons ni exploser ni brûler à petit feu ! Tout risque est écarté ! On va nous amener une passerelle de débarquement...

Un tonnerre d'applaudissements a suivi, nous ramenant dans le vrai temps de la vie et de l'attente.

En sortant à l'air libre, j'ai constaté qu'avec une démesure tout américaine tous les pompiers de New York étaient réunis là en demi-cercle, une cinquantaine de voitures rouges clignotant à tout-va, des canons à neige carbonique braqués sur l'avion, des hommes en scaphandres d'amiante avec des boucliers. Des techniciens inspectaient les ailes du jet dont l'une était pliée en deux. C'était clair qu'après avoir gerbé tout son kérosène dans l'océan, l'avion avait quitté la piste pour se diriger vers ce régiment de pompiers prêt à cramer avec nous, pour nous sauver. Le pilote a été un as…

C'est l'imagination qui crée l'angoisse. Quand les événements se déroulent ultra rapidement, il n'y a plus de place pour la peur. Tant qu'on est concentré, ça peut aller. Ensuite, une fois rescapé du crash, on se demande avec une sorte de contentement, modeste par superstition mais quand même vivace, si on n'a pas droit à plusieurs vies, finalement.

Et c'est mon cas.

La tornade, un *twister*, un serpent noir qui oscillait menaçant au milieu d'un ciel de nuages furieusement bas, s'approchait au-dessus du rivage, progressant très rapidement vers nous. Mon chauffeur, ses essuie-glaces cassés par le sable et l'eau mélangés, a garé la Lincoln devant le hangar de l'hélico.

– Descendez ! Vite !

Je n'arrivais pas à ouvrir la portière arrière. Le vent, hurlant à la mort, m'en empêchait. Elle était comme soudée ! Le chauffeur s'escrimait pour l'ouvrir de l'extérieur, en vain. Des branches de palmier se sont écrabouillées sur le coffre, tandis qu'un banc heurtait l'autre flanc de la bagnole. Le jour se transformait rapidement en nuit. Mon chef machino, un colosse carré comme un bison, a surgi du bâtiment pour venir lui prêter main-forte. À deux, ils ont quand même réussi. Je me suis faufilé à l'extérieur comme une anguille. Être mince m'a sauvé car la portière s'est aussitôt refermée méchamment. On était au cœur du cyclone. On s'est rués dans le bâtiment qui était en béton et a heureusement résisté. Des arbres arrachés passaient devant la baie vitrée, raclant le sol, puis des morceaux de ferraille. Un cabin-cruiser, glissant sur sa coque, a heurté la limousine avant de continuer sa route vers un paquet de petits avions enchevêtrés, cabossés. Après avoir passablement tremblé, ma Continental, un truc qui pèse 2,2 tonnes, a été aspirée par le ciel. Elle a été propulsée sur le toit en tôle ondulée du hangar d'en face, d'où elle a glissé. Elle est retombée sur le dos, s'écrasant sur le bitume, dans un fracas de métal, comme une crêpe.

Un instant plus tôt, j'aurais été écrabouillé.

– Heureusement que c'est une voiture de loc ! a soupiré mon producteur.

– Heureusement surtout que j'ai pu sortir à temps ! j'ai répliqué.

– Oui, naturellement, il a enchaîné, un peu gêné.

On se demande parfois si la valeur de la vie est la même pour tout le monde.

13

JOSIANE BALASKO PREND DES RISQUES, MAIS PAS QU'ELLE…

Quand on veut filmer l'extrême, on se tape les problèmes de l'extrême.

Par exemple, on cherche la jungle, et un repéreur talentueux vous trouve un endroit ultra sauvage qui ressemble à la jungle comme deux gouttes d'eau. Eh bien, ne cherchez pas plus loin, c'est la jungle, en fait ! Ce n'est pas parce que c'est à 25 kilomètres d'un palace et d'une sublime plage pour touristes que ce n'est pas la jungle ! C'est bourré de serpents agressifs, des saloperies qui se déguisent en lianes, des bébés crocos qui glissent le long de vos mollets, des sangsues et plein d'autres bestioles sans pitié. Les moustiques, ces prédateurs ordinaires, s'y développent de façon spectaculaire. Ils ressemblent à des libellules et font un bruit de stuka. Ces coins affreusement humides et qui sentent très mauvais les font copuler de façon exponentielle.

Pour partir à la Guadeloupe, j'avais acheté, dans une boutique spécialisée, un casque colonial avec moustiquaire et 3 tonnes d'aérosols de l'armée américaine, de quoi empoisonner tous les moustiques du Viêtnam et les Viêt-congs des environs. Je ressemblais à une vieille Anglaise dans *Out of Africa*. Toute mon équipe s'est fichue de moi. Sur la route, les autochtones nous klaxonnaient, dans des transes de fous rires moqueurs. Moralité, j'ai été le seul à ne pas être piqué alors qu'un de nos machinos a été rapatrié par Europ Assistance[1] et plusieurs

1. Ce n'est pas un placement de produit. Il se trouve que, dans le cinéma, on ne connaît qu'Europ Assistance. Ils ont réussi leur percée.

autres ont été contraints de rester à l'hôtel, en proie à une fièvre de cheval.

C'était une pub dans laquelle jouait Balasko pour Synthol. Son partenaire, un beau gosse australien style Crocodile Dundee, la faisait tomber dans un marigot. Elle y a chopé une maladie rare, furieusement tropicale, qui l'a clouée au lit dès son retour à Paris, fesses en feu de braise.

Josiane aime la bouffe épicée, elle peut manger six cuillerées de harissa sans barguigner et elle trouvait que les restos de la Guadeloupe étaient fades. On est tombés par hasard sur Jean Yanne, en vacances dans notre hôtel. Il nous a parlé d'un restaurant sur Basse-Terre. Quand nous avons quitté l'hôtel, il courait derrière notre taxi en faisant de grands moulinets avec ses bras. J'ai demandé au chauffeur de s'arrêter. Il nous a rejoints, essoufflé.

– Euh, vous allez là-bas à vos risques et périls… nous a fait Jean, avec un soupçon de culpabilité anticipée. Je décline toute responsabilité si on doit vous emmener à l'hôpital pour brûlures de l'œsophage au deuxième degré ou si vous êtes kidnappés par des indépendantistes.

On a eu du mal à trouver le restaurant. C'était un baraquement en planches noires, sans signe apparent, hormis une minuscule loupiote rouge. L'intérieur n'était pas plus éclairé que la nuit. En entrant, une odeur forte vous brûlait le nez et vos yeux piquaient. Josy était ravie. J'ai demandé s'il y avait quelque chose de pas trop fort. Silence radio. Le serveur, embarrassé, est allé parler au cuistot. Celui-ci est revenu, très gentil.

– J'ai une terrine de légumes qui n'est pas épicée du tout. Y a que ça de *pas fort*…

– C'est ce que je vais prendre.

Le mari de Josiane, Philippe, en face de moi, a goûté ma terrine. Il a fait la grimace.

– Ça n'a aucun goût !

J'ai donc entamé la terrine sans appréhension. Elle avait beau être tiède, c'était un tison brûlant. J'ai crié. Je suffoquais.

J'ai été obligé d'aller dehors pour reprendre ma respiration. Le cuisinier est revenu, stupéfait.

– Y a pas de piment du tout !

Pendant que je pleurais à chaudes larmes, tout le monde a goûté et tous l'ont trouvée fadasse. On m'a pris pour un timbré. Heureusement Crocodile Dundee, assis à côté de moi, a rectifié :

– Elle est effroyablement forte !

Il avait du mal à respirer et il s'est mis à tousser comme un beau diable. Le cuisinier est revenu, hilare.

– J'ai compris, excusez-moi. Ça pique de votre côté, pas de l'autre. C'est parce que j'ai coupé la tranche avec un couteau qui avait touché un petit peu d'huile. Je n'ai pas pensé à l'essuyer d'abord.

– Ou à le laver à l'eau bouillante pendant trente minutes ! Ou à le jeter dans la mer et prendre un couteau neuf !

Le lendemain, la langue brûlée, je zozotais. Je suis devenu méfiant. On nous avait conseillé un excellent blaff d'oursins dans une ginguette de bord de plage. Rien qu'à l'odeur, je n'en ai pas voulu. À la suite de la terrine, j'avais mangé du pain de mie pendant trois jours, je n'étais plus à un jeûne près. Bien m'en a pris. Quand on a pris l'avion du retour, Crocodile, qui s'en était gavé, était blanc comme une serviette. En plein vol, et en plein sommeil, le commandant est venu me réveiller.

– Vous êtes le chef d'équipe ?

– Non. Le réalisateur, c'est tout.

– Vous pouvez venir avec moi ? Votre acteur est barricadé dans les toilettes depuis le décollage. Il squatte les lieux et refuse d'ouvrir !

Je suis descendu parlementer mais je n'ai eu droit qu'à une interminable série de « *Fuck you !* ». Crocodile Dundee n'est sorti des gogues qu'à Paris. La police est venue lui passer les menottes. Ils l'ont emmené dans une chaise roulante à l'infirmerie. Josiane, elle, a pris un taxi direct pour le pavillon maladies tropicales de la Salpêtrière.

Dans le bayou, près de Miami, les Everglades, il y a aussi des moustiques qui sont des crapules. J'y faisais un repérage pour une pub de fromages avec la police, sur leur hydroglisseur. On passait à toute pompe parmi les roseaux dans un paysage d'une sauvagerie extraordinaire. Le talkie d'un des flics s'est mis à grésiller. Il s'est tourné vers moi.

– Excusez-moi, monsieur, une urgence ! Il y a des intrus dans la zone.

On a fait demi-tour et, 2 miles plus loin, on a aperçu une longue pirogue en plastique orange avec un couple et une petite fille. Le canot des flics les a abordés.

– Montez tous immédiatement à bord ! Je vais remorquer votre embarcation.

La famille a obéi tout en protestant. Le flic a haussé les épaules.

– Vous êtes dans une zone interdite au public. Je vais vous dresser un procès-verbal. Vous n'avez pas vu les panneaux « *NO TRESPASSING*[1] » ?

Le type s'est mis à hurler comme un beau diable, il a invoqué la liberté de se promener, proférant que la police était casse-bonbons. Le flic s'est raidi.

– Je vous mets en rab un P-V pour insulte à la force publique !

C'est le moment qu'a choisi la Bête pour jaillir à quelques centimètres de nous, dans une gerbe d'eau. Avec un grondement effrayant, comme un souffle de buffle, l'alligator a chopé la pirogue entre ses mâchoires fulgurantes. Il faisait dans les 4 mètres, autant que le canoë et aussi large. Le kayak s'est plié en deux, les deux extrémités se rabattant l'une contre l'autre, dans un bruit effrayant de caoutchouc mat. Il a disparu sous les eaux, entièrement. Près de moi, l'homme en est resté muet de stupeur. Le reptile n'a pas dû trouver le caoutchouc à son goût car il a relâché sa proie. La pirogue est sortie de l'eau

1. « Interdit de continuer. »

à la verticale dans un bruissement d'eau saumâtre et elle est retombée dans le marécage comme un animal mort. Le flanc du crocodilien a frôlé notre canot. Ses gros yeux sortis étaient impressionnants de vivacité. Puis il a plongé. Le canoteur a pris son P-V, en s'excusant. Ils sont restés avec nous jusqu'à la fin du repérage, muets et bien gentils.

Je filmais une pub pour une bière avec des Hells Angels, sur les Keys[1]. Je voulais cadrer la moto depuis la roue avant, un point de vue spectaculaire : un pneu gigantesque au premier plan et une toute petite tête barbue peu accommodante de Hells derrière. J'ai expliqué l'idée au chef machiniste, qui a convoqué son équipe pour un meeting technique. Les Américains se prennent très au sérieux. Leurs meetings ne sont pas de la blague et ils durent longtemps. Ils finissent toujours par choisir la solution la plus compliquée dans le but évident de foutre la journée en l'air (pour faire durer le travail et gagner ainsi plus de fric).

Le gus a suggéré un énorme bras de déport, une mini-grue, une installation invraisemblable qui allait prendre trois heures à monter et qui serait mal commode. J'ai coupé court :

– Vous vous noyez dans un verre d'eau ! Passez une sangle autour du cadreur. Il va prendre la caméra à la main et faire le plan, pendant qu'on roule, à l'aise.

– Je suis partant ! a fait le cadreur.

– Moi pas ! a déclaré le chef machino. Je refuse ! Je suis responsable de votre sécurité. C'est trop dangereux. Tu seras trop près du macadam.

J'ai balancé, cow-boy :

– Alors je vais le faire, moi ! Le cadreur ne risquera rien.

On m'a sanglé, j'ai pris la caméra, et en route ! Le plan était splendide. C'est vrai que ma tête était à 10 centimètres de la route, le goudron résonnait dans mes oreilles.

1. Un chapelet d'îles de Floride, au sud de Miami, reliées par des ponts.

Brusquement, ma sangle a eu du mou et ma tête aurait heurté le sol si mon assistant, vigilant, ne m'avait pas rattrapé par ma veste *in extremis*.

– Désolé ! a fait le machino. Un faux mouvement !

Mon assistant lui a bondi dessus.

– T'es marteau ou quoi ?!

Je me suis redressé.

– Laisse tomber. On va me mettre trois sangles tenues par trois personnes ! Comme ça, un faux mouvement sera compensé par les deux autres !

J'ai pu faire mon plan sans m'exploser la tête sur le macadam.

Mon machino avait exactement les mêmes yeux que l'alligator du bayou.

14

EL PLUS GRAND CASCADEUR DEL MUNDO

On me l'a présenté comme le meilleur cascadeur du Mexique, célèbre jusqu'à Los Angeles. C'était un homme viril, avec une poignée de main à vous péter le métacarpe. Il devait faire un tête-à-queue dans une ruelle étroite de Mexico, au volant d'une Jaguar décapotable jaune XK140, une voiture de collection exceptionnelle. Il n'avait pas le droit à l'erreur. Je lui ai demandé s'il était à l'aise avec le décor, je n'aime pas pousser les gens au-delà de leurs limites. Il a hoché nonchalamment la tête et m'a répondu :

– *Nunca problema, señor. Soy un profesional*[1].

Et il est parti s'entraîner dans une rue parallèle. Beaucoup plus large.

Il s'agissait d'une pub que je tournais pour une crème glacée. Le personnage roulait à la cool dans sa Jaguar sur une route bordée de palmiers, il passait devant des *billboards*[2] où l'on voyait des photos appétissantes de boules de plusieurs parfums sur une cuillère en argent. Les couleurs des glaces étaient splendides avec de jolies gouttes de fraîcheur, qui s'animaient et dégoulinaient lentement, sensuellement. Ça lui mettait l'eau à la bouche, il accélérait. Il arrivait chez lui si vite qu'il devait faire un dérapage pour s'arrêter. Cela le propulsait hors de son siège. Tel Superman, il atterrissait chez lui, sur une magnifique terrasse, parmi ses adorables enfants en train de goûter. Sa ravissante épouse apparaissait alors avec des crèmes glacées exquises sur

1. « Aucun problème, monsieur. Je suis un professionnel. »
2. Gigantesques panneaux publicitaires à l'américaine très allongés.

un plateau en argent brillant de mille reflets et elle disait : « Tu tombes bien ! Il y a de la glace ! »

On avait installé un faux mur, orné d'une grille en fer forgé et de fleurs en pots, pour masquer l'énorme baie moderne d'un hôtel qui gâchait le pittoresque de l'endroit. Cela permettait aussi au chef opérateur de planquer un gros projecteur pour contrebalancer la violence du soleil, mais il en avait aussi caché un autre en face, pour un joli contre-jour, et tout ceci rétrécissait le décor. Je l'ai montré à Pablo, notre cascadeur.

– Le projo de face, là-bas, il ne risque pas de t'éblouir ?

– *Señor, soy un profesional !*

Comme si ce n'était pas assez difficile comme ça, le chef op a fait répandre sur le sol des gravillons, pour cacher le goudron de la rue qu'il trouvait vilain. J'ai dit :

– Le gravillon, ça glisse ! Ça ne va pas aider Pablo à contrôler son dérapage !

– Ce goudron est sale et infect ! Le sable va faire de la poussière et ça sera spectaculaire… plus dynamique…

Typique des techniciens de cinéma : chacun pour sa pomme ! Que l'autre risque un nez cassé, au pire sa vie, n'entre pas en ligne de compte. J'ai demandé son avis à Pablo. Il a haussé les épaules.

– *Es demasiado fácil*[1] *!*

Et comme il a pensé que, pour insister tant de fois, je ne devais pas bien piger l'espagnol, il a ajouté en anglais :

– *I'm a professional, sir.*

Et on a tourné.

La première prise s'est mal passée. Pablo a frôlé le faux mur et fait tomber les pots de fleurs. Il ne pouvait plus déraper, aussi il a pilé comme un malade en soulevant une poussière crasse, creusant une grosse rigole dans le sable, s'arrêtant à quelques centimètres du projecteur en face de lui, tout en renversant la pile de ballots de paille qui le dissimulait, du même coup. J'ai pesté.

---

1. « C'est très facile ! »

– Et voilà ! Le contre-jour t'éblouit ! Fais-le virer !

– *No, no.* C'est ma faute. Je n'avais pas la bonne trajectoire ! Je manquais de vitesse. Prenez ça comme une répétition, *señor*, et excusez-moi…

On a remis les ballots, de nouvelles fleurs, du sable et des gravillons. Et c'est reparti.

Le meilleur cascadeur du Mexique est arrivé à la vitesse de l'éclair. Il a bloqué son frein à main en tournant le volant pour faire un bon tête-à-queue. La voiture a aussitôt dérapé du côté qu'il ne fallait pas. Elle a disparu derrière le faux mur, pulvérisant la baie vitrée de l'hôtel et fonçant dans le hall.

Des touristes à la réception ont eu moins de deux secondes pour s'enfuir dans tous les sens et éviter la Jaguar, laquelle venait d'écraser leurs valises. Le cascadeur a pilé. Du coup, la voiture a glissé sur le sol en marbre, lisse comme une patinoire. Elle a atomisé l'autre baie vitrée, celle de l'entrée principale qui donnait sur une avenue fréquentée. Elle a déboulé sur la chaussée perpendiculairement à la circulation. Comme les voitures arrivaient à fond de train, le cascadeur a accéléré violemment pour les éviter, ce qui n'était pas si bête, car sinon il aurait été laminé par un autobus qui roulait à tout berzingue comme la grande majorité des bus mexicains. Le résultat est qu'il s'est mangé le trottoir d'en face, qu'il a glissé comme un palet de hockey sur le gazon mouillé par des jets d'eau, et qu'il s'est fracassé sur un mur d'immeuble, évitant par miracle un palmier centenaire.

Pablo a réussi ce prodige de plier la voiture en deux *perpendiculairement*, littéralement. Le capot, plaqué au mur, et l'habitacle formaient un angle droit parfait. Dans un déluge de vapeurs, il s'est extirpé de la voiture, sonné. Il n'avait rien de grave, Dieu merci, sinon un nez cassé, quelques égratignures et un torticolis costaud. Un miracle.

Une réunion de crise a eu lieu. Il fallait trouver d'urgence un autre lieu de tournage, loin de Mexico de préférence, car on n'y était plus très bien vus, et réparer la voiture au plus vite.

C'est ce que nos garagistes ont fait sur le camion-plateau qui les conduisait vers l'océan, où l'on avait repéré un superbe décor de remplacement. Des acrobates, ces mécanos ! Ils ont réparé la Jag en roulant, tandis que nous, on prenait l'avion.

Mes assistants ont trouvé une *morada*[1] splendide en bord de falaise, avec une vue époustouflante sur le Pacifique. On aurait dû commencer là.

L'espace devant la demeure était vaste, le plus proche voisin étant à 20 mètres ; le tête-à-queue serait facile à exécuter, si on évitait bien entendu de tomber dans le précipice plus loin, un ravin de terre glaise avec quelques rochers imposants au milieu. Vu la précédente prouesse de Pablo, j'ai suggéré que, par sécurité, on dresse une jolie palissade en bois, assez basse pour ne pas perdre la vue, mais assez solide pour bloquer l'auto, au cas où.

Pablo est arrivé le surlendemain, une minerve autour du cou. L'endroit lui a plu tout de suite.

– *Aquí, es muy fácil. Tengo ningún problema*[2].

La Jaguar était réparée, mais il fallait la repeindre. Les mécanos l'ont installée dans l'immense salle à manger de notre hôtel, privatisée pour notre équipe, et ils l'ont entourée de bâches en plastique, pour pouvoir pulvériser de la peinture au pistolet sans en foutre partout. Le patron de l'hôtel semblait inquiet.

– Vous êtes bien sûr que c'est hermétique ?

– *Claro que sí*[3] *!* ont répondu, unanimes, les mécanos, qui ont repeint la voiture de nuit, pour gagner du temps.

Au réveil, la salle de restaurant était jaune (le café au lait aussi), le hall de la réception était jaune, sol et plafond, les vitres étaient maculées d'or. Même certains clients avaient du jaune sur le front, car les particules de la peinture au pistolet sont si fines qu'elles s'infiltrent partout, dans les ascenseurs, les couloirs et la plupart des chambres. (Pas la mienne, c'est une chance,

---

1. Demeure, palais.
2. « Ici, c'est très facile. Il n'y a aucun problème. »
3. « Bien sûr que oui ! »

car elle donnait de l'autre côté.) Je pense que l'hôtel doit encore être tout jaune aujourd'hui, et qu'il s'appelle désormais l'Hôtel Amarillo.

Le tête-à-queue s'est passé à la perfection. L'endroit était si large que même moi j'aurais réussi. Mais pas question de minimiser ma satisfaction. Il ne restait que deux plans à faire : éjecter le conducteur hors de l'auto et le faire arriver sur la terrasse. Pour le premier, on a utilisé un vieux trucage de Méliès : la bobine en marche arrière. L'acteur tombe sur son siège et quand on projette, hop, il est attiré vers le haut comme par enchantement. Cocteau a beaucoup utilisé ce truc poétique dans *Orphée*. Le deuxième plan était plus complexe. On allait utiliser un tremplin. Le cascadeur allait sauter d'un plongeoir, rebondir et arriver sur la terrasse. Là, je raccorderais avec le vrai acteur atterrissant sur sa chaise en gros plan pour manger ces succulentes crèmes glacées.

Je me suis levé à l'aurore pour faire un jogging et, sur la plage, j'ai eu la surprise de voir Pablo qui avait retiré sa minerve et qui s'entraînait à sauter sur un tremplin de 1,20 mètre sur 1,20 mètre, et de 60 centimètres de haut.

– *Buenos días*, Pablo. Tu t'entraînes pour le saut de tout à l'heure ? C'est toi qui le fais ?

– *Sí señor.*

– Dis-moi... Ce genre de tremplin, ce n'est pas fait pour sauter sur la selle d'un cheval ?

– *Sí señor.*

– Pour un saut de 4-5 mètres, ça va être suffisant ?! À mon avis, pas...

– C'est le seul tremplin disponible, *señor*, c'est ça ou rien...

J'ai convoqué une nouvelle réunion de crise. J'ai gueulé qu'on se fichait de moi, mais ça n'arrangeait rien. On devait trouver une solution car fabriquer un tremplin adéquat prendrait quinze jours. J'ai proposé de mettre un cube à la place de la chaise de l'acteur sur la terrasse, de le dissimuler par de jolies fleurs, et que, selon le trucage Méliès, le cascadeur saute en arrière dans le vide. En marche arrière, on devrait avoir l'impression qu'il saute vers le haut et atterrit sur la terrasse. J'ai ajouté que j'étais étonné qu'on utilise le cascadeur de la Jaguar pour ce saut :

– En France, ce ne sont pas les mêmes cascadeurs qui conduisent les voitures et font des acrobaties !

– Oui mais Pablo est le meilleur cascadeur du Mexique ! a cru bon de me préciser avec assurance le directeur de production mexicain.

Pour amortir les chutes, les cascadeurs sautent sur des cartons de déménagement remplis d'air sur lesquels on pose un rideau de velours épais. C'est un excellent ersatz quand on n'a pas les moyens d'avoir d'énormes ballons gonflables qui coûtent un bras et ne sont pas plus efficaces.

Pablo a posé trois cartons de tequila vides, recouverts d'une fine serviette de bain, sur ce qu'on appelle un « praticable », une planche en bois posée sur des tréteaux ultra solides. J'étais à nouveau étonné.

– C'est tout ce que tu mets comme cartons ? Généralement mes gars en mettent tellement qu'ils dépassent dans le champ de la caméra et je suis obligé d'en faire retirer.

Il m'a paru choqué :

– *I'm a professional, sir.*

– Comme tu le sens.

C'était son affaire, après tout, et je suis retourné m'occuper de mon cadrage. Ma critique a dû faire du chemin dans son cerveau, en supposant qu'il en eût un, parce qu'il est revenu avec d'autres cartons de tequila et a monté une pyramide impressionnante, mais de guingois. Il a sanglé le tout avec des sandows.

– Je vais sauter le plus haut possible en arrière, alors ne cadrez pas trop serré, sinon je risque de sortir du champ !

Je l'ai remercié pour cette précision.

Il a sauté haut, en effet. Très haut ! Du coup, il s'est terriblement déporté. Il a raté la pyramide de cartons qui, de toute façon, était trop inconsistante pour amortir sa chute. À la place, il a tapé la plaque en bois du praticable, il a rebondi comme une balle et il est passé au-dessus de la jolie palissade que j'avais fait mettre pour arrêter la voiture, au cas où. La tête la première, il a plongé vers la ravine où de gros rochers l'attendaient.

Dans son malheur, il a eu la moitié d'une chance. Le chef op avait arrêté de fumer la semaine précédente, il ne supportait pas une cigarette à un kilomètre à la ronde. Donc le chef machino, qui était gras comme un sumo, était assis sur les rochers pour déguster un énorme cigare.

Il a vu Pablo fondre vers lui, la tête en avant, et son énorme ventre l'a bloqué. Pablo lui a explosé l'intestin. Les deux hommes sont partis à l'hosto dans la même ambulance, en s'injuriant, mais aucun n'est mort.

Les plans où la Jaguar passe devant les *billboards*, je les ai tournés sur la route reliant Veracruz à Corpus Christi, la seule route à 1 000 kilomètres à la ronde qui relie le Mexique aux États-Unis. Le Mexique, c'est immense et il y a peu de routes. Or on avait bloqué l'endroit pour les besoins du tournage quasiment toute la journée. Un flic est venu vers moi.

– *Señor*, on a 400 kilomètres de bouchon en amont. Les gens s'énervent. On devrait peut-être débloquer un quart d'heure… Cela désengorgera la circulation et après on refermera.

– *Claro que sí*, je lui réponds, ultra gêné.

On a vu arriver de loin dans la pampa, au milieu d'un nuage de poussière, un convoi de voitures et de camions interminable. Impressionnant. Les gens passaient à notre hauteur, avec des regards furibonds et des coups de klaxon rageurs. Je leur faisais des signes d'amitié. Un triple-remorque a surgi, ce genre de bahut sans fin qui n'existe qu'en Amérique. Le conducteur a baissé sa vitre, sorti un *pumpgun* et tiré sur moi en hurlant : « *Maricóóónes*[1] *!* »

Heureusement, un des flics a anticipé. Il s'est jeté sur moi, me propulsant sur le sol. Ma tête a heurté les gravillons.

1. « Pédés ! »

Je saignais un peu. On s'est relevés tous les deux tandis que le camion disparaissait. J'étais sous le choc. Je m'attendais à ce que le flic prenne son talkie et balance, autoritaire, la plaque d'immatriculation du criminel à son QG, ce qu'on aurait fait en Europe. À la place, le flic m'a souri, tout en retirant la poussière de son uniforme, et il m'a donné son point de vue.

– *Están muy nervosos*[1] *!*

Le Mexique, c'est particulier. La violence y date du jurassique.

Pour preuve : je prenais de l'essence dans la campagne quand une décapotable s'est pointée dans la station-service. Un moustachu en est descendu pour s'acheter une bière et il a lancé ses clés à un petit pompiste de huit ans à peine, à qui il a demandé de faire le plein.

Le mioche a repéré un flingue sur le siège du passager, il a mis le doseur en automatique et il s'est emparé de l'arme. Il a vu que je le regardais et il m'a visé :

– Haut les mains !

Je lui ai souri, jaune, et je lui ai conseillé de remettre le flingue dans la voiture. Il a enclenché le chien du revolver, secouant son flingue comme un malade.

– Haut les mains ! Haut les mains !

Ça devenait très peu marrant. J'ai obéi.

– *Quieto ! Quieto*[2] *!*

Le gosse a rigolé si fort qu'il n'a pas entendu le conducteur qui revenait. Il a pris une mandale qui l'a propulsé à 5 mètres. Le type a repris son flingue et il a tiré par terre, près des mollets du gosse. Ses frêles guibolles ont été recouvertes de poussière.

– *Coño*[3] *!* a ponctué le conducteur. (Et à moi :) Ça lui fera une petite leçon !

Ces Mexicains ont le sens de l'éducation.

---

1. « Ils sont très énervés ! »
2. « Tranquille ! », « Calme-toi ! ».
3. « Petit con ! »

15

BIENVENUE AU PARADIS, CAMARADE !

« Le capitalisme, c'est l'exploitation de l'homme par l'homme.
Le communisme, c'est exactement le contraire. »
Dicton populaire en URSS

Le froid augmente la peur, c'est connu. Il faisait - 15 °C. En descendant sur le tarmac de Leningrad, aujourd'hui Saint-Pétersbourg, la première chose qui sautait aux yeux, c'est que l'avion était entouré de gars athlétiques kalachnikovs en main. Il y en avait aussi deux, plus loin, à l'entrée de l'aéroport.

– C'est bien gardé, ici ! a fait Clavier, mi-pince-sans-rire, mi-péteux.

Quand on débarque dans une dictature, on doit s'attendre à des décisions arbitraires pas toujours marrantes.

Le gus qui inspectait mon passeport avait une chapka foncée sur laquelle brillait l'insigne de la faucille et du marteau et il n'avait pas l'air commode.

Son guichet était carrément à la hauteur de mon front. En dessous, j'avais droit à une paroi de bois sombre avec une grosse faucille et un gros marteau, en relief, dorés. La lumière était glauquissime, seulement une ampoule à nu pour toute la pièce, gigantesque. Derrière moi, il y avait un garde armé.

Le douanier a frappé son bureau avec sa main, un coup sec pour me faire signe de le regarder dans les yeux. J'ai obtempéré, mal à l'aise. Il m'a dévisagé longuement, me comparant à ma photo. Dans un anglais presque correct, il a demandé :

– Vous n'êtes pas en groupe ?

– Si. Quatre. Deux amis et ma secrétaire.

Il m'a vrillé du regard.

– Je veux dire : pas voyage organisé ?

– Non.

– Tourisme ou business ?

– Tourisme. L'URSS nous fascine.

Les Soviétiques n'aimaient pas les voyageurs isolés. Ils étaient plus difficiles à surveiller et le pays n'était pas organisé pour les recevoir. Là-bas, on entassait les touristes dans des cars par groupe de cinquante, ils becquetaient de la merde, et pour visiter, un seul interprète propagandiste suffisait pour tous. Le service des visas avait tout fait pour nous dissuader de voyager de façon privée, mais j'avais tenu tête. Pour me punir, ils m'ont fait attendre plus d'un mois pour avoir les visas. À l'époque, il en fallait un *par ville*. J'en ai obtenu quatre : un pour Leningrad, où nous venions d'atterrir tard dans la nuit, un pour Moscou, un pour Kiev, qui faisait encore partie intégrante de l'ancienne URSS, et un autre pour Zagorsk, où il y a de sublimes églises orthodoxes et des monastères. Il y avait des postes de douane tout autour des villes, sur les grands axes routiers. Comme en France, jusqu'en 1897 ! On voit encore certains témoignages de ces octrois à Paris, où il fallait un laissez-passer, Porte de Vincennes, par exemple, à Denfert-Rochereau, à la Villette ou encore au parc Monceau. J'avais aussi demandé Odessa et Sébastopol, en Crimée, car j'espérais entrevoir des datchas de dirigeants, mais cela m'a été refusé. La Crimée, c'était la Riviera des friqués russes. Cela explique l'obsession de Poutine de la remettre dans le giron de Moscou.

Au guichet voisin, Clavier était livide. Martin Lamotte, lui, attendait dehors, sous la neige, la goutte au nez, qu'un douanier se libère. Lui non plus n'en menait pas large. L'accueil militaire nous avait désagréablement surpris. Dès notre arrivée, on nous a séparés du groupe de voyage organisé pour nous accompagner à une entrée spéciale, en fait l'entrée VIP (mais spartiate et glaciale). Les touristes faisaient une queue interminable plus loin.

Le douanier mettait une plombe à observer mon passeport, tous les voyages que j'avais pu faire, il écrivait plein de choses sur un ordi – ou une feuille, je ne voyais pas ses mains, que son visage, dur, et ses épaules massives.

Le voyage avait commencé à Orly de façon comique. Avant de s'installer dans un Tupolev, la copie soviétique de la française Caravelle, on était restés un très long moment à poireauter sur le tarmac, avec toute une cargaison de touristes français, frigorifiés comme nous, pour laisser monter en priorité quelques apparatchiks arrivés en retard dans une grosse Mercedes. La première classe n'existait pas dans les compagnies communistes, alors ils la créaient *de facto*. Les dignitaires russes étaient confortablement installés dans les premiers rangs, avec beaucoup d'espace entre chacun. Il y avait trois rangées inoccupées derrière eux, puis nous, puis une rangée vide, et le reste des passagers lambda au-delà. À peine assis, les touristes, certainement tous communistes, ont entonné *L'Internationale* à tue-tête, enchantés à l'idée de se rendre dans le pays des lendemains qui chantent. Ils étaient surexcités et riaient pour un rien. Des blagues de bureau. Des petites vannes gentilles. C'était bon enfant. Certains ont reconnu Clavier et sont venus le féliciter, en citant une ou deux répliques des *Bronzés*. Des hôtesses blondes ont servi à tous du mousseux dans des gobelets en plastique. Le bonheur est monté d'un cran. Mais au décollage, quand le plafond est tombé dans l'allée centrale, cela a jeté un froid. L'équipage a mis une bonne heure à le revisser, avec des sourires embarrassés. Un néon sur deux ne marchait plus et celui qui fonctionnait encore clignotait de temps à autre, mais personne ne semblait s'en soucier. La vraie déception a eu lieu au moment du repas. Communistes ou non, les Français, il faut éviter de les faire mal manger ! Le casse-croûte, c'est sacré. Quand on nous a apporté des biscuits pour chien, du pâté Canigou et un vin géorgien à vomir, ça ne rigolait plus du tout. *L'Internationale* était loin, remplacée par un grand questionnement.

Nous étions dans ce vol, car à mi-chemin de l'écriture de *Twist Again à Moscou*, j'ai eu envie de connaître le lieu de l'intrigue, d'où ce petit voyage de documentation. Pour être sûr de comprendre la langue, j'ai passé une petite annonce à Langues O[1] dans le but de trouver une étudiante parlant russe. J'en ai dégoté une qui le jactait couramment et je l'ai fait engager comme secrétaire pour nous servir d'interprète (hors propagande). Je lui ai demandé de ne pas faire connaître son talent à la douane, ni pour son visa, afin que les autorités ne se méfient pas.

L'idée de *Twist Again à Moscou* m'est venue à Berlin. J'adorais Berlin où j'allais souvent en week-end. Il y avait quelque chose de magique dans cette ville libre, entourée d'un mur pétrifiant de dictature, ça donnait l'impression de vivre intensément. On s'y amusait beaucoup. Mais pour se rendre à Berlin-Est, c'était compliqué. Si on était étranger, on pouvait passer en voiture par Checkpoint Charlie. Mais si on était accompagné par des Allemands, il fallait se séparer, chacun avait sa porte affectée. La seule façon d'y aller ensemble était le métro. On avait droit à des devises limitées avec une permission de minuit.

Quand on venait de l'Ouest, le métro traversait une ou deux stations désertes, dans le noir, avec des miradors et de violents projecteurs trouant la nuit. Des chiens policiers, des mitrailleuses, le ton était donné. Puis on arrivait dans la Gare centrale, l'unique station d'arrêt, et le métro continuait, faisant une boucle vers Berlin-Ouest. À cette unique station frontalière, on pouvait descendre, mais pour aller en ville il fallait faire la queue pour la douane, c'était interminable. Certains Allemands de l'Ouest ne franchissaient pas la douane. Ils ne venaient là que pour acheter des cigarettes et de l'alcool en duty free, à prix détaxés, et repartaient directement à l'Ouest avec leurs emplettes, ni vu ni connu, je t'embrouille.

---

1. L'Institut national des langues et civilisations orientales.

Pendant notre longue attente à la douane de Leningrad, qui foutait en l'air un tiers de la journée, on a été doublés par un homme chic, vêtu d'un manteau en poil de chameau et d'un chapeau Motsch, qui tenait dans chaque bras ces énormes sacs en papier kraft marron typiques des supermarchés américains. Ils étaient bourrés à ras bord. L'homme bousculait tout le monde sans scrupule et maugréait, avec une mauvaise élocution, des « *Achtung ! Achtung !* » impatients. Il serrait entre ses dents un porte-cartes en cuir. À son passage, j'ai pu entrevoir une carte du Parti, magnifique, de la taille d'une carte de crédit, avec faucille et marteau dorés en relief (c'était leur truc) et en dessous une American Express Platinum, une Visa Gold, etc. Quand il s'est présenté à la douane, un Turc s'est retourné et l'a percuté maladroitement. Cela a fait tomber un des deux sacs qui s'est répandu sur le sol, et du coup il en a perdu son Motsch, libérant des cheveux poivre et sel impeccablement coupés. Une bonne douzaine de VHS se sont étalées par terre, toutes semblables. C'était le film *Emmanuelle*, produit par mon copain Yves Rousset-Rouard. Avec un juron, il a récupéré son chapeau et il a tout ramassé au plus vite. De l'autre sac dépassait une grosse bouteille de Chivas Regal.

L'homme au Motsch a passé la douane sans encombre et a disparu. Personne ne lui a rien demandé. En revanche, ils ont emmerdé le Turc à propos de sa visite pendant trois quarts d'heure. Et nous aussi. La vision de ce dirigeant m'a rappelé ce qu'écrivait un célèbre dissident : « Les énormes lettres "AÉROPORT DE MOSCOU" qu'on voit en arrivant devraient être remplacées par "CYNISME ILLIMITÉ". » Je me suis dit qu'à y regarder de plus près, ça devait être beaucoup plus marrant et pittoresque que ce qu'on imaginait.

C'est le concept que j'ai vendu à Claude Berri : une comédie loufoque sur le communisme russe. Ça l'a pétrifié. Le communisme, mais aussi les Russes, et l'antisémitisme des Russes lui faisait peur. Alors, je lui ai raconté une idée de scène : des dirigeants soviétiques d'un âge avancé, de vieux débris, se bagarraient sur un ponton au-dessus de l'eau, dans une piscine réservée aux apparatchiks, avec deux grosses baudruches en plastique rouge, l'une une faucille, l'autre un marteau. Le perdant était celui qui tombait du ponton. Dans le film, Jacques François et Bernard Blier tiendront ces rôles. Cette scène m'a évidemment été inspirée par le globe terrestre en plastique de Chaplin dans *Le Dictateur*.

Berri s'est brusquement détendu.

– Bien sûr ! Je n'avais pas compris ! C'est du Jean-Marie Poiré ! C'est une farce !

Et du coup, il était partant. Mais comme le film était cher, il fallait une star, et le nom de Pierre Richard est venu sur le tapis. Pierre, qui voulait tourner avec moi, m'a donné son accord.

Je ne connaissais du communisme que Berlin-Est, et j'avais l'intuition que la Russie devait être différente, plus baroque, plus étonnante. Un système inique parfaitement appliqué par des Allemands disciplinés avait peu de chance de ressembler à un système bordélique et inefficace adopté par des Slaves. Il me fallait vérifier cela *in situ*.

À Leningrad, pourtant, ça partait fort. Le douanier avait la rigidité d'un nazi, même tête aryenne caricaturale, même dureté dans l'œil. Pourtant, il a fini par tamponner mon visa six fois de suite avec un tampon gigantesque et il m'a rendu mon passeport.

– Gardez toutes les factures de vos dépenses. On les exigera à votre départ. Gardez aussi vos relevés de change. Il faudra nous rendre les roubles inutilisés.

La fouille de mes valises s'est passée sans heurt, mais ça n'a pas été le cas pour Clavier. Un douanier au menton carré a sorti de dessous ses affaires des bas de femme dans leurs emballages en cellophane, qu'il a brandis furieusement.

– C'est quoi, ça ?!

Christian a balbutié :
– Euh, des bas Nylon…
On nous avait conseillé d'apporter là-bas tout un tas de babioles, d'objets convoités, comme des bas de soie, des stylos Bic, des échantillons de parfums, tout un arsenal de corruption supposé nous ouvrir des portes. Le rictus désagréable du douanier semblait indiquer qu'on s'était fourvoyés. (Pourtant mes breloques à moi étaient passées inaperçues.)
Le militaire, suspicieux, a demandé à Clavier :
– Vous avez une petite amie en URSS ?
Christian a dégluti.
– Non.
Sa voix, d'habitude percutante, était devenue blanche.
– Alors POURQUOI ?!
– Euh, euh, petits cadeaux… *Gifts*.
Le visage du douanier s'est éclairé.
– *Gifts* pour une meilleure compréhension ?
– C'est ça.
Le douanier a repris discrètement :
– Je peux prendre *paire* pour ma femme ?
– Mais bien sûr !
Le douanier a glissé la paire de bas sous sa pelisse et a refermé lui-même la valise avec un rictus satisfait.
Dans la limousine qui nous conduisait à l'hôtel Europskaïa, on s'est détendus. Lamotte se frottait les mains.
– Je pense que ça va être intéressant !
Ça l'a été. On s'est vite rendu compte que l'homme, grâce à quelques astuces, arrive assez bien à se frayer un chemin dans les systèmes nuisibles.
Nous avons été d'un fou rire à l'autre. D'une anecdote démente à une autre.
Pas toujours. Il y a eu des moments difficiles.
J'avais repéré, dans un vieux hangar, des autobus avec des avants démodés (un peu comme les bus parisiens à gros nez de mon enfance, mais en pire). Je voulais les photographier

pour mon décorateur. Christian et Martin préféraient visiter Leningrad, qui est une splendeur, une des plus belles villes du monde, un pur joyau du XVIIIe siècle. J'ai dit :

– Je vous rejoins au salon de thé que nous a indiqué l'hôtel !

Je faisais mes photos dans le terminus désert (et pourri) quand un soldat (milicien ?) a surgi, menaçant.

– Qu'est-ce que tu fais là ?

Je suppose que c'était le sens de ses aboiements. Avant même que je puisse m'expliquer, il a beuglé en allemand :

– *Verboten*[1] !

Puis en anglais :

– *YOU, SPY*[2] *!* Camions matériel militaire ! Top secret !

Ma pensée immédiate a été : est-ce que les deux autres zouaves vont me retrouver ce soir sain et sauf, ou est-ce que je vais finir au secret, dans le sous-sol humide d'un immeuble du KGB ? Le type ne semblait pas plaisanter. Il m'a foncé dessus pour m'arracher mon Nikon, répétant à tue-tête pour rameuter du monde : « *Spy ! Spy !* » La sangle de mon appareil s'est coincée autour de mon cou. Comme il tirait comme un malade, il m'étranglait aux trois quarts. Malgré mes tentatives de balbutier des explications, il ne lâchait pas prise. Son visage s'est retrouvé à quelques centimètres du mien. Je voyais ses yeux de fous, hépatiques, jaunes avec quelques petites veines explosées. Il avait une haleine pestilentielle d'alcool à deux balles, peut-être même d'alcool à brûler. Pour lutter contre l'alcoolisme, le gouvernement avait interdit la vente de vodka le matin, ce qui avait quadruplé les ventes d'alcool à brûler. Il était ivre. Pour récupérer mon appareil, et surtout éviter la suffocation, je lui ai collé un énorme coup de boule, à la Depardieu dans *La Chèvre*. Il est parti en arrière et il a roulé, raide, dans la neige. Je me suis sauvé en courant.

---

1. « Interdit ! »
2. « Toi, espion ! »

Il y avait heureusement du monde sur le boulevard. Je me suis mis à marcher normalement pour ne pas attirer l'attention. J'avais le cœur battant. J'ai filé le long d'un canal, en jouant les touristes, zigzaguant dans les rues merveilleuses, en plaquant mon Nikon sous ma parka.

Une sirène de flic m'a tétanisé. Elle approchait vite. Je continuais mon chemin, prenant soin de ne pas me retourner. Je jouais au type pas inquiet du tout… La voiture m'a doublé avec son gyro et elle a grimpé sur le trottoir devant moi, me coupant la route. Deux officiers en sont descendus et se sont mis à brailler. Mes jambes défaillaient. J'ai baissé les yeux. L'un des militaires me hurlait dessus tandis que l'autre coupait la sirène. De grosses bonnes femmes ont surgi de partout. Elles se sont approchées de l'auto, en me bousculant. Le militaire continuait à gueuler, mais elles gueulaient aussi. Tout le monde gueulait. J'ai compris que la harangue de l'officier ne m'était pas adressée. Il a ouvert la portière arrière. Sur la banquette, couverte par une bâche en plastique bleue, il y avait tout un amas de poissons morts. Du marché noir. Ces militaires vendaient du poisson à la criée et les ménagères tâchaient d'en discuter le prix. Je me suis esquivé. J'ai mis cette anecdote au début de mon film, où un jeune Moscovite achète un ticket de concert de rock avec une dorade.

À Berlin, le gardien du terminus n'aurait sûrement pas été bourré, je n'aurais pas essayé de l'assommer, et si je m'étais échappé, vu le nombre très restreint de touristes, j'aurais été serré à l'hôtel et conduit aussitôt à la Stasi. À Leningrad, le type était tellement cuit qu'il s'est évanoui et ne s'est probablement souvenu de rien.

J'ai adoré l'Europskaïa, rococo à souhait, farci de dorures et de bas-reliefs crème chantilly, même si nos draps de bain étaient grands comme des essuie-mains de station-service et bourrés de trous. À la sortie de mon film, la *Pravda* m'a accusé d'être un affreux réactionnaire, anticommuniste primaire, méprisant pour les Russes que je tentais de faire passer pour des alcoolos.

Ce journal a fait l'objet d'une discussion, le lendemain soir dans une brasserie, avec un vieil intello charmant qui avait de longs cheveux blancs en broussaille. Il nous avait entendus parler français et s'était invité à notre table. Son français était impeccable. On a parlé de littérature, de Tolstoï, de Zinoviev, des Matisse de l'Ermitage, de la beauté des lieux, de la presse. Il a dit :

– Vous, en France, vous êtes mal informés. Chez nous, on connaît toujours la vérité.

Comme j'émettais quelques réserves, il m'a coupé la parole :

– Quand tu lis *Le Figaro* ou *Libé*, tu ne sais jamais ce qui est vrai ou faux. Tu dois deviner. Ici, c'est *toujours faux*. Tu n'as qu'à lire le contraire de ce qui est écrit.

Un souvenir me revient, de télé, à l'hôtel. Il y avait un reportage sur Paris. Ma secrétaire m'a traduit le commentaire. On parlait de la pénurie alimentaire qui sévissait cruellement dans notre capitale. Pour prouver leur propos, ils filmaient de longues files d'attente de clients, un long et lent panoramique. Une devant une boulangerie : celle de Poilâne, le dimanche matin. L'autre devant chez Berthillon et ses glaces exquises, sur l'île Saint-Louis.

À Moscou, nous logions dans un gigantesque bazar de trois mille chambres, l'hôtel Cosmos, très excentré. Un bâtiment d'une rare laideur, construit par des Français pour les JO de 1980. Pendant son édification, toutes les baignoires venant de France ont été volées. Non seulement ça, mais aussi le train qui les apportait, ainsi que la locomotive.

On est arrivés à l'hôtel très tard, tous les restaurants étaient fermés. On nous a conseillé d'aller souper dans une des boîtes de nuit de l'hôtel. On nous y a acceptés, mais pas ma secrétaire, qu'ils ont prise pour une Russe. Elle n'avait pas le droit d'entrer. Il a fallu qu'elle aille chercher son passeport.

Nos babioles nous ont peu servi. On les donnait aux femmes de ménage. Non, le Graal, c'étaient les cigarettes américaines. On les achetait en dollars à la Beriozka[1]. Avec elles, les portes s'ouvraient. Merci Marlboro, merci Camel !

À Moscou, je suis allé faire des photos du Bolchoï et de l'impressionnante place du Théâtre. Il n'y avait pas de voitures, hormis les officiels qui roulaient à 140 à l'heure. Les rues étaient immenses et vides. J'ai été pris d'un coup de froid. Il faisait - 25 °C. Ça suffoque. Je devais retrouver Christian et Martin dans un restaurant. Je cherchais désespérément un taxi, au bord de me sentir mal. Il y avait une file d'attente épouvantable à la station, aucune voiture en vue. Les Soviétiques faisaient la queue pour tout. Souvent de façon spontanée. Un type sortait d'une voiture et posait un lot d'une vingtaine de chaussures sur le trottoir. En moins de deux, cinquante personnes s'agglutinaient pour les acheter. Il faut dire qu'il n'y avait rien à vendre, ou alors un seul produit, en masse. Au Goum, le grand magasin près de la place Rouge, par exemple, on vendait du sucre. Dans toutes les vitrines de l'immense Galerie, il n'y avait que des décorations faites avec du sucre, des colonnes de sucre. Mais c'était tout !

Retourner à l'hôtel en métro me gavait, car le Cosmos est à 20 bornes du centre. Je me suis posté 200 mètres avant la file et j'ai sorti deux paquets de Marlboro, un dans chaque main, que j'agitais comme des marionnettes. *Ainsi font, font, font...* Le temps de dire ça, une voiture s'est arrêtée.

– Vous allez où ?

– Hôtel Cosmos.

– Montez.

Pour cinq ou six paquets, on avait un taxi pour toute la journée. Les stylos Bic nous ont permis de visiter l'Université, interdite aux étrangers. Les militaires de garde appréciaient les stylos.

---

1. Littéralement « petit bouleau », un arbre répandu en Russie. C'était une boutique réservée exclusivement aux touristes étrangers, dans les grands hôtels, qui vendait tous les biens qu'on trouve chez nous dans les duty free d'aéroports.

Pour réserver les taxis, il fallait aller au bureau du tourisme de l'hôtel, mais c'était toujours fermé avec ce mot : « Reviens de suite. » Alors on s'adressait au concierge et tout s'arrangeait.

– Je voudrais un taxi pour la journée, comme hier, mais là, en plus, on a réservé ce soir au restaurant, c'est possible ? Il pourra nous attendre ?

Le concierge est revenu cinq minutes plus tard.

– Je n'ai pas trouvé de taxi mais je peux vous avoir un autocar. Ça ira ?

– Bien sûr, c'est parfait ! On sera à l'aise.

– Ça sera plus cher ! Le chauffeur veut une cartouche. Et il faut aussi une cartouche pour le surveillant des réservations, pour qu'il ferme les yeux. C'est le car qui doit emmener les Japonais à l'aéroport, ceux qui attendent là-bas.

Effectivement, très discipliné, un groupe de Japs poireautaient dehors au froid, avec leurs petites valises. J'ai acheté deux cartouches à la Beriozka et j'ai filé en rab trois paquets au concierge. Le car a été pour nous.

– Attendez-le à la porte du fond, qu'on ne vous repère pas !

On est passés, avec leur car, devant les Japonais disciplinés qui, à mon avis, poirotent toujours là-bas, stoïquement.

On avait réservé dans un bistro pour touristes mais on aurait préféré dîner au Métropole, avec tout son faste. On nous avait dit que tout était complet pour les dix jours à venir, bien après notre départ. Je m'en suis ouvert au chauffeur.

– Cette blague ! On va s'arrêter devant et je vais leur demander.

Il est revenu cinq minutes après.

– Vous avez un billet de 20 dollars ?

On nous a donné la meilleure table et on ne s'est occupé que de nous, toute la soirée, comme des têtes couronnées. Un dîner pantagruélique avec caviar à gogo. Et grand orchestre. C'est là que j'ai vu cet Anglais descendre d'une Jaguar, se diriger directement vers les cuisines, et en ressortir avec une boîte de 2 kilos dans les mains. J'ai mis cette anecdote dans mon film.

À Kiev, nous étions bloqués dans un taxi derrière une Rolls garée en double file devant une boutique plutôt achalandée. Une femme en vison en est sortie avec des paquets, son chauffeur lui a ouvert la portière et a libéré la rue. J'ai demandé à mon chauffeur :

– Corps diplomatique ?

– Non. KGB.

Il a ajouté :

– Ce sont des gentils comparés à la police secrète du Kremlin. Si par malheur vous êtes arrêté par une voiture avec une plaque où vous lisez « M-O-L » précédé d'un numéro, alors là, quoi que vous ayez fait, sauvez-vous, courez droit devant ! Ne vous retournez pas et ne donnez plus signe de vie ! Même une balle dans le dos ne sera pas pire que ce qui vous attend !

L'avantage d'avoir emmené mon interprète personnelle me permettait de comprendre tout ce que disaient les gens – plutôt que d'avoir les versions officielles pour touristes, généralement bidons.

À Kiev, au restaurant de l'hôtel, un client, très peu alcoolisé, comme aurait dit la Pravda, est venu vomir juste à côté de notre table, la main posée nonchalamment sur un pilier de marbre. C'était écœurant. On a appelé le maître d'hôtel pour changer de table, mais le resto était plein à craquer, et même trois paquets de Camel n'ont rien pu faire.

– On va arranger ça ! a fait le maître d'hôtel, classieux.

Quelques instants plus tard, une serveuse s'est approchée, disposant adroitement quelques serviettes blanches sur le vomi. Le maître d'hôtel l'a engueulée :

– Je ne te demande pas de recouvrir, je t'ai demandé de nettoyer à la serpillière, avec un seau.

– Je ne suis pas à tes ordres, camarade, je suis serveuse, pas larbine.

– Les femmes de ménage ne viennent que demain matin !

– Eh bien, je t'apporte une serpillière et un seau, tu nettoieras toi-même, camarade.

Elle est repartie servir d'autres tables en ronchonnant. Lui est revenu avec tout un lot de serviettes blanches dans les bras, qu'il a ajoutées par-dessus. Ça faisait une petite montagne de 60 centimètres de serviettes blanches.

J'étais dans un autre taxi, à Moscou. Sur ordre de la police (via haut-parleur), on a été sommés de s'arrêter et de se ranger sur le bas-côté. C'était pour laisser passer Tchernenko, qui revenait au Kremlin après un voyage officiel. On a poireauté un bon quart d'heure quand son convoi est passé à vive allure, imposant, interminable. J'ai voulu prendre une photo mais le taxi m'a forcé à baisser mon téléobjectif. La voiture du premier secrétaire était énorme, un stretch rétro à six fenêtres. Deux gardes du corps présentaient leur dos aux deux fenêtres arrière pour le protéger (il y en avait sans aucun doute deux aussi de l'autre côté). Quatre voitures de garde du corps, des ZIL, ces grosses berlines à mi-chemin entre des Cadillac et des Rolls, entouraient la limousine imposante du chef de l'État. Les dernières voitures roulaient à tombeau ouvert.

À l'époque des rois de France, où le roi incarnait la déité, il était simple de l'approcher. Il suffisait de louer une canne et un chapeau dans la cour du château de Versailles. Vous pouviez vous glisser dans la chambre de la reine, pour assister à l'un de ses accouchements, c'était plus facile que d'entrer dans un club privé comme Castel. Mais un chef de l'État proche du peuple, bernique !

Les taxis étaient une denrée rare chez les communistes, partout. À Belgrade, devant le Métropole où je résidais, c'était du bol s'il y avait une voiture, je veux dire avec un chauffeur dedans, un type qui condescendait à vous amener quelque part. J'avais pris l'habitude d'utiliser un vieux stretch Mercedes de collection, une limo qui attendait les VIP toute la journée devant l'hôtel. Ça coûtait un bras, genre 150 millions de dinars (la monnaie yougoslave). Dans le pays, de toute façon, tout coûtait des millions de dinars, une monnaie qui avait perdu toute valeur. Le chauffeur, Boris, racontait tout le temps des blagues typiques du coin, qui illustraient l'univers dans lequel nous étions plongés. Je m'en souviens d'une en particulier : un type achète une Lada neuve et demande quand elle sera livrée.

– Le 7 mai, mais dans six ans !

Il note la date sur son agenda et demande :

– Le matin ou l'après-midi ?

– Vous devez attendre six ans et ça vous importe que ce soit le matin ou l'après-midi ?

– Oui, parce que le matin, j'ai déjà le plombier.

Un jour où Boris me conduisait au travail, il a repéré une horloge municipale et s'est mis à beugler, paniqué :

– C'est l'heure, ça ?

– Ben oui…

– Merde ! Descendez tout de suite et prenez le taxi là-bas ! C'est moi qui paye !

C'est lui qui a donné l'adresse au chauffeur et il lui a filé trente billets d'un million de dinars.

– Vous rendrez la monnaie à monsieur… s'il y en a !

Il a couru vers sa Merco et il s'est barré à fond la caisse.

J'ai raconté cette aventure étonnante au concierge. Il a ri.

– La voiture de Boris, c'est celle du ministre de l'Intérieur ; Boris est son chauffeur. Il avait sûrement rendez-vous avec lui pour l'emmener quelque part. Le ministère est à deux pas. Alors Boris se fait des petits à-côtés, dès que le ministre a le dos tourné…

Nous avons aussi visité Kiev. À l'époque, l'Ukraine faisait encore partie de l'URSS. Une église avec des fresques sublimes, pourtant rayée des itinéraires de tourisme, se situait près d'un hôpital. On n'a pas pu y entrer car le porche était bloqué par un mur de parpaings. J'ai vu des gars emmener un malade au bloc des urgences sur un brancard. Un infirmier avait une blouse, autrefois blanche, tachée d'un peu de sang, les autres étaient en civil ou en pyjama. C'étaient des patients. Ils marchaient pieds nus dans la neige. Je suppose que les autorités ne voulaient pas que des cars de touristes puissent voir ça.

Tout n'était pas si dramatique. Dans une librairie immense qui avait un rayon de livres en français, Lamotte a demandé le plus sérieusement du monde au vendeur :

– Avez-vous *Mes couilles*, de Boulganine ?

– Je vais voir sur ma liste.

– C'est son meilleur livre, a ajouté Martin.

Un soir où il était ivre, Martin est allé renifler la chapka d'un garde qui surveillait un ministère. J'ai eu peur qu'on le frappe, ou qu'on l'arrête, mais non, le garde s'est enfui... Les Russes ont un rapport étrange à l'ivresse. Ils sont très indulgents, même les autorités. Tu es bourré ? On t'excuse généralement. Personne ne t'en veut vraiment...

16

BONS BAISERS DE RUSSIE

Le voyage en URSS, le tournage en Yougoslavie et, en règle générale, le communisme ont vraiment développé mon amitié avec Clavier. On a tellement ri ensemble ces jours-là que cela a créé des liens indéfectibles entre nous.

J'avais été épaté par son talent d'acteur et aussi son écriture, mais *Le Père Noël* était un film de troupe, écrit par toute la bande. *Papy* est une pièce écrite par lui et Martin Lamotte, à l'inventivité évidente. Comme interprète, ce qui m'avait frappé, d'entrée de jeu, c'était sa faculté à entrer dans des rôles si différents de façon si convaincante. Il n'y a pas de *système Clavier*. Il peut incarner de façon magistrale des caractères à des années-lumière les uns les autres. C'est rare, surtout chez les comiques. Cela le rend plus proche de Gabin que de Louis de Funès ou de Sellers. J'ai pu ainsi développer des histoires dans tous les sens, ne pas me cantonner dans un seul type de récit.

Ce qui m'a le plus touché, chez lui, c'est son adhésion quasi immédiate à mes idées, aussi abracadabrantes qu'elles soient. *Le Père Noël* et *Papy* partaient de pièces à succès. J'ai la certitude que les mises en film se sont bien passées, mais au départ il y avait des idées excellentes. Partir de rien, c'est différent. Surtout un film sur la géopolitique, les cocos et la Russie, presque en version originale, ce qui nous a inspiré ce générique très particulier : *Noiretov*, *Clavierov*, *Lamottov* dans un film de *Poirev*. Fallait avoir un sacré culot pour me suivre. Je ne parle même pas des *Visiteurs*, un film écrit en vieux français, une langue qu'on ne parle plus depuis des siècles. Christian a été le seul à y croire à 100 %, et ce, dès la première seconde.

C'est sur *Twist Again à Moscou* véritablement que j'ai découvert un complice, et cette complicité ne s'est jamais démentie.

Travailler avec lui est un plaisir car ce n'est plus du travail, c'est de la marrade. Quel privilège de faire un boulot où on s'amuse comme des gosses ! Le seul boulot, épuisant celui-là, frustrant, horripilant, ultra angoissant, consiste à aller convaincre les autres que nos idées ont de la valeur. Ce n'est jamais gagné. Presque à chaque fois ça a été bagarre garantie, coups de poing dans la gueule et coups de latte dans les mollets.

Je me suis fendu la poire avec Christian car c'est un dialoguiste formidable qui improvise quand on écrit. Pareil avec Audiard, qui vous sortait une ânerie fulgurante quand je lui décrivais une scène, un truc à se rouler… D'ailleurs c'est à cet instant que je savais que Michel « achetait » ma scène, quand il rebondissait dessus. Christian est pareil. L'acteur improvise dès qu'une idée lui plaît, l'inspire. On pouffe de rire en écrivant, souvent on en pleure. Ça peut même venir en cascades. J'ai alors un mal fou à tout noter… Notre travail est très complémentaire et il arrive qu'on inverse les rôles : lui trouve une situation, et moi, du coup, je balance une réplique qui fait mouche. C'est du piano à quatre mains. Le fait de se faire rire l'un l'autre rassure sur la qualité du boulot. Quand on rit, c'est généralement que la scène est bonne, elle amusera. Si on trouve ça fendard *intellectuellement*, c'est la planterie assurée. « C'est drôle » est un avis dangereux. Si on rit, on n'a pas besoin de le dire.

À mon retour de Moscou, une mauvaise surprise m'attendait. Claude Berri, le producteur de *Twist*, avait de sérieux problèmes de trésorerie. Son *Jean de Florette* dépassait beaucoup son budget. Il allait devoir chercher un coproducteur. Il l'a trouvé en moins de deux : mon papa. C'était loin de m'enchanter car mon père n'était pas forcément l'homme des gros budgets, mais Berri m'a rassuré : « Je reste dans le coup et je pourrais t'aider. » Il l'a fait. À mi-film, il a revendu sa part minoritaire à

Michel Seydoux, le frère du patron de la Gaumont. Je dois dire que dans les nombreux conflits que j'ai eus avec mon père sur *Twist*, Claude a toujours été de mon côté.

Pierre Richard, après s'être montré intéressé et m'avoir même donné un accord de principe, a finalement refusé le rôle. Cela m'a déçu. Je n'ai jamais su s'il n'avait pas aimé le scénario (peut-être) mais je suis sûr qu'il a détesté l'idée d'avoir les cheveux courts comme je l'exigeais pour le rôle. Un patron d'hôtel à Moscou se devait de ressembler à un homme sérieux, genre homme politique, et il devait avoir les cheveux impeccablement peignés. Je pensais que c'était bien pour Pierre de changer de look et de cesser de jouer les puceaux poétiques de cinquante ans. Je n'ai pas réussi à le convaincre. Quand je suis allé le voir sur sa péniche, il jouait de la guitare électrique en jeans, torse nu, loin du personnage d'Igor Tataïev. Pierre est un Jean de la Lune. Les préoccupations d'un patron stressé responsable d'un gros bazar proche d'un paquebot, c'était loin de lui, et cependant j'étais persuadé que l'acteur pouvait l'emporter sur l'homme. Je n'ai pourtant pas insisté, car je me suis dit que le rôle ne lui collerait pas à la peau finalement. Les acteurs ne sont-ils pas les meilleurs juges de ce qu'ils peuvent interpréter ou non ? Par contre, Noiret a accepté tout de suite. C'était une grande star également, un grand acteur. Moins comique, mais cela ne me déplaisait pas. J'aime bien que les acteurs jouent très sérieusement des situations drôles. Marina Vlady, née Poliakoff-Baïdaroff, a accepté sans hésiter, elle aussi. À notre premier rendez-vous, intriguée, elle m'a demandé :

– Qui est le Russe qui a écrit avec vous ?

– Pardon ? Mais aucun Russe !

– Ce n'est pas possible. C'est trop précis comme description. Trop juste… Tu me mens.

Elle était persuadée qu'un dissident avait écrit avec nous en cachette et elle voulait absolument savoir qui c'était. C'était flatteur. Elle a été mariée longtemps à Vyssotski, un poète et un formidable chanteur, très populaire là-bas. Elle a vécu à Moscou jusqu'à la mort de son mari. Les autorités, qui craignaient qu'il y ait trop de monde à son enterrement, ont caché son décès jusqu'au lendemain de la cérémonie. Grâce au simple téléphone arabe, plus d'un million de personnes ont accompagné son cercueil jusqu'au cimetière.

Marina est une des plus belles femmes du monde. Sa peau de porcelaine capte la lumière. Mon chef opérateur, Pascal Lebègue, la photographiait très bien. Inspiré par sa beauté, il posait systématiquement devant elle des plaques de polystyrène, sur lesquelles les projecteurs se reflétaient, créant autour d'elle un halo blanc irréel.

Un soir, Marina avait un rendez-vous galant avec un ami de passage à Belgrade. Je la croise dans le hall. Son ami l'attend dehors dans un taxi. Elle a sous le bras une mini-plaque de polystyrène.

– J'ai piqué ça au studio pour poser sur mes genoux, pendant le dîner…

Nous tournions de nuit. Elle avait une chapka, un manteau de fourrure somptueux et de minuscules flocons de neige sont apparus. Ils flottaient légèrement dans l'air, faisant un filtre très efficace, et elle était particulièrement ravissante. J'ai appelé le photographe :

– Fais une photo de Marina, tout de suite !

Personne n'a bougé.

– Mais où est Moustique ?

Moustique était le surnom de notre photographe de plateau, Bernard Prim, l'homme qui prend des clichés des scènes, pendant ou après les prises. Il était au bar, fin cuit, avec Lamotte dans le même état (mais Martin avait fini de tourner, il avait le droit). Un assistant m'a dit :

– Il dit qu'il arrive…

– Comment ça, « il dit » ? Au lieu de se ramener ?

J'ai foncé au bar. Moustique n'avait pas bougé une fesse de son tabouret.

– Mais tu te magnes, oui ?! On t'attend, mon petit père !

Il a attrapé ses appareils et m'a suivi. J'ai entendu un plouf dans la neige. Il était tellement saoul qu'il était tombé de tout son long. J'ai récupéré son Nikon et j'ai fait les photos moi-même.

Après lui avoir rendu son appareil, je l'ai tancé :

– Moustique, avant et après le tournage, tu fais ce que tu veux, c'est ta vie, mais pendant le tournage, je ne veux pas te voir saoul ! La prochaine fois, je te fais virer ! C'est compris ?

Il est resté muet, avec une tête ahurie.

Moustique avait cette singularité d'être toujours en perfecto, par tous les temps, avec un T-shirt blanc, jean et santiags, une tenue collée sur sa peau. Même par - 15 °C, il était vêtu comme ça. (Une seule fois, je l'ai vu avec une parka légère, mais il faisait - 30 °C.) Pour compenser, il fumait des pètes et buvait comme un trou. Son sang devait avoir une teneur en alcool de 45 °, ce qui lui permettait de résister au froid.

Le dimanche suivant, je travaillais à mon découpage de la semaine, quand on a frappé à ma porte. C'était Moustique et son perfecto. Avec une diction ultra lente mais articulée – fruit de son addiction au cannabis et peut-être un ADN proche de celui de Gaston Lagaffe – il m'a dit :

– Je voulais te dire, pour l'aut' soir où tu m'as HY-PER engueulé, tu vois. C'était SU-PER, parce que ça m'a HY-PER bien recadré.

Moustique me fascinait. C'est Claude Berri qui l'avait engagé. Il m'avait dit : « Tu vas voir, il est un peu spécial, il peut être lent parfois, il faut le secouer, mais il fait des photos superbes. On va lui faire un contrat de quatre semaines, et s'il te convient, on le renouvellera. Sinon on engagera quelqu'un d'autre… » J'ai adoré le type. « Lent », ce n'est pas l'adjectif qui convient, il était un ralenti de cinéma à lui tout seul. Moouuuuustiiiiiiquuue. Imaginez un Suisse habitant au sommet de l'Everest avec son sang épaissi de 60 %, je pense qu'il aurait battu Moustique à la course, même si ce dernier était en short avec des baskets dans un stade à La Courneuve. Moustique était tout le temps dans les nuages, jamais impliqué, mais bienveillant. Sa diction était unique. Traînante, mais excellente, comme son travail. Il séparait toutes les syllabes pour que tu comprennes tout HY-PER bien, tu vois, et que ça fasse HY-PER sérieux.

Il faisait partie des rares techniciens qui avaient choisi de me suivre à l'hôtel Métropole, tellement plus cool que l'Intercontinental aseptisé. L'hôtel était rempli de prostituées et ça lui plaisait. Il passait sa vie avec elles au bar, non pas qu'il se les tapait (je n'en sais rien, après tout), en tout cas, c'était devenu ses copines. Le matin, une limo venait me chercher pour le tournage, j'emmenais la scripte et mon assistant, puis mon chauffeur revenait à l'hôtel le chercher, avec d'autres techniciens. Ce matin-là, il faisait un froid de gueux et je me suis aperçu que j'avais oublié mes moufles. Comme nous avions un plan long à mettre en place et que nous tournions à deux pas du Métropole, j'ai demandé, les doigts bleu marine, à mon chauffeur qu'on y fasse un saut de puce pour chercher mes moufles rembourrées. Devant l'hôtel, j'ai aperçu Moustique qui poireautait, en soufflant sur ses doigts pour les réchauffer.

– Qu'est-ce qu'il fait là, lui ? j'ai demandé au chauffeur. Comment ça se fait qu'il ne soit pas au tournage ?

– Il a refusé de venir.

– Ah bon ?

Je descends de la voiture, perplexe, et je lui fonce dessus.

– Pourquoi t'es pas avec l'équipe ?

– Ah oui. Parce que tous les matins, tu vois, il y a un livreur qui apporte à l'hôtel *LI-BÉ* et *Le MÔN-DE*, et moi, j'en prends un ou deux de chaque, tu vois, parce que ça fait SU-PER plaisir à l'équipe, mais ce matin, le livreur est en retard. Alors j'attends *Le MÔN-DE* et *LI-BÉ*…

– Ouais. Eh bien, ton boulot, c'est plutôt de faire des photos. Alors *Monde* ou pas, je te ramène au tournage dès que j'ai récupéré mes moufles…

– Comme tu veux, mais les gens vont SU-PER regretter *Le MÔN-DE*.

Un matin glacial, je le vois, écroulé sur une caisse, assoupi. Mes *moonboots* filent un coup dans ses bottes mexicaines.

– Tu roupilles ? Faut nous faire des photos, mon grand !

– Ah oui, 'scuse !

Après avoir fait son job, il s'est justifié.

– *Sorry*, hein, pour tout à l'heure, mais j'ai passé une nuit d'enfer, tu vois… Hier soir, j'ai été à Ruma, un bled à 40 bornes d'ici où il y a une SU-PER boîte avec de la SU-PER musique. J'ai emmené une petite mignonne qui travaille aux costumes, super mimi. Eh ben, je ne savais pas qu'elle était avec Bogdan, le cascadeur, tu vois, HY-PER balèze et pas sympa. Il a sauté sur moi, pas cool, en disant que je lâche sa meuf tout de suite ou qu'il allait me péter les dents… Putain, c'est un violent ! Parce que j'ai rien fait avec sa meuf, tu vois, que payer des verres… Eh ben, il a refusé de me ramener en bagnole à Belgrade ! Je suis revenu à pinces ! 40 bornes… J'étais GE-LÉ, tu vois. J'ai pas dormi… C'est pour ça que je suis pas HY-PER O-PÉ-RA-TIONNEL.

Quelques jours plus tard, j'étais dans mon bain d'où je pouvais entendre le son de la télé de ma chambre. On passait sur une chaîne publique française un documentaire soporifique sur des anciens taulards. Tout à coup, j'ai entendu une voix familière, proche de celle de Moustique. J'ai attrapé mon peignoir et j'ai foncé voir, trempé mais intrigué. C'était bien lui. Il recevait dans sa cuisine un vieux copain qui sortait tout juste de Fresnes.

– Je vais te faire un bon petit CA-FÉ…

L'ex-détenu le remercie (lui parlait vite, autoritaire et viril) :

– Super, ton caoua… Ça change du jus de chaussettes qu'on nous sert au trou !

– Ah bon ? Votre CA-OUA, il était pas bon ?!

– Infect.

– Alors là, tu vois, je trouve ça dégueulasse ! On te prive de ta liberté, et en plus, on te file un CA-OUA infect. Moi, je trouve ça franchement exagéré…

C'était bien mon Moustique, toujours décalé. Je lui en ai parlé le lendemain.

– Ah ouais. C'était Jérôme. Un poteau à moi… Enfin, pas si sympa que ça… Putain, je l'accueille chez moi quand il sort du trou, eh ben, il s'est barré avec ma femme, tu vois ! C'était pas cool !

Berri avait raison. Il fallait le secouer un peu. Parfois il s'endormait dans un coin (trop de pétard ou trop de bibine) ou alors il ne venait pas du tout. « IM-PO-SSIBLE de me réveiller, tu vois, j'étais trop NA-ZE. »

Sur ce film, j'avais une cascade très spectaculaire où un avion devait décoller en montagne mais au moment de mettre pleins gaz, seul le moteur s'envolait. Il s'arrachait du zinc et il était propulsé à 6 mètres. C'était un plan qu'on ne pouvait faire qu'une fois et j'avais prévu cinq caméras. Un expert, qui avait à son actif *Paris brûle-t-il ?*, *Le Jour le plus long* et bien d'autres films américains, avait été engagé pour cette explosion. Il est venu me suggérer :

– Tu peux mettre les acteurs dans la carlingue, si ça te chante, et avoir un plan d'eux en direct… On a mis une plaque d'amiante de 15 centimètres d'épaisseur et j'ai fait des essais ce matin, deux fois de suite : aucune chaleur ne passe. Ça peut être chouette, comme plan.

Le chef op était enthousiaste :

– Je prépare une autre caméra !

On a fait habiller les acteurs Christian Clavier, Agnès Soral et trois autres.

Je regardais s'agiter le chef des effets spéciaux au comble de l'excitation et je me suis rappelé que son surnom était Boum-Boum. Ça n'inspirait pas trop confiance ! Les acteurs montaient dans la carlingue, un à un.

– Faites-moi descendre tout ce petit monde et passez les costumes aux mannequins de paille prévus !

Ça a été un tollé général :

– Mais non ! Ça sera génial, leurs expressions dans une vraie explosion ! Ça peut être très drôle !

– Ils seront capables de le jouer après.

– Ce n'est pas pareil ! Ils seront au cœur de l'action. Et puis le temps de les déshabiller et de vêtir les mannequins, on va perdre vingt minutes ! Alors que là, on est prêts tout de suite !

À part leur foutre les chocottes de leur vie, je me demandais quel intérêt il y avait à les associer à cette action. Le plan serait splendide en large, mais sans intérêt en gros plan. Je n'ai pas cédé.

– Ils descendent ! Point final.

On a déclenché l'explosion.

Au lieu de sauter 6 mètres, le moteur en a franchi 20. Dieu merci, j'avais une caméra pour un plan ultra large, sinon on aurait tout loupé. La chaleur a fait fondre les soudures de la plaque d'amiante qui a ripé sur son socle. Dans la carlingue, tous les mannequins et les costumes ont été réduits en cendres !

Après avoir checké que tout le monde avait correctement filmé la prise, j'ai demandé :

– Et la photo ? Moustique l'a réussie[1] ?

– Quelqu'un a vu Moustique ? a crié une voix.

– Non. Pas vu ce matin, a répondu la scripte.

– Vous voulez dire qu'il n'y a pas de photo ?! On a zéro photo de l'explosion ??? J'y crois pas !!!

– On va checker ça, m'a dit mon assistant. Mais là, pause-déjeuner ! Ne perdons pas de temps !

Je suis redescendu en mini-van au camp de base, là où était la cantine. Quand je suis entré dans le camion-restaurant,

---

1. Son job consistait à prendre des clichés de chaque scène pour la promotion dans la presse ou l'affichage dans le hall des cinés. Aujourd'hui, en numérique, on peut faire une photo à partir du fichier enregistré, mais au temps du négatif en Celluloïd, ce n'était pas possible. À chaque prise, le photographe prenait la place de la caméra et les acteurs rejouaient la scène pour lui. Pour les plans spectaculaires, qu'on essaie de ne pas refaire, il se mettait à côté d'une des caméras et il shootait avec un moteur électrique pour être sûr de ne pas rater le bon instant.

Moustique était à une table du fond, sirotant un café, seul, avec son foutu *Libé* devant lui. Je lui ai demandé sèchement :

– Tu as le cliché de l'explosion du moteur ?

Son teint est passé de livide à livide plus.

– C'était ce matin ???

– Mais oui ! Donc, tu n'as rien !!!

– Putain ! C'est trop DO-MMAGE ! Mais tu vois, quand le réveil a sonné, j'ai pas pu émerger, tu vois, alors l'équipe m'a oublié. J'ai dû me coltiner de prendre un taxi pour venir ici. Et j'ai pensé que c'était mieux de vous attendre directement à la cantine.

– Ben voyons ! Et tu ne pouvais pas demander à un des mecs en jet-ski de te monter ?

– Je voulais pas DÉ-RANGER…

Ce jour-là, j'ai failli l'étriper sur place. Mais, malgré tout, c'était quelqu'un de très touchant, à qui je dois beaucoup. C'est sa personnalité, si pittoresque, qui m'a inspiré le rôle interprété par Jean-Pierre Darroussin dans *Mes meilleurs copains*.

La principale difficulté de *Twist Again* était de trouver des décors authentiques, car on pouvait présumer que les pays communistes n'allaient pas nous accueillir à bras ouverts. Au départ, j'avais prévu de tourner en studio à Munich, mais nos voitures européennes ne ressemblaient en rien aux voitures soviétiques et les rues de Munich sont dures à vider. Un casse-tête.

Des Américains avaient eu une idée maligne pour le film *Soleil de nuit* en 1984. Dans ce film, on voit Baryshnikov danser, superbement, sur une chanson de Vyssotski, le mari de Marina. Taylor Hackford, le réalisateur, avait prétendu tourner un documentaire sur le Bolchoï et de filmer les rues de Moscou et des bâtiments dans tous les sens, pour ensuite les incruster derrière leurs images faites en studio à Hollywood. J'avais pensé faire de même. Mais les autorités russes étaient maintenant échaudées, il fallait ruser. Mon père m'a dit : « J'ai un vieil ami qui dirige le cinéma hongrois. Je vais l'appeler. »

Peter Amor était francophile, plein d'humour et chaleureux. Il a lu mon script et m'a téléphoné aussitôt.

– Jean-Marie, votre film est extrêmement drôle. Il me fait penser à *To Be or Not to Be* de Lubitsch, dans la même veine satirique. J'ai ri sans cesse. Malgré tout, je ne le ferai pas, car mon prédécesseur à la tête du studio a commis une erreur, une seule fois, et il s'est retrouvé à la photocopie. Je ne veux pas terminer à la photocopie.

– Je peux comprendre, Peter.

Mon père a alors pensé à une amie yougoslave.

Miriana habitait Paris ; elle faisait l'entremetteuse pour certains projets. Très jolie, elle n'avait même pas besoin d'être au Parti. La Yougoslavie, c'était intéressant car le régime y était tout de même moins dur que dans les satellites soviétiques.

Miriana m'a conseillé de zapper le documentaire.

– C'est de l'argent dépensé pour rien et ça ne trompera personne. Il vaut mieux *tout* tourner à Belgrade !

– Vous croyez qu'ils accepteront ?

– Je vais te faire rencontrer les bonnes personnes.

C'est ainsi que j'ai fait la connaissance du patron du studio d'État et de toute son équipe, dont un obèse qui représentait le Parti, le crâne rasé comme un forçat, avec l'air affable de Chéri-Bibi. Dana, ma blonde interprète, m'a glissé à l'oreille qu'il était l'homme de la censure.

Le meeting a été cordial, mais d'une franchise brutale, autour d'une table monumentale, sous un immense portrait du maréchal Tito, qui avait été Président à vie et qu'on respectait toujours comme un dieu.

– Dans une de vos scènes, m'a dit le boss du studio, des étudiants mettent un balai de chiottes dans la main d'une statue de Lénine… Est-ce que ça vous plairait, dans un film russe, de voir la même chose avec Jésus-Christ ?

– Je ne vois pas bien le rapport, mais… très bien, je vais supprimer ça, si vous jugez que c'est offensant.

– Il y a une autre scène où un ministre envie les chaussures du patron de l'hôtel et il les exige pour prix de son soutien…

Cette proposition de corruption n'est-elle pas un peu caricaturale ?

J'étais embêté car c'était une de mes scènes préférées.

– Écoutez, allons plus vite, sinon on n'en finira pas. Vous allez prendre le script et vous soulignerez au Stabilo tout ce qui vous gêne. Je tournerai ces scènes en Allemagne. Maintenant, si vous ne voulez pas que je les tourne du tout, je réaliserai tout le film en Allemagne, point barre.

Il a été un peu surpris. Il ne savait plus bien quoi dire. Le chef de la censure est intervenu :

– C'est l'heure de déjeuner. Votre interprète va vous emmener dans un bon bistro. C'est nous qui payons. On se reverra tout à l'heure pour faire le point.

Nous sommes sortis, mais le temps d'attendre l'ascenseur, j'ai entendu des cris en provenance de la salle de réunion.

Le patron du studio se faisait passer un sacré savon par le gros chef des cocos qui lui hurlait dessus.

Dans la voiture qui allait au restaurant, j'ai demandé à l'interprète pourquoi le gros Chéri-Bibi s'était mis dans une telle fureur.

– Je ne peux pas vous dire... Je n'ai pas le droit...

Pendant le repas, j'ai constaté qu'elle n'était pas ennemie du vin blanc. J'en ai commandé un excellent (« C'est pour moi ! ») et on a pris une *rakia*[1] en apéritif. J'ai trempé mes lèvres tandis qu'elle se sifflait tout. Au retour, elle était plus encline aux confidences. Elle m'a murmuré, en pouffant :

– Il a dit : « Qu'est-ce que tu l'embêtes avec des questions politiques ? Fais ton boulot : des affaires ! La censure, c'est mon job ! Ça ne te regarde pas. »

Après le repas, Chéri-Bibi m'a accueilli avec un sourire.

– Nous avons déjeuné ici au studio où, malheureusement pour nous, c'est moins bon que votre resto, et nous avons décidé de vous laisser tourner le script que vous voulez. Simplement

1. Ou *rakija*, un alcool de prune entre 50 et 75 %, qu'on offre en signe d'accueil.

il y aura quelqu'un des Affaires culturelles qui surveillera le tournage et nous alertera si vous allez trop loin.

Pendant le film, je n'ai jamais vu ce responsable. Quant au boss du studio d'État, quand il m'a raccompagné à l'aéroport, il m'a tendu une grosse enveloppe. « J'ai rencontré une fois votre producteur, Berri, à Cannes. J'admire son cinéma. Pouvez-vous lui confier ce script que j'ai écrit, que je veux réaliser, et que je voudrais faire avec une coproduction internationale ? »

Dans l'avion, je n'ai pas résisté à l'envie d'ouvrir l'enveloppe. Le scénario (Claude ne l'a même pas lu) s'appelait *I Love Money*.

Tourner dans un pays communiste, de surcroît slave, a été bénéfique. Pas seulement au niveau des décors, ou des voitures, mais au niveau des gens : la figuration était extrêmement authentique, on se serait crus à Moscou. L'avantage pour la production était qu'elle était très bon marché. En France ou en Allemagne, on aurait été obligés d'en limiter drastiquement le nombre.

Mon premier décor était une salle de concert où j'avais quatre mille personnes. En tout cas, au début. Car, au fur et à mesure de la journée, les gens disparaissaient. Les assistants se donnaient un mal de chien pour les rameuter mais c'était peine perdue. À un moment, je suis allé aux toilettes. Je suis tombé sur une quarantaine de jeunes en train de fumer des pétards.

– Mais dites donc, l'assistant vous cherche partout !

Je les ai ramenés avec moi.

– Vous n'êtes pas beaucoup sur le tournage ?

Un grand blond décoloré m'a répondu avec assurance :

– On fait semblant de nous payer. Nous, on fait semblant de travailler…

Difficile de répondre à un tel argument.

Nous dûmes aussi faire face à une tragi-comédie.

Un soir, toute l'équipe du film était invitée à une fête, dans la banlieue chic de Belgrade. La jolie Miriana courait dans une allée du jardin, un immense plateau couvert de petits-fours dans les bras. Je n'avais pas encore mis un pied dans la propriété qu'elle m'a apostrophé :

– La soirée est annulée ! On s'en va ! Notre hôte est odieux ! À la place, j'ai réservé sur une péniche-restaurant à un kilomètre d'ici !

Étonné, je l'ai déchargée de son plateau et je l'ai suivie. L'homme supposé nous inviter était un ancien mécano qui avait fait fortune en Allemagne en ouvrant une chaîne de garages où il réparait toutes les marques pour beaucoup moins cher que les concessionnaires. Il était revenu au pays, fortune faite, et il avait pris sa retraite à Belgrade, devenant un gros bonnet du Parti suite à pas mal de corruption. Il traînait sans cesse sur le film, draguant les comédiennes, se faisant copain avec tous (mais en priorité les filles). Il était sympa bien qu'un peu collant. Ce soir-là, il voulait donner un pot pour l'équipe du film. La production serbe m'avait dit : « C'est une aubaine ! Si tu fais ami-ami avec lui, il te montrera peut-être sa piscine intérieure, très luxueuse. Si elle te convient, je verrai si on peut lui louer pour ton film… »

J'avais en effet une scène dans la piscine privée d'un apparatchik. La *Pravda* m'a accusé de mentir à ce sujet : « Les dirigeants soviétiques n'ont pas de piscine privée, c'est un mensonge, on n'est pas à Hollywood ! » C'était le même langage à Belgrade, de la part des responsables des repérages. Tout le monde était frileux sur ce décor. Je me suis marré quand on a découvert la piscine princière de Ceaușescu, au moment de sa chute, avec ses échelles en or.

Le garagiste était furieux car il pensait n'avoir invité que les acteurs, surtout les actrices, et les cadres. Mais sur un film, quand il y a un pot, toute l'équipe est conviée. Quand il a vu débarquer les premiers machinos et quelques électros endimanchés, il a flippé grave : il avait constaté que c'étaient des Bosniaques, de religion musulmane, des gars presque toujours en bas de l'échelle sociale. Les Serbes, bienvenus, eux, occupaient des postes supérieurs. Tandis que tout le monde filait vers la péniche qui était au bout de la route (moi avec), il hurlait sur sa pelouse : « Allez-vous-en ! Bande de bâtards ! *Pas d'ouvriers chez moi !* »

Une réplique croustillante de la part d'un communiste.

Ces communistes étaient imprévisibles. Au cours d'un dîner, un élu local, qui était aussi ministre de l'Agriculture, a dragué Miriana de manière éhontée. Il s'est penché vers elle à la fin du repas : « Donne-moi le numéro de ta chambre, je te rejoindrai... » Elle a refusé, prétextant qu'elle était fatiguée. Ça l'a vexé : « Pauvre idiote ! J'aurais pu te donner un énorme jambon ! »

Tourner en pays communiste nous obligeait à être doublement démerdards, et même roublards, et à contourner les règles si nous voulions arriver à nos fins.

J'avais une scène dans le bureau du ministre du Tourisme et on ne me proposait que des décors miteux. La Serbie est un pays minuscule (et pauvre) comparé à l'URSS, même avant les bombardements américains de 1999 qui l'ont encore appauvrie de façon dramatique. Je pensais qu'on pouvait quand même me présenter un endroit avec plus de décorum. La production m'a finalement permis de tourner dans le bureau d'un vrai ministre. Ce n'était pas mal, mais la pièce n'était pas assez imposante à mon goût. Elle ne comportait que deux fenêtres, ce qui est peu majestueux.

J'ai pensé à une astuce. J'ai fait installer un travelling face aux fenêtres et j'ai fait avancer Noiret plusieurs fois au même endroit. On changeait le tableau entre chaque fenêtre et ça donnait l'impression que Philippe passait devant six fenêtres, ça devenait somptuaire. Le problème était que mon décorateur n'avait prévu qu'un seul tableau. Et les autres tableaux du ministère étaient minables. Il fallait de grandes pièces très visibles pour que mon astuce marche.

Par bonheur, en face, il y avait un musée. Mon interprète, Goran, a suggéré :

– On peut peut-être leur emprunter de grands tableaux ?

– Un musée ? Tu plaisantes ! a protesté mon assistant serbe. C'est comme si on demandait au Louvre de prêter une toile de Delacroix ! C'est n'importe quoi !

Goran n'a même pas relevé et s'est éclipsé. Un quart d'heure plus tard, il est revenu et m'a glissé à l'oreille :

– Tu as 100 dollars ? Ils nous prêtent tout ce qu'on veut, si c'est pendant l'heure du déjeuner quand le conservateur n'est pas là. Mais il faut finir avant 15 heures, c'est là qu'il rentre !

C'est comme ça que j'ai vu deux immenses tableaux traverser l'avenue, entre le musée et le ministère. J'ai pu tourner mon plan stratagème et on a rendu les tableaux à temps. De toute façon, le conservateur n'est pas revenu après le déjeuner. Il avait pris son après-midi.

Ce genre d'anecdote me faisait penser que parfois, sur *Twist*, le tournage était plus pittoresque que le scénario. J'aurais souhaité improviser plus, mais une grosse machine budgétaire comme ça, c'est difficile à bouger.

Goran, mon interprète, a pourtant une nouvelle fois réussi à bouger les choses. On tournait dans le métro de Belgrade qui est en grande partie à l'air libre. La lumière posait problème à cause de gigantesques barrières d'immeubles qui faisaient des ombres par intermittence.

– Il faudrait aller de l'autre côté du fleuve, où c'est plus plat…

– Impossible, a fait mon assistant serbe. Le pont n'a qu'une seule voie à sens unique. Il faudrait faire tout le tour de Belgrade pour aller là-bas. Ça prendrait deux heures.

Goran m'a encore une fois tapé 100 dollars. Dix minutes plus tard, on a eu le droit d'emprunter le pont. Tous les métros en face avaient été déviés sur des voies parallèles pour nous laisser passer. Quand on a franchi le pont, les usagers des rames ont vu, à cause de nos projecteurs, qu'ils étaient en train d'attendre des plombes pour une scène de film, mais au lieu de nous injurier, ils nous ont applaudis à tout rompre.

Mon assistant était vexé que Goran l'ait supplanté pour résoudre le problème et il l'a fait renvoyer. Je l'ai fait réengager par la production française en tant qu'assistant personnel.

Cette décision m'a valu un dîner amer avec le ministre du Commerce et celui du Cinéma, dans un restaurant où chacun avait un splendide téléphone design sur la table à côté de lui, mais qui n'était relié à aucun branchement. Ubuesque.

Après moult compliments sur mon talent, on m'a reproché d'avoir perturbé « l'ordre social » : « Pour cette fois, ça passe. Mais ne rrrecommence jamais ! Tu nous ferais perdre la face et on ne l'acceptera pas ! »

Au cours d'une fête, mon assistant et Goran se sont réconciliés à grand coup de slivovitz, une eau-de-vie locale qui vous brûle l'estomac jusqu'à la pointe des pieds. L'assistant s'était fait plaquer par son épouse, et Goran l'a accueilli chez lui quelques jours, pour qu'il se sente moins seul. Les deux chantaient à tue-tête, bras dessus, bras dessous, dans la neige. Amitié slave !

J'aime beaucoup les Serbes, qui ont une sorte de bonne humeur méridionale. J'ai passé de savoureux moments là-bas, mais on y mangeait mal. Très mal. L'équipe française devenait dépressive après le déjeuner, la bouffe communiste n'est pas faite pour les Français, quelles que soient leurs opinions politiques. Noiret se faisait envoyer par sa femme des « paniers » de chez Fauchon, pleins de bonnes choses, et il nous invitait à un pique-nique dans sa suite, une fois par semaine. Par contre il commandait les desserts à l'hôtel, en *room service* : « Ça permettra de faire un *effet de sas*. Sinon, demain à la cantine, on va devenir fous. »

On avait une blague, d'ailleurs. Quand on allait au restaurant, il était interdit de dire : « Ça n'est pas mal » ou encore « Ça a l'air bien ». Parce que, bien présenté ou non, au goût, ça serait infect. Celui qui commettait cette bévue était puni d'une amende. La maquilleuse était dépositaire de l'argent, elle accumulait peu à peu une cagnotte. L'idée était de se payer un bon gueuleton dans un *très* bon bistro dès notre retour à Paris (ce qu'on a fait). Un soir, Martin Lamotte s'est gardé de dire quoi que ce soit en voyant arriver un plat, mais l'expression de son visage s'est illuminée et il a exprimé un vif intérêt pour les assiettes que le serveur posait devant nous.

– 20 balles ! a crié Noiret.

– Mais je n'ai pas dit un mot ! a répondu Martin.

– Exact, mais tu l'as pensé *très* fort !

Les acteurs sont expressifs. C'est leur talent. Et ça a coûté 20 balles à Martin.

L'équipe de tournage yougoslave n'avait pas droit à notre cantine, réservée aux Français. Je trouvais ça un peu « colonialiste ». Nous déjeunions dans un réfectoire d'école privatisé. Dehors, sous la neige, les Serbes, en train d'engouffrer d'énormes pans bagnats graisseux, nez collés aux fenêtres, nous espionnaient, l'œil envieux. J'ai fait un esclandre auprès de la production pour qu'ils déjeunent avec nous (mon côté coco). J'ai eu gain de cause. Les gars sont venus me remercier à grands coups de paluches sur mes frêles épaules, des effusions slaves.

Quelques jours plus tard – une bonne action étant toujours rapidement punie – ils se sont mis en grève, parce que ce n'était pas assez « copieux » pour eux !

Le meilleur restaurant de Belgrade, en tout cas le plus chic, était le Franchet, boulevard Franchet-d'Espèrey – du nom d'un maréchal français délégué auprès du roi de Serbie après 14-18. Le resto était aussi mauvais qu'ailleurs mais plus luxueux et plus cher, top du top, couverts en argent, cristallerie impressionnante. J'y ai été invité en grande pompe par le directeur du studio avec le ministre du Cinéma et le gros Chéri-Bibi de la censure qui ne pensait qu'à faire des affaires.

Au cours de la soirée, je n'ai pas résisté à leur raconter l'anecdote suivante. Quand j'étais gamin, j'étais chahuteur et régulièrement puni par des heures de colle. Le surveillant principal était un colonel à la retraite, surnommé César car il était autoritaire à la limite de la tyrannie. À la moindre incartade, même mineure, ça partait : douze heures de colle ! Vingt heures de colle ! Il n'y avait aucun tarif en dessous de dix heures (deux après-midi de colle consécutifs à une semaine d'intervalle). Un jour de punition, il m'a surpris avec mon voisin : « Poiré ! Encore en train de bavasser ! » Avant qu'un tarif sévère ne tombe sur ma pomme, une idée m'a traversé l'esprit :

– Je parlais de vous, mon colonel.

– De moi ?

Je ne pouvais plus reculer.

– Tout à fait. Vous êtes un héros de 14-18. Et je disais à mon copain que vous ne nous aviez jamais rien raconté sur cette guerre. C'est dommage, parce que vous avez dû vivre des moments passionnants !

Ça a marché au-delà de mes espérances. Il ne m'a pas puni et il a démarré au quart de tour, sans se faire prier :

– Le général Franchet d'Espèrey, que nous appelions « Franchet Désespérait » (rires hypocrites de l'assistance), était un héros mais aussi un drôle de loustic. Pendant la révolution bolchevique, certains soldats français, ceux qui étaient communistes, se sont révoltés contre la guerre et ont refusé de se battre. Ils sont passés en cour martiale et ils ont été condamnés à mort. Franchet dirigeait le peloton d'exécution. Les soldats n'avaient pas la moindre envie de tuer leurs camarades. Alors ils ont spontanément pointé leurs fusils vers le ciel et ils ont tiré en l'air. Franchet n'a pas moufté. Sans un mot, il est descendu du perron et, son revolver en main, il a abattu chaque condamné d'une balle dans la nuque. Il nous a dit que c'était « bien à contrecœur », mais que c'était son devoir.

J'ai pensé que cette histoire allait scandaliser mes hôtes, en leur apprenant que ce général, tant admiré chez eux, dégommait les communistes à l'envi à coups de flingue. Elle les a fait rire aux larmes.

– Il avait des testicules, ce Franchet ! a conclu le ministre du Commerce.

En pays coco, pour être acteur, il fallait avoir une carte professionnelle. C'était essentiel, car en plus de permettre de travailler, ça donnait droit à un certain nombre de privilèges. Le principal était d'avoir ses entrées à la Maison des acteurs, une bâtisse où il y avait un restaurant bien achalandé (mais lui aussi dégueulasse) et très peu cher. On pouvait y rencontrer des metteurs en scène, se mettre au parfum des projets en cours, jouer aux échecs, avoir accès au magasin privé, une sorte de Beriozka pleine de vêtements et d'objets de luxe, où on trouvait également les fameuses cigarettes américaines difficiles à dénicher dans Belgrade (sauf au black dans les boîtes de nuit, avec le shit, la coke, etc.).

Pour conserver son droit au statut d'acteur, il fallait faire au moins une journée dans deux films par an. Ça pénalisait les grosses vedettes qui, exigeantes, refusaient les petits rôles et tournaient peu. Aussi les films étrangers étaient-ils une aubaine pour elles : elles pouvaient faire une apparition minuscule, une panouille, avoir leur coup de tampon, et comme ces films ne sortaient pas en Yougoslavie, ni vu ni connu, je t'embrouille. J'avais donc des vedettes locales dans tous les petits rôles, le chauffeur d'Igor Tataïev (le personnage joué par Noiret) en particulier.

Mon idiot d'assistant serbe avait omis de préciser que cet acteur ne savait pas conduire (il jouait un chauffeur !). Le mec patinait donc sur une plaque de verglas devant l'hôtel à chaque prise. Il calait et mettait la voiture en travers. Je me suis énervé :

– Mais qui nous a refilé une andouille pareille ?

L'andouille était susceptible et baraquée. Et elle parlait un français impeccable. Elle est descendue de la voiture et s'est pointée devant moi.

– Monsieur, je suis la plus grosse vedette ici, je suis connu jusqu'à Vladivostok, l'équivalent de votre Belmondo !

– Belmondo sait conduire, lui ! Et même très bien !

– Eh bien, moi pas. On me double pour les séquences de voiture avec un cascadeur qui me ressemble.

– Mais dans mon film, le personnage ne fait que conduire !

Je lui ai fait son seul plan de dialogue et quelqu'un a pris sa place au volant, pour l'arrivée.

Il avait une autre scène, un autre jour, mais il ne s'est pas présenté. Personne ne répondait chez lui. Goran, mon interprète, avait le bigophone de sa chérie. Il l'a appelée et me l'a passée. On la réveillait. Elle avait la voix pâteuse.

– C'est pour le film français, c'est ça ?

– Oui. Il avait rendez-vous ce matin et il n'est pas là !

– Il ne viendra pas ! Il dit que le metteur en scène est un sale con et un gougnafier, et qu'il ne veut plus jamais le voir de toute sa vie ! Il a eu son tampon, maintenant il s'en fiche. Il est sur son bateau en Croatie. Je dois aller le rejoindre. Vous voulez que je lui fasse une commission ?

– Dites-lui que le sale con le traite de lâcheur ! Bonne journée, mademoiselle.

C'est Goran qui a pris sa place car c'était le seul à pouvoir mettre sa chapka sans qu'elle lui tombe jusqu'au menton. Le type avait un melon énorme, ce n'est pas une vanne.

Si vous revoyez le film, faites attention : c'est la première fois qu'on remplace un acteur en gros plan. Personne ne l'a remarqué. Ma monteuse avait mis à la suite immédiate deux plans avec les deux acteurs différents pour le même rôle sans s'en rendre compte. Je lui en ai fait la remarque.

– Le raccord passe mal.

– Mais pourquoi ? Je n'ai rien vu. Ni personne de mon équipe.

On a fait une projection test de la séquence, avec quatre-vingts personnes. J'ai pris la parole :

– Je vais vous montrer quelques scènes. Dans l'une d'elles, il se passera quelque chose de bizarre. Faites attention ! Je vous poserai des questions après.

Tout le monde a vu des faux raccords : la cigarette de Noiret fumée à moitié puis à nouveau entière, la vitre entrouverte n'était pas à la même hauteur selon les axes, la chapka de Lamotte était plus ou moins enfoncée… Mais personne n'a vu que l'acteur en gros plan avait changé de tête d'un plan à l'autre.

C'était un rôle de simple chauffeur. On ne remarque pas les petites gens ! C'est horrible !

L'extérieur de l'hôtel Métropole, supposé être à Moscou, était la mairie de Belgrade. On avait évacué toutes les voitures pour que ça soit vide et désolé comme le Moscou de l'URSS. Au cours d'un plan, un type est arrivé et s'est garé au milieu de la place avec une Mercedes S flambant neuve ! J'ai dû couper.

– Mais qu'est-ce qu'il fout, cet abruti ?

J'ai saisi mon porte-voix :

– Hep ! Hep ! Monsieur, là-bas ! Barrez-vous ! Foutez le camp ! Plus vite que ça !

On tournait depuis le matin avec une météo épouvantable, j'étais à cran. Le mec m'a fait un geste d'excuse, et il est reparti dans sa voiture, penaud. Mon assistant s'est précipité vers moi.

– Vas-y mollo quand même ! C'est le maire de Belgrade !

Monsieur le Maire a été adorable. Il s'est garé dans une rue derrière, il est revenu à pied discrètement, se planquant derrière chaque arbre, et il est venu s'excuser une nouvelle fois. Dans les pays de l'Est, on respecte beaucoup les films. Le plus vexant pour lui, c'est que nous avions dîné ensemble quelques jours plus tôt (au Franchet) et que je ne l'avais même pas reconnu.

Je ne suis pas du tout physionomiste. Je ne reconnais pas les gens. C'est une tare épouvantable qui me joue des tours. Le maire de je ne sais plus quelle ville qui avait un festival de cinéma dont j'étais président du jury (il y en a tant !) me présente une équipe de journalistes. Je leur tends la main aimablement et me présente :

– Jean-Marie Poiré. Enchanté.

Le journaliste me regarde, surpris.

– Oui, enchanté. On a fait votre interview il y a une demi-heure à peine !

C'est typique.

Quand j'ai fait mon premier film, *Les Petits Câlins*, l'attachée de presse m'avait dit à la première projection :

– Jean de Baroncelli a adoré. Il va te faire une très bonne critique dans *Le Monde*. Il veut absolument te parler. Viens, je vais te le présenter.

– Tu rigoles ! Je ne connais que lui. C'est le mari de Sophie Desmarets. Je joue avec lui aux cartes très souvent.

Elle s'en va, remplacée par un raseur qui me couvre de compliments. Un vrai casse-pieds. Je l'écoute à peine, cherchant Baroncelli du regard, car je m'en voudrais de le rater. Je frôle l'impolitesse. Je finis par m'excuser sèchement :

– Excusez-moi, mais j'ai un entretien important.

Je fonce sur l'attachée de presse.

– Mais il est où, Baroncelli ? Je ne le vois pas !

– Comment ça ? C'est le type avec lequel tu étais en train de parler !

Je suis comme ce prix Nobel de chimie anglais qui, au mariage de sa fille, s'approcha d'une invitée en lui disant qu'elle lui rappelait *vaguement* quelqu'un. Il fut transpercé par sa réponse : « Je suis ta première femme. »

Et c'est pire quand je crois reconnaître les gens.

J'entre au bar du studio de Billancourt. Je tombe sur un copain, blond avec une mèche, mignon, qui avait joué dans *L'Hôtel de la Plage* de Michel Lang. Son nom était GG Junior. On avait sympathisé sur le plateau et on s'était vus deux ou trois fois. Il était devenu chanteur et il avait fait un 45-tours qui avait marché très moyennement. Je ne l'avais pas vu depuis longtemps.

– Quelle bonne surprise ! Comment vas-tu ?

– Super. Je suis ravi de te voir, me balance-t-il.

– Tu fais quoi ? Tu tournes un film ?

– Non, je fais de la promo pour mon prochain disque. Je tourne un clip vidéo dans le studio derrière.

– Ah ! Génial ! Un nouveau 45 ?

GG a eu l'air surpris :

– Mais non ! Un 33 !

Je frôle l'extase :

– Un 33 ! Génial ! Tu t'es bien démerdé, dis donc ! Te faire produire un 33, tu as fait vraiment fort !

Il avait l'air estomaqué. Ça m'a troublé. J'ai bégayé un :

– Bon, ben, j'espère qu'on se reverra vite, à bientôt...

– Oui, à bientôt...

Je l'ai embrassé à la sauvette et je l'ai laissé. Je me suis dirigé vers la partie du bar qui faisait restaurant, où m'attendait pour déjeuner mon équipe de montage. Sur le trajet, une fille se lève. Elle, je la reconnais, ça change. C'est une speakerine de la télé. Elle m'embrasse. Son compagnon, un peu hippie, me tend la main. Sa tête me dit quelque chose. Un technicien, probablement.

Quand j'arrive à ma table, le monteur son m'interroge.

– Dis donc, tu es vachement copain avec Téléphone !

J'avais affreusement pris Jean-Louis Aubert pour GG Junior ! La speakerine était Corine, la bassiste, et le hippie était Bertignac. Tu m'étonnes que Jean-Louis ait été ébahi ! Il était au top de sa carrière, et moi j'étais étonné à l'idée qu'il fasse un 33-tours !

Quand Jean-Louis a quitté l'endroit, j'en ai rougi. Il m'a fait un signe de main, l'air de penser que j'étais marteau ou peut-être un sale con qui voulait le vanner.

À une projection privée des *Anges gardiens* dans la salle de cinéma de TF1, je m'étais assis à côté d'une femme charmante, la maîtresse du producteur Alain Terzian. On plaisantait et on n'arrêtait pas de pouffer. Le film commence. En plein milieu du film, Poivre d'Arvor débarque dans la salle, en douce, et s'assied dans un coin. Je me penche vers ma voisine.

– Tu as vu à quelle heure il se pointe, ce con-là ? Il m'a invité à son journal demain, il ne va rien biter au film et il va me poser des questions ineptes !

Elle était pliée en quatre.

Quand la lumière s'est rallumée, j'ai rejoint Terzian à l'autre bout de la salle. Il était avec sa maîtresse, la *vraie*. J'étais sidéré, paumé, confus. Je me suis retourné : celle que j'avais manifestement prise pour sa maîtresse quittait l'endroit en me faisant un salut amical.

– Tu es vachement bien avec Claire Chazal ! m'a dit Terzian. Vous n'avez pas arrêté de glousser.

J'ajoute qu'elle était encore avec PPDA. Son humour me la rendait d'autant plus sympathique.

Par contre, j'ai toujours reconnu Marina Vlady, si belle. Dans une fête qu'elle avait donnée sur le tournage de *Twist*, elle a fait venir une chanteuse tzigane qu'on avait entendue dans une boîte de nuit et qui avait un talent fou. J'ai voulu qu'elle soit dans mon film, mais la production n'avait pas prévu ça au budget et me l'a refusé.

– Bon, alors je vais la payer moi-même !

– À ton aise. Mais tu payes aussi les charges sociales, ses musiciens et tous les frais qui vont avec, le transport entre autres… m'a dit le délicieux dirlo de prod de mon père.

J'ai prié la chanteuse de venir prendre un verre à mon hôtel. Elle est arrivée avec son manager qui était aussi son amant et son batteur (dans tous les sens du terme : il était le batteur de l'orchestre et il lui flanquait des roustes dans la vie, d'après les dires de mon assistant, témoin de scènes odieuses). J'ai exprimé mon admiration pour son talent et je lui ai demandé si elle accepterait de chanter dans le restaurant du film, supposé être celui du Métropole à Moscou. À l'image, ça ne durerait que quelques secondes, mais pour le tournage, elle et son orchestre devaient être à notre disposition pendant trois jours. Dans certaines scènes, on les verrait de loin, ils devraient faire semblant de jouer pour ne pas déranger le son des dialogues.

– C'est à moi qu'on demande, m'a dit vertement son mari/amant/batteur/tabasseur. Je suis le *business manager*.

Elle ne parlait que russe, lui, trois quarts d'anglais. Il a enchaîné :

– Nous sommes chers ! Et je ne brade jamais nos prix ! C'est à prendre ou à laisser.

Ça partait mal. Je m'étais fixé un prix à ne pas dépasser : 2 000 dollars par jour. Pour trois jours, j'arrondissais à 5 000. Je frissonnais à l'idée qu'il veuille bien plus, et j'étais frustré à l'avance d'avoir à renoncer à mon envie. J'ai demandé, inquiet :

– Combien ?

Il a pris un immense temps de réflexion, puis il a balancé agressivement :

– 300 dollars.

J'ai eu un moment de flottement car je ne m'attendais pas à une somme aussi basse, en contradiction avec son préambule prétentieux. Mon visage a dû exprimer cet étonnement, car je l'ai vu imperceptiblement tressaillir. C'est mon métier d'observer les réactions des gens et je m'en suis voulu de ne pas être resté impavide, car il était clair qu'il allait monter immédiatement ses prix. Quel négociateur de mes fesses je faisais !

C'est exactement le contraire qui s'est produit. Il a bien perçu que j'étais étonné mais il a pensé que c'était à cause de son culot d'oser demander si cher ! Il est devenu blême et il a rectifié avec précipitation :

– 250 dollars. Ce n'est pas excessif ! Pour ce prix, vous l'avez, elle et tout son orchestre ! Ça fait six personnes ! Et on amène nos instruments et nos costumes !

Mon étonnement et mon mutisme allant croissant, sa panique a grandi proportionnellement.

– Même plusieurs tenues, si vous voulez. On peut aller jusqu'à trois tenues ! Et on paye la location de notre minibus et notre essence… Et nos repas ! On amène nos casse-croûte. Vous n'aurez pas à nous nourrir !

J'étais scié. Je me disais que s'il était inquiet à ce point, c'est sans doute qu'il voulait dire 250 dollars par jour.

Il a pris le temps de ma réflexion pour un refus. Il s'est décomposé.

– Bien sûr, c'est pour les trois jours ! Et si vous avez un jour de retard, on vous l'offre.

Difficile de faire mieux.

– Topez là ! Ça me paraît raisonnable.

Mon acceptation soudaine lui a fait penser que peut-être il avait trop donné. Il a corrigé :

– Par contre, je veux du cash. Et ne pas être déclaré…

J'échappais en plus aux charges sociales !

– Les repas, la production vous les offrira. Vous mangerez avec nous à la cantine. C'est normal. Et on vous paiera votre essence aussi.

Elle a chanté merveilleusement et ils étaient si contents qu'ils sont venus chanter à l'œil pour un pot que j'ai donné quelques jours après. Pour me remercier. J'avais beaucoup insisté pour les payer, mais il n'y a rien eu à faire, ils étaient presque vexés. C'est l'âme tzigane ! Des gens étonnants. Ma mère disait, emphatique : « C'est un grand peuple ! »

Pendant le tournage à Belgrade, j'ai eu une angine. Miriana a appelé son père qui était médecin. Il s'est pointé à mon hôtel, au milieu de la nuit. Il m'a mis sous antibiotiques. Comme aux États-Unis où, souvent, c'est le médecin qui apporte les médicaments, il en avait dans sa mallette.

– Une pilule matin, midi et soir.

Il n'y avait pas une seule capsule de la même taille ni de la même couleur. Devant ma surprise, il a précisé :

– On manque de médicaments. Ce sont mes fonds de tiroir.

Le lendemain je me suis fait envoyer des médocs neufs de France et, pendant que j'y étais, j'ai commandé l'armoire de pharmacie complète. Pour tout. Des aigreurs d'estomac aux hémorroïdes, en passant par les migraines, les insomnies, les bourdonnements d'oreilles et les panaris, j'étais paré. Quand j'ai quitté Belgrade, je lui ai demandé de passer me voir et je lui ai donné tout mon carton de médocs. Hormis les premiers antibios, tout était complet et j'avais même une deuxième série d'antibiotiques, au cas où. Il a tout regardé, émerveillé, les yeux brillants d'un môme ouvrant ses cadeaux de Noël. Pour me remercier, il a posé un genou par terre et il m'a baisé la main, chaleureusement, plusieurs fois. C'était ultra gênant et bouleversant.

Comme je l'ai dit, j'aimais beaucoup l'hôtel Métropole de Belgrade, avec son casino, ses dîners dansants et ses putes surmaquillées. Je le préférais beaucoup à l'Intercontinental où logeaient les acteurs, un palace pourri sur les hauteurs de la ville, coupé de tout, qui se voulait à l'américaine. Mon hôtel était tellement plus pittoresque, chaleureux et communiste. J'avais la suite présidentielle dont la taille était présidentielle aussi, avec une salle de bains en marbre, mais sans aucun moyen de boucher la baignoire. Quelqu'un avait dû voler la bonde, pour chez lui. Une femme de ménage m'a dit que généralement c'était le directeur de l'hôtel qui habitait là, avec sa maîtresse, une des croupières du casino. On n'était pas loin du scénar de mon film.

Un soir, j'y dînais avec mon assistant français, quand un type très élégant, cheveux poivre et sel, très classe, va prendre place dans le petit salon privé du restaurant. Il est accompagné d'un businessman moins coquet. Quelques types viennent les rejoindre, syriens ou iraniens, dont certains ont des têtes inquiétantes.

– Tu l'as reconnu ? me demande mon assistant.

– Qui ?

– L'Italien, là, avec la cravate bleue et la pochette assortie…

– Je ne reconnaîtrais pas ma mère, alors ce type…

– Tu n'as jamais vu *La Comtesse aux pieds nus* ?

Tandis que je le regardais à nouveau, son visage sortait des brumes : c'était Rossano Brazzi, le mari d'Ava Gardner dans ce film, un acteur très remarqué pour son rôle mémorable.

Sans voir que nous le dévisagions de façon grossière, grâce aux plantes vertes entre notre table et la porte du salon ouverte, Rossano a sorti de sa serviette en cuir un gros classeur rempli de *folders* en plastique, qui montrait, page après page, tout un arsenal : des armes de poing, des revolvers, des fusils-mitrailleurs, des kalachnikovs et mitraillettes en tous genres, des canons, des mitrailleuses, toutes sortes de joujoux excessivement dangereux. Il montrait lentement chaque photo, chaque prospectus, les présentant à ses amis émerveillés. Un ou deux prenaient des notes sur un cahier. Les questions allaient bon train. Les pages défilaient. Maintenant je voyais plusieurs variétés de chars d'assaut. Je ne suis pas spécialiste en la matière, mais j'ai cru reconnaître un Exocet. À la fin du classeur il y avait des avions de chasse, des missiles sol-air, sol-sol, et même un destroyer.

À y regarder de plus près, ces hommes, à la lueur des événements, se mettaient à avoir des tronches de terroristes tout droit débarqués d'un *James Bond.*

Ils ont mangé assez rapidement, de façon plus frugale que je l'aurais imaginé. Dans un film à moi, j'aurais fait de ces trafiquants des viveurs, champagne, caviar (russe bien sûr) et grands vins espagnols de type Vega Sicilia. Ce n'était pas le cas. C'était plutôt business radin… Rossano les a raccompagnés dans le hall, puis il a parlé avec le concierge un instant et il est revenu rapidement vers sa table, comme s'il avait oublié quelque chose.

En fait, non. Il venait vers moi.

Avec un frisson paranoïaque, j'ai aussitôt pensé qu'il avait repéré qu'on l'avait espionné durant tout son dîner, et maintenant il allait sûrement nous menacer : « Si vous dites un seul mot de ce que vous avez vu à ma table, on va vous retrouver au fond de la rivière, les pieds dans un bloc de béton... »

Il m'a fait un sourire aimable.

– Bonsoir, *I'm* Rossano Brazzi.

– Oui... bonsoir. (Petite voix blanche.)

– Vous êtes le metteur en scène du film français qui se tourne en ce moment à Belgrade, avec Philippe Noiret ?

– Oui, c'est ça...

Il m'a tendu sa carte de visite.

– Je ne tourne plus beaucoup, je le regrette. Voici le téléphone de mon agent à Milan. Si vous avez un rôle intéressant, en italien, en français ou en anglais, je serais ravi de tourner pour vous... On dit que vous êtes un très grand metteur en scène...

Je n'ai pas eu le temps de lui rendre le compliment, ni de lui parler de son rôle légendaire, il avait déjà tourné les talons.

Deux jours plus tard, en ouvrant *Paris-Match*, j'ai appris qu'il avait été arrêté à Rome sur le tarmac en descendant de son jet privé. Il a été condamné pour trafic d'armes. Cela faisait des années qu'il était suivi. Son trafic s'élevait à un montant vertigineux de plus de 2 000 milliards de dollars !!!

Pendant *Twist Again*, les rapports avec mon père n'étaient pas au beau fixe. Il pensait que Berri était trop laxiste. Il trouvait également le scénario trop long et il voulait en faire une lecture à son bureau, avec moi et mes coauteurs (Lamotte et Clavier), pour voir ce qu'on pouvait couper. Je lui ai dit :

– Clavier n'acceptera jamais ça ! Je n'ose même pas lui en parler !

Il est resté comme deux ronds de flan.

– Eh bien dis donc, il est prétentieux, ton Clavier. Tous les metteurs en scène, même les plus grands, acceptent les lectures chez nous.

– Eh bien, pas Clavier !

Quand j'ai raconté ça à Christian, il était mort de rire.

C'est vrai que tout le monde acceptait ces lectures. Même Gérard Oury, pourtant superstar. Il faut dire que Gérard avait ses trucs pour se tirer d'affaire : pendant une lecture, à un moment délicat à négocier, il a renversé son café sur sa braguette. Il a alors retiré son futal et appelé la secrétaire de mon père :

– Mademoiselle Albrecht, vous pouvez faire porter ça au pressing en urgence et me le ramener tout à l'heure ?

Mon père, embarrassé, a proposé de reporter la réunion, mais Gérard a dit qu'il ne pouvait pas :

– Je descends demain à Saint-Tropez chercher le Minet.

C'est ainsi qu'il surnommait Michèle Morgan, l'amour de sa vie, copiant ainsi son précédent mari, Henri Vidal, qui voyait dans la star de *Quai des brumes* « un félin aux yeux impénétrables ». On a donc continué et Gérard faisait exprès de lire debout, en marchant de long en large devant toute l'équipe de la production, très à son aise, avec sa diction parfaite d'acteur. Je précise qu'il ne portait pas un caleçon mais un slip kangourou moule-bite. Mon père était si gêné qu'il est devenu d'accord sur tout, pour abréger la réunion.

Quant à moi, j'avais une autre fois un meeting de décoration, un poste coûteux. Le dirlo de prod a suggéré à mon décorateur une autre façon de procéder qui serait certes moins esthétique mais plus économique. Je me suis levé et j'ai quitté la pièce comme une reine offensée.

– Sans doute, mais ça, ça n'a pas cours dans un film de Jean-Marie Poiré !

Depuis le couloir, j'ai entendu mon père dire, stupéfait :

– Il parle de lui à la troisième personne maintenant !

Mon père était buté. Il m'appelait tous les jours pour essayer de me convaincre de réduire le tournage à Belgrade. J'abrégeais ses appels en faisant semblant de ne pas l'entendre : « Allô ? Allô ? Je n'entends plus rien ! Ah, ces pays communistes ! Même pas foutus de faire marcher un téléphone ! » Je raccrochais.

Mon père n'étant pas de gauche, j'étais certain qu'il prenait ça pour argent comptant.

Nous avions un grave désaccord sur le tournage en Yougoslavie. Il voulait l'abréger au plus vite car il n'avait aucune confiance dans la production yougoslave. Il n'avait pas tort. Les Serbes faisaient tout pour qu'on soit en retard, allongeant ainsi leurs prestations de service. Mais moi, je pensais qu'on avait avantage à se faire voler là-bas plutôt qu'à Paris, où le film aurait été mieux géré, certes, mais avec les prestations dix fois plus chères et moins authentiques.

Ce qu'on a tourné à Paris, d'ailleurs, était moins bien, j'en ai coupé beaucoup au montage, avec l'accord de Claude Berri. Claude trouvait les rushes de Yougoslavie formidables et il aurait voulu lui aussi que je reste là-bas. Les figurantes de Belgrade, par exemple, je n'avais pas besoin de les faire maquiller en Soviétiques, elles se maquillaient comme ça naturellement, coiffures pièces montées en carton, contour des yeux bleu ciel ou rose fuchsia, excessifs. Les robes idoines. La mode serbe à la Milochevitch était gratinée. Les figurants aussi étaient superbes. Sans effort, ils faisaient des nœuds énormes avec des cravates improbables, comme il y en avait seulement dans les congrès de la CGT en 1952. Les rares scènes que j'ai dû tourner à Paris ont nécessité trois maquilleurs supplémentaires pour les peinturlurer. Il a fallu louer des costumes de la guerre 39-45. C'était moins bien.

À un moment, j'ai observé un curieux remue-ménage du côté des toilettes du tournage. Ça m'a intrigué. En ouvrant la porte, j'ai surpris des figurantes près des lavabos, en train de se remaquiller à la Parisienne, parce qu'elles se trouvaient moches ! Ou de rabaisser leurs coiffures pour qu'elles soient plus naturelles. Mon assistant a dû remettre de l'ordre pour qu'elles ressemblent à des Moscovites.

Mon père était fan de rire. Quelqu'un qui le faisait marrer marquait un point. Clavier a ce don.

C'était un de ces matins où l'atmosphère était tendue. Nous étions maintenant à Paris et le film prenait du retard car j'avais un chef opérateur excellent mais très lent. Mon agent m'a appelé :

– Ton père arrête le tournage ! Il va venir te l'annoncer sur le plateau ! Il est excédé.

J'ai raccroché, perplexe, repérant la tête des deux dirlos de prod un peu plus loin, avec leurs sourires ironiques et goguenards. J'avais dû les faire souffrir, sans doute, ils tenaient leur vengeance. L'un d'eux m'a dit, presque amusé :

– Ton père vient te parler, je crois.

C'était une marotte de mon père : il rabâchait souvent qu'il avait stoppé le tournage des *Mariés de l'an deux* en disant à Rappeneau : « Tu te démerderas au montage, mais moi, j'arrête le tournage aujourd'hui même. »

J'en ai parlé une fois à Rappeneau, qui s'est marré : « Oui, il a fait son numéro. Mais on avait quasiment terminé. Ce n'était pas une grande affaire ! »

Ici, c'était plus compliqué. Je relisais rapidement les scènes qui restaient à tourner, pour voir lesquelles étaient indispensables.

La DS de mon père s'est arrêtée devant le décor. Il est descendu avec sa tête des mauvais jours et nous a entraînés dans une pièce à part, Christian et moi. Il a commencé par des remontrances sévères, et alors que j'allais me justifier très sérieusement, Christian a balancé une blague. Il a raconté un ou deux pépins du tournage avec humour, et il a conclu :

– De toute façon, on ne peut s'attendre à rien de bon quand on a affaire à des communistes !

Ça a rendu mon père hilare. Christian a enchaîné avec une ou deux vannes et mon père était aux anges.

La comédie, c'était sa danseuse. Clavier l'avait fait rire et du coup il avait retrouvé sa bonne humeur :

– Bon. Tâchez quand même d'aller un peu plus vite !

Il est reparti, n'adressant pas la parole aux dirlos de prod qui attendaient devant la salle de réunion. Je me suis alors avancé vers eux et j'ai tapé dans mes mains.

– Qu'est-ce que vous fichez, les deux lambins ? Rameutez l'équipe du tournage ! On a perdu assez de temps comme ça, non ?

J'ai eu du bonheur avec les acteurs de *Twist*. En dehors de Noiret et de Clavier, il y avait tellement de pointures : Bernard Blier, Jacques François, Agnès Soral, Roland Blanche (étourdissant méchant du KGB, avec des nuances extraordinaires), Jacqueline Doyen (actrice fétiche d'Audiard, remarquable), André Thorent, Jean-Paul Roussillon (également talentueux metteur en scène de théâtre).

Bernard Blier était un régal. Le voir arriver le matin au maquillage et l'entendre s'écrier systématiquement : « Bonjour mes cons ! » me mettait de bonne humeur. Il appelait Agnès Soral « l'engin » et il vannait tout le monde à tout-va. Mais quel talent ! Et quelle carrière ! Il y avait, comme sur *Papy*, un mélange merveilleux entre les générations. Noiret, pour se moquer du jeu de Lamotte et de Clavier, qu'il prétendait juger « excessif », avait instauré un système de cartons jaunes et cartons rouges, comme au foot, pour les taquiner. S'il trouvait qu'un acteur en faisait trop, il sortait son carton jaune : un avertissement. Le carton rouge, c'était : « Plus aucun autre plan dans la journée » ! Chaque génération vannait l'autre, chacune était épatée par l'autre. Être ami avec Philippe était un privilège, car le mec était délicieux. Bien qu'extrêmement consciencieux dans le boulot, il avait l'avantage de ne pas se prendre au sérieux. Une qualité qu'on ne rencontre pas toujours aujourd'hui.

Je pense que Martin Lamotte a produit dans ce film sa meilleure prestation. Pourtant ça a mal commencé. Il était tellement marqué par Super-Résistant qu'à la première prise j'ai cru qu'il faisait un remake de *Papy*. Je l'ai pris à part et je lui en ai fait diplomatiquement la remarque. Il a saisi au quart de tour et je dois dire qu'il m'a épaté pendant tout le tournage.

C'est vrai aussi qu'il avait de sérieuses bonnes répliques. Comme quand il entre dans cette cabine téléphonique et qu'il dit : « Allô ? Passez-moi quelqu'un d'autre ! C'est pour dénoncer ! » C'était à se rouler.

Philippe Noiret était touchant. C'était un grand travailleur. Il m'a demandé la permission de venir sur le plateau avant que lui-même ne commence sa prestation. Il voulait me voir tourner. Il a repéré que j'exigeais beaucoup de rythme de la part des acteurs. Quand j'avais une prise excellente, je disais :

– Maintenant que tu tiens la scène magnifiquement, voyons si on peut la refaire aussi bien, mais un peu plus rapide !

C'est un truc que j'avais appris de Claude Autant-Lara, le metteur en scène, entre autres, de *La Traversée de Paris*. Il faisait minuter les scènes par sa scripte.

– Combien ?

– Quatorze secondes.

– Voyons si on peut la refaire en douze.

Je n'ai pas cette rigueur mathématique, tout était toujours forcé chez Autant-Lara, mais le rythme rend les films agréables. On passe du temps de la vie, celui du naturel, au temps du spectacle.

Lors de son premier plan, Philippe jouait comme une mitraillette. J'étais stupéfait, épaté par l'humilité de cette grande star qui voulait bien faire, satisfaire le réalisateur, être à la hauteur. Je l'ai pris à part.

– Philippe, c'est incroyable, la vitesse à laquelle tu joues. Je te félicite. Mais laisse-moi te poser une question : est-ce que tu pourras encore accélérer ?

Il a écarquillé des yeux affolés.

– Ah non !!! Là, je suis au taquet.

– Alors on va la refaire plus calme. À ce moment du script, le personnage est à l'aise, il croit encore que tout va bien. Il faut réserver l'accélération pour quand il sera en danger et en panique.

Je me suis merveilleusement entendu avec Philippe, d'abord parce qu'il était cultivé et qu'on pouvait parler littérature. Nous avions des admirations communes : Lawrence Durrell, John Fante, Borges, Fernando Pessoa. Pendant le film, il lisait Paul-Jean Toulet. C'est plaisant de parler à quelqu'un qui lit.

Il pouvait être aussi d'une futilité charmante. Un jour où nous parlions des Césars et de sa glorieuse carrière, il m'a dit : « De toutes les récompenses, les prix et les critiques que j'ai eus, ce qui m'a donné le plus de fierté, de loin, c'est que *Vogue* m'ait mis en tête de la liste des hommes les mieux habillés du monde ! »

Philippe avait tout de même une limite de jeu : la peur du ridicule. En cela, il n'était pas réellement un acteur comique, ce qui demande une dimension supplémentaire, celle de dépasser cette appréhension. Il n'a pas réussi la scène de *La Danse des canards*. Cela m'a frustré. C'est une des choses qui m'avaient fasciné à Moscou : cette *Danse des canards* y faisait un tabac. Les Russes adorent les dîners musicaux. Il y avait des orchestres dans tous les grands restaurants qui déglinguaient à qui mieux mieux la musique occidentale. Au cours du repas, les gens se levaient et se précipitaient pour danser. Voir la tête effrayante d'un Brejnev ou d'un Tchernenko battre des coudes pour faire la volaille réconcilie avec l'humanité.

Philippe a fait la volaille sans plaisir. Du coup, ça n'était pas très drôle. J'ai coupé la scène au montage. Je regrettais que Blier ait déjà quitté le tournage. Je lui aurais fait jouer la scène à lui, je pense que ça aurait été inénarrable. Mais je n'ai pas osé demander à mon père de faire revenir Bernard.

17

JACQUES FRANÇOIS ET BERNARD BLIER AU PAYS DES SOVIETS

L'arrivée de Jacques François en Serbie a été épique.

Cet immense acteur était mon ami et est devenu rapidement un acteur fétiche. Je l'ai connu sur *Le Père Noël est une ordure !*, où il a joué le rôle du pharmacien qu'il a rendu célèbre par son talent. Tout le monde se souvient de son : « Mais c'est de la merde ! » Ce triomphe horripilait Jacques (bien qu'il en soit ravi au fond, secrètement).

– J'ai créé du Pinter, du Félicien Marceau, des pièces d'Anouilh, de Sagan, avec des rôles principaux, des textes admirables, j'ai joué plus de cent films, et quand les gens me félicitent, ils ne se souviennent que de cette phrase ! C'est désarmant !

Nous étions à la frontière de la Hongrie, aux confins du monde civilisé, dans la plaine de Bečej, une toundra glacée à perte de vue, isolée de tout. Il faisait une température de - 24 °C et la neige bloquait parfois complètement la circulation. Jacques devait arriver en voiture depuis l'aéroport de Subotica, avec Bernard Blier, vers 21 heures. J'avais quitté un dîner sympa car je voulais les accueillir moi-même. Ça a été inutile car ils n'arrivaient pas ! J'ai attendu deux heures et j'ai fini par aller me coucher. En fait, ils avaient eu un accident. Leur voiture s'était retournée et avait fait une série de tonneaux. Heureusement c'était dans un champ de neige, cela a amorti les chocs et ils n'ont rien eu de grave, hormis deux égratignures et trois bosses. Par contre, le chauffeur les a mis au turbin, en exigeant qu'ils poussent la voiture hors du fossé. À leur âge, on s'en doute, ça les a ravis.

J'ai été réveillé par leurs cris. La voiture, cabossée, était arrêtée sur le parking, à 50 mètres de l'hôtel, un phare cassé, l'autre éclairant la cime des arbres. Impossible d'aller plus loin. Un passage avait été découpé dans la glace pour atteindre la réception, un chemin étroit de moins d'un mètre, où l'on ne pouvait pas passer à deux. Avec une valise, ça coinçait. Il fallait tenir sa valise devant soi. Et c'est à propos des bagages, justement, que ça hurlait ! Le chauffeur refusait de les porter :

– Je suis chauffeur, pas bagagiste !

Il n'y en avait pas dans l'hôtel, c'est un métier peu communiste. La nuit, tous les employés dormaient (déjà qu'ils dormaient le jour !). Le chauffeur a jeté leurs valises par terre et il a disparu dans la nuit. Bernard et Jacques devaient s'éclairer au briquet. Deux vieillards exténués sont arrivés à la réception. Ils s'engueulaient tellement sur le chemin que j'ai renoncé à descendre les voir, pour ne pas me faire injurier à mon tour. Je les ai observés depuis la loggia. Le veilleur de nuit a tendu la clé de sa chambre à Bernard.

– Personne ne peut porter ma valise ? a demandé Bernard.

– Non. Mais il y a un ascenseur... Par contre, vous, monsieur (s'adressant à Jacques), vous devez ressortir, prendre le chemin en sens inverse et tourner sur le parking, à droite... Vous êtes à l'annexe.

Jacques était éberlué.

– Comment ça ? Je ne dors pas ici ?

– C'est normal, a bavé Bernard, enchanté. Ici, on loge les vedettes. Les seconds rôles sont à l'annexe !

Quelques minutes plus tard, Jacques était revenu à la réception, où je l'ai entendu hurler :

– Ce téléphone ne marche pas !

– Normal, a fait le veilleur de nuit. On n'a qu'une seule ligne pour le moment et elle est réservée à l'hôtel. Dans la journée, vous pouvez passer un appel en cabine, limité à cinq minutes ! La nuit, l'opératrice du standard n'est pas là. Les employés dorment...

Si j'avais eu un doute sur le fait que Jacques soit anticommuniste, je l'aurais perdu ce jour-là. Le veilleur de nuit s'est tellement fait insulter qu'il a menacé Jacques, en retour, de le faire emprisonner pour outrage au personnel et injures envers l'État !

Jacques a quitté la Yougoslavie en décrétant qu'il ne remettrait jamais les pieds dans ce pays « merdique » et « infâme ».

Le lendemain de son départ pour Paris, la scripte s'est aperçue qu'on avait oublié de tourner un plan où lui et Blier se font un baiser à la russe (sur la bouche). J'étais persuadé, à juste titre, que ce serait un gros effet comique. On a fait revenir Jacques, qui a pesté comme un malade, en m'engueulant au téléphone. Il a dit que nous étions des « incapables » !

Pour ne pas endommager notre planning, on devait tourner ce plan un dimanche, en petite équipe, ce qui veut dire, en pays communiste, cent cinquante personnes. Je devais aller chercher Jacques à l'aéroport, très tôt, avec ma voiture, et on nous conduirait ensuite à la campagne, devant une chapelle qui ressemblait à peu près à notre décor. Blier nous y attendrait avec l'équipe.

À l'heure de quitter l'hôtel, mon chauffeur m'a téléphoné :

– Il y a trop de neige pour atterrir à Belgrade. L'avion de Jacques est dérouté sur Zwamenčzic. Il redécollera quand la piste sera dégelée.

La piste n'a été dégelée qu'en fin de journée.

Nous dînions agréablement avec Noiret et Clavier quand Jacques est arrivé, dans un état d'exaspération proche de l'apoplexie.

– J'ai attendu toute la journée à Zwamenčzic, le trou du cul du monde, dans une pièce exiguë, chauffée par un énorme chauffage électrique ! Si on allumait ce chauffage, on étouffait ! Comme un plein Sahara ! On haletait. Si on le coupait, on gelait en moins de cinq minutes ! On a passé la sainte journée à éteindre et rallumer ce foutu chauffage, en se relayant. À force, cela a fait sauter les plombs ! Et arrêtez de rire comme des imbéciles !

Il m'a regardé droit dans les yeux.

– Ton film est un cauchemar !

Il ne pouvait se départir de son inénarrable ton de gentleman de la haute, qui le rendait hilarant. Il subissait les pires situations avec une raideur toute britannique – même s'il détestait les Anglais et ne se privait pas de le dire, étant franco-américain. Il employait des mots choisis ou subitement grossiers tout à la fois, en restant imperturbablement chic, snob et théâtral.

– C'est toi qui es marrant, Jacques ! a dit Clavier, avec gentillesse. On ne rit pas de tes malheurs, mais de ta façon de les raconter !

– Oui. Eh bien, ce n'est pas marrant du tout ! À mon arrivée à Belgrade, on m'a annoncé que ma valise était perdue ! Ces cons ne savent pas où elle est !

– Je te prêterai un pyjama, a rigolé Philippe. Mais pas ma brosse à dents, il faut que tu en achètes une ! Si tu en trouves ! Les magasins sont vides dans ce pays !

– On doit m'appeler quand ils l'auront retrouvée, mais il n'y a personne à la réception, bien entendu !

– Assieds-toi et mange quelque chose !

– Et surtout, bois ! a ajouté Christian. Ça te détendra !

On a apporté un couvert supplémentaire à Jacques qui continuait à rouspéter sans discontinuer :

– Cette soupe est infecte ! J'avais oublié qu'on ne mange que de la merde, ici !

Il avait repris le ton du pharmacien du *Père Noël* et il s'est mis à manger en silence, boudeur.

Vers la fin du dîner, on nous a prévenus que la valise de Jacques venait d'arriver et qu'il fallait qu'il aille à la réception.

– Et puis quoi encore ?! Je ne vais pas la monter moi-même, non plus ! Montez-la dans ma chambre ! Je n'ai pas fini de dîner ! Merde ! Enfin… dîner… si on peut appeler un « dîner » ce que vous nous donnez à manger !

– C'est que… euh, il faut que vous veniez la *reconnaître*… a fait le gus de l'hôtel, avec une tronche d'enterrement.

– Comment ça, la *reconnaître* ? Ma valise n'est pas morte !

Il y avait tout de même un peu de ça. Sa valise était étalée de tout son large sur le marbre du sol de la réception. « Écrabouillée » serait plus juste. Une crêpe.

– Un avion-cargo a déposé un container dessus ! Puis un avion l'a remplacé et il a fait le plein. Il a légèrement dégazé.

Ça expliquait le gasoil. De l'énorme crêpe, deux fois plus large que la valise d'origine, sortaient, ici et là, des bouts de chemises et des chaussettes, avec de grosses traces noires luisantes de cambouis et de la gomme de pneu.

Christian, Philippe et moi n'avons pas pu résister. On s'estrassaient de rire. Jacques nous a jeté un regard glacial et il est parti furieux dans sa chambre, sans finir son dîner. En disparaissant dans l'ascenseur, on a juste entendu : « Bande de crétins, vous êtes trop CONS ! »

Il a passé sa nuit à écrire au P-DG d'Air France pour lui dire qu'il ne reprendrait plus sa compagnie, sous aucun prétexte.

18

DARROUSSIN, BACRI, LANVIN, MIOU-MIOU ET LES AUTRES…

Moustique n'était pas rancunier. Sur *Twist Again*, il a fini par se faire virer, et il ne m'en a pas voulu. J'en veux pour preuve ce jour où j'étais bloqué dans la circulation place de la Bastille. Le chauffeur d'un taxi voisin klaxonnait pour attirer mon attention. C'était à la demande de Moustique, son client. Ce dernier, à l'arrière, m'a fait un tas de petits signes amicaux, comme un enfant, avec un sourire adorable.

Moustique a été mon inspiration pour l'un des personnages principaux de *Mes meilleurs copains*. Je me suis même demandé si je n'allais pas l'engager comme acteur pour l'interpréter, mais je n'ai pas osé. Il aurait pu perdre son naturel. On a proposé le rôle à Michel Blanc. Mais Michel ne voulait pas copier la voix de quelqu'un. Même s'il estimait le scénario, c'est la raison qu'il a donnée pour justifier son refus. Or chez Moustique, la lenteur de la voix faisait tout, c'est la caractéristique irrésistible du personnage. On a donc décidé de faire des essais pour trouver l'oiseau rare. Beaucoup d'acteurs ont tenté leur chance, certains excellents. Celui qui l'imitait le mieux était Patrick Bouchitey, qui avait cette émission très amusante, « La Vie privée des animaux », où il faisait parler toutes sortes de bestioles. Mais le plus proche de l'esprit du personnage, celui qui le jouait avec le plus de sincérité et de bienveillance, a été Jean-Pierre Darroussin. Je le connaissais déjà. Il avait un petit rôle sonore dans *Le Père Noël* : il fait la voix, au téléphone, d'un mec déprimé qui a une mycose dans l'oreille. Je lui avais confié ce job car il m'avait séduit dans *Est-ce bien raisonnable ?*

de Georges Lautner, où je lui avais écrit une courte scène dans laquelle il était déprimé, justement. Dans cette scène, il défonçait tout, il était étourdissant. Cela n'avait pas échappé à Miou-Miou, qui est passée au montage faire une crise de jalousie. Elle a dit à Lautner : « C'est vrai qu'il est drôle, mais c'est un sketch. On sort de l'histoire. »

Lautner était dingue de Miou et buvait ses paroles. J'avais l'impression qu'elle l'allumait sec. À Annecy, pendant *Pas de problème !*, elle se vautrait sur son lit en gloussant, en lui apportant très gentiment son petit déjeuner. Une fois, je l'ai vue poser sa tête sur sa couette (toujours en gloussant), contre sa hanche, un truc que les filles faisaient à la plage avec les garçons, nonchalamment. J'ai dit à Georges que l'argument de Miou était sans valeur, que Jean-Pierre rendait la scène irrésistible et qu'il fallait la garder intacte, comme sa monteuse l'avait structurée au départ. On n'avait pas suffisamment de scènes irrésistibles dans le film pour en saccager une. Mais je ne faisais pas le poids face à Miou. Lautner, assez mariole avec les hommes, était benêt avec les femmes. Il a réduit sensiblement le travail de ce pauvre Darroussin et la scène est devenue banale, comme le reste du film d'ailleurs.

Pour être sûr de mon choix, j'ai fait quelques lectures chez moi avec Jean-Pierre. Une heure après son départ, on a sonné à la porte. C'était lui, avec une tête ahurie : « Désolé. J'ai oublié mon agenda chez toi. » Je me suis toujours demandé s'il l'avait oublié exprès, pour pouvoir jouer l'ahuri. Si c'était un plan, c'était super intelligent car ce geste de distraction m'a séduit, tout comme sa mine embarrassée, et il a eu le rôle. Il y a été fantastique et cela a été le déclencheur d'une excellente carrière.

Les acteurs font parfois d'excellentes manigances pour avoir les rôles.

Sur mon premier film, *Les Petits Câlins*, Dominique Laffin m'avait fait un bon coup à son premier entretien de casting. Ignorant que son personnage draguait les mecs, pilotait une moto et était un garçon manqué, Laffin est arrivée vêtue d'une robe de grand-mère en dentelle, une tenue improbable, qui lui allait mal. Son agent lui avait parlé d'une comédie romantique. Dominique avait une vision conservatrice du romantisme, ou me la prêtait, car elle s'est mise à minauder, féminine, avec des sourires de rosière, me faisant du charme. Je pense qu'elle essayait de plagier Miou-Miou dans *Pas de problème !* car elle savait que j'avais écrit le film (ce n'est pas une critique perfide : Miou sait minauder de façon agréable, pas Dominique).

– Le personnage n'est pas du tout pour vous. Je suis désolé. Vous êtes trop romantique. (J'ai évité de dire « démodée », pour ne pas la vexer.)

– Vous savez, je suis une actrice... Je peux être tout autre...

Comme un idiot, je n'ai pas voulu approfondir, j'ai une fâcheuse tendance à croire uniquement ce que je vois et je l'ai éconduite.

Une heure plus tard, la porte de mon bureau s'est ouverte à grand fracas. Casque intégral au coude, en jean et perfecto, Laffin venait de lui flanquer un sérieux coup de tatane avec des santiags mexicaines. Elle s'est assise sur ma table, comme une loubarde, me tutoyant :

– T'sais, je peux être décidée aussi. Je suis bien plus à l'aise dans cette tenue que tout à l'heure, où je me sentais déguisée. Faut faire confiance aux actrices !

Elle a eu le rôle.

Deux ans auparavant, pendant le casting de *La 7e Compagnie*, Jean Rougerie, un excellent acteur, est entré dans le même bureau, occupé par Lamoureux et moi. Robert a été surpris de le voir.

– Salut, mon Jean ! Je ne sais pas qui t'a convoqué mais c'est une erreur. Je fais un casting d'officiers allemands. Tu t'es déplacé pour rien !

– Je parle l'allemand comme le français, Robert. Ma mère est allemande. Je suis totalement bilingue.

– Mais tu es trop franchouillard. Ça ne marchera pas !

Rougerie est revenu deux heures plus tard, en tenue de SS de la tête aux pieds, balançant (lui aussi) un furieux coup de pied dans la porte. Il a vociféré des menaces en schleu avec une voix de stentor. Il était allé louer son costume à la Bastille, et il avait pris le métro – en nazi – à la stupeur des passagers.

Lui aussi a eu le job. Malgré cela, je ne conseille pas à tous les postulants d'entrer en bugnant les portes ! C'est grossier et généralement mal perçu. Entre les bottes de la Wehrmacht et les santiags de Dominique, la nôtre commençait à être sérieusement déglinguée.

Darroussin pour le rôle de Dany dans *Mes meilleurs copains* n'a pas été mon premier choix. Quand on finance un film, on commence par chercher des stars *bancable* qui donnent confiance aux décideurs. Le demi-succès de *Twist Again* a fait que Berri ne s'est pas précipité pour acheter le scénario. Donc on a proposé le film à Fechner, avec d'autant plus d'empressement que nous avions pensé à Gérard Lanvin pour le rôle principal et que Fechner était pote avec lui. Gérard louait la maison mitoyenne de Fechner à Boulogne, avec un jardin mitoyen. On pensait également qu'une histoire de rock et de groupe, c'était dans les eaux de Fechner, qui avait commencé dans la musique en produisant les Charlots. On a vu juste. Il a adoré le scénario et trouvé évidente notre proposition de Lanvin. Pour la fille, ma première idée était Bette Midler. J'ai aussi envisagé Chrissie Hynde, la chanteuse des Pretenders, qui a débuté grâce à moi, à Paris, quand je lui ai demandé de me remplacer comme *lead singer* de mon groupe The Frenchies. (C'était dans une autre vie, quand j'étais chanteur de rock[1].) Mais si Chrissie *était* le personnage, je n'étais pas sûr que, formidable rockeuse, elle soit une bonne comédienne tandis que Bette Midler avait été

1. Si vous voulez voir mon look, qui va vous étonner, allez sur YouTube, cherchez « The Martin Dune Hotel » (pas de flexe sur « Hotel », comme en anglais). Vous verrez quelques chansons des Frenchies, et aussi de Martin Dune, le chanteur (ma pomme).

époustouflante dans *The Rose*. Ma suggestion n'a pas du tout convenu à Christian Fechner. Très cocardier, il ne baragouinait pas l'anglais, un film avec des Yankees, merci beaucoup. Il a alors pensé à une Québécoise. Mon argument selon lequel le Québec était un trop petit pays pour avoir une star internationale ne l'a pas convaincu. Fechner n'avait pas tort : même si Céline Dion commençait à peine sa percée en 1988, ça ne gênait personne qu'une Québécoise soit présentée comme une superstar.

Pour le rôle de Guido, Fechner voulait Thierry Lhermitte mais celui-ci a décliné la proposition. Ça suivait le refus de Michel Blanc, pour le rôle de Moustique.

En y repensant, c'est fou ce que Clavier et moi avons pris comme râteaux professionnels, malgré nos succès répétés ! Je n'ai jamais vraiment compris pourquoi. Ni Clavier ni moi n'avons une haleine fétide. Et dans la plupart des cas, les actrices et les acteurs sont ravis de tourner dans des films commerciaux, ils estiment que c'est bon pour leurs carrières. Pourtant, on a toujours eu du mal à trouver des clients (pas du côté des producteurs mais de l'interprétation). Oury, Zidi, Yves Robert, Lautner et consort essuyaient très peu de refus. Nous, oui. Ça rendait dingue, ces heures d'attente, puis le bruit sec d'une porte dans la poire. Peut-être est-ce parce que mes histoires sont très différentes les unes des autres, jamais dans la lignée du succès précédent. Peut-être ai-je des goûts trop originaux, des idées trop marginales, en tout cas, ça m'a procuré des brûlures d'estomac. Mon tube digestif ressemble à Hiroshima.

On a alors pensé pour Guido à Jean-Pierre Bacri. J'adorais cet acteur. Et l'idée a plu à Fechner. Mais là aussi, j'ai frôlé la portière en pleine tronche, car Jean-Pierre était frileux à l'idée de jouer un gay.

En tout cas il mourait de trouille de passer pour un homophobe. D'entrée de jeu, il m'a dit : « Je ne veux pas faire une folle, mais un mec d'apparence *normale*. Un mec quotidien. » Je n'ai pas osé lui dire que ça, *normal*, c'était homophobe, comme le fait de mépriser les folles. Moi, les folles m'amusent ; j'ai de la tendresse pour les mecs efféminés (comme pour les filles-julots), cette provocation ou cette compensation me touche. Ils/elles sont pittoresques et j'aime les originaux. Le public le perçoit comme moi et s'en amuse, sans la moindre discrimination. Le public est bien plus intelligent que ne le pense l'intelligentsia. Il est en sympathie avec les personnages qui les font marrer. La preuve en est *La Cage aux folles*. Les gens ont adoré Serrault sans le moindre mépris. D'ailleurs le triomphe du film, de la pièce, de la comédie musicale aux États-Unis a été dû, principalement, aux gays et à leur bouche-à-oreille enthousiaste. Mais soit. Je n'ai pas lutté avec Jean-Pierre. Surtout qu'on n'avait pas du tout écrit un rôle caricatural. Ç'aurait été un comble : le film était très inspiré de ma tentative à moi de devenir rock star. Guido a des choses de moi. J'ai donc accepté que Guido soit « normal » sans état d'âme – même si une chose que je ne peux pas piffer, c'est la norme.

J'ai commis une erreur avec Jean-Pierre, en n'approfondissant pas plus avec lui notre approche du personnage. Peut-être serions-nous tombés d'accord. Mais peut-être pas ! J'avais les jetons d'un deuxième échec. Le refus de Lhermitte avait ébranlé Fechner et j'ai cru que si Bacri refusait à son tour, il finirait par croire que le rôle de Guido n'était pas bon. Et le projet en entier du coup, car il avait aussi été troublé et frustré par le refus de Michel Blanc – un acteur avec qui il avait connu de gros succès – de jouer Moustique. Le refus des acteurs impacte la confiance des décideurs.

Jean-Pierre était pétrifié à l'idée de jouer les scènes d'amour du film.

– Je n'ai jamais roulé une pelle à un mec et je ne tiens pas à commencer, m'a-t-il dit, bourru comme il savait l'être. Tu vas filmer ça comment ?

J'ai été déçu. Les grands acteurs, si le personnage embrasse, ils embrassent. Ils deviennent leurs personnages. Des années plus tard, en voyant Gaspard Ulliel embrasser sensuellement Louis Garrel dans *Saint Laurent*, j'ai été épaté. Ils exprimaient à fond l'envie des personnages, perdus dans les désirs de ceux qu'ils incarnaient. Je suis bouleversé par les acteurs sincères et je suis mécontent quand ils ne le sont pas. J'ai pensé : « Putain, ils y vont ! » Je me suis souvenu de Jean-Pierre et de ses réticences non sans agacement et regret. Mais pour les raisons exposées plus haut, j'ai fait mon lâche :

– Ne t'inquiète pas. Je mettrai la caméra dans un angle où tu ne seras pas obligé de faire un *tortillage* de langue.

Jean-Pierre s'est détendu et a accepté le rôle.

– D'accord. Pas de tortillage.

Cette concession m'a valu son acceptation. J'aurais dû lui dire que, tout de même, je voulais bien qu'il travaille un peu, pour laisser passer de temps à autre un petit côté efféminé.

C'est un peu une maladie française de ne pas oser. Un acteur comme Burt Reynolds, le prototype du gros macho américain, mais un immense comédien, n'avait peur de rien ! Dans *La Cage aux poules*[1], Burt jouait un shérif et Dolly Parton, une tenancière de bordel. La ville, offusquée par la présence de ce boxon, mettait la pression sur le shérif pour qu'il le fasse fermer. Or Burt était secrètement l'amant de la tenancière. Ils se rencontraient l'après-midi dans un motel d'une ville voisine, pour de savoureux rencards amoureux. Dans le film, Burt adorait la voir dans des dessous sexy et il lui en offrait régulièrement. Un jour, elle lui donne un petit cadeau en retour : un mini-slip en cuir noir avec des petits boutons à pression sur le côté. Le shérif, choqué, refuse de le mettre.

– Tu charries, fait la mère maquerelle. Tu veux toujours que je porte des tenues pas possibles, mais toi, en revanche, tu ne veux pas ?

---

1. *The Best Little Whorehouse in Texas* (1982), de mon ami Colin Higgins. Littéralement, « Le meilleur petit bordel du Texas », un titre vachement mieux – les distributeurs ont parfois bien mauvais goût.

– Ça n'a rien à voir.

– Et pourquoi ? Je dois satisfaire tous tes fantasmes, mais moi, je peux me brosser ?!

Piqué au vif, Burt attrape le colifichet et disparaît dans la salle de bains. Il en ressort deux secondes plus tard, nu comme un vers, avec le mini-slip en guise de cache-sexe. Il écarte alors les bras, style « voilà », il rougit comme un ado et il plonge sous les draps du plumard, comme dans une piscine. Burt était génial dans cette scène, drôle et touchant. Je m'étais demandé si un Ventura ou un Delon aurait accepté une scène pareille. À parier que non. Pourtant, quel flash sur le personnage ! Le voyeurisme, c'est la base du spectacle. Rien de mieux que dans *La Party*, cette comédie signée Blake Edwards avec Peter Sellers, réglée comme un ballet de gags hilarants, quand une porte s'ouvre brutalement et que l'on découvre le maître d'hôtel, un mec psychorigide, en train de se changer : il porte un mini-slip léopard. Il bondit pour claquer la porte comme s'il avait été découvert en plein péché. C'est à pleurer de rire.

J'ai eu un chef opérateur gay qui faisait tout pour le cacher, de façon plutôt convaincante. Eh bien, quand il était stressé, il se mettait à marcher très vite en laissant pendre ses mains devant lui, comme cassées au poignet, un geste à la Serrault qui ruinait tous ses efforts. Le naturel revenait au galop. Cet aperçu me régalait. J'aurais voulu des flashs semblables avec Jean-Pierre. Je lui en ai parlé mais je n'ai pas réussi à le convaincre. Je lui ai fait des propositions sur le tournage, il les a refusées. Par exemple, il chantait sur scène et je lui ai demandé s'il connaissait la marche en canard de Chuck Berry. Il ne connaissait pas. J'ai imité Chuck et la foule des figurants s'est mise à pisser de rire. J'ai cru que ça allait le persuader que c'était efficace, mais au contraire il m'a dit : « Tu n'as qu'à le faire, toi, si c'est si drôle. Moi, non. »

Pourtant Chuck Berry n'était pas gay.

Malgré son réel talent – et un charme certain quand il le voulait –, nos rapports pouvaient tourner au vinaigre en un instant. Et le vrai clash a eu lieu dans une scène de nuit.

Il avait une longue tirade devant ses copains et je le trouvais trop sage, trop convenu. Coincé. À cette heure tardive, avec l'excitation de la soirée et toute la bibine ingurgitée, le personnage aurait dû avoir plus de laisser-aller et j'aurais voulu que son homosexualité soit entrevue en filigrane, comme pour les mains de mon chef op. Je lui ai demandé d'aller plus loin, de forcer le trait, mais il a refusé :

– Je ne comprends pas ce que tu veux.

Je me suis énervé et je lui ai fait le reproche de n'être pas assez drôle, pas assez baroque. Je l'ai accusé de trop réprimer son énergie et son inventivité. Je l'ai invectivé publiquement, devant les autres acteurs et toute l'équipe, ce qui était bêtement humiliant. Il s'est rebiffé :

– Excuse-moi ! Je suis sûrement limité comme acteur mais je ne peux qu'être *naturel*. Je ne sais pas aller au-delà.

– C'est bien dommage !

Vraiment, j'étais furieux et je m'en veux. J'aurais dû être plus diplomate, plus patient, pour le convaincre. Là, la méthode était mauvaise. Pratiquer l'engueulade était nul. Cela n'a fait qu'envenimer les choses. Je l'ai vexé. Il a mis un peu la gomme sur une prise, pour me faire plaisir, mais j'avoue que c'était moyen. Il était meilleur dans le reste du film.

Après l'esclandre, tout le monde a fait la gueule et un malaise s'est installé. J'ai eu la chance pourtant que ça ne porte pas préjudice au spectacle. Après tout, ces amis-là n'arrêtaient pas de se vanner, donc une certaine tension ne nuisait pas.

Cette altercation violente avec Bacri a été commentée dans quelques magazines de ciné ou des interviews télévisées.

Mes meilleurs copains ne s'est pas déroulé dans une ambiance d'amitié. Un paradoxe si l'on songe au titre de l'œuvre ! Le message du film – si tant est que mes films aient un message – était que l'amitié comptait plus que la réussite… J'aime la réussite, mais je pense que c'est moins satisfaisant que l'amitié et que l'amour. Comme écrivait Alfred Capus : « Il est arrivé !… Oui, mais dans quel état ! » Dany, le rôle joué par Darroussin, n'aurait trahi ses potes pour rien au monde, même pas pour un contrat à Hollywood. Les films sont plus beaux que la réalité. Ils sont faits pour donner de l'espoir.

Il y avait deux clans. Clavier, Louise Portal et moi d'un côté, et de l'autre le clan des fumeurs de pétards (Lanvin, Bacri et Darroussin). Comme c'était un film de fauché – mon premier film comme coproducteur, et Fechner tenait à ce que ça reste un low cost –, il n'y avait que Lanvin qui avait droit à une caravane pour s'habiller, se maquiller et poireauter (l'occupation principale des acteurs). Clavier avait diplomatiquement renoncé à en avoir une, pour que Bacri ne soit pas jaloux. Cette caravane, quand j'y entrais, une intense fumée me sautait au pif et j'étais raide en une seconde. Perso, j'avais arrêté de fumer des joints, et même de fumer tout court, des années plus tôt. Je me suis vacciné une bonne fois pour toutes à Brooklyn, en visite chez des copains d'une troupe de théâtre, le Living Theater, parce que j'ai cru que j'étais propulsé d'un coup sec hors de l'atmosphère, direct dans la couche d'ozone. Il faut avouer que leur shit était de première et qu'on le fumait avec un énorme shilom, une pipe trouée qui crame le pétard à une vitesse stratosphérique. On n'était pas défoncés, mais liquéfiés. J'entendais les voix qui venaient de très loin, avec un écho d'église, et je pensais que nos propos étaient stupides, les miens comme les leurs, dénués du moindre intérêt, et répétitifs. Ça m'a cloué. J'ai pensé : « Ce truc est agréable mais rend con. Tu deviens cool, très con et content. » Je me suis dit qu'il fallait mettre la pédale douce, mais comme je suis du genre compulsif, faible en nuances, j'ai préféré tout arrêter pour de bon. Comme dit Richard Feynman (lui, à propos de l'alcool) : « Penser m'est un tel bonheur que je ne suis pas prêt à bousiller cette admirable machine qui fait que la vie vaut la peine d'être vécue[1]. »

---

1. Dans *Vous voulez rire, Monsieur Feynman !* (éd. Odile Jacob). Feynman était prix Nobel de physique.

Le fait qu'on ne pétarde pas, Clavier et moi, a créé une distance supplémentaire.

L'amusant, c'est que j'ai réussi à trouver des *bouffées* de fantaisie pour Jean-Pierre, ici et là. En effet, la caméra enregistre *avant* et *après* les prises. Or il avait des problèmes d'élocution. Il devait lutter contre un bégaiement de timidité. Parfois il n'y arrivait pas et on devait couper. Alors il s'énervait et faisait des grimaces incontrôlées. Une fois, pour se moquer de lui-même, il s'est mis à faire un « gnan-gnan-gnan » de gosse exaspéré. J'ai glissé ça dans un dialogue. À la première projection faite pour les acteurs, il s'est ainsi vu avoir une ou deux expressions de folle qu'il n'avait jamais jouées dans des plans que, dans sa mémoire, il n'avait pas tournés. Il m'a regardé, sidéré, comme si j'étais un démiurge.

Cependant mes rapports avec Jean-Pierre n'étaient pas mauvais. On m'a même proposé la mise en scène de son premier film d'auteur, *Cuisine et dépendances*, basé sur une très bonne pièce qu'il avait écrite avec Agnès Jaoui. Je n'ai pas pu le faire car j'avais d'autres projets (*Corned Beef* ou *Les Visiteurs*) mais ça m'aurait amusé.

La téloche m'a appelé pour me faire participer à un JT où Jean-Pierre passait en direct pour la promo d'un de ses films. Ils sont venus chez moi me poser une tonne de questions sur lui et le tournage des *Copains*. Je me doutais que c'était du flan, car dans un JT, tout est court, vous êtes trente secondes à l'antenne, donc toutes ces questions étaient là pour noyer le poisson et arriver à la fameuse engueulade de la nuit. La télé adore les polémiques. J'ai accepté cette interview car ça me donnait l'opportunité de faire quelque chose que je n'avais pas fait et que je regrettais : m'excuser.

Quand ils ont dit à Jean-Pierre : « Vous avez tourné *Mes meilleurs copains* et on a demandé à son metteur en scène ce qu'il pensait de vous… » il a fait une drôle de grimace.

– Je me doute de ce qu'il va dire !

Il était sûr que j'allais débiner. J'ai fait le contraire. J'ai dit mon admiration pour son talent, et j'étais on ne peut plus sincère, il était très talentueux. J'ai expliqué que, cette nuit-là, j'étais crevé, qu'on avait des horaires horribles et que je regrettais sincèrement de l'avoir engueulé si maladroitement. Je lui ai fait des excuses publiques. Je l'aimais et je prenais tous les torts pour moi. Quand la télé est revenue sur son visage, il avait la bouche ouverte et les larmes aux yeux. Il était heureux visiblement que j'aie dit ça. J'étais ravi, car ça m'aurait embêté qu'il subsiste un malaise entre nous, surtout qu'il a disparu malheureusement beaucoup trop tôt. Il ne faut jamais tarder pour exprimer le bien qu'on pense des gens.

19

LE TEMPS DES VACHES MAIGRES

Le stress d'être coproducteur pour la première fois ne me poussait guère à la diplomatie mais au contraire à une horrible impatience. J'essuyais les plâtres. Ça prend du temps, de se blinder.

J'avais pris la décision de produire parce que le coût prohibitif de *Twist Again à Moscou* m'a été reproché, alors que j'essayais au contraire, sans arrêt, de trouver des astuces pour que le film soit moins cher (sans nuire au côté artistique). La production n'avait pas été solidaire avec moi. Elle était même devenue antinomique.

Boris, le chauffeur de la limo du ministre yougoslave, m'avait appris une expression locale : « le printemps qui rend fou ». À Belgrade, on passe de l'hiver glacial à la douceur du printemps en un claquement de doigts. Il y a un vent, le fœhn, qui vient du Sud et fait fondre la neige en un clin d'œil. Pour info, *foehn* en suisse allemand veut dire « sèche-cheveux ». Boris disait drôlement : « La neige fond si vite que les bouteilles de slivovitz jetées dans la rue pendant l'hiver restent en suspens dans l'air et s'écrasent quelques secondes plus tard sur le macadam. » Cette blague de cartoon à la Tex Avery m'a fait rire jaune, car il me restait à l'époque, sur *Twist,* une multitude de scènes de neige à tourner dehors. J'ai convoqué les dirlos de prod et j'ai suggéré qu'on engage une ou deux équipes supplémentaires pour tourner ces plans d'urgence ; j'étais prêt à déléguer mon travail pour finir au plus vite avant la fonte définitive.

– Mais tu as déjà une deuxième équipe ! Tu es malade ?

– C'est insuffisant. On n'a que deux ou trois jours ! Ça coûtera moins cher d'engager un peu de monde que de finir je ne sais où et je ne sais quand !

On m'a envoyé péter. Et ça a été le désastre annoncé.

On a commencé par amener des camions de neige depuis la montagne, des convois entiers, inutiles, car au fur et à mesure qu'on la renversait sur le sol, elle fondait. Il faisait déjà trop chaud pour qu'elle tienne. Sont alors arrivés de Paris des techniciens de neige artificielle, des manipulateurs de canons à savon. Mais ça ne peut marcher que pour des arrière-plans lointains et quand il fait ultra froid. Pendant que les acteurs parlaient, de jolies bulles s'élevaient du sol et flottaient élégamment dans l'air autour d'eux. On a déménagé en Haute-Savoie, à Valloire, pour tourner à 2 800 mètres. On a même reconstruit des coins de rues de Moscou dans la station ! Mais là aussi, la neige fondait. Ça s'est terminé au cap Nord, l'endroit d'Europe le plus proche du pôle. Toutes ces singeries dispendieuses auraient pu être évitées si on avait suivi mon conseil.

Pour une raison obscure, un metteur en scène est supposé être un connard en économie ; on pense que plus il claque, puis il est satisfait. Le même type avec une casquette où est inscrit « Production » en lettres blanches devient un expert. Je suis devenu producteur, donc un expert, pas tant dans l'espoir de me bourrer les poches que pour avoir un contrôle sur la logistique de mes films.

Fechner ne voyait pas d'un bon œil que je veuille coproduire *Mes meilleurs copains* avec lui. D'autant plus que j'avais convaincu Clavier de monter dans le zeppelin avec moi.

– Bon. D'accord. Supposons que vous soyez coproducteurs. Vous amenez combien ?

– Notre scénar, lui a-t-on répondu à l'unisson.

– Mes pauvres enfants, votre scénario ne vaut pas ça, tant s'en faut !

– Dis donc, on a écrit un film intimiste. Après *Twist*, on est vaccinés. Le film ne devrait pas coûter cher !

– Détrompez-vous ! Reconstituer les années 1970, les costumes, les voitures de collection, ça coûte un bras. Lanvin est cher ! Et Bacri ! Et *vous* !

Bref, pour être coprods, on a tout mis en participation : Christian, son cachet d'acteur, et moi, mon salaire de metteur. On était rincés. Comme le film a été un four, on a été ruinés tous les deux. Ça a été le début d'une période difficile.

On a eu un mauvais pressentiment, pendant la promo du film, à Canal +. En sortant de l'immeuble, des gamins attendaient dans l'entrée en quête d'autographes ; ils avaient vu notre interview sur un grand écran disposé dans le hall et nous avaient dit en nous tendant des photos à signer : « Quand est-ce que vous nous faites un nouveau *Père Noël* ? » Ça nous avait un peu séchés, mais on s'était dit : « Gardons espoir ! »

Je t'en fiche ! Ces gamins pensaient comme le public. Il n'attendaient pas ce film-là, mais un truc plus burlesque et délirant de notre part.

Après un bide, on est pestiféré. Les gens t'embrassent du bout des lèvres, comme si la guigne était contagieuse. Même mon agent n'était pas pressé de me parler : « On se verra après Cannes, quand ça sera plus calme… » À une générale de théâtre, j'ai aperçu Claude Berri, mon ami, qui avant me bigophonait tous les deux jours en m'appelant son « chéri ». Il n'est même pas venu vers moi. Il a fait un geste avec sa main, genre baiser conventionnel, de loin, puis m'a fait signe « On se téléphone » avant de disparaître. Putain ! Si je n'avais pas une carapace de crocodile, j'aurais fini en dépression.

L'échec de *Mes meilleurs copains* a été abyssal. Pour un film inspiré de ma vie, c'était le plus mauvais score de ma carrière. J'étais vexé et attristé, car j'aimais ce film, son mélange couleurs/noir et blanc, la performance de Darroussin, l'excellente voix off de Clavier et la bande-son anglo-saxonne sophistiquée. En tout cas, pour ce qui était de mon avenir dans le cinéma, c'était la banquise.

Avant de prendre des cours de cuisine pour devenir restaurateur ou parfaire mes connaissances en art pour ouvrir un stand d'antiquités, j'ai pensé à une solution intermédiaire : écrire et mettre en scène une pièce de théâtre, un truc qui m'avait toujours tenté. Pour être franc, tout me tente. J'adore la nouveauté. Clavier avait toujours eu du succès sur les planches, où il avait fait de vrais cartons. Un projet avec lui en vedette serait probablement bien accueilli. On en a parlé. Il était partant. Il m'a proposé qu'on aille à Londres et qu'on trouve une pièce à adapter en français. Ça irait plus vite que d'écrire un sujet à part entière et ça serait plus rassurant pour les investisseurs, surtout si la pièce anglaise avait eu du succès. Le temps pressait. Le loyer tombait tous les mois et quand on est fauché, les mois ont une fâcheuse tendance à raccourcir de façon exponentielle.

C'est la chance qui nous a conduits à *Out of Order*. Ça se jouait près de notre hôtel à Piccadilly dans un théâtre énorme plein à craquer, un gros bateau tremblant sous les rires. L'auteur, Ray Cooney, enfilait les succès comme des perles, et Christian le connaissait car il avait joué au théâtre de La Michodière une pièce de lui qui avait formidablement marché, *Double mixte*. En fait, on nous avait conseillé une pièce d'un auteur à la mode, Alan Ayckbourn. C'était pas mal mais trop *british*, pas assez universel pour un public français. On était perplexes. L'affiche de *Out of Order* nous a plu, il y avait de grands acteurs. La pièce déménageait. Surtout, il n'y avait pas d'acte d'exposition comme la plupart du temps au théâtre, un passage obligé et ennuyeux. Là, deux minutes à peine après le lever de rideau, on découvrait un mort qui compliquait tout, ça partait sur les chapeaux de roues. Mais il nous fallait payer les droits et ce n'était pas le moment idéal pour sortir des sous.

Christian a pensé à Jacqueline Cormier, la grande copine de Jacqueline Maillan, une amie intime de notre agent Guy Bonnet.

Jacqueline et son mari, Christian, étaient riches à millions, tous les deux à égalité, donc elle pouvait faire ce qu'elle voulait avec son fric. Elle avait l'excellente idée de le dilapider dans le théâtre. Il désapprouvait, mais il était fou d'elle et la laissait faire. Il gueulait comme un veau chaque fois qu'elle cramait la caisse, mais non sans tendresse. Jacqueline adorait le théâtre à cause des acteurs et des actrices. Elle avait choisi de risquer un peu de pognon dans plein de spectacles plutôt que plein de pognon dans un show unique. Elle pouvait toutefois déroger à cette règle ; elle a même acheté un théâtre, qu'elle gérait au plus mal. Malgré de gros succès, comme avec Luchini, elle réussissait à perdre de l'argent. Pourtant, en dehors de son cachet important, un spectacle de Luchini ne coûte rien : pas de décor, une table et une chaise, quelques pages de Céline, et envoyez ! C'est complet ! Perdre de l'argent avec Luchini relevait de l'exploit ! En produisant un peu de tout, elle prenait moins de risques et multipliait les dîners et les mondanités, le but de son existence. Comme la somme qu'elle mettait était généralement insuffisante pour produire en intégralité, il lui fallait trouver des partenaires qui payaient la plus grosse partie, et du coup ça leur retirait tout scrupule pour la gruger comme au coin d'un bois. Ils ne s'en privaient pas. Pour elle, les dîners dispendieux et les frais de représentation, pour eux, les bénéfices. Surtout qu'elle pouvait arriver trois jours avant la générale, trouver les robes de la vedette ringardes – « Tu es habillée comme un sac, ma chérie » – et refaire toutes les tenues à ses frais.

Il n'y a aucun cynisme dans mes propos. Je ne cherche pas à débiner Jacqueline. Elle aimait le public et le théâtre qui touchait le public et, surtout, elle était là au bon moment, au début, un moment risqué, car si le financement capote, on perd tout. Donc elle a été très utile à plein de projets. Je me souviens d'ailleurs d'un dîner avec elle et Harold Pinter au cours duquel il lui a porté un toast et rendu un hommage vibrant. Il affirmait qu'elle avait beaucoup contribué au succès de ses pièces en France.

J'adorais Jacqueline car je ne trouve rien de mieux qu'un(e) milliardaire qui claque à tout-va. C'est rare et c'est plaisant. L'argent circule et irradie la société. C'est l'idéal. Le milliardaire radin est une tuile. Il fallait voir la banane des commerçants à l'arrivée de Jacqueline, l'été, à Saint-Tropez. Elle faisait vivre la ville.

Elle était d'une générosité incroyable. Quand on l'a amenée à Londres pour rencontrer Cooney, elle avait acheté un sac Hermès pour son épouse, un pour la femme de son agent, et un troisième pour l'épouse de son producteur. Si on avait été des filles, Christian et moi, on aurait eu droit à un sac chacune, pour ne pas faire de jalouses. On a dîné, invités par Ray, dans le théâtre où se jouait *Out of Order*, après la représentation. Le cuistot de la cafétéria nous a mitonné une bouffe infecte. J'avais informé Jacqueline que Ray était une pince et qu'il nous avait offert, la fois d'avant, dans sa loge, un vin éventé, une piquette d'un Leader Price local. Du coup, pour le dîner, elle a apporté avec elle, depuis Paris, une caisse de douze bouteilles d'un premier grand cru bordelais. On a terminé la soirée en chantant du Maurice Chevalier. Elle a payé l'option pour les droits et on a pu se mettre à écrire.

Cooney était d'autant plus content de signer avec nous qu'il m'a confondu instantanément avec Jean Poiret.

– Comment pourrais-je refuser à l'auteur de *La Cage* d'adapter une de mes pièces ? C'est un honneur !

Je n'ai pas corrigé. Ça ne servait à rien. Cooney, pour sa part, a bien fait de nous faire confiance. *Out of Order,* devenu par nos soins, *Panique au Plazza,* a encore mieux marché en France qu'à Londres et on lui a fait gagner un pognon fou.

En réalité, cela a pris beaucoup de temps pour écrire cette pièce et la monter. Cela s'est fait des années plus tard, quand on n'en avait plus besoin financièrement.

Jacqueline et Christian Cormier m'ont beaucoup inspiré pour l'écriture de *Mystère à Saint-Tropez*, où ils étaient joués par Virginie Hocq et Benoît Poelvoorde, remarquablement drôles tous les deux. J'en ai écrit le scénario avec Christian Clavier et Jean-François Halin, l'auteur de la série réussie des *OSS*. On ne m'en a pas confié la mise en scène, à mon regret.

Il me manque, ce couple infernal. À table, elle ne respectait aucune convention, elle mettait toutes les célébrités et les gens marrants autour d'elle et elle collait son mari en bout de table, avec les agents, les gigolos et les maquilleurs. Elle ne pensait qu'à elle et voulait s'amuser.

Jacqueline conduisait son *go-fast* cigarette au bec. Bondissant sur les vagues, avec le vent en pleine poire, la clope se consumait à une vitesse quantique, proche d'un tour de prestidigitation.

En tout cas, moi, mon compte en banque était loin de ressembler à celui des Cormier. Je ne pouvais plus payer mon loyer. J'ai vendu ma part de producteur des *Copains* pour 6 000 euros (un an de loyer, à l'époque. Je m'étais dit qu'en un an j'avais des chances de me refaire). Le résultat est que quand le film s'est mis à marcher fort à la télé – où brusquement il a été diffusé et rediffusé sans arrêt –, je ne touchais plus un rond. Je dois avouer que, comme homme d'affaires, je suis une brèle.

En revanche, je suis chanceux. Le téléphone a sonné. C'était Thierry Ardisson, qui outre sa carrière à la télé dirigeait encore à l'époque une agence de pub, Business.

– Bonjour Jean-Marie. Vous avez déjà fait des publicités ?

La phrase qui tue. Pour faire des pubs, il faut montrer ce qu'on a fait avant – une bande démo, ils appellent ça – ; si on n'a rien à montrer, ça pose problème, ils n'ont pas confiance. Je me souviens d'un producteur à Hollywood qui m'avait dit : « Tu vaux ce que vaut ton dernier film ! » Je lui avais demandé : « Et comment fait-on pour le premier ? » Il avait pris un long temps de réflexion pour balancer : « Eh bien, on ne le fait pas ! »

Mon expérience m'a appris qu'il est encore plus difficile de faire sa première pub que son premier long-métrage. J'avais essayé plusieurs fois, et à chaque fois échoué.

J'ai balbutié à Thierry :

– Euh, je n'en ai jamais fait, mais j'adorerais.

– Eh bien, c'est bon. On tourne après-demain ! Tu es libre ?

– Comme l'air…

C'était ahurissant. Une pub se prépare longtemps à l'avance. On est en concurrence avec d'autres réalisateurs, il faut convaincre les pubistes qu'on est le bon choix. Ensuite vient le casting, le choix des décors, les costumes, les notes d'intention, tout le bazar. Ce sont toutes sortes de réunions avec le client, qui vous parle de sa vision, de ses exigences, de son langage imposé, souvent en inadéquation avec une quelconque réalité.

Le tournage est court, mais avant, c'est un chemin de croix. Et là, toc ! On tourne après-demain ! Un miracle !

– Par contre, m'a fait Ardisson, tu ne peux rien bouger. Le décor est construit, l'équipe, choisie, les acteurs, engagés, tu n'as aucune marge. Il ne te reste plus qu'à dire « moteur ! ».

J'ai dit, énergique :

– Je suis ton homme.

La vérité est que le metteur (un routard du métier) s'était défilé à trois jours du tournage car le projet était trop naze, il avait honte. Et le fait est que cette pub était lamentable. Le script, pitoyable. Mais j'étais enthousiaste. J'ai eu le pot de faire ma première pub sans aucun effort.

Sur le tournage, un type m'est tombé dessus, c'était le chef de produit, responsable de la réclame. Il représentait un fromage apéritif supposé concurrencer et écraser à plate couture la fameuse marque Apéricube. Là, ce n'étaient pas des cubes mais des ronds. Très original.

– Ah ! C'est vous, le metteur en scène ? Je suis le client. C'est regrettable qu'on ne se soit pas vus avant, parce que je n'ai pas eu le temps de vous briefer !

Sa voix, son regard biaisé, ses sourcils en accent circonflexe, j'ai tout de suite compris pourquoi le routard s'était sauvé. C'était un raseur de la plus belle eau :

– Connaissez-vous le substantif que les gens attribuent au fromage, quand on les sonde sur le sujet ?

J'étais tenté de dire « pue-des-pieds » mais ce n'était pas une bonne idée.

– Non, je ne sais pas.

– « Séduction ». Comme le café, le fromage évoque le sexe.

Pour moi, « café », et encore moins « fromage », n'évoquent pas du tout le sexe mais j'ai pris un air faussement intéressé. Il a fait une fourche avec deux doigts, puis twisté son poignet comme pour faire pile ou face.

– Fromage, séduction. (Twist du poignet.) Séduction, fromage… Vous me suivez ?

Son sérieux était tel que j'ai eu du mal à ne pas rire.

– Jusque-là, très bien.

– Eh bien, je suis étonné que vous ne soyez pas choqué par la coiffure de l'acteur principal. Il est complètement chauve. Ce n'est pas séduisant. Ça ne vous dérange pas ?

– C'est que… C'est un acteur amusant… Et ce n'est pas moi qui l'ai choisi…

Il s'agissait d'un ancien protagoniste du « Théâtre de Bouvard », Richard Taxy.

– Moi non plus. Je ne sais pas pourquoi ils se sont empressés de faire la réunion de casting pendant mes vacances. Je suis revenu d'urgence quand j'ai appris que vous étiez sur le point de tourner. Voyez-vous, plus je l'observe, plus je suis persuadé qu'il faudrait lui mettre une perruque…

– Vraiment ? Vous payez très cher un acteur connu et vous voulez lui mettre une perruque pour qu'on ne le reconnaisse pas, c'est ça ?

– Je ne l'ai pas choisi, je vous répète. J'aurais voulu quelqu'un d'autre !

– Oui, mais maintenant, il est là ! Il est un peu connu, mais pas trop non plus, pas assez pour qu'on le reconnaisse avec une perruque. Et une perruque ne se fait pas en une heure. Si vous en voulez une, il faut repousser le tournage à demain. Au minimum.

Ardisson est intervenu. Il a emmené le type à part et, à ma grande stupeur, il s'est mis à lui hurler dessus :

– Écoutez ! Je vous amène Jean-Marie Poiré, vous vous rendez compte de votre chance ?! Et vous commencez par le faire chier ? Alors non ! Je vous arrête tout de suite !

Après une engueulade d'un quart d'heure, le type, vexé, a pris ses cliques et ses claques et a disparu. Thierry est revenu vers moi.

– Une agence qui engueule le client, tu ne verras pas ça tous les jours ! C'est parce que je suis copain avec le patron de sa boîte, mieux, même, le patron du groupe qui possède sa boîte. Il m'a dit l'autre jour : « C'est un con pointé, je vais le virer, alors ne te laisse pas emmerder par lui ! »

Cette pub miteuse a changé le confort de mon existence. Un journal a fait un article pour dire que j'avais filmé ma première publicité. Le téléphone s'est mis à carillonner. Comme quoi, « il faut toujours un vélo dans la cour… ». Un client visible en rassure d'autres. On déteste entrer dans un resto où on est la seule table occupée.

On m'a proposé une campagne pour Radiola, avec Gérard Jugnot comme acteur.

– Le client veut voir la pub que vous venez de faire.

– Impossible. Elle n'est pas terminée. Elle n'est pas encore parfaite et je ne montre jamais mon travail tant qu'il n'est pas parfait !

Cette phrase prétentieuse a fait son effet. J'ai été engagé.

La pub pour Radiola a fait un carton et celle-là, je l'ai montrée à qui mieux mieux. Je suis devenu une pointure de la pub. J'en ai tourné une bonne centaine. J'ai pu payer mon loyer et même changer d'appartement, quittant le quartier de la République pour prendre un triplex sur le parc Monceau.

En fait, les pubs, c'est amusant. Ça permet d'essayer sans risque personnel de nouveaux techniciens. Ça m'a permis aussi d'apprendre à faire des effets visuels. Ça a également développé mon sens du montage, car ces formats ultra courts vous forcent à beaucoup de dextérité. *Last, but not the least*, ça a mis des truffes dans mes spaghettis. Radiola, *starring* Jugnot, et plus tard Frédéric Mitterrand, Synthol avec Balasko, Contrex avec Lhermitte, Darty avec François Mitterrand (hum… on va dire son sosie), entre autres, m'ont agréablement permis de compenser la banqueroute de mon premier film comme producteur.

20

IRRÉSISTIBLE PAPY

11 h 50. Annie Girardot a décroché, avec une voix enrouée et désagréable :

– Qu'est-ce que… ? Il est quelle heure ?

– Il est midi, Annie. C'est Jean-Marie Poiré.

– Vous me réveillez ! J'ai fini tard !

– Vous voulez que je vous rappelle plus tard, c'est ça ?

– C'est ça.

Elle a raccroché.

J'avais attendu toute la matinée car je savais qu'elle cramait la vie par les deux bouts, franchement alcoolique, probablement droguée, qu'elle sortait en boîte, qu'elle ne se couchait pas, mais l'accueil m'a tout de même surpris. Déplaisant.

Je l'avais déjà rencontrée, charmante.

Pas sur *Elle boit pas, elle fume pas, elle drague pas, mais… elle cause*, où j'étais coauteur avec Audiard, car elle n'avait d'yeux que pour lui. Elle était quasiment amoureuse de Michel et j'étais invisible pour elle. Non, pour un scénario que j'avais écrit avec Jean Aurenche, un film inabouti de Claude Autant-Lara. Rendez-vous avait été pris avec elle pour un dîner, au George-V, afin de lui faire notre pitch. J'étais pétrifié car il était faiblard et peu consistant. Jean, toujours optimiste et charmant, n'était pas inquiet : pour lui les acteurs avaient besoin de tourner coûte que coûte, pour croûter (il faut dire que Jean ne roulait pas sur l'or, il vivait d'une maigre retraite, il comprenait ce que signifiait les fins de mois difficiles). Claude Autant-Lara, toujours optimiste lui aussi, riche et content de lui, n'était pas inquiet non plus : il pensait que les acteurs étaient ravis de tourner avec lui, forcément.

On s'était filé rencard au bar de l'hôtel, une heure avant, pour faire le point. Je suis arrivé avec une idée. « Une idée de taxi », j'appelle ça. Dans les taxis qui conduisent aux entretiens fatidiques, le trac augmente, l'angoisse fait bouillir le cerveau, les neurones s'agitent, se cognent, rebondissent, une idée souvent surgit.

Il valait mieux. Jean Aurenche, génial, cultivé et drôle, était paresseux. Et Lara était un bosseur fou mais sans idées. J'ai déboulé au bar. Ils m'attendaient. Je leur ai juste balancé un nom, comme un sésame :

– Annie Soisbault[1] !

Je ne sais pas comment ça m'est venu. J'avais rencontré cette championne dans une soirée, quelques jours plus tôt, où elle avait effrontément dragué mon épouse. Sans succès. Elle m'avait intrigué et paru sympathique. Cette sportive était un vrai Jules. Ça collait bien avec la personnalité d'Annie Girardot. (Je me souviens qu'un jour où j'avais demandé à Audiard insidieusement s'il avait eu une aventure avec elle, il m'avait répondu : « Non, c'est un homme. C'est un copain. ») Donc Annie Girardot et Annie Soisbault, ça collait. Soisbault conduisait les bagnoles mieux qu'un homme. À défaut de trouver un personnage, on cherche un caractère, une personnalité. À défaut de caractère : un costume flashant !

Au dîner, j'étais de corvée de récit car, étant le plus jeune, on m'avait fourgué cette responsabilité. Ils n'étaient pas courageux, les deux vieux ! J'ai regardé Girardot bien en face et j'ai commencé :

1. Annie Soisbault de Montaigu (1934-2012) était une pilote automobile de circuit sur Ferrari. Elle a d'abord été championne de France de tennis en junior, puis la première française championne de France des rallyes en 1964. Elle a remporté les 6 heures de Dakar sur Porsche 904. Sa devise était : « Au danger, mon plaisir ! » Elle est devenue importatrice d'Aston Martin à Paris.

– Des gants de peau coupés aux doigts, comme ceux des cyclistes. Cette femme les enfile. Elle met son casque et fait ronronner son moteur. 650 chevaux sous le capot. Les aiguilles du compte-tours oscillent. *Vroum ! Vroum !*[1] Le trac lui tord le ventre – elle pense à l'accident toujours possible – mais elle est surexcitée en même temps. Et elle gagne l'étape. Métier : coureuse automobile. C'est la meilleure de France !

Girardot a été emballée. Les acteurs adorent les costumes. Comme des mômes. Elle m'a adopté et elle n'a parlé qu'avec moi, tout le dîner. Nous nous sommes quittés avec de grandes effusions et plein d'embrassades amicales, démonstratives et ressenties. Heureusement le film ne s'est pas fait, car le script était médiocre.

Girardot, je vénérais l'actrice. Sur le toit de la cathédrale de Milan, dans *Rocco et ses frères*, c'est du grand art. Mais dans *Papy fait de la résistance*, pour jouer la cantatrice Héléna Bourdelle, j'avais un doute. Je l'ai fait savoir à Fechner, le producteur.

– Le problème d'Annie, c'est qu'elle est popu. Géniale et drôle, mais popu. C'est le genre à écraser un mégot sur le trottoir avec sa chaussure. Le maxi dans l'échelle sociale où elle est crédible, c'est toubib – et encore, de quartier, pas grande patronne –, instit ou avocate. Et là, nous avons une cantatrice. La Callas. Tu connais plus chic et plus snob que Callas ? C'est un monde à part.

– Et tu verrais qui ?

– Delphine Seyrig. Dans les films de Buñuel, en grande bourgeoise, elle est merveilleuse. Hilarante.

– Mais tu es marteau ! Annie est une star, l'autre n'est rien ! En plus, elle est lugubre. Allez hop ! L'affaire est réglée. C'est Annie.

---

1. Les onomatopées sont indispensables dans tout bon récit, Audiard me l'avait appris.

Annie s'est tiré une balle dans le pied toute seule.

J'ai foncé chez Fechner pour l'appeler, devant lui, à 16 heures.

– Allô ? C'est qui ? Quelle heure est-il ?

– Ah ! J'ai l'impression que je vous réveille encore, Annie. Je suis désolé. C'est Poiré. Voulez-vous que je vous rappelle plus tard ?

Elle a toussé un bon coup puis elle a dit :

– Non. Allez-y.

– Vous avez pensé quoi du script ? Je n'ai aucune nouvelle de vous. Je suis inquiet.

D'une voix pâteuse, elle m'a expliqué que le rôle ne lui plaisait qu'à moitié. Trop court.

– Je ne peux quand même pas avoir un rôle plus petit que Clavier ou Lamotte !

Il y a eu un silence énorme, le temps qu'elle allume une cigarette, puis elle a repris :

– Il faut réécrire. Allonger.

– Oui, Annie, bien sûr, on peut toujours réécrire… Un rôle peut toujours s'améliorer… Mais l'idée, c'est de faire un film choral[1]. Avec des partitions pour chacun !

– Oui. Moi, la chorale, je m'en fous. Mon rôle ne me plaît pas. J'ai rien à faire.

Ce n'était pas tant ses arguments que ses intonations enfumées, désabusées, sa voix décharnée qui ont fait déchanter Fechner.

Dès qu'elle a raccroché, il m'a dit :

– Oublie ! Ce n'est pas elle !

Et l'aventure a tourné au cauchemar : l'effet domino. À la mort de Louis de Funès, qui avait accepté le rôle de Papy au départ du projet, j'avais proposé pour le remplacer Bernard Blier.

Bernard m'a appelé pour décliner, à peine poliment : « Désolé, mon grand. Pas ma tasse de thé ! » Sur *Twist Again*, plus tard, il m'avouerait s'être trompé, avoir regretté !

1. On appelle « film choral » un film où il y a une multitude de vedettes, et non un ou des rôles principaux.

Puis Fechner a jeté son dévolu sur Michel Serrault pour le rôle du demi-frère d'Hitler. Il y tenait comme à sa prunelle. Serrault sortait du triomphe de *La Cage aux folles* et de *Deux heures moins le quart avant Jésus-Christ*. Deux succès où il était exceptionnel. Il était devenu la clé de voûte du projet. Mais le refus d'Annie a fait contagion, ils étaient une bande d'amis, ils se téléphonaient tout le temps.

Fechner nous avait prévenus : Clavier, Lamotte, Chazel (qui devait tenir le rôle de Lavanant), Roland Giraud, ce casting n'était pas suffisant pour un budget si cher. C'était de Funès qu'il avait prévu pour faire l'équilibre. Et la disparition de Louis était une catastrophe économique[1]. D'où l'idée de le remplacer par des noms : Girardot, Blier… et surtout, surtout, Michel Serrault.

Michel s'est pointé chez Clavier avec sa tête des mauvais jours. Comique de génie, il était aussi taciturne avec de grands moments de blues. On les attribuait beaucoup au décès de sa fille Caroline, dix-neuf ans, qui a perdu la vie après avoir été percutée par un chauffard. L'acteur ne s'en est jamais remis. Comme thérapie immédiate, Michel a décidé de monter sur scène le soir même, dans le rôle triomphal de Zaza, de *La Cage aux folles*, un courage qui force l'admiration. C'était une manière de fixer son esprit sur autre chose que son insoutenable douleur. Lui-même a quand même avoué bien plus tard que tout au long de cette représentation il avait joué comme un somnambule. Mais ce drame horrible ne suffisait pas à tout expliquer. La mélancolie, c'est inné. C'est un mal-être secret.

Nous lui proposions le rôle du demi-frère d'Hitler (que Villeret allait jouer si bien). Il n'a rien compris. Il ne trouvait pas drôle que cet Allemand chante du Julio Iglesias.

– C'est qui, ce Roulio ?

– Euh, la plus grosse vedette mondiale probablement, avec Elvis et Michael Jackson. Vous ne le connaissez pas ?!

---

1. En plus de provoquer une grande tristesse, bien entendu.

– Pas vraiment. Je le trouve ridicule.

Voilà, il le connaissait très bien ! Qui pouvait ne pas le connaître ? Il était de mauvaise foi.

– Vous savez, Michel, que tous les soirs au théâtre Roland Giraud faisait un tabac avec cette chanson ?

– Ah bon ? Moi, je ne trouve pas ça amusant. C'est trop absurde. Je pourrais faire un numéro qui avait du succès au cabaret, où je pelais une orange. Je peux vous montrer, si ça vous intéresse... Vous avez une orange et un couteau ?

C'est alors qu'il a entendu un chat.

– Il y a un chat ici ? Je suis allergique aux poils de chats.

– Non.

– J'en ai entendu un. J'en suis sûr. Il y en a un.

Il a joué, à merveille, le mec affolé par un bruit inquiétant. Un mec qui entend des chats et qui veut peler des oranges... On a compris qu'il était ailleurs et que, pour nous, c'était râpé !

Comment annoncer la mauvaise nouvelle à Fechner ?

C'est alors qu'on a découvert que Jerry Lewis était à Paris, pour la promo d'un film. Avec Clavier, on a pensé que c'était la solution.

Je ne sais plus pourquoi on n'a pas été au bureau de Fechner ensemble, pourquoi Christian était en retard. Peut-être était-ce une stratégie stupide, genre deux assauts à une heure d'intervalle, allez savoir... Toujours est-il que j'étais seul quand j'ai annoncé que Serrault, c'était foutu et j'ai enchaîné sur Jerry Lewis, un génie qui nous ouvrait la porte de l'international.

Le bruit du râteau sur mon nez a claqué fort, un couperet.

– *Has been !* Inconnu des Français ! (Fechner a soupiré.) Tout ça est bien embêtant. Je ne sais plus si ça vaut bien la peine de continuer. On en reparlera plus tard. Là, j'ai un rendez-vous.

Je suis descendu au café d'en bas, attendre Clavier. Je lui ai appris le désastre.

– Monte le voir, essaye une remontada, mais il va te falloir des ressources, je te préviens. Ce n'est pas gagné !

J'attendais, désespéré, que Christian revienne de l'échafaud, car pour moi *Papy* était un projet merveilleux. Une super déprime m'envahissait.

Et effectivement, ce jour-là, *Papy* s'est arrêté. Mort-né.

J'ai la chance que, dans les moments les plus désespérés de ma vie, il m'arrive d'assister à des scènes ubuesques ou comiques, qui me réconcilient avec l'existence. Jugez plutôt : tandis que j'attendais dans ce troquet, comme une âme en peine, mon attention est tombée soudain sur trois mecs en costume cravate qui discutaient, devant un attaché-case ouvert sur leur table. L'un d'eux tenait entre les doigts un objet ovale en plastique translucide de 7 centimètres de long sur 3,5 de haut. Il appuyait dessus pour montrer sa souplesse. Sa voix me parvenait :

– Y a trois tailles. Celle-ci, c'est le extra large. Là, il y a le modèle moyen… (Il a sorti d'un étui élégant, avec intérieur en mousse, le même ovale de la taille d'une olive d'apéritif.) Et là, le petit modèle. (4 centimètres de long sur 2,5 de hauteur.) Je ne sais pas pourquoi mon patron s'obstine à fabriquer les trois modèles. Je ne fourgue que le XL. Les mecs ne veulent que celui-là !

J'avoue que j'étais intrigué.

Le type a soupiré, las.

– Tous les toubibs le confirment : même quand un mec en a une toute petite à côté, celle qui lui reste, il veut la matcher avec la grosse. Le toubib a beau dire : « Tâtez-la vous-même ! Je crois que vous surestimez sa taille. C'est mieux que les deux soient semblables… »

Il parlait de prothèse de couilles avec le détachement d'un représentant en machines à espresso ! Ces trois types, sérieux comme des croque-morts, étaient en train de soupeser des testicules en silicone au beau milieu du bistro. Je me suis mis à pouffer dans mon coin et ça m'a fait du bien.

La vie est une comédie, il faut toujours se rappeler ça. Les gens sont drôles et surprenants.

Les films qui ne se font pas, c'est triste. Si c'est juste un concept qu'on vous refuse, on oublie vite, mais si le script est abouti, qu'on a travaillé longtemps, alors on est très investi et la souffrance est épouvantable. Le regret dure longtemps.

On avait réécrit, de A à Z, la première mouture de *Papy* imaginée par Christian et Martin, à partir de leur pièce. Cette première version me plaisait peu, elle manquait de rigueur et aussi d'éléments spectaculaires, même s'il y avait déjà deux ou trois trouvailles fulgurantes, comme les œufs d'autruche à la coque de tailles XXL. On avait bossé comme des malades.

Et maintenant ce script commençait à m'exciter furieusement. Je le visualisais déjà.

Heureusement, derrière ses allures de producteur impitoyable, Fechner était aussi malheureux que nous. Il supportait mal que le film ne se fasse pas. Il a réfléchi dans son coin, s'est brûlé les poumons avec mille cinq cents cigares (qui empestaient) et il nous a convoqués.

Papy est remonté en selle. Il était amoureux du projet.

On allait faire le film pour moins cher (une constante chez les producteurs, mais avec lui, c'est vite devenu un vœu pieux). Il voulait mettre une vedette dans *chacun* des rôles, pas seulement une star pour la cantatrice Bourdelle et le demi-frère d'Hitler, ce qu'on appelle en Amérique un *multistar cast*, type *Le Jour le plus long*. Il allait payer ce qu'il fallait ; il a beaucoup promis surtout, des grands rôles, des tas de films, c'était un filou. Il a fait des cadeaux. Il a fait peur. Mais il a obtenu ce qu'il désirait. Tout le monde est monté dans l'autocar. *Un film plus cher que le Débarquement.*

En route !

Mon pote Jean Carmet, que je n'avais pas vu depuis Audiard, mourait au bout de trois minutes de film ! Quel acteur ! Pour faire rire – donc le plus sérieusement du monde –, il a trébuché et s'est étalé de tout son long dans une allée. Un de ces plats ! Comme c'était improvisé, une idée qui lui était passée par le ciboulot à la dernière seconde, j'ai cru que c'était pour de vrai.

J'ai crié « Coupez ! » et j'ai foncé vers lui pour l'aider à se relever et voir s'il s'était fait mal. Il était fumasse.

– Je l'ai fait exprès, nigaud ! Tu as foutu la prise en l'air !

Pas vraiment. Les caméras mettent un peu de temps à se couper. J'ai pu garder la prise jusqu'à la chute. Je ne l'ai pas refaite (en réalité il s'était fait un peu mal...). J'ai raccordé avec un plan plus serré où il était déjà sur le ventre.

Jean-Claude Brialy, Michel Blanc, Josiane Balasko, Jean Yanne, la liste est longue de tous ceux qui sont venus nous offrir leur talent. On a même eu Bernard Giraudeau pour dire une seule réplique, alors qu'il était une grande vedette à l'époque.

Brialy était excellent, mais sa main était baladeuse. Mes fesses en ont pris un sale coup. Aujourd'hui, ça ferait scandale ! Je comprends et j'approuve totalement qu'on ne laisse plus faire ça, mais c'était flatteur pour mon cul et moi. Il fallait juste gueuler un peu pour qu'il vous lâche.

– Tu fais chier, Jean-Claude !

– Ce que tu es chochotte !

Il se calmait un petit moment, mais recommençait à l'occasion. Exténuant !

En revanche, sa conversation était charmante et il était intelligent et gentil.

C'est Fechner qui a pensé à Jacqueline Maillan. Une idée brillante. Elle ne faisait quasiment pas de cinéma, on l'avait carrément oubliée, mais c'était une star au théâtre. Le public l'adorait.

On a dîné avec elle et on a rigolé comme des ouistitis, c'était formidable. Elle avait une sacrée descente, la Maillan.

– Vous êtes blanc ou rouge, Jacqueline ?

– Plutôt rouge, mais ne prenez pas une bouteille trop chère, je bois très peu. Un petit verre, pour vous accompagner, rien de plus...

On a pris un grand vin, bien entendu, et elle a apprécié. Elle a descendu la bouteille à elle seule, en rigolant. Au deuxième cadavre, on était les meilleurs amis du monde. Nous avions la même passion d'amuser le public en nous amusant nous-mêmes. Nous avions des complices en commun, en particulier Pierre Mondy, notre merveilleux Pierrot. Un très bon esprit régnait. À la troisième boutanche, je l'ai ramenée en taxi, car j'étais dans l'incapacité de conduire correctement.

Avec Jacqueline, ça n'a pourtant pas été une promenade de santé. À mon grand étonnement, j'ai eu dès le départ un gros problème d'interprétation.

Ça semble ahurissant, mais dès la première scène, elle s'est mise à en faire des tonnes. J'en étais certain, elle se défoulait de la frustration d'avoir fait si peu de cinéma jusque-là, voulant rattraper en cinq minutes la célébrité qu'avait gagnée en vingt ans son ami de Funès, le partenaire de ses débuts. Mais Louis était toujours sincère et collé au personnage. Elle, non ! On aurait cru qu'elle jouait la trois cent cinquantième d'une pièce à succès, au moment où les acteurs commencent à s'ennuyer. Ils cabotinent. Ils truquent. Ils se roulent dans la roublardise, galvanisés par les réactions du public, qui les pousse à en faire trop.

Pierre Mondy – formidable metteur en scène de théâtre en plus d'être un acteur de talent – se méfiait comme de la peste des rires obtenus par ces méthodes. Il les appelait les « mauvais rires ». Pierrot recadrait le jeu de tous pour revenir à la sincérité du début.

Sauf que là, on n'en était qu'au début.

Le premier matin, Jacqueline m'a annoncé qu'elle allait ajouter quelques répliques au texte, dont une qu'elle avait soi-disant imaginée et qui l'amusait beaucoup : « Quand Mamina va, tout va ! »

Mamina était son surnom dans le scénario, et elle entendait placer cette réplique, de temps à autre, comme un leitmotiv. Ça m'a plu très moyennement. Ça sonnait vieille ficelle de boulevard.

Il me fallait être astucieux.

– Jacqueline, je vous explique ma technique. On commence par jouer le texte du script à la virgule près. Quand on a enregistré une bonne prise, alors je vous offre une prise supplémentaire pour essayer tout ce dont vous avez envie.

Devant mon lisible manque d'enthousiasme, elle ne m'a plus jamais rien proposé.

La suite a été encore plus douloureuse : elle était très mauvaise ! Elle sautillait avec complaisance et elle faisait des effets de voix comiques. Elle virevoltait avec une énergie excessive et elle chantonnait. J'étais atterré.

J'étais jeune et mes méninges fonctionnaient à toute pompe. J'ai été sur le coup diplomate, même si, plus tard, avec le succès, j'ai parfois perdu cette patience – ce qui est un tort. (Comme avec Bacri, sur *Mes meilleurs copains*.)

Jacqueline, je l'ai abondamment félicitée pour sa prise. Elle était enchantée. J'ai demandé une modification d'éclairage pour gagner du temps et je l'ai emmenée à l'écart.

– Jacqueline, je vais vous surprendre, mais je ne tiens pas du tout à ce que vous soyez comique. Ça n'est pas la « comique » que j'ai engagée, c'est la grande dame, la star. Vous avez le plus bel appartement de la capitale, avec une terrasse sur le Trocadéro, la tour Eiffel, la Seine et la vue sur tout Paris. Vous êtes une diva. J'ai même entendu des rumeurs comme quoi, en plus d'être perfectionniste et exigeante, il vous arrivait d'être cassante, voire chiante. (Là, je dois avouer qu'elle a fait une mimique que j'aurais adoré pouvoir filmer.) Vous êtes mariée à Michel Emer, un musicien renommé. Vous passez vos vacances à Saint-Tropez chez les Cormier dans leur villa de milliardaires, et vous vous baladez en Riva et en Bentley. Bref, vous menez la vie de Maria Callas. C'est ça que je voudrais que vous jouiez, une prima donna. Celle que vous êtes vous-même. N'essayez pas de me faire rire, soyez juste Jacqueline Maillan. La Maillan.

Elle a été estomaquée, un peu vexée, mais elle s'est vite reprise, en femme intelligente :

– Je ne voyais pas les choses comme ça, Jean-Marie, mais bon, si vous voulez ça, je vais essayer !

– Et vous allez réussir, Jacqueline ! Vous êtes une immense actrice. S'il vous plaît, soyez chic et snob !

Bien sûr qu'elle a fait rire ! C'était sa nature profonde. Mamina est devenue un top des rôles féminins de comédie. Légendaire. Elle l'a joué au premier degré, sans putasserie, et elle était sincèrement géniale.

J'avais crevé l'abcès immédiatement et ça avait marché comme sur des roulettes. Vers la fin du tournage, elle a été adorable. Elle a eu l'élégance de me remercier.

– Je voulais vous le dire, Jean-Marie, au début j'étais un peu perplexe sur votre direction, mais en fait j'ai compris petit à petit ce que vous vouliez et je pense que vous avez eu raison. Je vous remercie pour ce rôle. Je l'adore.

Le public aussi l'a adoré.

Fechner a eu une autre idée : Jacques Villeret pour le rôle de Apfelstrudel, un clin d'œil d'autant plus comique que ce nom évoque le traditionnel gâteau autrichien à la pomme, aux amandes et à la cannelle, volontairement ridicule pour un pseudo-maréchal nazi.

Villeret était génial, mais j'avais des réticences. Son alcoolisme était aussi immense que son talent. Qui plus est, cet homme, le plus gentil qui soit, avait l'alcool méchant, retors et violent.

À notre première rencontre, on s'est retrouvés en plein pugilat. Après un dîner déjà bien arrosé, il ne voulait plus me quitter. Il m'a traîné de zinc en zinc. À un moment, il s'est mêlé à un groupe de beaufs et il est devenu leur copain. Tout en leur tapant sur l'épaule, il s'est mis à parler de façon virulente des « bougnoules », les débinant salement. Les mecs, franchement racistes, ont enchaîné gaiement, d'accord avec lui. Je ne savais plus où me fourrer. D'autant que je pressentais la suite : c'était un piège. Jacques a fait férocement volte-face.

– Vous savez que je suis kabyle ? Mon père s'appelle Ahmed ! Vous êtes des racistes et des sales cons !

La bagarre a éclaté. Coups de poing dans la gueule, claques et tout le toutim. Dieu sait par quel miracle j'ai réussi à le tirer de leurs griffes et le sortir du café avant qu'il se fasse massacrer. « T'es qu'un bougnoule qui fait de la provocation d'enculé ! » sont les derniers mots de ces débiles finis. Jacques voulait retourner en découdre.

– Laisse tomber, Jacques ! Ils sont trois, plus jeunes et moins bourrés que toi !

J'ai cru qu'il allait m'en coller une aussi. Ça m'a épuisé.

Je m'en suis ouvert à Fechner, mais celui-ci m'a juré que Jacques ne boirait pas une goutte pendant la durée de son rôle (dix jours), qu'il s'en portait garant. Il ne le quitterait pas d'une semelle, pour s'en assurer. Il irait le chercher tous les matins et il le mettrait dans son lit le soir.

Ce qu'il a fait. Villeret n'a pas été bourré une seule fois.

Fechner était un producteur extraordinaire. Il ne quittait pratiquement pas le tournage. C'est formidable parce que en cas de problème (et sur un film, ça n'arrête jamais) il prenait les décisions très vite.

Le tournage a pu commencer. Catherine Leterrier a fait des costumes sublimes. Willy Holt, encore en fois, des décors formidables. Alazraki, une photo de maître. Ils ont respecté mon idée de supprimer les couleurs vives pour faire un genre d'image sépia. Les couleurs trop vives font modernes. Pour moi, la guerre de 40 était une époque en noir et blanc, car on ne la connaissait qu'au travers de vieux documents, pas encore colorisés. Donc on a fait un film de couleurs sombres, marronnasses, noir profond. Seul le rouge violent des nazis ressortait. Les tenues de Jacqueline, très Madame Grès, une couturière de légende, étaient très réussies. Et le costume du demi-frère d'Hitler, jaunasse, très Mussolini.

Le premier tour de manivelle de *Papy* a eu lieu à l'arrière de l'Opéra de Paris, près de l'entrée des artistes. Quand je suis arrivé sur les lieux, un assistant m'a proposé une affiche de la cantatrice Bourdelle pour savoir si ça me convenait. Willy Holt avait trafiqué une affiche authentique de l'époque, en remplaçant simplement le nom de la vedette par celui de Mamina. C'est ainsi qu'Héléna Bourdelle côtoyait à présent le nom de Philippe Gaubert, le chef d'orchestre, le mari de ma grand-mère paternelle, qui était le directeur de la musique, à l'Opéra entre les deux guerres. Son nom était discret, en bas de l'affiche que Jugnot installait sur son portant, mais j'y ai vu comme un signe de chance, un petit clin d'œil de l'au-delà.

Je n'en avais pas fini avec les caprices de Maillan. Même si elle était ravie de faire du cinéma, le théâtre restait sa priorité. Elle avait peur d'arriver en retard à sa représentation et ne songeait qu'à rejoindre son théâtre. Par contrat, je devais impérativement la libérer à 17 heures.

– Jacqueline, ce n'est pas encore l'heure de partir ! Il me reste un gros plan à faire avec vous.

– Ça m'étonnerait ! Je n'ai rien à dire ni à jouer dans cette scène !

– Si, si. Je vous expliquerai.

Maillan était horripilée par Villeret, je le voyais bien. Par jalousie. Dans les films chorals, il y a des numéros d'acteurs de passage qui accaparent les regards. C'était le cas de Jacques en Apfelstrudel. Tout était centré sur lui. Elle avait le sentiment (faux) de faire de la figuration. Elle était frustrée.

Elle a insisté : pendant qu'il chantait, je n'avais qu'à utiliser, de dos, sa doublure image.

J'ai refusé de la laisser partir et j'ai demandé au chef op de préparer un travelling sur elle. On a répété le mouvement de caméra.

– Bon, alors je fais quoi ? a-t-elle balancé, impatiente.

– Je vous le dirai tout à l'heure. Pour le moment, on fait la lumière. Vous n'avez rien à faire que montrer votre joli visage.

Elle a soupiré, agacée.

Quand j'ai crié « Moteur ! », elle m'a regardé, paniquée.

– Mais je fais quoi ?

– Une seconde, Jacqueline, s'il vous plaît.

Elle était éberluée car le clapman était déjà devant elle. *Clac !* Il sort en courant du champ. Moi, j'y entre. Je m'approche d'elle tout en faisant signe à Jacques de commencer à chanter, hors champ. Ça tourne. Je lui chuchote dans l'oreille :

– Faites-moi ressentir, en le regardant faire son numéro, ce que vous pensez de Villeret !

Et j'ai quitté le champ.

On n'a fait qu'une seule prise. Si vous revoyez *Papy*, pensez-y en regardant son plan. Il est à se rouler. Il causait un rire gigantesque dans la salle. Je l'ai monté deux fois de suite. Deux fois, des rires. On ne pouvait pas mieux exprimer le mépris, de façon odieusement hautaine.

Elle était d'ailleurs tellement diva qu'elle se comportait comme telle dans la vie. Nous tournions une scène où elle conduisait une énorme limousine. Elle s'arrêtait à la hauteur de la caméra, déclamait sa ligne et repartait. À chaque prise, elle disait :

– Il faut que j'y aille !

– Jacqueline, il n'est pas 17 heures ! Encore une prise, s'il vous plaît, et je vous libère !

On a fait une nouvelle prise. Quand j'ai coupé, au lieu de revenir au tournage, la limousine a continué tout droit. Elle a disparu au bout de la rue et elle est partie à son théâtre au volant de la limo. Elle l'a rapportée le lendemain.

Elle a réussi magnifiquement son rôle, mais elle savait me casser tout aussi magnifiquement les pieds.

Trouver des décors sur *Papy* a été un défi, car le sujet faisait polémique. Je repérais pour la demeure des Bourdelle.

– C'est amusant que vous désiriez tourner un film sur l'Occupation chez moi, figurez-vous, car nous avons logé ici un général de la Wehrmacht pendant la guerre.

La dame qui disait cela, vieille France, élégante, m'a fait entrer dans son salon imposant, richement décoré. De grandes fenêtres donnaient sur un jardin splendide dont on avait du mal à imaginer l'immensité depuis la rue, en plein centre-ville.

– On a dit tellement de choses sur les Allemands, a-t-elle repris, mais ils étaient *très* corrects, en tout cas les soldats. Ce général jouait du piano superbement sur le demi-queue qui est ici. On a passé des soirées merveilleuses à l'écouter. Ces gens sont d'un mélomane ! Et il a été d'une incroyable discrétion et d'une politesse irréprochable. Pas du tout les barbares qu'on a décrits.

Derrière elle, je voyais mon assistant Robin Katz bouillir et se retenir de l'étrangler. En sortant, je lui ai demandé :

– On a combien de jours dans ce décor ?

– Deux semaines.

– Tu vas réussir à tenir ou tu vas la tuer ? Je ne t'en voudrai pas, d'ailleurs.

On n'a pas tourné chez elle finalement car elle partageait sa cour d'entrée avec un autre hôtel particulier, dont les propriétaires n'ont pas voulu subir notre présence encombrante.

Pour une scène, j'ai utilisé l'hôtel de Soubise, les Archives nationales. Au moment de signer le contrat, la directrice du musée, de retour de vacances, a fait un caca nerveux. Au mépris de notre accord verbal, elle ne voulait plus d'un film, dont elle venait de découvrir le scénario et qui était selon elle « une insulte à la Résistance française » et surtout « profondément antisémite » !

Robin l'a regardée, stupéfait.

– Je m'appelle Katz, madame. Pensez-vous que je participerais à une entreprise antisémite ? (Je précise qu'elle avait un nom du genre Bénédicte de Laroche Grombière de Mesmoufles.)

– Écoutez, c'est niet ! Point final.

Catherine Leterrier, notre créatrice de costumes, était la sœur de Laurent Fabius qui était alors Premier ministre. Elle lui en a parlé. Le lendemain, Laroche Grombière m'a téléphoné.

– Bon, j'ai changé d'avis. Mais je pourrai quand même utiliser mon bureau ?

Je n'ai pas pu résister.

– Si les impacts de balles dans votre bibliothèque, vos dossiers et vos fenêtres ne vous dérangent pas…

Il y a eu un immense silence au bout du fil.

Dans une scène, Maillan devait s'enfuir avec Clavier et traverser la cour. Ils étaient poursuivis par des Allemands qui leur tiraient dessus. Elle n'était pas sportive, c'est le moins qu'on puisse dire. Et elle s'économisait physiquement, donc elle sortait comme une tortue… digne, certes, mais lente comme un train suisse. Je peux comprendre. Ces comédies au théâtre demandent une énergie considérable et épuisent les acteurs. Je l'ai constaté à de nombreuses reprises. D'ailleurs, elle est morte d'un infarctus. Comme Jean Poiret.

Ça ne collait pas du tout. Les acteurs qui jouaient les Allemands avaient vingt balais. Ils les auraient rattrapés et abattus en un rien de temps. J'ai dit à Clavier :

– Elle est trop molle ! À un moment, tu la chopes par la main et tu la tires !

Quelle erreur ! Elle a trébuché et, en se rattrapant à une guérite sur le décor fait de sacs de sable, elle a tout fait tomber par terre. C'étaient de faux sacs posés sur des supports en bois (moins lourds) : un désastre ! Et Christian a pris un savon.

– Je vous interdis de me toucher ! lui a-t-elle crié, sur le ton aigu de la diva qu'elle interprétait.

Je me suis démerdé en le filmant lui, avec sa grande énergie, en lui faisant faire des allers-retours pour la presser. Ça marchait. Ça faisait marrer !

Une chose bouleversante est arrivée. Nous avions bloqué la rue. D'immenses étendards nazis étaient disposés sur le bâtiment, des camions, des soldats, les fameux sacs de sable, la reconstitution était parfaite. Au milieu d'une prise, un vieux bonhomme est sorti d'un immeuble, portant un cabas. Il ne m'aurait pas trop dérangé – il semblait d'époque – s'il ne s'était immobilisé au milieu de la rue, les bras ballants. On ne voyait que lui. En plus, j'ai repéré qu'il portait des baskets blanches !

– Coupez ! Monsieur ! Monsieur ! Sortez du champ !

Des assistants sont accourus de toute part pour le faire partir. Mais il ne bougeait pas d'un pouce, comme figé.

Impatient et désagréable, comme souvent, j'ai attrapé mon porte-voix.

– Putain ! Dégagez, monsieur ! On tourne un film ! Bordel !

Pas la moindre réaction. J'ai sauté de mon perchoir et j'ai couru vers lui, trouvant que mes assistants étaient mous. Il avait les yeux hagards et murmurait des mots de façon répétée, obsessionnelle. J'ai dû tendre l'oreille.

– Ils sont revenus ! Ils sont revenus !

Cela m'a collé les larmes aux yeux. Ce bonhomme – comme d'ailleurs mon chef décorateur Willy Holt qui avait construit ce décor magnifique – avait un numéro tatoué sur le bras.

– Venez, monsieur. C'est pour de faux. Relaxez-vous. Je vous offre un café.

Une des stars du film était un chat. D'après le scénario, il avait été décoré de la croix de fer par Hitler en personne.

J'avais tourné avec un chat soi-disant dressé pour le cinéma, un chat qui ne savait rien faire (comme presque tous les chats). Il était paresseux, inattentif, ennuyeux comme tout, s'avérant être un piteux acteur. Ma monteuse s'arrachait les cheveux pour trouver des prises potables avec ce triste animal. Elle m'a dit :

– C'est idiot parce que hier, chez des amis, j'ai rencontré un matou avec une tronche extraordinaire de baroudeur. Romulus.

J'étais si déçu par le chat du film que je lui ai demandé si son ami pouvait amener Romulus sur le tournage, pour que je le voie. Quand il est sorti de son panier de voyage, j'ai éclaté de rire. Romulus était bagarreur. Il revenait souvent de ses virées nocturnes avec des gnons. Mais une nuit, il a été cruellement mordu, une bestiole lui a arraché une oreille. Il était tellement vexé qu'il n'a plus osé se montrer. Il s'est caché plusieurs jours. Il est rentré avec une oreille qui avait cicatrisé vers le bas. Une oreille dressée vers le haut et une autre repliée, tu m'étonnes qu'il avait une tronche de baroudeur ! Fechner n'était malheureusement pas là ce jour-là. J'ai donc fait un Polaroïd du chat.

Fechner m'a demandé de venir prendre le petit déjeuner chez lui le dimanche suivant et d'amener mon scénario. On avait pris du retard et il voulait faire des coupes. Après avoir bu un café trop fort et commencé à supporter l'ignoble odeur de son cigare, je lui ai dit :

– Tu sais, chez le dentiste, je ne m'opère pas moi-même. On m'arrache la dent, moi, je ne fais rien. Alors c'est toi qui vas choisir les coupes. Je vais lire les scènes qui restent à tourner et quand tu en trouveras une faible, si tu veux qu'on l'enlève, j'obéirai.

J'ai tout lu. Il a ri tout le temps. Il n'a rien trouvé à couper. Il était penaud. Alors il m'a dit :

– Enlevons le débat de télé final, c'est un gros morceau.

J'ai protesté avec véhémence :

– Ah non, ça, c'est très con ! C'est le truc qui faisait le plus gros carton dans la pièce de théâtre ! Pas d'accord !

Il a cédé. Quel fantastique producteur !

J'ai bu une nouvelle tasse de son café infect et je me suis lancé :

– Christian, j'ai trouvé un chat exceptionnel. Je suis sûr que tu as remarqué que celui avec lequel on a tourné était complètement nul. Tu crois qu'on pourrait retaker[1] quelques scènes avec le nouveau chat ?

J'ai cru qu'il allait avaler son cigare. Il s'est mis à beugler (un fait rare, car il était toujours calme et poli) :

1. Un retake : tourner les scènes à nouveau.

– Non mais tu es barjot ?! Je te fais venir pour couper des scènes, on ne coupe rien, et tu veux faire des retakes ! Tu es un malade !

Pendant qu'il continuait à hurler, j'ai posément sorti mon Polaroïd et je lui ai mis sous le nez. Son propre rire lui a coupé la chique.

Il m'a dit, non sans tendresse :

– Tu es un enfoiré !

– Je crois tout bêtement que le rire que tu viens d'avoir, le public l'aura aussi !

Son soupir d'acceptation me fait dire que c'est le meilleur producteur que j'ai eu. Son amour du film était incomparable.

Non seulement Romulus a fait un tabac à chaque apparition, mais il a été applaudi à toutes les séances, quand on le voyait dans le générique de fin.

J'aime les films d'époque. Le plaisir magique qu'on a, assis dans une superbe voiture, vieille de cinquante ans, à imaginer qu'on se trouve à la place de ses premiers occupants le jour où ils la découvrent et où ils font un tour du quartier. On ressent encore leur émotion. Quelle joie de pouvoir faire revivre des mondes disparus ! Dans la voiture d'Hitler, ce n'est certes pas la joie qui prévaut. Mais c'est étrange tout de même d'être assis à la place de ce salopard, au moment où il traverse Paris en vainqueur. Et de tourner dans des décors fabuleux. Nous en avons tout un tas en Europe, en particulier les châteaux. C'est un avantage certain par rapport au reste du monde. Notre patrimoine est sensationnel. Nos dirigeants, en particulier les maires, devraient réfléchir à deux fois avant de moderniser, et souvent défigurer, leurs villes comme ils le font. Je ne sais pas aujourd'hui si je pourrais tourner à Paris de la même manière, tellement la ville est abîmée. Je pense en particulier à ces affreux vélos peints sur le macadam qui font ressembler les chaussées à des toilettes publiques. Pour tourner *Papy* aujourd'hui, je serais obligé d'aller où ? À Prague, qui est restée une ville superbe ? À Budapest ? Cette façon de vouloir tout organiser dans la ville, c'est oppressant.

J'ai adoré tourner au château de Ferrières, dans son beau parc mélancolique. À l'époque où il appartenait encore aux Rothschild. La baronne, qui trouvait le lac sinistre, avait eu l'idée saugrenue, pour l'égayer, d'imaginer un nouveau job : rameur de lac. Elle payait des employés pour pagayer toute la sainte journée dans une jolie barque. Les gars respiraient le bon air et finissaient par avoir les biscottos de Popeye.

Les musiciens ont des mélodies dans la tête, ils en piquent parfois à d'autres, ça s'est vu (entendu). En tout cas, ils ont la mémoire courte.

Jean Musy était l'arrangeur de mon premier 45-tours, *Platon*, quand j'étais chanteur, et j'avais beaucoup apprécié son travail. Quand Fechner m'a demandé qui je voulais engager pour la musique de *Papy*, j'ai proposé Musy, mais Fechner ne le connaissait pas et il était réticent. Il lui a demandé de composer le générique, à titre d'essai. Le résultat lui a convenu car Jean a du talent. Il a donc finalement composé la musique du film en entier. Ou presque…

Il me manquait un morceau qui devait être épique.

C'était l'époque où les Soviétiques ne reconnaissaient pas les droits d'auteur, jugés petits-bourgeois. Il y avait un bac extraordinaire de disques classiques enregistrés en Russie par les plus grands, dans une boutique appelée Symphonia. J'ai acheté le bac entier. Si les Soviets ne reconnaissaient pas les droits d'auteur, pourquoi reconnaîtrais-je les leurs ? J'ai trouvé, adoré et copié un extrait du Concerto pour violon n° 2 de Mendelssohn qui embellissait la scène. Ça fonctionnait. Jean était un peu peiné que je ne lui demande pas d'illustrer cette partie, même si je l'avais prévenu avec diplomatie. Le film avant tout !

Des années plus tard, j'ai eu un souci semblable avec un morceau des *Visiteurs*. Éric Lévi a pourtant écrit une musique fantastique qui a eu un succès planétaire (avec *Era*). Tout était réussi mais une scène épique avait été oubliée. Au départ, on n'avait pas jugé bon de la musiquer.

J'ai repensé à Mendelssohn. C'est un génie. Sa musique est envolante. Elle est gaie, même en accord mineur, alors que la plupart des musiques classiques sublimes sont mélancoliques. Ça n'est pas un hasard s'il est devenu le musicien des mariages – à supposer qu'un mariage, ce soit gai.

Mes disques soviétiques étaient rayés depuis longtemps et les Russes s'étaient mis à respecter les droits d'auteur. Impossible de leur piquer des extraits de leur musique gratuitement, comme je l'avais fait impunément quelques années plus tôt. Alors j'ai fait envoyer les partitions de Mendelssohn à Prague, où Lévi enregistrait les violons du film. Pour la seconde fois, Mendelssohn est venu à mon secours. Quel brave type !

À peine le film sorti, j'ai reçu un coup de fil de la SACEM me disant que Musy m'attaquait pour plagiat. Il trouvait que la musique des *Visiteurs* était la copie conforme de celle de *Papy* ! On m'a demandé si on pouvait faire une médiation entre sociétaires pour éviter d'aller au tribunal.

J'ai téléphoné à Jean. Je lui ai rappelé que sur *Papy*, j'avais fait venir Mendelssohn à la rescousse.

Il n'y a pas eu de procès. Je dois dire qu'il a eu l'élégance de rire de lui-même…

Fechner était obsédé par la date de sortie du film. Il ne voulait pas la bouger parce que c'étaient des dates de vacances (profitables pour les entrées). J'ai monté et mixé le film en tâchant de respecter cette date, et pour y arriver j'ai dû faire des horaires monstrueux. On n'avait pas le choix. Comme Catherine Kelber, ma fidèle monteuse, avait une famille et voulait de temps en temps rentrer chez elle, ce qui est compréhensible après tout, j'ai dû apprendre à monter seul. À la guerre comme à la guerre. J'ai gardé cette habitude par la suite. J'avais ma salle personnelle où j'essayais d'autres trucs en attendant que Catherine me montre les scènes terminées, pour avoir mon aval. Parfois, on insérait mon travail. Le montage est devenu une passion.

Frank Capra, grand génie des comédies américaines, une idole pour moi, avec Billy Wilder, répétait : « Dans le cinéma, il n'y a qu'un seul péché, c'est l'ennui. » C'est ma philosophie. Dans mes films, sauf si le décor est magnifique et que je veux le montrer, je coupe tous les déplacements inutiles qui n'apportent rien.

Pour pouvoir tirer toutes les copies du film à temps, le laboratoire m'avait donné une date limite pour le mixage final, vendredi à minuit.

– Après, vous décalez la sortie !

Ils ont envoyé un gars au studio pour chercher la copie du mix et la ramener au labo. J'ai fait acheter du champagne et des petits-fours pour qu'il attende minuit, peinard. J'ai mis le champagne dans un seau avec de la glace, à côté d'un autre seau, vide celui-là, et j'ai installé le gars du labo dans une pièce sans fenêtre, pour attendre l'heure fatidique.

– Rappelez-vous : MINUIT ! Pas une seconde de plus ! a rugi le gars.

À 23 h 25, mon mixeur a refusé une modification.

– Jean-Marie, on n'y arrivera jamais si tu pinailles autant ! On doit rendre le boulot dans une demi-heure. Il faut survoler.

– Tu veux bâcler ? Fais la modif ! Je reviens.

J'ai enfermé le gars du labo à double tour. Il s'est mis à tambouriner sur la porte. J'avais pris soin auparavant de retirer tous les téléphones. En m'entendant m'éloigner dans le couloir, il a crié :

– J'ai envie de faire pipi ! Ouvrez !

– J'ai laissé un deuxième seau pour ça… On a bientôt terminé[1].

1. Un seau à champagne et un seau à pipi. Il n'a pas utilisé le deuxième seau, c'était du pipeau.

– Vous n'aurez jamais vos copies à temps !

– Je suis sûr que vous vous démerderez ! Je vous laisse, sinon on n'aura jamais fini !

On l'a libéré à 4 h 30 du matin et on lui a remis un son irréprochable.

Le film est sorti à la date prévue. Il a fait un malheur, même s'il n'a pas fait autant d'entrées qu'on aurait été en droit d'attendre. Le distributeur, mal inspiré, n'avait pas anticipé un tel succès et il avait déjà déprogrammé nos salles pour la sortie de *Garçon !*, avec Yves Montand, produit par Claude Berri, le meilleur ennemi de Fechner.

Nous avons largement rattrapé tous les spectateurs qui manquaient en vidéo et à la télévision, où le film est devenu culte et n'a jamais cessé de plaire.

Papy a été un tournant dans ma vie parce que la complexité du tournage m'a forcé à déployer des trésors d'inventivité. Le fait d'avoir une star dans chaque rôle était un casse-tête chinois. Ces gens nous faisaient plaisir en acceptant de petits rôles, il fallait donc se soumettre à leur emploi du temps. Les synchroniser était souvent impossible. J'avais Jean Yanne tel jour, précisément celui où Maillan n'était pas libre, ou bien c'était le décor qui n'était pas libre à cette date. J'ai été contraint d'apprendre à jongler. Les acteurs de la même scène ne sont pas forcément filmés dans le même endroit ni au même moment. Il m'a fallu inventer des astuces pour que ça ne se voie pas. La même lampe, bien repérable, ou le même vase dans deux décors différents donnaient l'illusion que nous étions dans la même pièce. De metteur en scène, je suis devenu prestidigitateur et ça m'a beaucoup servi dans les films suivants. C'est particulièrement intéressant pour les décors. J'ai appris à donner l'illusion d'un décor complet spectaculaire à partir de plusieurs décors différents, éloignés les uns des autres. En accumulant les beaux endroits, les décors deviennent majestueux.

Le style de *Papy* était singulier : une comédie déjantée mais réaliste comme un film dramatique d'époque. Nous nous moquions du *Silence de la mer* ou de *L'Armée des ombres,* (non sans leur rendre un certain hommage), en reprenant leur esthétique réussie.

Ce style, qui m'est personnel, étonne beaucoup les Américains. Mon ami Ian La Frenais, producteur et auteur de télé à Los Angeles, venait dîner chez moi. *Papy* passait sur TF1. J'ai regardé le début car ils avaient une nouvelle copie 2K, très belle. C'était plaisant. Quand il a sonné, je n'ai pas éteint le téléviseur, j'ai juste coupé le son.

– C'est quoi, ce film ? a demandé Ian.

– Un film à moi. *Grandpa Is a French Resistance Fighter.*

– Ça a l'air beau ! Belle photo !

On dînait. De temps à autre, Ian, qui était assis face au salon, regardait la télé à la sauvette, intrigué, métier oblige. À un moment, Super-Résistant – « Appelez-moi Super ! » – tire au revolver et Roland Giraud prend une flèche en plein front. Il en sort un drapeau tricolore, comme dans un tour de magie pour enfants. Ian en a recraché sa soupe.

– Mais c'est une farce !

Il était sidéré. Il pensait avoir affaire à un film dramatique ou d'aventure.

Les Américains ne pratiquent jamais le mélange des genres. C'est d'ailleurs ce qu'a fait remarquer Tom Cruise, qui parlait des *Visiteurs,* au cours d'une interview : « C'est un film incroyable ! Un mélange de comique et de film épique et, en plus, un film de genre fantastique. Nous, aux États-Unis, on ne sait pas mélanger les genres ! »

C'est vrai que moi j'éprouve un grand plaisir, et une liberté de ton, à ne pas me cantonner dans un style unique. *Papy* a beaucoup resserré mes liens avec Clavier. Il fallait sans arrêt ajuster le script, soit pour des problèmes de décor, soit pour accueillir des vedettes inattendues, selon le souhait de Fechner. Bref, il fallait réécrire des scènes inédites alors que le tournage avait déjà commencé. Or Martin Lamotte tournait un film télé en plus du nôtre, il n'était jamais libre et on devait jongler avec ses dates. Je me suis retrouvé de nombreuses fois à écrire en tête à tête avec Christian, et cela a développé notre amitié. C'était après le tournage, à des heures tardives. On se retrouvait généralement au Thermomètre, une brasserie de la place de la République, et entre deux bouchées de steak-salade, on écrivait sur un coin de table de nouvelles répliques et situations. C'était crevant, après une journée de boulot, mais l'occasion de grandes rigolades. Notre connivence se faisait de plus en plus forte, jour après jour.

Quand j'évoque l'aventure de *Papy fait de la résistance*, je pense souvent à Patrick Modiano. J'étais invité à dîner chez lui, et j'avais découvert une pièce extraordinaire, une bibliothèque très spacieuse, ovale, sur deux niveaux. On y prenait un café et je me suis extasié :

– Quelle beauté, ce meuble ! J'adorerais avoir une bibliothèque pareille.

Avec ce léger bégaiement qui lui donne tant de charme, il a répondu :

– Moi… moi… ça m'angoisse ! Quand je pense à toutes les… les conneries qui ont été écrites, et qui sont là. Parfois, ça… ça m'étouffe !

Quelle drôlerie. Un homme délicieux.

Je le félicitais pour son scénario *Lacombe Lucien* (un chef-d'œuvre).

– Moi… moi… moi, je préfère… *Papy fait de la résistance* !

21

LES RENDEZ-VOUS MANQUÉS

Après le carton de *Papy*, Béret (le surnom que Josiane et moi donnions familièrement à Claude Berri) était revenu vers moi plutôt deux fois qu'une. J'étais en train de chercher un concept original pour lui, quand mon agent Jean-Louis Livi m'a appelé.

– Je viens de déjeuner avec ton père. Il m'a dit que Pierre Richard rêvait de tourner avec toi. Ton père veut produire ce film, sur le sujet que tu choisiras.

– Oui, mais qu'est-ce qu'on fait de Berri ?! Je passe ma vie à lui faire faux bond !

– Jean-Marie, Pierre est la plus grosse vedette française en ce moment ! Tu ne peux pas refuser une telle opportunité ! Je me charge de Claude. Je le vois tout à l'heure.

Claude a été, une nouvelle fois, d'une rare élégance : « Je ne peux pas t'empêcher de tourner avec ton père que je respecte énormément… Je passerai après… »

Quand je dis que mes rapports avec Claude étaient mélodramatiques, c'étaient vraiment les montagnes russes.

Pierre Richard a retoqué mon scénario. Ça s'appelait *Le Baroudeur*, un titre qui lui allait pourtant divinement bien (ironiquement).

Pierre m'a dit qu'il aurait souhaité un truc dans la veine du *Père Noël* et que, là, c'était… « du Oury ». Il y avait pire comme critique, pour moi. Oury est un maître. J'ai beaucoup appris en étant son assistant.

Avec le recul, je me demande si Pierre avait lu correctement mon script car il ne ressemblait en rien à un film d'Oury, c'était beaucoup plus dingue, plus déluré, plus proche des films d'un certain Poiré.

À sa décharge, les films qu'il a faits avec Oury ne sont pas ses meilleurs comparés aux chefs-d'œuvre que Gérard a réalisés...

Le Baroudeur était une histoire trépidante écrite avec ma copine Balasko, une comédie policière qui se déroulait entre Biarritz et Bangkok. Ça décrivait la lutte acharnée d'un homme seul contre la contrefaçon de bérets basques organisée par la mafia asiatique locale. Le scénario, dont je ne me souviens que de quelques scènes marrantes, et qui est resté inachevé, nous a permis en tout cas, à Josie et à moi, de connaître quelques bonnes séances de rigolade. Quelle chance de faire un métier aussi marrant, même si par malheur il arrive qu'un projet n'aboutisse pas !

Le côté cavalcade du script qui défrisait Pierre plaisait au contraire à mon père et il m'a demandé qui pourrait le remplacer. J'ai proposé Jugnot. Mon père pensait que Gérard n'était pas assez connu pour un premier rôle. Il m'a dit non.

Berri m'a appelé aussitôt, ravi de revenir dans le jeu. Il avait appris le refus de Pierre et il voulait le script pour Coluche.

C'était excitant.

J'ai rencontré Coluche pour lui parler de mon projet. Ça s'est passé au plus mal.

Je connaissais Michel Colucci depuis longtemps et, bien qu'il soit très drôle, je l'ai toujours trouvé peu sympathique. Mon père lui avait fait faire son premier film comme acteur, *Les vécés étaient fermés de l'intérieur.* C'était aussi le premier film de Patrice Leconte, un tournage où il a pas mal souffert en raison de ses conflits avec Jean Rochefort. Mon père a donné leur chance à de nombreux metteurs en scène débutants (dont moi, même s'il n'était pas l'initiateur du projet). On le présentait pourtant souvent dans la presse comme quelqu'un qui allait toujours au secours du succès (et pourquoi pas ?) mais il a aussi produit plein de premiers films à risque et un grand nombre de réalisateurs art et essai, comme Bresson, Guitry, Pagnol, ou même Visconti et Saura.

Mon père avait donc invité Coluche à déjeuner à l'hôtel George-V. Quand on lui a tendu la carte, Michel a dit : « Je prendrai tout ! » Le maître d'hôtel a ri, pensant à une blague, mais Coluche a effectivement commandé TOUT le menu. « Pour une fois que je mange gratis dans un grand resto, je vais pas me gêner ! » Mon père était scié et hilare. Coluche a tout mangé. Le film a été un bide.

J'ai connu Michel par Josiane, et je n'aimais pas ses rapports avec elle, il essayait toujours de la diminuer. Il faisait dans le genre « Tu es ma petite sœur » mais aussi : « Toi et moi, on est des moches, faut s'y faire ! » Honnêtement, lui était moche ; elle pouvait être jolie, charmante et séduisante, c'est ainsi que je la voyais. J'ai vite noté qu'il vannait tout le monde mais qu'il n'aimait pas du tout être vanné. Je le trouvais grossier également : Josy l'avait invité à une projection des *Hommes préfèrent les grosses*, on avait dîné après, et il ne lui avait pas fait un seul compliment sur son jeu, pas plus qu'à moi (c'était le premier film de Josiane en tête d'affiche, elle avait le trac), j'avais trouvé cela peu sympa. C'était comme s'il n'avait pas vu le film, comme si on faisait tous un métier de voyous. En connivence, pas la peine de parler du fric-frac ! Tous les amis qui le connaissaient racontaient sur lui des anecdotes désagréables (Lanvin, Clavier, Lamotte, etc.) le dépeignant égoïste, tyrannique et méprisant. Aujourd'hui, certains ont changé d'avis et naviguent sur le courant de la sacralisation. À supposer que mes amis aient été de mauvaise foi ou dans l'exagération, moi, personnellement, j'ai été témoin, dans sa loge sur *Tchao Pantin*, d'une scène très gênante où il traitait Berri plus bas que terre. Il faisait sans doute cela pour m'impressionner, mais je dois dire que cela a produit l'effet inverse, je l'ai trouvé odieux. Quand il faisait son cirque, il avait autour de lui une petite cour qui pouffait de rire, ça rajoutait au côté déplaisant.

Je me suis donc rendu à mon premier rendez-vous de travail avec lui tendu comme une arbalète. Je n'ai jamais envisagé qu'un tournage puisse devenir une souffrance et si j'ai un doute sur la suite des opérations, je choisis de faire zéro concession. Ça passe ou ça casse.

Il m'avait donné rendez-vous aux Bains-Douches vers 20 heures pour prendre un verre. Après il avait « un dîner ».

Quand je suis arrivé dans la boîte, on m'a dit qu'il m'attendait dans la cuisine. Il était en compagnie de son coiffeur et de son maquilleur, Ludo et Didier (que j'avais eus sur *Retour en force* pour s'occuper de Victor Lanoux).

Michel était assis à califourchon sur une chaise, à l'envers, les mains posées sur le dossier devant lui.

– Claude m'a dit que tu voulais tourner avec moi.

– Ah oui. J'adorerais. Tu es un grand acteur. Bien entendu, il faut que tu en aies envie, toi aussi. Ce n'est pas à sens unique.

– Tu fais beaucoup de prises ?

Je dois dire que la question m'a déplu. Ça faisait cossard. Genre : je ne veux pas me faire chier non plus. Il a enchaîné :

– Non, parce que Zidi, par exemple, il se prend pas la tête... Il fait pas plus de deux, trois prises !

– Ça dépendra de toi ! Si tu es génial à la première prise, je peux très bien n'en faire qu'une. Si tu as plus de mal, ça peut être trois ou quatre. Et si tu n'y arrives pas, pour une raison ou pour une autre, que tu ne sens pas la scène et que tu rames, alors là je peux en faire beaucoup plus. Jusqu'à ce que tu sois bon. Tu vois, c'est simple, c'est toi qui décides de tout, au fond.

Il a été séché et le bruit du lave-vaisselle est devenu très fort d'un coup.

J'ai suggéré :

– Tu veux qu'on monte ? Il y aura moins de bruit. Que je te parle du script ?

– Tu dînes pas avec moi ? Tu vas quand même bouffer avec ton acteur, non ?

Là, c'est moi qui ai été surpris :

– Ah, j'avais cru que tu voulais simplement prendre un verre… mais bien sûr… si tu veux… au contraire. Je suis ravi qu'on dîne ensemble.

– Ben oui.

– Je vais passer un coup de fil pour me décommander.

Sa proposition était sympathique, mais ça n'allait pas durer. J'avais prévu de sortir ensuite avec une petite beauté à qui j'ai dû malheureusement coller un lapin, et on a dîné dans la salle à manger des Bains, une bouffe nulle, comme c'est souvent le cas dans les boîtes de nuit. Deux punitions. En réalité, j'ai dîné en tête à tête avec Didier et Ludo parce que Coluche m'a planté là. Il venait de repérer une minette, qu'il n'a pas quittée de la soirée. Ils ont dansé. Ils ont flirté. Ils ont bu. Puis à nouveau, dansé et flirté. En tout cas, il n'a rien mangé et il n'est jamais revenu à la table. C'était vexant. S'il m'avait pris à part, deux secondes, pour dire « Écoute, je suis sur un coup, là, changement de programme. On se verra plus longuement une autre fois. Pardonne-moi ! », j'aurais très bien compris et j'aurais été à 100 % de son côté. Comme la plupart des mecs, c'était un chat, et je comprends la psychologie des chats. Je conçois les priorités. Mais là, pas un mot, pas un regard, même pas un clin d'œil ou un sourire. Juste : *tu n'existes pas.* J'étais horripilé. J'ai crié à Michel sur la piste de danse : « On s'appelle ! » et je lui ai fait un signe de main amical.

Le lendemain, j'ai dit à Claude Berri que je n'allais sûrement pas tourner avec un goujat pareil…

– … à moins qu'il ne m'appelle pour s'excuser ! Alors on redeviendra copains, mais je veux que nos rapports soient normaux !

– Ah ! M'étonnerait qu'il fasse ça ! C'est pas le genre !

– Eh bien, on oublie alors. Sa grossièreté ne va pas coller avec moi.

Claude n'a pas insisté :

– Qui peut faire le rôle ?

– Jugnot.

Il a été surpris, mais ses résistances ont été vite balayées par mes arguments. Il a réfléchi et il m'a dit :

– Pas bête ! Je vais écrire son nom en énorme, dans la typo de Belmondo. GÉRARD JUGNOT[1]. Seul au-dessus du titre, plus gros que tout le monde. Ça fera un choc.

– Mais ce n'est pas possible, Claude ! Dans mon contrat, mon nom sur l'affiche doit être aussi gros et avec la même typo que la vedette la plus favorisée.

Et voici un exemple de la rapidité à réagir du Béret :

– Tu es payé combien sur ce film ?

Je lui rappelle le prix qu'il m'accorde. Il enchaîne :

– Je double ce salaire et tu renonces à cette clause ! D'accord ?

– Ah. Attends ! Il me faut un peu de temps pour réfléchir.

Je n'avais aucune intention d'attendre et j'ai enchaîné aussi sec :

– D'accord. Tope là !

– Bon, la seule chose, c'est que je veux que Jugnot ne tourne rien avant ton film. Qu'il soit tout neuf ! Il sort de *Papy* où il a fait rire, je n'ai pas envie qu'il se dévalorise avec un navet à 2 balles.

On a déjeuné avec Jugnot et son agent. Gérard était enchanté de ma proposition, mais malheureusement il s'était déjà engagé sur un film de François Leterrier, *Le Garde du corps*, où il partageait l'affiche avec Jane Birkin. Dommage !

Un autre rendez-vous raté, qui m'a frustré car il s'agissait d'Hollywood, a été mon projet avorté avec le patron de la Paramount, Ned Tanen, un type brillant. Productrice de comédies musicales à succès, dont *Hair*, Annie Fargue m'avait téléphoné. Elle voulait me le faire rencontrer. Il m'a d'ailleurs appelé quelques jours plus tard.

---

1. Jugnot a récupéré cette idée quand il a fait son premier film comme réalisateur, *Pinot simple flic*. La typo de son nom était énorme comme celle de Bébel.

– Annie me dit que vous êtes le roi de la comédie.

– Chut ! Il ne faut pas dire ça ! En France, les rois sont guillotinés.

Nous avons communiqué un moment ; je signais toujours mes fax : « Le Roi ».

On a déjeuné au Crillon. Ned avait décidé de me produire un film, en France ou aux States, cela dépendrait du casting. J'avais une histoire à lui raconter. J'étais venu avec Clavier qui, comme acteur, sait provoquer des rires quand il raconte une histoire (nous avions imaginé ce synopsis de concert). Tanen s'esclaffait sans cesse. C'était bien parti.

On l'a appelé des États-Unis, un coup de téléphone long et fâcheux car reprendre après une interruption c'est dur, il faut redresser le climat, remonter le soufflé. On n'était pas suffisamment en forme, ou la fin de l'histoire était faible, mais Ned n'a plus esquissé un sourire dans la deuxième partie. Il a filé à l'anglaise, le café terminé, confiant même à Fargue le soin de régler l'addition. Ils ont parlé quelques instants devant la porte de l'hôtel. Il avait l'air énervé. Annie est revenue vers nous. J'ai questionné :

– J'ai l'impression qu'il a très moyennement aimé notre fin. Toi, comment tu la trouves ?

– Il n'a surtout pas aimé son coup de fil. C'était pour lui apprendre que le studio l'avait viré. Je ne suis pas sûre que votre idée l'intéressait beaucoup, après ça.

C'est la violence de l'Amérique. Patron de studio un jour, tu retrouves tes affaires dans un carton au portail qu'on ne te laisse plus franchir le lendemain.

On cherchait un autre acteur avec Berri, quand Fechner a attaqué. Il nous a invités chez lui, avec Clavier et Lamotte.

– J'aimerais refaire le coup de *Papy*, mais cette fois plus international. Réfléchissez à une idée.

On a vite trouvé. Un film quasiment muet avec un langage inventé, genre préhistorique. Une sorte de *Guerre du feu* mais burlesque. *Hatak ! ou la Première Bavure de l'humanité.* Des hommes en peaux de bête parlent un dialogue de bébé, facile à traduire en toutes langues (par exemple le mot « fin », c'était « apu »).

Fechner a été emballé par l'idée. Une fois encore, j'ai dû aller voir Claude Berri pour postposer mon contrat. Ça devenait une blague.

Le chef de la tribu de nos héros s'appelait Paãpa et on a pensé à Lino Ventura. Fechner n'a jamais osé lui demander. Pourtant il le voyait tous les jours, il produisait avec lui *Le Ruffian.*

Fechner avait ses raisons d'être prudent. Lino venait juste de lui raconter qu'on lui avait proposé un scénar très bizarre.

C'était un film très inspiré du *Théorème* de Pasolini. Lino devait y jouer un brave père de famille qui devenait homo sur le tard, couchait avec le meilleur copain de son fils, qui était par ailleurs l'amant de sa fille, un truc plutôt salace. Proposer un tel script à Lino était gonflé au-delà de l'héroïsme ou complètement inconscient. Quand le metteur en scène a rappelé pour avoir son sentiment, Lino, avec un calme imperturbable, lui a dit qu'il adorait le projet, qu'il acceptait de le faire, et il lui a demandé de passer très rapidement chez lui pour en parler, dans son hôtel particulier de Saint-Cloud. Il a alors dit à son épouse : « Odette, quand l'olibrius se pointera, tu le feras entrer dans le salon où je l'attendrai, et tu n'oublieras pas de fermer la porte à double tour derrière lui ! »

Le mec n'est jamais venu, heureusement pour lui. (Pour ma part, j'ai toujours pensé à un canular.)

Pendant toute l'écriture de notre scénario de *Hatak*, Clavier, Lamotte et moi passions devant le bureau de Fechner, et nous hurlions, pour le taquiner : « Odette, la porte ! »

Fechner refusait obstinément de proposer Paãpa à Lino. Je lui disais : « Qu'est-ce qu'on risque ? Il ne va pas te gifler ! » Mais Fechner haussait les épaules : « C'est une affaire entendue ! »

Je pense que Lino n'aurait jamais accepté de tourner un rôle en peau de bête (bien que recouvert de poils, velu comme un gorille, et avec des bras rallongés, il aurait été à se rouler). Il était bien trop coincé pour ça. On pensait plus sérieusement à Mel Brooks. C'était un scénario à très grand spectacle, car ces hommes de Neandertal étaient confrontés à des dinosaures dans leur forêt et leurs grottes…

Je n'étais pas totalement en accord avec Fechner sur ce film, contrairement à *Papy*. Je n'avais pas la même vision que lui des bestioles préhistoriques. Il voulait que la star soit un diplodocus, un dinosaure qui ne lui faisait pas peur (Fechner était pétochard) mais qui pour moi était un peu comme une grosse vache. Les vaches sont gentilles et placides, modérément empathiques. À moins d'être intime avec elle, on s'en fout un peu, d'une vache. Je préférais un hadrosaure, ces dinosaures à bec de canard, un monstre très mobile et plein de dents. Il pouvait être dangereux et méchant, foutre les jetons, mais gueule fermée il était touchant comme un petit canard. Des enfants de la tribu parvenaient d'ailleurs à l'apprivoiser. J'aimais beaucoup cette dichotomie dramatique qui rendait l'histoire plus palpitante. Contrairement à Fechner, les enfants ne détestent pas avoir peur. Je n'ai pas réussi à le convaincre. Vu le coût du film, c'était mieux de s'écraser, mais je n'avais pas renoncé à l'idée de lui en reparler.

Ça n'a pas eu lieu. À la dernière minute, il a laissé tomber notre projet. Il s'était mal entendu avec le producteur américain Richard D. Zanuck, le fils du légendaire Darryl F., le grand patron de la Fox, avec lequel il envisageait de coproduire le film.

22

LE PÈRE NOËL EXISTE

La colère m'a saisi. *Le Père Noël* a commencé par un drame. Assez logique pour une ordure.

On m'avait présenté deux jours plus tôt, pour validation, le décor que Willy Holt[1] avait construit en studio, fabuleux et impressionnant, avec son ascenseur qui fonctionnait sur trois étages. Certains accessoires ne me convenaient pas : en particulier, les téléphones des répondants, Anémone et Thierry Lhermitte. C'étaient de vieux appareils en Bakélite, très anciens, et je pensais que des gens qui bossaient au téléphone jour et nuit devaient avoir un matériel moderne et presque neuf, du matos de pro. J'avais vu un chouette standard au drugstore Publicis, design et flashant, et j'avais dit à Willy que ça serait bien d'avoir une touche de modernité dans ce décor volontairement vieillot.

Le matin du tournage, en arrivant sur le plateau, rien n'avait bougé.

Christian Ferry, le producteur exécutif, s'est pointé, embarrassé :

– Rousset-Rouard trouve trop cher ton standard téléphonique, surtout qu'il en faut deux. Tu devras te contenter de ces téléphones-ci, qu'il trouve parfaits !

Yves Rousset-Rouard était le producteur principal du film, l'autre producteur étant la bande du théâtre du Splendid.

Le ton autoritaire de Christian Ferry m'a énervé.

---

1. Willy Holt est un célèbre chef décorateur américain naturalisé français. Il a fait, entre autres, *Paris brûle-t-il ?*, de René Clément (nomination pour les décors aux Oscars 1967), *Voyage à deux* et *L'Escalier*, de Stanley Donen. Il a eu un césar pour *Au revoir les enfants*, de Louis Malle, en 1988 ; je conseille de regarder sur YouTube son discours de remerciements, drôle et charmant.

J'ai saisi les deux appareils et je les ai propulsés à travers les fenêtres de l'appartement, explosant les carreaux.

– Dis à Yves qu'il envoie quelqu'un acheter ces standards dare-dare, s'il ne veut pas retarder le tournage ! Sinon, j'irai avec ma voiture et je les paierai de ma poche, mais je ne suis pas sûr que ça fasse gagner du temps… Je vais déjeuner à la cantine. Et demande à Willy de faire remplacer les carreaux.

Quand je suis revenu, le décor était remis à neuf et un gars déballait les standards de leur emballage. J'avais eu gain de cause. C'était un caprice spectaculaire, en raison du bruit de verre brisé, mais en réalité d'un coût modique. Cela marquait les esprits, exprimant qu'il valait mieux faire le film avec moi que contre moi.

J'ai rencontré Yves Rousset-Rouard la première fois au très huppé restaurant du Polo de Bagatelle, quand le Splendid m'a proposé comme metteur en scène. Il avait avalé un parapluie et était à peine poli. Ça sautait aux yeux que je n'étais pas sa préférence à lui : il aurait voulu Patrice Leconte, plus malléable, plus gentil, trop gentil (par ailleurs intelligent et talentueux). J'imagine mal Leconte, par exemple, foutre en l'air les décors de son film avec des téléphones. Je l'avais rencontré sur *Les Bronzés font du ski* et il m'avait paru sympa, mais timide.

Je suis timide aussi. Je pourrais faire les jeux Olympiques dans cette discipline avec de grandes chances de monter sur le podium, mais j'ai appris à me faire violence dans le cadre d'un film, car si je me trompe, c'est inscrit dans la pellicule pour toujours. Il faut apprendre à montrer les crocs si quelqu'un s'oppose à votre vision.

Rousset-Rouard m'a fait un sourire aimable qui n'augurait rien de bon.

– Tu sais que j'ai coproduit la pièce ? J'ai gardé les éléments du décor dans un hangar. Ça peut faire une bonne base, non ? On a déjà trois murs. Il ne reste qu'à construire le quatrième…

Devant mon effarement, il a balbutié :

– Bon. Euh, en améliorant un peu, bien sûr… C'était juste… euh, une suggestion.

J'ai aspiré un grand bol d'air frais du bois de Boulogne.

– Yves, tu as déjà fait une captation de la pièce dans ce décor *mirifique.* (J'avais choisi cet adjectif pour le faire culpabiliser.) On ne va pas le refaire ! C'est essentiel de faire oublier que c'est du théâtre, justement. Et ce n'est pas simple. Aérer le sujet avec des scènes extérieures va être ardu, car tout est centré autour du téléphone. Les plaignants n'ont pas le droit de venir dans l'appartement – c'est *charité à distance* – et ils rappliquent à tout bout de champ, d'où la gêne et la drôlerie. Donc on ne peut pas s'éloigner trop du téléphone. Les scènes extérieures seront au compte-gouttes. Alors je suggère qu'au lieu d'avoir un petit salon étriqué on ait au contraire un double salon spacieux et plusieurs chambres, plus une cuisine, plus une salle de bains. Un grand appartement complet. Ça permettra de varier les décors et d'éviter l'étouffement.

Je ne savais pas encore qu'on serait obligés de construire ce décor en studio, avec l'ascenseur également, car on n'en a pas trouvé un seul dans Paris qui accepte un tournage aussi long.

Le décor a coûté une blinde mais il était superbe.

Le Splendid produisait pour la première fois, au côté de Rousset-Rouard aux commandes. Ils m'ont choisi après pas mal de délibérations. Je suis reconnaissant à Josiane d'avoir proposé mon nom à toute l'équipe et de s'être bagarrée pour moi.

Elle a eu des alliés, je l'ai su, en la personne de Clavier mais aussi de Marie-Anne Chazel, que je connaissais peu à l'époque.

Leconte avait bien sûr été envisagé en premier, mais il était devenu le partenaire de Michel Blanc sur *Viens chez moi*, et les autres lui reprochaient d'avoir traité Blanc en chouchou dans *Les Bronzés font du ski* : il avait plus de gros plans que les autres. C'est important, ça, quand on a affaire à une troupe : ne pas toujours favoriser les mêmes ! Il faut noter les gros plans sur un calepin pour ne pas faire de favoritisme, un peu comme faisaient les maîtresses de maison autrefois qui avaient un « cahier de réception » sur lequel elles notaient le menu qu'elles avaient proposé aux invités pour ne pas le reproduire trop souvent. Avec moi cependant, le risque est minime : je ne peux pas me tromper, je filme tout le monde en gros plan, y compris les petits rôles. C'est parce que j'adore les acteurs.

J'ai connu Balasko sur mon premier film comme metteur. (J'utilise souvent cette expression de « metteur » qui m'amuse, car c'est ainsi que Jean Gabin désignait avec gouaille ses metteurs en scène. Elle explicite son opinion vaguement méprisante pour ces gus.)

Dans *Les Petits Câlins*, Josiane avait le second rôle féminin. Au départ, je n'avais pas du tout pensé à elle (ne la connaissant pas). Ma directrice de casting m'avait suggéré en premier Chazel, une jolie nana prometteuse du Splendid. Tout le monde parlait d'eux et de leur pièce *Amours, coquillages et crustacés*. Marie-Anne était ravissante, bonne comédienne et gaie. Je lui ai proposé le rôle qu'elle a accepté avec enthousiasme. Mais Yves Robert est intervenu, presque agressif. Il a refusé que je l'engage pour *Les Petits Câlins*, dont il était le coproducteur. Pour une raison mystérieuse (si ce n'est une méfiance envers la jeunesse), cet homme – qui avait pourtant, Dieu le sait, le sens de la comédie – n'aimait pas le Splendid (contrairement à Georges Lautner). Il était allé les voir dans leur café-théâtre et il les avait trouvés nuls. Au moment de les féliciter, il s'était exclamé, avec enthousiasme : « Bid-onnant ! » en séparant bien les syllabes pour faire ressortir le mot « bide ».

Yves m'a dit, avec une grimace : « Si tu tiens absolument à prendre quelqu'un du Splendid, libre à toi… Choisis au moins Balasko. C'est la moins mauvaise. Je l'ai eue pour un petit rôle dans *Nous irons tous au paradis*. Elle ne s'en est pas trop mal sortie. »

Affreusement gêné, je me suis excusé auprès de Marie-Anne de ne pas pouvoir respecter ma promesse de l'engager, et j'ai convoqué Josiane à mon bureau.

En une seconde, le courant est passé entre nous. Sa drôlerie, sa gouaille, sa moquerie facile, ses ricanements, tout m'a plu.

On est descendus au bistro du coin et on est devenus les meilleurs amis du monde en deux secondes et un expresso. Coup de foudre.

C'était une manie chez Yves Robert de bloquer mon casting : il m'avait refusé le matin même un jeune acteur qui avait fait une lecture fantastique. À lui aussi, j'avais promis qu'il jouerait dans mon film.

– Comment s'appelle ton gars ?

– Martin Provost. Il est formidable.

– Martin ? Tu n'y penses pas ! Il est pédé comme un phoque. Ça décale totalement ton personnage ! On aura l'impression que, s'il est intimidé par la fille, c'est parce qu'il n'aime pas les gonzesses !

J'étais sidéré.

– Eh bien, tu me l'apprends parce que ça ne saute pas aux yeux. Et si ce que tu dis est vrai, ça m'est bien égal. Sa vie privée, c'est son affaire. Il est séduisant et il fait jeune homme bien élevé. Anthony Perkins était une star avec son côté gendre idéal, et personne ne voyait qu'il était gay ! Rien à cirer !

Yves a levé les yeux au ciel, énervé.

– Mais enfin, c'est le genre de garçon, si tu te retrouves avec lui dans une cellule de prison, tu le sautes dès le premier soir !

– Eh bien dis donc, c'est toi qui es pédé !

Dans ma jeunesse, un gay s'appelait encore un pédé, un mot qui, à mes yeux, n'est pas le moins du monde péjoratif…

Cette vanne a irrité Yves :

– Choisis un autre gars !

Et il est sorti.

J'ai engagé un gars très bien, mais qui était loin d'avoir le charme de Martin Provost. Je suis bien content que ce dernier ait réussi par la suite, devenant un metteur en scène important. J'aime ses films avec l'irrésistible Yolande Moreau. J'ai particulièrement ri à *La Bonne Épouse*, avec Juliette Binoche.

L'écriture du *Père Noël* ne s'est pas déroulée sans anicroche. Certains estimaient que je demandais trop de modifs par rapport au texte d'origine. J'étais perfectionniste, voire chiant. « La pièce a bien marché, pourquoi s'enquiquiner à tout modifier ? » Il n'y avait que le dernier quart de l'histoire où tous s'accordaient à dire que c'était trop sanglant pour le cinéma et un peu bâclé. Je pensais à une scène où Jugnot se promenait avec une jambe coupée dans sa hotte. Au théâtre, ça passait car on voyait qu'elle était en plastique ; au cinéma ç'aurait été réaliste et trop gore. Josiane m'a téléphoné pour me conseiller de mettre la pédale douce : « Tu les énerves ! » Clavier me l'a confirmé, me poussant à plus de diplomatie : « Ils ont l'impression que tu veux leur donner des leçons. »

Ça concernait surtout une scène ajoutée au personnage du travesti. J'avais envie qu'il ait une crise de dépression, une scène émouvante (où Clavier a été fantastique). J'aime bien ces moments de gravité dans une comédie, mais ce n'était pas entièrement du goût de Lhermitte ni de Jugnot, qui sont très pudiques. Pour eux, il fallait juste faire rire. Or je crois que si on émeut, le rire qui suit est plus fort. La réplique de Josette à la fin de la scène, « Elle a jeté sa moumoute dans les huîtres ! », faisait un tabac.

Il y a souvent des tensions quand on écrit à plusieurs, mais on n'arrive à rien si on y succombe. Ils ont été plus conciliants, et moi, plus diplomate, et l'écriture s'est bien terminée. Ils avaient des idées formidables, comme la proposition de Thierry que le tissu du canapé soit identique à son costume. Génial. J'ai explosé de rire et j'ai acheté instantanément.

Le Splendid a été d'un grand soutien. C'étaient vraiment des producteurs fantastiques. J'avais découvert l'avantage de tourner à deux caméras. Ça coûtait plus cher en pellicule et les plans étaient plus compliqués à régler, donc ça horripilait Rousset-Rouard. Les prises étaient doublées (deux fois le prix, au laboratoire) et il trouvait que j'en tournais trop. Il fait partie des producteurs qui pensent que toutes les prises sont pareilles. C'est faux, bien entendu. Il y a des prises correctes et d'autres où les acteurs deviennent magiques, ce sont celles que je recherche. Parfois, un truc fulgurant à la répétition ne reviendra plus jamais. Il arrive aussi qu'on refasse plusieurs prises sans rien améliorer. Mais soudain, une trouvaille de l'acteur survient, et ça vaut le coup de la chercher. Thierry caresse ses cheveux ras en disant : « C'est cela, oui... » Anémone tortille son chandail. Je le voyais, moi, et ça me plaisait, mais le cadreur s'étant rapproché, ce n'était pas dans l'image. Le lendemain, j'ai exigé de retourner la prise en plan plus large.

Le tournage a finalement été un rêve. L'inventivité de tous ces acteurs, plus doués les uns que les autres, était un régal. Ils ont tout de suite compris que j'étais client de leurs singeries. Ça a créé de la complicité et de la confiance. Thierry aimait beaucoup mes indications. Dans la scène où il dit à Anne, le vrai prénom d'Anémone : « C'est une toile que j'ai peinte pour vous ! », il m'a vu mimer dans un grand geste un peintre en bâtiment ; eh bien, il l'a fait aussitôt à l'identique.

Formidable d'avoir des acteurs aussi réceptifs !

Mon grand regret est que, malgré ma demande, il n'y ait pas eu de making of, qu'on n'ait pas fait de vidéo avec les prises ratées pour fous rires, gourances et vannes. Je pense que ça aurait amusé beaucoup de gens. Quand Thierry danse avec Christian déguisée en Katia avec sa robe léopard, on a pris une journée complète de retard, à cause des fous rires. Les deux ne pouvaient pas garder leur sérieux, ni personne dans l'équipe. J'ai dû faire un plan général très large, en plongée, depuis les cintres, où on ne voyait pas trop les détails, pour pouvoir masquer les moments où ils pouffaient trop. Le tournage a été d'une rare gaieté.

Les rushes étaient réussis, mais Yves Rousset-Rouard nous les gâchait en projection par sa réaction agressive permanente aux nombres de prises que je faisais. Il sautait sur son siège quand il voyait des numéros de clap comme « 9e » ou « 12e ». Il trouvait que je développais trop au laboratoire – quatre ou cinq prises par plan alors que l'usage voulait qu'on en tire seulement deux. (Aujourd'hui, avec le numérique, ces problèmes n'existent plus, heureusement.) Son énervement s'accompagnait de protestations sonores : des soupirs, des claquements de langue, des « ttt », des « Ah non ! » et des « C'est pas vrai ! ».

J'ai eu droit à un sermon. Yves essayait de rallier à sa cause ses coproducteurs du Splendid, en leur parlant de dépassement possible du budget, mais ils m'ont soutenu.

Les jours qui ont suivi, j'ai demandé au clapman, quand il préparait le clap avec sa craie, de marquer « 32e » à la place de « 1re ». Le plan suivant, j'ai débuté à la « 46e » et ainsi de suite. Rousset était au bord de l'apoplexie. Il se trémoussait sur son siège et ses râlements redoublaient.

Sur un plan qui commençait à « 120e », il a enfin compris que c'était une vanne, ça l'a vexé. Il m'a dit, sévèrement : « Tu n'es pas très professionnel ! »

Il n'a pas lâché l'affaire et continuait à s'énerver à chaque projection.

Un soir, Thierry, agacé par son agacement, s'est mis à l'imiter. Il a fait claquer sa langue, a émis des soupirs, des « ttt », des « Oh ». Il se tapait les cuisses en maugréant : « C'est pas vrai !!! Mais il y a encore combien de prises ?! » Toute la troupe a enchaîné. C'est devenu un concert de protestations. Rousset était sidéré et il est sorti.

En quittant le studio, je me suis retrouvé derrière sa Jaguar dans un embouteillage. Je le voyais s'agiter et passer ses nerfs sur le malheureux producteur exécutif. Il n'a plus jamais assisté aux projections avec nous.

L'avantage d'une troupe talentueuse, c'est que ça augmente la compétition, l'émulation entre acteurs. C'est génial.

Quand un acteur ne pouvait pas assister aux rushes, le lendemain il me demandait comment c'était. À Jugnot, par exemple, je disais que Thierry était formidable. À Anémone, je disais que Marie-Anne était d'une drôlerie époustouflante.

Je n'ai pas continué longtemps cette méchante blague. En réalité, c'était une vanne inventée pour taquiner Jean Carmet sur je ne sais quel film d'Yves Robert. Les acteurs n'assistaient pas aux rushes. Tous les matins, au maquillage, il y en avait un pour dire à Carmet : « Yves m'a dit que j'étais formidable. Il était ravi... » ou « Yves m'a dit que j'étais sensationnel ! » Yves passait devant Jean dans le couloir, sans un commentaire. Un simple « bonjour » froid. Après quinze jours de ce traitement sadique, Carmet a demandé timidement :

– Euh, tu... tu m'as trouvé comment, hier soir ?

– Ça peut aller... a fait Yves, peu enthousiaste.

Devant la mine effondrée de Jean, il a fini par lui avouer le canular.

Pour une raison oubliée, mais sûrement impérieuse, la costumière ne pouvait pas m'accompagner choisir la robe de notre Katia. Elle m'a donné l'adresse, rue de Rivoli, d'une boutique pour femmes fortes. Nous nous y sommes rendus avec Clavier. Les vendeuses étaient âgées, pas du genre fan de cinéma. Et elles ne connaissaient visiblement pas Christian.

Il y avait un grand choix et nous avons commencé à regarder les robes sur leurs portants.

– Je peux vous aider ? a fait une dame aimable, un peu grassouillette, avec des chaussures demi-talons et des fesses relativement carrées.

– On cherche une robe pour monsieur.

Son sourcil gauche s'est soulevé tandis que le droit restait immuable. J'ai enchaîné :

– On va en sélectionner quelques-unes, et monsieur va les essayer.

Christian a passé quelques robes. Il sortait de la cabine et s'inspectait dans la glace. Puis il se tournait vers moi :

– Comment tu trouves ? Elle te plaît ?

– Pas mal, mais pas assez Yvette Horner !

La célèbre accordéoniste aux 30 millions de disques vendus, égérie de Jean-Paul Gaultier, nous a beaucoup inspirés. C'était, dans nos discussions, un nom qui revenait souvent quand on évoquait le personnage de Katia, une sorte de référence.

Christian ne bâcle jamais le choix de ses costumes. En les essayant, il s'approche du personnage. C'est comme faire des croquis avant de peindre.

– Vous n'avez pas quelque chose de plus fantaisie ?

C'était visible que la vendeuse me prenait pour le mari car c'était toujours à moi qu'elle parlait quand elle apportait les robes.

– Ce petit imprimé devrait vous plaire…

Pas un instant Christian et moi n'avons cherché à lui expliquer la raison de notre présence. Ce malentendu nous amusait trop.

– Celle-ci ne va pas du tout. J'ai l'air tarte, disait Christian en se regardant dans le miroir.

C'est alors qu'une autre dame épaisse, trapézoïdale, nous a amené une robe léopard.

– Celle-ci devrait convenir, elle est très show-biz ! Yvette Horner, comme vous dites…

Cette robe nous a enchantés.

– Il nous en faudra trois, ai-je dit en sortant ma carte de crédit. Quelqu'un passera les prendre.

À l'époque, les travestis, en dehors des clubs spécialisés, n'étaient pas les bienvenus. Rue Montmartre, un quartier chaud, la nuit, quand Christian rejoignait le tournage dans sa jolie robe fauve, perruqué et maquillé, les railleries fusaient. Les gens (des hommes bien sûr) étaient grossiers et malveillants. On a engagé des gardes du corps efficaces. Leur chef faisait la police avec diplomatie mais avait une détente rapide. Il disait à ses potes : « Jamais dans la figure : dans le ventre ! Ça ne laisse pas de trace ! » Je me souviens encore de deux mecs assis par terre, sous le porche de l'immeuble où nous tournions, essayant de retrouver leur souffle, tandis qu'un de nos assistants les aspergeait d'eau minérale.

À Vincennes, Christian était assis à l'extérieur du zoo, prenant un vague rayon de soleil sur une chaise pliante, en attendant son tour de tourner. Une voiture a ralenti.

– Tu prends combien ? a demandé le chauffeur, tout excité.

Je crois qu'Anémone m'en voulait (un peu) de lui avoir fait jouer une fille moche. Et pourtant, elle a créé le rôle au théâtre. Mais au théâtre, on ne se voit pas, tandis qu'au cinéma on va aux rushes pour voir les scènes de la veille.

Les actrices sont ravies au début de se faire un look amusant dans lequel elles ne se reconnaissent pas, elles en rajoutent sur la hauteur du chignon, sur l'épaisseur des sourcils, sur un grain de beauté épais et vilain, elles inventent des petites touches disgracieuses – dans ce cas-ci, austères –, ça les amuse et ça fait ressortir leurs qualités d'actrice. (Pour ce qui est d'Anémone et de Chazel, elles sont géniales. Elles auraient mille fois mérité d'être au moins nominées aux Césars 1982. Et je pense qu'elles auraient dû obtenir l'une comme l'autre l'auguste statue. (Et même Christian Clavier, en Katia, n'aurait pas déparé dans cette catégorie.)

Puis à force de se voir le matin devant le miroir, elles ont un haut-le-cœur. Alors elles demandent une petite correction ici, une modification là, minime, encore une autre, petite, la coquetterie reprend le dessus. Pour Anémone, comme pour Marie-Anne, je me suis fait avoir certains jours. Puis soudain, j'ai constaté que leurs caractères avaient trop changé. Je n'avais plus les mêmes personnes devant moi, mais de jolies filles (j'ai eu le même problème avec Bernadette Lafont sur *Retour en force*).

– Mais qu'est-ce que vous avez fabriqué ? Ta tête n'est plus la même ! Amenez-moi les Polaroïd !

Les Polaroïd qu'on avait faits aux essais dévoilaient la supercherie. Retour à la case « maq-coiff » pour retrouver le personnage original et amusant.

Le tournage du *Père Noël* se poursuivait dans une ambiance des plus chaleureuses. Je ne sais plus d'ailleurs avec exactitude comment a commencé le rituel des goûters.

Je crois que c'est notre chef op, Bob Alazraki, qui a voulu faire une surprise à l'équipe. Près de chez lui, place de la République, il y avait une pâtisserie succulente. Il avait acheté un tas de gâteaux et comme il voulait nous les offrir en fin de journée, il les avait planqués. Je ne sais pas qui les a découverts et s'est montré impatient de les dévorer. Je parierais pour Balasko, mais ça pourrait aussi bien être moi (goinfre !). Une chose est certaine : à un moment, c'est moi qui ai crié : « Pause-goûter ! »

On a installé des tréteaux et foncé se gaver de sucreries. Ça a été un moment de franche rigolade et de détente. Le tournage a repris dans la bonne humeur, avec une inventivité particulière et un enthousiasme qui faisait que les techniciens étaient plus rapides, comme s'ils voulaient récupérer le temps perdu. Ce n'était plus du travail, juste une grande marrade. Une atmosphère de fête. J'ai noté, au cours de toute ma carrière, que la bonne ambiance faisait les grands films, et je me suis toujours appliqué à distiller de la bonne humeur, même si on travaille sérieusement. La déconne est capitale car elle permet aux acteurs de se libérer et il faut tuer l'inhibition pour avoir des trouvailles fulgurantes. Les blagues de Belmondo ou de Depardieu jusqu'au ras du clap leur permettaient, paradoxalement, de se concentrer. C'est une technique de création pour se débarrasser du trac. Si ça en dérange certains, qu'ils fassent du tennis, ou le silence en eux-mêmes, mais qu'ils n'empêchent pas tout le monde de s'amuser, car c'est le charme de notre métier.

Le lendemain matin, je suis passé chez Ladurée et j'ai dévalisé le magasin. J'ai aussi acheté du thé et du chocolat en poudre de chez Penny's, place de la Madeleine, et un super café chez Hédiard, et à 16 h 30 : pause-goûter ! On a mis le rouge[1]

1. Le rouge est un bouton qui enclenche une sonnerie et allume une lampe rouge à la porte du plateau, signalant qu'on n'a plus le droit d'y entrer – on risquerait de gâcher la prise en cours. À la fin du plan, on coupe le rouge avec deux sonneries.

pour ne pas se faire surprendre par la production et on s'est éclatés une nouvelle fois.

C'est devenu un rite. Aucun acteur n'a voulu être en reste et c'était à qui apporterait les gâteaux les plus sophistiqués et les plus délicieux. Concours de mignardises. Et puis, ça a été la bagarre du nombre. Il y en avait de plus en plus. Heureusement que nous étions encore jeunes, brûlant nos calories, sinon on aurait tous fini éléphantesques !

Il y a eu un prétournage pendant les fêtes, Noël oblige. Je voulais profiter des illuminations du Printemps, mais on s'est fait envoyer bouler. Le magasin ne voulait pas être dérangé au moment des plus grosses ventes de l'année. Un de mes assistants était Thierry Dassault, qui est devenu un grand producteur de pubs par la suite.

– Je crois que mon grand-père possède quelques actions du Printemps, je vais l'appeler.

Il ne croyait pas si bien dire, Dassault en possédait 10 % ! Après un coup de fil de Marcel, le directeur du magasin m'a reçu on ne peut plus aimablement, mais quand on lui a annoncé le titre de notre film, son sang n'a fait qu'un tour et il est revenu sur sa décision.

– Dassault ou pas Dassault, vous ne tournerez jamais un truc pareil ici !

C'était notre première emmerde due au titre. Nous l'avons changé provisoirement. Sur le clap, on lisait : *Les Bronzés fêtent Noël.* Plus passe-partout.

J'ai réussi à convaincre la production de tourner en cachette sur les Grands Boulevards, devant les magnifiques illuminations de fin d'année. J'ai pensé qu'à cette période ils avaient autre chose à ficher que de nous surveiller. Les illuminations étaient assez puissantes pour nous permettre d'utiliser la lumière naturelle. On a loué des camionnettes pour planquer les caméras et l'équipe, un minicar pour les figurants qui nous aidaient à éloigner le public, un van pour les acteurs. Ils étaient peu connus et Jugnot était méconnaissable avec sa perruque et sa barbe. C'était rock'n'roll. On répétait dans la foule des acheteurs, on sortait la caméra à la sauvette et je filmais comme un reportage de guerre. Il fallait juste se méfier des vrais Pères Noël qui pouvaient nous dénoncer pour concurrence déloyale.

Une vieille a frappé Jugnot sur la tête avec un parapluie.

– Monsieur, c'est une honte ! Remettez-moi votre barbe tout de suite et jetez cette cigarette ! Ma petite-fille ne comprend pas que Papa Noël fume !!!

La seule personne qui nous ait repérés était un Américain qui gérait les splendides illuminations de la rue. Il voulait être payé, puisqu'on utilisait son travail (ce qui n'était pas faux), et il nous cherchait partout. Mais c'était un peu tard pour négocier. J'ai pris les devants. Je suis allé l'attendre devant son camion-régie. Je lui ai bondi dessus, en jouant les énervés.

– Ah ! Enfin ! Je vous cherche partout ! La préfecture m'a autorisé à tourner sur le boulevard mais je n'avais pas prévu toutes ces loupiotes qui perturbent la photographie de mon film ! Je vais donc vous demander d'être assez aimable pour les éteindre quand je filme. Un de mes assistants vous préviendra et vous dira aussi quand vous pourrez les remettre, une fois la prise de vues terminée. Ça ne prendra que quelques minutes à chaque fois. Ça ne vous dérangera pas trop !

Devant la stupeur du type, j'ai eu du mal à garder mon sérieux. J'ai cru qu'il allait me frapper.

– Allez vous faire foutre ! Éteindre mon *light show* en plein boom de Noël ?! Vous êtes un grand malade !

Je l'ai traité de « malotru » et l'affaire était pliée. On ne l'a plus vu. Ses éclairages étaient splendides. Le film débute dans cette ambiance magique et familiale, avec des images qui font penser à la féerie des fêtes à New York.

C'est sur le tournage du *Père Noël* que j'ai rencontré Jacques François. Ce n'est pas un hasard. Notre rencontre était *obligée*. Je crois que certains aimants fonctionnent, invisibles, entre les êtres, les forçant à se rencontrer. Jacques avait un humour décapant. C'est ce qui me plaît le plus dans le rire : la déflagration. Le rire explose tout. Toutes les valeurs.

Jacques était allé voir *Le Père Noël* au théâtre et la pièce l'avait enchanté. En félicitant les acteurs dans les loges, il leur a dit qu'il adorait la troupe et qu'il était prêt à accepter n'importe quel rôle pour jouer avec eux, même un petit truc. On lui a donc écrit ce fameux rôle du pharmacien excédé.

Jacques était une vedette au théâtre et son agent demandait pour lui des cachets importants. Rousset-Rouard n'avait rien prévu à cette hauteur, pour ce qu'il jugeait une panouille. Il était insensible à mon argument, comme quoi c'était une aubaine d'avoir quelqu'un de la stature de Jacques. Il m'a dit :

– Écoute, si tu y tiens tant… je vais lui proposer le cachet prévu pour le rôle. On verra bien.

Jacques m'a téléphoné aussi sec.

– Votre producteur m'a proposé une somme insultante. Vous lui direz que je n'accepte pas les pourboires ! Je ferai ce rôle gratuitement pour tenir ma promesse, et parce que ça m'amuse. Mais ce monsieur est un jean-foutre !

Qu'il accepte ou non importait peu à Yves, sauf que ça lui sauvait un cachet. Il n'a même pas pensé à l'inviter à une projection du film. Il n'a pas anticipé une seconde à quel point le public le trouverait génial.

Jacques François a débuté à Hollywood, dans un film où il avait le rôle principal, avec Ginger Rogers et Fred Astaire. Il était très fier de ce film où il était la vedette, et des années plus tard, comme il voulait absolument que son fils Cyril le découvre, il a loué la salle privée du Club 13, pour en faire une projection suivie d'un cocktail. Au mot « Fin », quand la salle s'est rallumée, son fils s'est tourné vers lui : « Super film ! Mais tu jouais quoi ? »

Comme son père avait encore ses cheveux en 1949, il ne l'avait pas reconnu. Jacques était sensible à l'extrême, ultra susceptible, et il a été un peu vexé.[1]

Jacques avait joué avec une vedette américaine, à Hollywood, Isa Miranda. Il devait l'embrasser fougueusement sur la bouche et ça l'angoissait beaucoup. C'était son premier baiser de cinéma et il se demandait si on devait mettre la langue ou non. Sa timidité l'empêchait d'en parler avec l'intéressée. Ses amis le vannaient : « Tu mets la langue pour de vrai, sinon ça fait bidon ! » Un autre disait : « Pas du tout, tu embrasses le menton en dessous de la bouche… ça passe très bien ! » Jacques était paumé. Au moment fatal, ivre de trac, il a choisi d'éviter la pénétration buccale.

C'était compter sans Miranda.

Dans une furie quasi nymphomane, elle a choisi d'enfoncer sa langue jusqu'aux tréfonds de sa gorge. Une véritable bataille de langues, âpre, s'est ensuivie. La mêlée a été si violente que maladroitement Jacques, voulant échapper au combat, a tenté de balancer son septum lingual sur le côté. Cette fuite, désespérée et brutale, a eu un effet déplorable : Jacques lui a pété un bridge, qu'il a immédiatement gobé. On a arrêté le film le temps qu'un dentiste répare l'outrage car, avec tact, Jacques s'est abstenu de lui rendre son bridge le lendemain. Il a passé une bonne demi-heure dans sa salle de bains, tâchant douloureusement de l'expulser. Le bridge a causé un éclat dans la porcelaine des water-closets de l'hôtel.

Jacques était colérique, une colère froide, qui l'amenait parfois à tenir des propos imbuvables, d'une rare violence, pourtant ses excès étaient toujours drôles. Il lui arrivait aussi de faire la gueule de façon prolongée. Il avait des opinions politiques de droite. Plus à droite que Jacques, il y avait le mur. Et son

1. Jacques a écrit un livre de souvenirs charmant, *Rappels*, aux éditions Ramsay.

meilleur ami, Philippe Noiret, était à gauche. Jacques passait tous les étés dans la maison de Philippe, près de Carcassonne, une splendide campagne aux allures de Toscane. Ils ont eu une fois une discussion orageuse à propos de Charles Pasqua, alors ministre de l'Intérieur. Le ton est monté. Hors de lui, Jacques est allé bouder dans sa chambre et il n'a plus adressé la parole à personne pendant quinze jours. Pas même à sa femme, parce qu'elle avait eu le malheur de tenter de le réconcilier avec Philippe. Il garnissait un plateau à la cuisine et il allait manger dans sa chambre, continuant à leur battre froid. Il lisait livre sur livre. Durant ses brèves apparitions, il avait droit à quelques vannes de Philippe, auxquelles il ne répondait pas. Ils sont restés bien entendu les meilleurs amis du monde.

Je crois aussi qu'il attirait la malchance comme un aimant. S'il lui arrivait quelque chose de désagréable, il le rendait plus moche encore, parce qu'il se tendait au lieu de s'en foutre et de passer à autre chose. Il dressait les gens contre lui, il n'avait pas d'allié. Il se butait dans sa solitude.

Il nous avait invités au restaurant avec Clavier et Chazel, sur une péniche du bord de Seine. Nous sommes arrivés tard, car nous avions pris une coupe de champagne chez lui auparavant. Personne ne nous a accueillis et un serveur qui essuyait des verres au bar s'est écrié :

– Trop tard ! On ne sert plus !

Déplaisant.

– Vous plaisantez ? a fait Jacques, aristocratique. Votre patron a dit que je pouvais venir jusqu'à 21 h 30, et il n'est que 21 h 10 !

– C'est à quel nom ?

– Jacques François.

– Qui ça ?

Christian et moi avons commencé à rire doucement, persuadés que ça allait vite dégénérer. Jacques a répété, pincé :

– Je suis Jacques François.

– J'ai pas ! a fait le serveur, relisant le carnet des réservations.

Le patron est finalement arrivé. Jacques s'est tourné vers lui, hautain.

– Votre travailleur du bar est odieux, il n'a même pas reconnu Christian Clavier et mademoiselle Chazel ! C'est un analphabète !

Il a fallu le calmer un peu avant qu'il ne passe à des insultes plus personnelles, infectes et humiliantes, car on avait peur qu'à la cuisine ils pissent dans notre soupe. Il avait des colères d'enfant et, comme les enfants, il n'avait plus aucun filtre. Je ne crois pas du tout que Jacques était méchant, il était timide et sentimental au contraire, mais pour mordre, quand il était vexé, il était prêt à n'importe quelle mauvaise foi !

Quand nous sommes sortis du restaurant à 1 plombe du mat, une chaise d'handicapé à trois roues, sorte de triporteur électrique, fonçait dans notre direction à fond de train. Un paralytique couché en arrière la conduisait. Il s'est arrêté à notre hauteur en dérapage contrôlé, quasiment. Surréaliste. Le bonhomme s'est adressé à Jacques directement, peut-être parce que, sous un réverbère, son crâne chauve brillait.

– Tu sais où est le Palais des Congrès ? a-t-il questionné abruptement.

Il lui a saisi la main avec force. Jacques, surpris, en est resté coi. Le type l'a dévisagé.

– Je te connais, toi ! Tu es très connu !

Il a plissé les yeux et il a ajouté :

– Tu es Michel Poniatowski[1] !

Jacques, vexé comme au restaurant, a récupéré sa main.

– Foutez-moi la paix, vous !

Même si Rousset-Rouard a mis du sien pour éviter que Jacques François ne joue dans *Le Père Noël* (en refusant de le payer à son prix), ne pensez pas que je lui en veuille. C'est

1. Ministre de la Santé, puis ministre de l'Intérieur de Valéry Giscard d'Estaing.

la mission des producteurs de rester dans le budget prévu. Et n'allez pas croire que je prends Rousset-Rouard pour un pauvre type. C'est un professionnel brillant. Il a été assez malin pour être le producteur d'*Emmanuelle* 1 à 18 et des *Bronzés* 1 et 2. (Le 3 lui a été chipé par Christian Fechner.) Il a eu le mérite d'être l'un des premiers à renifler le grand talent de son neveu, Christian Clavier. Ce n'est pas si fréquent de distinguer les gens doués dans sa propre famille, si on en croit l'expression « nul n'est prophète en son pays ». Par contre, côté « salaire », pour les lâcher, son enthousiasme était beaucoup moins prononcé, mais ce sont les affaires. Il a eu en tout cas la bonne idée d'accepter la proposition du Splendid d'engager ma pomme. Il aurait pu refuser. Il a aussi été le premier (et même le seul en France) à croire aux cassettes vidéo. Dans ce domaine, il était un pionnier. Et c'est la vidéo qui a commencé à faire du *Père Noël* un film culte. Car aussi surprenant que cela puisse paraître, le film a fait un score décevant à sa sortie, faisant moins d'entrées que *Les Bronzés*.

La téloche a vite pris le relais de la vidéo. Avec ses multiples rediffusions, le *Père Noël* a largement dépassé à ce jour, en France, les 115 millions de vues sur petit écran. Un pic a eu lieu en octobre 1992 avec 12 millions de téléspectateurs sur TF1, en une soirée. J'adore bien entendu quand le film est projeté dans un festival où les gens peuvent le redécouvrir sur un écran, ce qui est la meilleure façon de ressentir les films, en grand, et avec un public hilare. Mais je suis quand même heureux à chaque rediff car cela permet à un public jeune, souvent, d'aimer un film tourné quand ils n'étaient pas encore nés…

C'est la gloire, ça, putain !

23

CLAUDE BERRI, UN AMOUR TOUJOURS CONTRARIÉ...

À la sortie du *Père Noël*, Claude Berri m'a appelé pour me féliciter. Il avait moins aimé ce film que *Les hommes préfèrent les grosses* mais quand même, il le trouvait très bien mis en scène. Les producteurs ne regardent que les entrées, et *Les Grosses* avait mieux marché à sa sortie en salles.

C'est après *Les grosses* que Berri s'était intéressé à moi, une chance formidable, car c'était un producteur de légende. Difficile de faire plus vif et intelligent que cet homme, avec un réel amour du spectacle. C'était un artiste à l'écoute des artistes, même si l'argent comptait bien entendu pour lui. Il m'avait signé un contrat et était prêt à m'engager pour plusieurs films d'affilée, en exclusivité, à l'américaine. Quelle aubaine ! Vu la carrière exceptionnelle du bonhomme, rien ne pouvait me flatter ni m'enchanter davantage. Mon agent, qui était aussi le sien, en avait rédigé les clauses. Mais le jour de la signature, Artmedia m'a annoncé qu'on me proposait d'adapter *Le Père Noël*. Affreux dilemme. J'aimais trop cette pièce et les acteurs du Splendid pour laisser passer cette chance...

J'ai appelé Claude, franchement gêné, car ce n'est pas sympa de balancer un coup de pied dans les fesses de quelqu'un d'enthousiaste... Au lieu de fêter la signature de notre accord, je lui ai annoncé mon choix :

– Je veux faire *Le Père Noël* en priorité. Je ne peux pas refuser. Il y a trop de concurrents qui seraient ravis de me remplacer. Tu ne m'en veux pas ?

– Je comprends très bien… Ce sont tes copains, fonce ! On se retrouvera juste après.

Et là, on était « après » justement… J'avais ce contrat avec lui et il fallait trouver un sujet.

J'étais dans cette recherche quand Clavier m'a téléphoné. Il voulait me présenter Christian Fechner, l'opulent producteur des Charlots. Fechner avait acheté les droits de *Papy fait de la résistance*, une pièce – très amusante – qui se jouait avec succès au Splendid Saint-Martin. La pièce était de Clavier et Lamotte et ils avaient déjà écrit une première mouture de scénario. Clavier voulait que je la lise et que j'en fasse la mise en scène. « Ça sera un film à grand spectacle, » m'a-t-il dit.

C'était un coup de tonnerre. Allais-je laisser tomber Berri une deuxième fois ? D'autant plus délicat qu'après avoir été les meilleurs associés du monde, Berri et Fechner étaient maintenant fâchés à mort. Ils ne se parlaient plus. Même sur la tombe d'un ami cher, qu'ils avaient en commun, ils ne s'étaient pas serré la main.

Claude Berri et moi, c'est devenu comme une série télévisée : à la fin de chaque épisode, au moment où l'action allait être résolue, patatras, coup de théâtre et ça repartait pour un tour, avec un nouveau drame à résoudre…

C'est un grand regret pour moi de n'avoir jamais fait un film entier avec Berri. C'était un producteur d'exception, toujours du côté du spectacle, qui soutenait toujours le metteur en scène pour qu'il fasse le meilleur film. J'admirais beaucoup cet homme qui finançait aussi bien Zidi que Miloš Forman ou Roman Polanski. Il n'avait pas de barrière. Il fallait que le film rapporte du blé, voilà tout.

Claude était accrocheur. Il voulait absolument qu'on fasse un truc ensemble. Mais chaque fois une proposition incontournable venait s'interposer entre nous et contrecarrer son envie. Et chaque fois, alors qu'il aurait pu m'en empêcher par contrat, il avait l'élégance de me laisser me sauver ailleurs.

Tandis que je finissais *Les Anges gardiens*, il m'a proposé avec son fils Thomas Langmann (ou plutôt, c'est Thomas qui m'a proposé avec lui) de mettre en scène *Astérix*. J'étais emballé. Malheureusement, ils se sont montrés trop impatients (le montage des *Anges* avait pris du retard en raison des multiples effets visuels). Alors la situation s'est inversée. C'est eux, cette fois, qui m'ont demandé si je voulais bien renoncer à notre accord. J'ai accepté sans hésiter, vu le nombre de fois où j'avais envoyé bouler Claude. Notre histoire à tous les deux a été une suite interminable de rendez-vous manqués, d'excitations et de déceptions, de problèmes soudains. Le film a été finalement dirigé par Claude Zidi, qui est un formidable metteur en scène, mais je pense que ce sujet était plus dans mes cordes – j'adore et je maîtrise les effets visuels (j'ai eu ma propre société pour les faire à Londres, Visual Factory).

Avec Berri, nous sommes restés amis et, dans les années 2000, il m'a invité à dîner. Il voulait savoir pourquoi je ne tournais plus, il trouvait ça « injuste » et voulait connaître mes projets. Encore une fois, il m'a montré son élégance. Généralement, on vous offre un bon pinard si on a besoin de vous, pas quand on vient à votre secours. Lorsque je suis arrivé à sa table, il tenait la carte des vins et il avait ses yeux malicieux.

– Tu as déjà bu du château-le-pin ?

– Non.

– Moi non plus. On va essayer. Je sais que tu adores les grands vins.

(Le pin est un très grand pomerol, du niveau de petrus.)

En dehors de raffoler des grands crus, j'aime les gens qui ont de la classe.

J'avais les droits de *Spirou et Fantasio* que je voulais adapter au cinéma avec Poelvoorde dans le rôle de Fantasio (il est belge et il avait la même tête). Berri m'a dit banco et il a financé le développement. Pour le rôle de Spirou, j'avais envisagé Loránt Deutsch, petit et l'air malin (parce qu'il est malin).

Poelvoorde est cyclothymique. Alors qu'il était emballé de prime abord, ça l'a gonflé ensuite. On a laissé tomber.

C'est fou le nombre de projets faramineux que j'ai eus à cette époque de désert ! Le producteur Alain Sarde voulait me financer *Ali Baba et les quarante voleurs* avec Jamel Debbouze dans le rôle-titre. Sarde est un type très marrant. Chaque fois que nous nous sommes rencontrés par hasard, il a toujours voulu me signer des contrats sur-le-champ. Sur le capot d'une voiture dans un parking, par exemple. Là, nous nagions dans la même piscine d'un hôtel du Midi. Il m'a demandé pourquoi je ne tournais plus. J'ai répondu :

– Je suis un metteur en scène libre de suite.

Il avait envie de faire un truc avec Jamel. J'ai pensé à *Ali Baba*. Alain a trouvé l'idée formidable et facile à monter.

– Lui et toi, ça devrait faire des étincelles.

Mais Jamel ne voulait pas « faire l'Arabe de service[1] ». Une grosse erreur de mon point de vue ! Il aurait été génial dans ce conte cruel, toujours filmé comme une bluette pour enfants. Je suis sûr qu'on aurait tapé un carton.

1. Si, c'est vrai… Cela m'a été rapporté par mon agent de l'époque qui se trouvait être le sien également.

24

BALASKO Y MET LES FORMES

Le type était rondouillard et tenait une assiette de petits-fours. Il m'a félicité pour mon film *Retour en force*. À moitié seulement.

– Le film est bon, mais j'ai préféré *Les Petits Câlins*. C'était plus original !

– Merci ? (J'ai inclus le point d'interrogation dans le ton.)

– Sincèrement, les dialogues sont faibles dans les deux cas. Vous méritez un vrai dialoguiste, un type comme Audiard. Au passage, je suis dialoguiste moi-même, et je crois, sans prétention, être un assez bon professionnel. Voici ma carte. Appelez-moi, si ça vous dit.

Il m'a souri et il est parti. J'ai lu sa carte, il y avait écrit : « Jean Con ».

Je ne suis pas sûr que ce soit son vrai nom. De toute manière, le public l'a oublié. Il était chauve, comme Audiard, et c'était leur seul point commun. Je n'avais aucune envie de revoir ce type. Un bonhomme qui se présente aussi mal ne pouvait pas réussir de bons dialogues.

J'ai cependant retrouvé Con peu de temps après, parce que Lise Fayolle, notre productrice, l'avait engagé comme dialoguiste des *Grosses*. C'est comme ça qu'on surnommait le film avec Josiane. Dans le cinéma, on est obligé d'aller vite.

Revenons à Con. Il était très ami avec la Fayolle. Josiane avait déjà écrit une première mouture d'après une idée originale qu'elle avait eue.

Les hommes préfèrent les grosses était en fait l'accroche publicitaire de sa pièce *Bunny's Bar*, une formule efficace.

Fayolle, une femme très ronde, avait adoré et c'est elle qui a voulu que ça devienne le titre d'un film. Elle s'identifiait. Personnellement, je trouvais ça racoleur, un peu vulgaire (j'avais peu d'atomes crochus avec cette productrice *fashion victim*, sinon qu'elle appréciait Balasko). Ce titre plaisait aussi au distributeur et j'ai finalement pensé : Josiane n'est pas connue, je ne suis pas connu (personne n'était connu à l'époque sur cette affiche), il faut au moins quelque chose qui attire l'attention... En pub, quitte à racoler, il faut frapper les esprits ! Ce calcul n'a pas été si mauvais.

Quand j'ai signé comme coauteur et metteur, Jean Con était déjà dans la place. Le courant passait mal entre Josiane et lui. J'étais plus diplomate. J'avais déjà eu affaire à de multiples coauteurs crétins. On finit par ne plus les écouter, ils deviennent transparents, vexés parfois, végétatifs souvent, mais comme ils sont payés, ils sont contents. Ils mangent leurs épinards. Rares sont ceux qui ramènent leur fraise.

Non seulement Con ne trouvait aucune idée, mais chaque fois qu'on en trouvait une, il faisait une grimace significative.

« Est-ce que c'est assez cocasse ? Il faudrait trouver quelque chose de plus cocasse. » Ou encore : « Ce n'est pas assez féroce ! Il faudrait trouver quelque chose de plus féroce ! »

« Cocasse ». « Féroce ». « Insolence ». C'étaient ses trois leitmotivs. Il marchait de long en large, les mains dans le dos, à la Napoléon, et il répétait sans cesse ces trois mots, comme une incantation qui allait lui fournir une idée brillante. Ensuite il nous faisait des suggestions plates, banales ou absurdes, dans un langage suranné, pas du tout dans l'esprit de l'époque.

Un jour, en l'attendant, on a fait trois Polaroïd nous mettant en scène, avec une pancarte pour chaque mot.

« Cocasse » : on rit comme des malades. Josiane s'écrase un cornet de crème glacée (un gadget en plâtre) sur la tête, comme si elle venait de sortir de l'asile. Moi, je porte un chapeau en travers, comme Harpo Marx.

« Féroce » : on tient nos crayons et stylos comme des couteaux menaçants. On montre les dents avec rage. (J'avoue que la mimique de Josy est meilleure que la mienne, elle a l'air réellement méchante. On croirait une sans-culotte révolutionnaire.)

« Insolence » : Josiane joue une adolescente mal élevée tandis que je montre le mot avec mon doigt d'un air hautain. (Une fois de plus, elle joue mieux que moi. Ma mimique n'a strictement aucun sens.)

On a disposé les trois photos sur la cheminée[1].

Quand on cherche des idées, on ne tient pas en place, on marche de long en large, on change de fauteuil souvent. On marche les mains dans le dos, comme Napoléon. Pourtant il a mis trois jours à les voir. (Josy : « En plus, il n'a même pas les yeux en face des trous ! »)

Il a été étonné, quasiment méfiant.

– C'est quoi ?

– Pour ne pas oublier tes recommandations, a dit Josiane, imperturbable.

Il a souri. Jaune. Elle a pris le taureau par les cornes et elle est allée voir Fayolle le lendemain. Elle lui a dit qu'elle ne voulait plus continuer avec lui... « Univers trop différents ! »

Fayolle, déçue, l'a viré. Ami ou pas, il a exigé la totalité de son contrat. Con, il ne l'était pas tant que ça, ce jean-foutre.

Josiane voulait un film à la Dean Martin/Jerry Lewis, un duo qui a fait les beaux jours d'Hollywood, en particulier dans les films de Frank Tashlin. Josiane y jouerait à la Jerry et la jolie fille ferait la pin-up, comme Dean le beau mec. Je trouvais son idée excellente, dans la ligne de nos réflexions sur *Les Petits Câlins*, mais jusque-là elle avait surtout développé le rôle de Jerry. Celui de Dean était inexistant. Je lui en ai fait

---

1. Ces photos sont visibles sur le site Jeanmariepoire.com, à la rubrique *Les hommes préfèrent les grosses.*

le reproche et elle en a convenu. D'autant qu'une grande tige idiote, c'est drôle aussi. On s'est beaucoup amusés à écrire le script.

Trouver notre Dean Martin n'était pas facile. J'ai fait des essais avec plein de filles sympas mais trop éloignées du personnage. C'était « joué », ça n'allait pas. Et puis la très jolie Ariane Lartéguy s'est pointée. Au premier rendez-vous, elle m'a collé un lapin (s'excusant à peine). Elle était mannequin et avait une vie agitée, par monts et par vaux. Au deuxième rencard, elle est arrivée avec une heure de retard. Elle m'a raconté que la veille, attendant son avion à Rome, à l'aéroport de Fiumicino, elle avait commandé un cappuccino et elle était allée téléphoner au bar, en laissant son sac sur la table. À Rome, ce n'est pas forcément une bonne idée.

– On m'a tout piqué, mon sac, mon billet, mon passeport et tout mon argent.

– Tu m'étonnes ! Et tu as fait quoi ?

– Je me suis assise par terre et j'ai pleuré.

Ce n'était pas si bête. Une plante pareille assise par terre, en larmes, ne passe pas inaperçue. Et la probabilité qu'on lui propose de l'aide est élevée. C'est une injustice, je l'admets. Ce que je supposais était arrivé : un gentleman s'est précipité pour l'aider à se relever. Il lui a demandé les raisons de son chagrin et, apprenant sa mésaventure et qu'elle avait un rendez-vous à Paris avec un metteur en scène, il lui a proposé : « Voulez-vous que je vous y emmène ? J'ai un jet privé. Ne pleurez plus ! »

À Paris, le soir même, il l'a invitée dans un resto classieux.

La question qui brûle les lèvres et que naturellement j'ai posée :

– Il a voulu coucher avec toi ?

– Non. Pourquoi ?

Son « pourquoi » était si pur et naïf que j'ai pensé qu'elle était notre personnage et je l'ai engagée sur-le-champ.

Elle a été un peu chiante, parfois, mais elle a fait le job.

La jolie Ariane Lartéguy, notre Dean Martin, était la fille de Jean, un auteur de best-sellers. Il avait eu une vie de baroudeur, avait été résistant, croix de guerre, puis correspondant de guerre pour *Match*, et il racontait des histoires passionnantes. C'était un conteur de première.

Ariane et son père ne s'entendaient pas. Il la trouvait immature (ce qui n'était pas faux) et délurée (ce qui ne le regardait pas). Ils ne se parlaient plus. Un jour, elle m'a dit :

– Il ne m'aime pas !

– En es-tu sûre ? On peut avoir des problèmes avec ses enfants mais on les aime toujours, la plupart du temps. Et les pères sont vite jaloux, dès qu'on s'approche de leurs filles. Ça entre en jeu, ça.

– C'est un sale con.

– Ah non ! Entier, sans doute, réactionnaire, sûrement, chiant, peut-être, mais con, sûrement pas. La dernière fois qu'on a parlé de toi, il était tendre à ton égard. Tu devrais l'appeler, ça lui ferait une surprise… Tu lui donneras du bonheur et je te parie ce que tu veux qu'il te répondra gentiment.

Ariane n'était pas facile sur un tournage. Les jolies filles et la ponctualité, ça ne marche pas ensemble.

Pour preuve, ce jour où, dans un studio de pub, Balasko était assise sous des tréteaux supportant une baignoire transparente dans laquelle notre Dean Martin faisait des photos, nue. Le photographe de la scène (Jean-Jacques Lapeyronie, photographe dans la vie réelle – et talentueux) voulait réduire le niveau de l'eau de la baignoire et son assistant vidait la bonde (très agrandie pour l'effet spécial) ; Josiane se prenait alors toute l'eau sur la tronche.

Je lui ai fait croire qu'on répétait, sans la chute de l'eau, car je voulais qu'elle soit surprise. On a mis le moteur, en silence. Elle a pris une tonne d'eau sur le crâne, de façon subite, et la prise était réussie. Après, elle a ri comme une folle. Contrecoup nerveux.

C'était très imprudent. Le pompier de service m'a engueulé :

– Le poids de l'eau était tel que vous auriez pu lui rompre les vertèbres et lui faire le coup du lapin. Vous auriez dû la prévenir pour qu'elle se tienne bien droite, et même lui passer un corset.

Rétrospectivement, j'en ai froid dans le dos.

– Je me doutais qu'il allait se passer quelque chose... m'a avoué Josiane.

Elle a ajouté :

– Pendant les répètes il n'y avait personne, et là, tout à coup, toute l'équipe était rassemblée à me regarder comme des idiots !

Elle était trempée et le studio était mal chauffé. Pas chauffé du tout, même. Je voulais tourner la réplique suivante sans attendre, mais Ariane n'était pas là.

– Elle téléphone à son petit copain, au bistro d'en bas, a dénoncé une assistante. Elle refuse de venir !

J'ai dévalé les escaliers et je suis allé la chercher, *manu militari*.

– On t'attend !

Je lui ai arraché le combiné des mains et j'ai raccroché.

– Pour qui tu te prends ? Même Dietrich ou Gabin ne quittaient jamais leur plateau ! Des stars de cette trempe étaient disciplinées et toi, tu te permets de filer à l'anglaise ! Surtout pour téléphoner à ton petit ami ! Tu m'as dit hier soir qu'il te cassait les pieds !

– Je n'appelais pas mon ami ! Je parlais à mon père... Comme tu me l'as conseillé ! Pour nous réconcilier !

Josiane et moi, on avait écrit un rôle pour Michel Blanc (il devait jouer son frère goujat). Michel était son meilleur ami, au Splendid, et il avait dit oui au projet avec enthousiasme. On a dîné deux, trois fois avec lui pour lui raconter nos travaux et il se marrait tout le temps, il semblait ravi.

En préparation du tournage, il n'avait toujours pas signé son contrat. La Fayolle s'inquiétait, mais surtout le distributeur, Bernard Harispuru, qui se mêlait de tout. Il était d'autant plus impatient que cet acteur l'emballait : Blanc venait de sortir *Viens chez moi, j'habite chez une copine*, qui faisait un carton. Harispuru me harcelait : « Môssieur Poiré, appelez-le pour le presser ! »

Michel est resté évasif : « Faut que je voie où ça en est avec mon agent… »

J'ai conseillé à Harispuru d'envisager de remonter son cachet, car il avait été négocié avant la sortie du Leconte.

– Après un tabac pareil, c'est probablement ce qu'il espère.

– Hors de question ! Il a accepté. Une parole est une parole !

– Oui, mais il y a aussi des paroles molles.

Michel m'a appelé le soir même pour m'annoncer qu'il ne ferait pas le film :

– J'en ai marre de ce genre de rôle. Le côté « je vais conclure », j'ai déjà donné. Je ne veux pas me cantonner à ça !

– Mais, Michel, c'est le contraire ! Jean-Claude Dusse ne se tape personne tandis que le frère de Lydie s'envoie toutes les filles !

Je me suis débattu pendant deux heures, rien n'y a fait. J'arpentais mon appart de long en large, angoissé. Je passais régulièrement devant l'un des miroirs dorés de mon salon et, petit à petit, je voyais poindre un bouton rouge au coin de mon nez. Quand j'ai raccroché, vaincu, Blanc m'avait collé un furoncle sur la joue. Un truc moche et purulent. On ne voyait que ça !

Le lendemain, Harispuru ne voulait plus produire le film ! (C'est lui qui apportait le plus gros du pognon.) Il s'était payé un tout petit projet (pour 2 balles) et il s'en frottait les mains à l'avance : le prochain Blanc juste après *Viens chez moi* ! Il s'était déjà imaginé en train d'acquérir, pour sa ferme en Normandie, un troupeau de charolaises dodues (Bernard, à l'instar de Jean Gabin, avait l'amour des vaches). Et maintenant, il était dépressif. Il ne voyait plus qu'un gros tas de carcasses mortes crevées.

– Mais le projet vous plaisait avant, Bernard ! Rien n'est changé.

– Comment ça, rien n'est changé ?! Vous êtes bête ou quoi ? Personne n'est aussi drôle que Blanc ! C'est pour lui que je faisais le film !

Quelle mauvaise foi ! Pendant la négo du contrat, qui avait été difficile, il avait hurlé : « Je vous préviens, môssieur Poiré, si Michel Blanc ne baisse pas ses prétentions exagérées, il faudra vous contenter de quelqu'un d'autre. Ils sont effrayants, ces acteurs. Un petit succès, et hop, ils veulent des mille et des cents ! Ce n'est pas parce que vous avez eu du succès hier que vous en aurez demain ! Je m'en fiche, moi, de Blanc ! »

Christian Clavier m'a sauvé la vie, en volant au secours de sa copine Balasko.

Il venait voir Harispuru pour un autre projet, et le gros lui avait annoncé qu'il renonçait au film de Josiane. Christian a haussé les épaules : « Vous avez tort. Ce sont *Les Bronzés*, la vedette. Josiane en fait partie, elle est géniale, et il y a un type aussi drôle que Michel dans *Les Bronzés*, c'est Luis Rego. Les gens l'ont adoré. Jouez la carte des acteurs des *Bronzés*. Michel ne manquera pas ! »

Il l'a convaincu. Bernard Harispuru était le distrib des *Bronzés*. Il croyait beaucoup à cette troupe. Le film est devenu un mini-*Bronzés* côté casting. On avait Lavanant, Rego et Lhermitte, tous excellents. On a ajouté Daniel Auteuil qui sortait des *Sous-Doués*.

Harispuru avait un physique de bœuf avec un front carré et une coupe courte en brosse de parachutiste. Il était autoritaire et brutal, hurlant comme un sourd, mais il m'amusait avec ses formules à l'emporte-pièce. On passait devant son bureau, toujours ouvert, et sans même dire bonjour il vous alpaguait.

– Môssieur Poiré, mettez une note entre 0 et 20 à messieurs Zidi et Sautet !

Je me doutais que pour lui la valeur d'un réalisateur, c'étaient ses entrées, donc j'ai balancé :

– Zidi, 18, et Sautet, 14.

– Môssieur Poiré, vous êtes un âne ! Zidi mérite un 20 et Sautet, à peine 9,5. Tous ces idiots de la presse l'encensent mais môssieur Sautet ne fait ses entrées qu'à Paris. En province, il fait zéro !

Bernard était au fait des chiffres de la France profonde. Il était le patron d'un conglomérat de distributeurs régionaux.

Au bout d'une semaine d'exploitation, il m'a invité à déjeuner chez Guy Savoy pour fêter son « premier milliard » de bénéfices sur les *Grosses*. Bernard parlait toujours en anciens francs, il voulait dire 10 millions[1]. Au restaurant, il a commandé un homard et il a noué sa serviette autour du cou, à l'ancienne, il l'a étalée amplement sur sa poitrine de bœuf. Son fils, qui était aussi son adjoint, a rougi, embarrassé. Il s'est mis à parler très bas.

– Papa, on est chez Guy Savoy ! Ce n'est pas une brasserie ! Ta serviette ne fait pas très chic !

En réponse, Bernard a beuglé comme un baryton :

– Et alors ! Je me fiche bien de choquer môssieur Savoy ! C'est lui qui va me payer mon pressing si je tache mon complet veston ?!

Une autre confusion avec des anciens francs a eu lieu, bien plus tard, au sujet des *Grosses*. Quand Harispuru a fait faillite (pas à cause de moi), le film s'est retrouvé chez un administrateur judiciaire, avec le reste de son catalogue. J'ai reçu un appel d'Antenne 2 (l'ancien France 2) me disant qu'ils souhaitaient acheter un passage du film et qu'ils n'arrivaient pas à joindre l'administrateur. Ils m'ont demandé de le contacter à leur place. « Peut-être vous répondra-t-il, à vous ? »

J'ai écrit un mot au gars, qui m'a appelé, désagréable :

– C'est quoi, cet énervement ?

1. 1,5 million d'euros.

– Antenne 2 veut acheter *Les Grosses* pour 4 millions[1], ça devrait vous intéresser.

– Qu'est-ce que j'ai à fiche de 4 millions ?! C'est dérisoire pour un film de cette valeur !

La voix de mon interlocuteur n'était pas jeune… cela m'a mis la puce à l'oreille.

– Euh, il doit y avoir un malentendu… Ils ne veulent pas acheter le film, seulement un passage télé. Une fois passé à l'antenne, vous pourrez revendre un autre passage, surtout si le film a fait un bon score.

Il était sidéré.

– Ah oui, quand même… (Il s'est vite repris.) Mais 4 millions, ce n'est pas bézef pour un passage, vous ne trouvez pas ?

– Monsieur l'administrateur, encore un malentendu. Ce n'est pas 4 millions d'avant, c'est 4 millions lourds…

– Quoi ?! Pour un seul passage ? Et je pourrai le revendre ?

– Les télés payent les films en fonction de la publicité. Pour un film populaire, ils ont plein d'annonceurs. C'est normal qu'ils payent cher.

– Passez tout de suite !

Son bureau avait un couloir de 20 mètres avec des dossiers des deux côtés jusqu'au plafond, un univers de cauchemar administratif à la Kafka. J'ai appelé la chaîne et l'affaire a été réglée en moins de deux. L'administrateur était vieux, tout gris, les dents jaunes, mais quand j'ai raccroché, il avait un sourire d'ado. Le film a fait un gros score (il n'était pas passé depuis longtemps). Il m'a téléphoné à 8 h 30 du matin :

– J'ai lu dans le journal que vous aviez battu TF1 ! Rappelez-les pour leur revendre le film…

Sa rapacité m'a fait rire :

– Un passage, c'est une fenêtre de deux ans d'exclusivité. Il faudra attendre qu'elle soit expirée pour revendre.

1. Environ 600 000 euros.

Il était très déçu. Il aurait voulu que ça passe une fois par semaine !

Bernard Harispuru avait un langage imagé. Quand il a produit *Les Misérables* version Robert Hossein – en investissant une fortune –, il avait une sérieuse pétoche. Le jour de la sortie, il était vert.

– Môssieur Poiré, j'ai deux grenades dégoupillées dans mon slip !

Elles ont sauté. Le film a été un four et Bernard a dû se séparer de ses vaches adorées. Adieu, veau, vache, cochon, couvée ! Il a convoqué tous les distributeurs locaux à Paris et il leur a hurlé dessus :

– Vous n'avez pas gardé mon film à l'affiche assez longtemps, bande de traîtres ! Vous m'avez planté !

– Le public ne vient pas, Bernard ! On ne peut pas garder nos salles vides !

– Vous êtes tous virés ! Sortez de mon bureau !

– Écoute, Bernard, ça fait trente ans que tu nous fais casquer tes bureaux. En fait, ils sont à nous. Alors, c'est toi qu'es viré et c'est toi qui sors !

Avec moi, il a été un excellent producteur.

Le talent de Josiane et de tous ses amis du Splendid, c'est d'être des acteurs de composition : ils se font des têtes. Thierry était méconnaissable avec sa barbe-garde-manger. Des amis à lui qui le cherchaient sur le plateau sont passés devant lui plusieurs fois sans le reconnaître.

C'est parce qu'elle se fabrique un personnage que Josiane n'a pas de complexe à jouer une fille moche. Josiane n'était pas Lydie, son personnage, elle se sentait donc libre d'avoir cette autodérision qui plaît tant au public. J'admire cette attitude, qui est du courage, même si, au fond, c'est un grand amusement pour elle aussi. Il faut tout de même pouvoir avaler des répliques cinglantes, désagréables. Comme dans cette scène où elle jouait au Scrabble avec un mec qui n'avait aucune envie d'elle, alors qu'elle, oui. C'est une scène cruelle. Il dit qu'il ne trouve pas de mot, elle regarde son jeu et elle s'écrit : « Mais si, tu as "boudin" ! » Il l'avait bien vu, mais il n'osait pas le mettre.

J'aimais la naïveté de Lydie, mais je ressentais un manque dans le scénario. Elle ne souffrait jamais d'être moche et j'avais envie de voir cette fêlure. Si elle n'était pas lucide, elle en devenait conne. J'ai expliqué à Josiane pendant le tournage qu'il nous fallait une scène en ce sens.

Au Splendid, ils sont très pudiques. Ils ont du mal à dévoiler leurs sentiments. Elle n'a pas voulu l'écrire : « Ces choses-là sont trop personnelles. Ça me gêne. Écris-la ! »

J'ai écrit la scène pendant le déjeuner sur un coin de table et on l'a tournée. Elle y exprimait sa déchirure de se sentir moche, jamais courtisée, toujours délaissée, et elle a été bouleversante. Toute l'équipe a applaudi après la prise, ce qui arrive rarement.

25

MARLÈNE JOBERT ET MOI

J'ai bien failli ne jamais faire *Les hommes préfèrent les grosses*, et ma carrière aurait peut-être basculé dans une autre sphère. Il s'en est fallu d'un cheveu. Un cheveu de rousse. Marlène Jobert. Je l'ai rencontrée grâce à Victor Lanoux qui lui avait fait mon éloge.

J'ai beaucoup de sympathie pour Victor. Non seulement il m'a permis de réaliser mon deuxième film, mais il parlait de moi à tout le monde en bien. C'est comme ça que j'ai eu trois nouvelles en même temps, deux excellentes et une mauvaise. Les deux bonnes nouvelles, c'est que Marlène, sur sa recommandation, désirait faire un film avec moi et que Balasko voulait que je la dirige dans *Les Grosses*, pour lequel elle avait enfin trouvé une productrice. La mauvaise nouvelle, c'est qu'on ne peut pas faire deux films en même temps.

J'ai dit à mon agent :

– Habile comme tu es, je suis sûr que tu vas arriver à goupiller les deux projets.

Cette vile flatterie n'a pas pris.

– Tu es demeuré ou quoi ? Qui connaît Balasko ? Le Splendid est une troupe prometteuse, mais il faut encore que Balasko se fasse un nom ! Marlène est la plus grosse vedette féminine actuellement. Tu ne peux pas laisser passer ça ! D'ailleurs ton père m'a dit (encore mon père !) qu'il venait d'acheter un très bon polar américain, avec un rôle formidable pour elle. Tu te rends compte de ta chance ?

J'ai suivi son conseil et j'ai failli rater Balasko et du coup, le Splendid.

J'ai lu *The Switch*[1], d'Elmore Leonard, un livre marrant, et je me suis mis au boulot. C'était l'histoire d'une épouse de milliardaire kidnappée, pour laquelle les ravisseurs demandaient une maousse rançon. Au même moment, le mari était harcelé par sa maîtresse qui le sommait de divorcer. Le gars, un lâche de la pire espèce, trouvait que cette prise d'otage était une aubaine. Il ignorait délibérément les kidnappeurs qui se retrouvaient avec la milliardaire, de plus en plus arrogante et insupportable, sur les bras...

Je suis allé voir Marlène au Havre où elle tournait *Une sale affaire*. On s'est fait du charme mutuellement mais ça n'a pas été le coup de foudre (pourtant c'est ce qui est souhaitable, quand on veut réussir une association). Elle était assez tendue – peut-être à cause du film qu'elle tournait, ou alors ma tronche ne lui a pas plu –, belle, très star, pas très amusante. Elle m'a emmené voir ses jumelles dans leurs berceaux. Elle a tapé sur la porte de sa chambre avec son poing, comme un code, *tac-tac-tac TAC-TAC tac-tac*. Derrière la porte, j'ai entendu des petits coups timides : *tac-tac-tac*. Et elle a refait *TAC-TAC*. La bobinette a chu. Une nourrice lui a ouvert.

– Je suis pourchassée par les paparazzi, je suis obligée d'être prudente, m'a-t-elle confié.

J'ai acquiescé avec empathie. Pourtant, à travers la porte, elle aurait pu dire : « Tu peux ouvrir, c'est Marlène », surtout avec une voix si reconnaissable. Je me suis extasié sur les deux bouts de chou, qui avaient de bonnes bouilles, un peu rougeaudes (il faisait chaud), un peu criardes (elles avaient faim). Je n'aurais jamais pu imaginer que l'une d'elles deviendrait la James Bond girl de *Casino Royale*, une bombe qui vous fait se rouler sur la moquette en poussant des cris de loup.

---

1. Publié en France sous le titre *La Joyeuse Kidnappée*.

Je lui ai dit du bien de ses filles, du bouquin que j'adaptais et, surtout, j'ai beaucoup vanté son rôle à elle. J'ai suggéré Gérard Lanvin pour jouer son amant, ce qui a semblé lui plaire.

– Il n'est pas trop jeune pour être avec moi ? elle a demandé, par coquetterie. Je ne voudrais pas passer pour une cougar.

– Mais enfin, voyons !

Quand je l'ai quittée, j'étais perplexe. C'était une femme de talent, certainement, mais pas une vraie déconneuse, pas un clown. Sa fantaisie ne sautait pas aux yeux. Pourtant elle était bonne actrice, j'avais écrit *Faut pas prendre les enfants du bon Dieu…* pour elle, avec Michel Audiard, et ça avait marché du tonnerre. Il fallait espérer.

J'ai écrit le script à toute pompe (fastoche, le livre était cool) et je lui ai envoyé. Parallèlement, la production de Balasko commençait à s'impatienter franchement. Ils cherchaient déjà un autre metteur en scène. Ça chauffait.

Marlène m'a fait venir chez elle pour m'annoncer qu'elle ne ferait pas mon film. Elle était tombée amoureuse d'un sujet de Yannick Bellon, l'histoire d'une femme qui luttait contre un cancer du sein. Je respecte le choix des acteurs, et *Ma vie en plus*, le livre de Françoise Prévost, était émouvant, mais moi, je paierais pour ne pas voir un film qui parle d'une maladie mortelle.

Le destin venait de décider pour moi. Encore ma chance ! J'aime me laisser conduire par le courant. Tu te colles au fond de la barque, les mains croisées sous la nuque, et tu regardes le ciel bleu et quelques jolis nuages qui défilent.

Ce n'était pas l'avis de mon père, qui produisait ce film.

– Elle a signé son contrat ! Elle va le respecter, crois-moi ! Le script est excellent ! Je vais la convoquer.

– On ne peut pas forcer une actrice à jouer. Déjà qu'elle est tendue quand elle est de bonne humeur, alors là… Il faut l'envie pour réussir un film.

– Je vais quand même en toucher deux mots à son agent. (Qui était le mien.)

La chance m'est encore venue en aide. Un studio américain voulait racheter le scénario et les droits du livre. Comme mon père l'a vendu un paquet, il a fait une excellente affaire. Il était content.

J'étais libre. Mon agent m'a appelé.

– Dis donc, Balasko, ça tient toujours ? Elle a un talent fou, cette fille ! Ça serait pas mal de travailler avec elle !

Le destin m'avait remis sur la bonne route.

26

BALASKO À LA RESCOUSSE

Mon premier film comme réalisateur, *Les Petits Câlins,* avait eu un accueil mitigé. J'ai donc pris la décision de revenir à mon métier d'auteur, qui m'avait jusque-là réussi. J'ai proposé un sujet à Georges Lautner, mon meilleur client.

Pour interpréter le rôle principal du script que j'avais en tête, j'ai envisagé Victor Lanoux. Cette idée a séduit Georges.

Lanoux m'avait plu dans *Cousin, cousine*, un film qui a été un petit succès en France mais qui a fait un tabac aux États-Unis. Ce triomphe a d'ailleurs surpris tout le monde, à commencer par son producteur Toscan du Plantier, qui y croyait assez peu et qui ne l'a financé que pour une raison perfide : l'occasion rêvée pour lui d'éloigner son épouse de Paris, afin de rester seul avec sa jeune et ravissante maîtresse de l'époque. Daniel voulait que ça se tourne entièrement en province, y compris les intérieurs des maisons, pour, disait-il, « plus d'authenticité » !

Je suis sans doute la seule personne à avoir compris la raison du succès américain de ce film : le casque de moto de Lanoux !

J'étais à L.A. au moment de la sortie du film. Des amis m'avaient dit : « Dînons ensemble demain, mais avant, on veut voir *Cousin, cousine*. Ça te tente ? »

J'ai revu là-bas un film totalement différent de celui que j'avais vu à Paris, bien que pas une seule image n'ait été modifiée. Le film était devenu *subitement* comique. C'est le public qui fait les films. Sa réaction change le scénario. En France, Victor était un séducteur qui conduisait une moto très courante, une Suzuki, surnommée « la bouillotte » car elle avait un refroidissement à eau. Aux yeux des Américains, c'était une moto miteuse – ils sont habitués aux Harley, aux Kawasaki 1000 Police – ; les petites cylindrées japonaises, on n'en trouve que dans les *barrios* mexicains. Mais surtout, là-bas, on ne met un casque que pour les compétitions. Valentino Rossi en porte un à 260 km/h dans les virages. En découvrant Lanoux avec un casque sur une bécane insignifiante, ils ont cru que c'était un gag à la Mel Brooks, une autodérision des Français. La première fois qu'il apparaît, avec son physique à la Burt Reynolds (le grand séducteur américain viril de l'époque), casque vissé au crâne, la salle a été secouée d'un rire violent qui a fait trembler le théâtre. Et à chaque apparition du casque, rebelote. Victor passait pour un acteur comique comme Gene Wilder ou Dudley Moore. C'est sur ce malentendu culturel que *Cousin, cousine* a fait un triomphe. Le succès est imprévisible.

J'étais très épaté par le talent d'écriture de Balasko. Elle venait d'écrire et de jouer sur scène *Bunny's Bar*, sa première vraie pièce d'auteure, et c'était bourré de répliques décapantes.

Comme nous étions devenus très amis, une idée m'est venue : que Josiane écrive *Retour en force* avec moi. Les films sont plus amusants à imaginer à deux, on a déjà un public. Si on se fait rire mutuellement, c'est rassurant. Rire tout seul de ses propres idées frôle la schizophrénie. Le talent de Josiane faisait que si elle venait à ma rescousse, on aurait certainement un bien meilleur script.

Elle était flattée mais elle m'a immédiatement demandé :

– Il y a un rôle pour moi ?

– A priori, pas.

– Alors ça ne m'intéresse pas. Tu devrais demander à Martin Lamotte. Il est drôle. Je suis sûre que vous vous entendrez bien.

La première chose que Martin m'a dite, c'est : « Il y a un rôle pour moi ? »

Nouveau râteau.

J'ai fait un truc pervers. J'ai invité Josiane à déjeuner chez mon père, à la campagne. Elle ne pouvait pas refuser de rencontrer un producteur si important. Elle l'a beaucoup séduit, mais lui aussi. Il lui a expliqué que si elle écrivait ce film, sa réputation augmenterait et, du même coup, sa carrière d'actrice. Elle s'est laissé convaincre. Elle m'a dit oui.

Malheureusement, le lendemain, elle est revenue sur sa décision.

– Je vais tourner *Les Bronzés font du ski* à Val-d'Isère. On n'aura pas le temps d'écrire.

– Tu tournes tous les jours ?

– Non.

– Alors je m'installe à Val. Les jours où tu ne tournes pas, on écrit. Les jours où tu tournes, j'irai faire du ski avec ton mec, ce sera ma punition.

C'est comme ça que je me suis retrouvé sur un télésiège à menacer de jeter dans le vide un jeune acteur brillant qui allait vite exploser au cinéma, Richard Anconina. Il venait de commencer une romance avec Josy et elle l'avait emmené dans ses bagages.

Ceux qui connaissent le télésiège des Leissières, qui vous propulse au sommet d'une crête avec en face le glacier du Pisaillas et sous les pieds 150 mètres de dénivelé, savent que ce n'est pas l'endroit où on rêve de tomber en panne. Pourtant, c'est là que cette saloperie de télésiège a choisi de s'arrêter brutalement, se balançant de façon horrifiante, avec un vent glacé, sifflant aux oreilles, qui vous pénétrait jusqu'aux os. Richard était à côté de moi. C'était le lendemain du tournage de la célèbre scène des *Bronzés font du ski* où Michel Blanc chante « Quand te reverrai-je, pays merveilleux ? ». C'était le même genre de télésiège, mais tandis que Michel Blanc s'arrête au-dessus d'un champ de neige mou, nous, c'était au-dessus de rochers pointus, à la verticale d'une crevasse, un raccourci vers la mort. On est restés là un moment à tanguer dans le vide, tandis qu'on entendait de temps en temps des coups métalliques dont l'écho résonnait dans la vallée. Des techniciens tapaient violemment sur les câblages dans l'espoir de les débloquer. Après quelques rires forcés, deux plaisanteries bidons pour nous détendre et des phrases rassurantes plus ou moins bien jouées, les coups ont cessé. Plus rien que le hurlement du vent… Et le jour commençait à décliner ! Ce n'était plus marrant du tout. Peut-être avaient-ils abandonné la réparation, commandaient-ils à Saint-Étienne ou à Stuttgart une pièce manquante, et ils pensaient sans doute qu'il n'y avait plus personne sur les sièges vu l'heure tardive – comme dans *Les Bronzés* –, toujours est-il que silence radio. Rien. Paniqué, Richard a saisi mon bras.

– Ils nous ont oubliés ! On va crever !

– Richard, détends-toi, mon bonhomme ! Et lâche-moi ! Sinon, je soulève le garde-fou et je te jette en bas !

Ces paroles ont été efficaces. Il m'a souri, étonné, et il est redevenu gentil, comme il est d'habitude.

Le télésiège s'est remis en marche, aussi brutalement qu'il s'était arrêté. Nous étions tirés d'affaire.

J'ai horriblement le vertige. Cela ne servait à rien de me le rappeler ! D'ailleurs – petite leçon de vie – quand ma mère est décédée, j'ai retrouvé une note près de son lit, écrite d'une écriture soignée : « En cas d'angoisse, se dire : "Est-ce que cette pensée me sert à quelque chose ? Qu'est-ce que cela m'apporte ?" »

Plus tard à la Gaumont, dans un ascenseur en panne, très exigu, Depardieu, pris d'un violent coup de claustrophobie, s'est mis à beugler et a tenté de défoncer la porte de sa puissante épaule. Comme il est d'une force herculéenne, il a réussi à courber très sensiblement la porte, mais pas à l'ouvrir. Résultat, les techniciens ont mis plus d'une heure à nous tirer de là, car la porte ne pouvait plus glisser dans son rail, alors que sans l'intervention brutale de Depardieu, un simple tournevis aurait suffi à nous libérer en moins de deux.

Je n'ai rien dit à Gérard. Ce n'est pas le genre de personne sur laquelle on crie, comme sur Anconina.

Quand j'ai annoncé à mon père que je devais aller à Val-d'Isère pour écrire *Retour en force* avec Josiane et que je lui ai demandé timidement s'il paierait l'hôtel, il m'a envoyé paître.

– Tu te fous de moi ? Gaumont n'a aucune raison de te payer tes sports d'hiver, mon vieux !

La messe étant dite, j'ai donc réglé le Sofitel avec mes petits sous. Comme je ne roulais pas sur l'or, j'ai pris une chambre modeste (prix standard, le plus bas) et comme la prod ne traitait pas Les Bronzés comme des stars, Josy avait une piaule minuscule aussi. Impossible d'y travailler. On écrivait dans le salon de l'hôtel. Ce n'était pas gênant, parce que dans la journée tout le monde était au ski (sauf moi, qui travaille, cher papa !) et donc le salon était à nous. L'amusant, c'est quand les gens rentraient en fin de journée…

Je mime souvent les scènes et je suis très « bruiteur ». Victime de mon imagination et rapidement pris de frénésie, je fais les coups de feu, les rafales de mitraillette, les chocs, les crissements des pneus, les roulés-boulés, comme Robert Lamoureux faisaient lui aussi, entre les meubles chic de son salon quand j'écrivais avec lui ses *7e Compagnie*. Josiane n'était pas en reste. Actrice, elle pouvait brutalement se lever et balancer de vive voix une réplique cinglante qu'elle venait d'imaginer (parfois une réplique grossière, ça ne nous gênait pas).

Josiane n'était pas connue comme aujourd'hui, et les gens qui voulaient paisiblement déguster un chocolat chaud étaient sidérés de voir deux énergumènes mimer comme des mouflets des scènes de malfrats et se jeter des grossièretés au visage.

Ce séjour à Val m'a permis de rencontrer la troupe du Splendid, ce qui a été décisif pour la suite.

Je connaissais Jugnot. J'avais déjà écrit trois rôles pour lui, où il était excellent, dans *Pas de problème !* de Lautner, *Les Petits Câlins* et *La 7e Compagnie au clair de lune*. Je l'avais recommandé à Robert Lamoureux.

Robert ne le connaissait pas mais il a eu confiance en mon jugement. Ensuite, il n'a pas cessé de me le reprocher. Il m'appelait toutes les nuits :

– Il a une voix blanche, votre Jugnot ! Il est très mauvais.

– Vous avez tort, Robert. Sa voix est formidable, au contraire. Quand il s'énerve, elle monte et c'est amusant.

Il faut savoir que Lamoureux dirigeait les acteurs à l'intonation près : la sienne. Il fallait jouer comme lui ! C'était d'autant plus spécial que Lamoureux a une intonation singulière, un ton nasillard, unique. Il voulait absolument entendre sa petite musique à lui. Généralement, les acteurs ne tenaient pas compte de ses exigences. Ils avaient raison, et Jugnot a fait comme tout le monde, il est passé outre.

Du coup, Gérard aussi m'appelait sans arrêt. Pour se plaindre et me dire que Lamoureux était un sale con qui le faisait souffrir. Avec tous ses talents, Lamoureux pouvait être méchant. Quand il appelait Gérard chez lui, pour se moquer de sa voix il faisait : « Bonjour madame, puis-je parler à Gérard ? »

Le film terminé, Robert m'a appelé pour s'excuser et me dire qu'il s'était trompé et que Jugnot était un acteur remarquable. Il était ravi, finalement. C'était bien la peine.

Le cinéma est un métier de caractériels.

Lamoureux était mauvais camarade. Au théâtre, quand ses partenaires avaient une tirade, il ne respectait pas la mise en scène et se collait au fond de la scène, l'air de ne pas y toucher. Comme ça, les acteurs qui s'adressaient à lui étaient obligés de se retrouver dos au public. Un seul acteur ne se laissait pas faire, un vieux cabotin génial, Jean Le Poulain. Lui se collait carrément face public et il balançait son texte sans se retourner. Un soir, Lamoureux a improvisé :

– Vous pourriez me regarder quand vous parlez, ça serait plus poli !

Le Poulain a improvisé aussi :

– Non ! Je ne vous aime pas !

Pendant *Les Bronzés font du ski*, j'ai surtout fait une rencontre épatante : Christian Clavier. On a dîné un soir au restaurant, il était avec Marie-Anne, sa compagne, et je dois dire que le type m'a botté immédiatement. On a parlé cinoche. Nous avions les mêmes admirations. Comme moi, il avait adoré un film confidentiel qui s'appelait *The Groove Tube*[1] (qui avait dû faire quatorze entrées), une satire des programmes télé qui a fait découvrir le grand comique américain Chevy Chase. Contrairement à beaucoup d'acteurs qui ne s'intéressent qu'à leur rôle ou aux rôles qu'ils rêveraient d'interpréter, Christian ne parlait que d'histoires, de concepts et de scénarios. J'ai compris qu'il était un auteur à part entière. Il est aussi un furieux lecteur. Toutes mes amitiés professionnelles et même mes amitiés tout court ont commencé par des admirations communes en matière de littérature.

Je me souviens encore, ce premier soir, de notre enthousiasme pour Robert Merle, qui allait m'inspirer sans le savoir. Merle écrivait ses livres dans une langue d'époque et mon plus gros succès a été écrit en vieux français. Je n'y ai jamais songé en écrivant *Les Visiteurs*, mais je m'en rends compte aujourd'hui et nous avions parlé du culot de Merle à notre premier dîner.

Certaines rencontres paraissent anodines lorsqu'elles surviennent, alors qu'elles débouchent sur d'incroyables aventures à venir.

1. *Faites-le avec les doigts* en France.

27

VICTOR LANOUX ET BERNADETTE LAFONT SONT DANS UN BATEAU

Retour en force a pourtant commencé par une tuile.

Georges Lautner m'a téléphoné pour m'annoncer que Belmondo voulait tourner avec lui : « Je ne peux pas rater ce rendez-vous, tu comprends ! »

C'était désastreux.

Je me suis efforcé de masquer le désarroi dans ma voix, et je lui ai dit que je me réjouissais pour lui. Je l'ai félicité pour ce coup de bol. En fait, ce n'était pas du bol, mais la grande intelligence de Jean-Paul. Découvert par la Nouvelle Vague, il s'était rendu compte que sa carrière était très supérieure à celle de ceux qui l'avaient fait connaître (à qui il a tout de même renvoyé l'ascenseur, comme en faisant *Pierrot le Fou* pour Godard). Il s'est mis à rechercher le savoir-faire de vieux routards comme Henri Verneuil (qui avait fait de gros scores avec Fernandel) ou de « jeunes » routards comme Lautner qui avait tapé des cartons avec Lino. Il a choisi de se confier à de grands professionnels qui avaient fait leurs preuves auprès du grand public. Des réals qui filmaient les acteurs en priorité, sans essayer de faire du style avec leur caméra. En ce sens, on peut dire que Belmondo a brillamment géré sa carrière.

Ce film allait être *Flic ou voyou*, un énorme succès.

Quant à moi, j'étais dans la mouise. Mon père était au bord de laisser tomber mon projet.

L'enthousiasme de Lanoux l'a rassuré.

On a évoqué pas mal de réalisateurs pour remplacer Lautner, mais beaucoup (les meilleurs) n'étaient pas libres ou ne convenaient pas à Victor. Mon père en était à suggérer des noms d'assistants à qui on pourrait « donner leur chance » !

Lanoux s'est fâché : « Écoute, Alain, je ne comprends pas ! Hier tu m'as proposé des types incapables de faire un truc drôle. Maintenant tu me parles de gens qui n'ont rien fait ! Pourquoi tu n'engages pas Jean-Marie ? C'est lui qui a écrit le scénario, il le connaît bien mieux que d'autres. Même si *Les Petits Câlins* ont marché moyen, moi j'ai trouvé son film très intéressant, avec un ton et un vrai style. Alors je ne vois pas pourquoi on hésite ! »

Victor Lanoux m'a ainsi sauvé la mise.

Il y a des acteurs qui sont bons à la première prise et d'autres qui ont besoin d'essayer plein de choses avant de décoller. Certains ne sont bons *qu'à* la première prise, après ils se délitent. Ce sont généralement des gens impétueux, charismatiques, qui ont chargé leurs batteries pendant des heures avant de tourner. Ils balancent leur électricité au démarrage, comme des pur-sang, ensuite ils la perdent. Alain Delon est de ceux-là. Dans les prises suivantes, m'expliquait Lautner, sa qualité de loup s'évapore. Steve McQueen n'était bon qu'à la première prise, à un tel point qu'il refusait qu'on en fasse une autre. Il acceptait, pour la technique, de répéter aussi longtemps que nécessaire, à l'italienne, en faisant ses déplacements, mais en disant le texte sans intonation, comme si on lisait le bottin. Quand on tournait : une prise unique, et si un technicien se trompait, il était viré. Vous pouvez imaginer la tension sur le plateau. Mais McQueen était du genre à aimer la tension.

De Funès était long à se régler et il fallait une crème de mec comme Bourvil pour le supporter. Sur *La Grande Vadrouille*, Louis refusa une scène où il devait dire « merci ». Il pensait que son personnage ne l'aurait pas dit, mais Oury insistait, encore et encore, et ils ont fait un nombre invraisemblable de prises. De Funès faisait un blocage. Oury n'a pas abdiqué et Louis a fini par sortir un petit « merci » du bout des lèvres, presque inaudible, qui est devenu une réplique de légende.

De Funès et Delon dans un même film, le metteur en scène en aurait bavé des ronds de chapeau.

C'est le problème que j'ai eu avec Lanoux qui est du genre McQueen/Delon tandis que ma copine Bernadette Lafont mettait des plombes avant de débusquer au fond d'elle-même une mimique improbable, inénarrable, qu'elle ne pouvait pas refaire. Toute la nuit, elle avait dansé, bavardé, rigolé, baisé. Le matin, elle arrivait avec la cervelle dans les godasses, elle avait oublié dans quel film elle jouait, son personnage et le nom de son partenaire. Il lui fallait quinze prises pour que ses yeux se remettent en face de leurs trous. Entre elle et Victor, le courant n'est jamais passé. Une des choses qui dézinguent les tournages, c'est quand les acteurs mâles ont envie de s'envoyer en l'air avec leurs partenaires féminines et qu'elles refusent. Je n'ai jamais su si c'était dans les intentions de Victor, mais en tout cas Bernadette, elle, lui a vite fait comprendre qu'il n'était pas son genre, et le climat est devenu difficile. Ça ne tombait pas si mal, au fond, parce que dans l'histoire ils étaient désunis.

Un jour où ils étaient comme chien et chat, j'ai dit à Bernadette : « Tu vas l'embrasser sur la bouche à l'improviste. » Ce n'était pas dans le script. J'avais une caméra pour ne pas rater la tronche de Victor et je dois avouer que sa mimique valait le coup. L'avantage des grands acteurs, c'est qu'ils sont expressifs. C'est merveilleux d'improviser. J'adore ces plans de chenapan où on filme l'imprévu.

Ne pas faire comme à la répète peut avoir des résultats excellents. J'étais venu déjeuner avec Lamoureux sur le tournage d'une des 7e. André Pousse devait gifler un acteur. Le mec avait les jetons, ce qui se comprend. Très gentiment, Dédé lui a expliqué comment se comporter :

– Quand tu sens ma main approcher, tu accompagnes le coup… tu tournes la tête en jouant la douleur… C'est un vieux truc de cascadeur. Tu sentiras à peine la baffe. Surtout ne te raidis pas ! Parce que sinon, tu vas déguster !

Il y a eu au moins huit prises ratées : le type, paniqué, tournait la tête chaque fois trop tôt. Lamoureux commençait à s'énerver, ce qui ne relaxait pas l'acteur. Dédé a pris Robert à part :

– Je peux essayer un truc différent, Robert ?

– Au point où on en est !

Au lieu de gifler le mec après avoir dit sa réplique, comme prévu, Dédé l'a baffé avant et a balancé sa réplique après. La surprise du mec a été totale, impayable, et cerise sur le gâteau, il était tellement raide que son chapeau s'est soulevé de 30 centimètres et a volé dans les airs ! C'est la prise qui est dans le film. Le type avait la mâchoire fracassée mais il était devenu drôle.

En dehors de petits accrochages au maquillage entre Victor et Bernadette, le film s'est bien déroulé. J'essayais de les faire tourner ensemble le moins possible. Bernadette était dans les plans de Victor (une ou deux prises) mais Victor n'était pas dans ceux de Bernadette (vingt-huit prises). Victor allait à la pêche. Il adorait ça.

Ce que j'ai préféré, de loin, dans *Retour en force*, ce sont les moments où Victor et Pierre Mondy se confrontent. Ils étaient trop courts. J'ai regretté qu'on n'ait pas imaginé de joindre Pierrot aux scènes finales, celles d'un hold-up. Au fur et à mesure du tournage, c'est devenu une évidence frustrante, mais je me voyais mal aller voir mon père pour lui annoncer : « On va recommencer les trois dernières semaines, j'ai une nouvelle idée très chouette ! » Il m'aurait descendu avec un Browning.

Chaplin pouvait refaire un film qui ne lui plaisait pas, le cinéma rapportait des fortunes et il était riche à millions. Il vivait dans le même luxe que la reine d'Angleterre. C'était une époque bénie car il y avait peu de loisirs, et le cinéma en a profité, ça a été la poule aux œufs d'or.

Il n'existe pas de deuxième vie pour améliorer les films.

Pierre Mondy était rieur. Victor, pince-sans-rire. Il se délectait à le faire marrer. C'était un plaisir narcissique et naturel, mais doucement pervers, car en faisant un effort pour garder son sérieux, Pierrot était plus contracté et moins bon qu'à la répète, où il était un génie. Il lui faisait moins d'ombre. J'étais encore novice. Plus tard, j'ai décidé de ne plus répéter, ou à peine. Comme ça, les acteurs sont pris sur le vif et découvrent ce qu'a prévu de faire leur partenaire en même temps que le spectateur.

Mondy était un très grand acteur. J'étais ravi de travailler avec lui, car je l'admirais énormément. C'était aussi un fantastique metteur en scène de théâtre, et il avait un sens profond des textes.

J'adorais parler de jazz avec lui. C'était un connaisseur. Si tu évoquais Lester Young ou John Coltrane, ses yeux s'allumaient comme des billes. Je me souviens d'un après-midi où il m'a fait écouter une demi-douzaine de *covers* du même morceau, *I Remember Clifford*[1]. À la fin, je commençais à en avoir soupé, mais il cherchait encore à en trouver d'autres, comme un gosse avec un copain, c'était touchant. On aurait dit qu'il avait quatorze ans.

C'était un homme d'une grande délicatesse, il détestait faire de la peine, et il était même lâche, parfois, par peur de contredire.

Pendant les auditions de *Panique au Plazza*[2], il prenait mille précautions pour ne pas heurter les candidats. Je me souviens d'un dialogue avec une jeune actrice qui venait de faire une prestation nulle sur la scène. Depuis son bureau dans la salle, Pierrot l'a interrompue :

1. Un morceau écrit par le saxo Benny Golson, à la mémoire de Clifford Brown, génial trompettiste.

2. Pièce de Ray Cooney que j'ai adaptée avec Clavier. Je devais la mettre en scène, mais mon emploi du temps m'en a empêché. J'ai donc confié le job à Pierrot, qui l'a fait magnifiquement, selon son habitude. J'ai juste gardé la direction artistique (décor, lumières, costumes).

– Merci, mademoiselle. On vous rappellera…

Elle est venue à l'avant-scène.

– Ah bon ? Quand ?

Il a eu un léger flottement :

– Euh, « on vous rappellera », c'est une expression… Vous la connaissez, je suppose ? Vous êtes du métier…

– Ben oui. Mais j'ai besoin de m'organiser. C'est pour ça que je vous demande quand est-ce que vous me rappellerez.

C'était sans espoir. Je suis intervenu :

– Mademoiselle, Pierre, qui est d'une gentillesse rare, essaie avec délicatesse de ne pas vous froisser. « On vous rappellera », c'est une expression *homéopathique*. Ça veut dire qu'on ne vous rappellera *pas*.

– Je n'y comprends rien. Vous me rappellerez ou non ?

– Non. Jamais ! Vous pouvez donc vous organiser.

Elle est sortie. Pierrot s'est tourné vers moi.

– Il y a des moments où ça serait plus honnête de dire : « Changez de métier ! » Mais je n'y arrive pas. Pourtant, ça nous ferait gagner du temps. Et à elle aussi ! Elle pourrait commencer tout de suite sa prochaine vie !

J'avais sur le film un accessoiriste qui ratait tous ses effets spéciaux. Une rafale de mitraillette dans une voiture à un feu rouge, il inversait les contacts électriques et les balles frappaient de droite à gauche sur l'aile arrière, puis de gauche à droite sur la portière arrière, et à nouveau dans le bon sens sur la portière avant et le moteur. À pleurer de dépit…

Dans une scène, Lanoux forçait un coffre-fort et évitait, de justesse, un jet d'acide chlorhydrique. L'acide atterrissait sur la moquette où il devait faire une flaque avec une fumée grise, grasse, inquiétante. Ça ne se passe pas du tout comme ça, dans la vraie vie. Ça mouille, comme de l'eau, puis ça devient noir. C'est moche. Or j'aime le visuel. Comme les balles dans un corps humain, le sang qui jaillit. Dans la vie, ça ne fait qu'un petit trou affreux, le sang ne coule qu'après, lentement, tristement. Sam Peckinpah a été génial quand il a inventé les impacts qui giclent vers l'avant, en l'air, partout. Du show ! Là aussi, on devait inventer.

Vu le talent de mon accessoiriste, j'avais exigé de faire des essais pour ne plus avoir de mauvaises surprises. Il m'a montré, la veille du tournage, ce qu'il avait concocté sur un petit bout de moquette. Impeccable. Il avait bien bossé, pour une fois.

– Superbe. Tu sauras le refaire ?

– J'ai tout noté sur mon calepin, les produits, les doses. C'est comme la cuisine, tu sais. Si tu appliques la recette, c'est toujours pareil.

Le matin du tournage, le mec installe son bazar. Moteur. Au moment où la moquette est supposée recevoir l'acide, au lieu de son effet de la veille, une fumée noirâtre s'élève. Hautement toxique. Ça pique les yeux. On suffoque. On tente d'atteindre les fenêtres, mais c'est le parcours du combattant : il y a des volets de bois sur des trépieds avec des projecteurs derrière, pour donner l'illusion du soleil à travers les persiennes. Les vraies fenêtres sont camouflées derrière de grosses tentures en velours noir.

Les techniciens ont tout renversé, projecteurs, volets, tentures. Un projo éventre la caméra, un autre explose au sol, brûlant deux personnes. Ceux qui ont atteint les fenêtres, vivants, se penchent au risque de tomber pour aspirer de l'air frais. La scripte vomit sur la maquilleuse. Je réussis à m'enfuir, en crachant partout. Je dégringole l'escalier et je me vautre sur le gazon, pris de convulsions épouvantables, poumons comprimés, estomac retourné. Le chef op et des machinistes me rejoignent. Malaise, demi-cécité, migraines violentes, tous mettent un temps fou à retrouver leurs esprits. On s'asperge d'eau minérale et on retire nos vêtements car ils empestent la chimie âcre. Je suis dans une colère incompressible, à en bafouiller.

En slip, chaussures délacées, j'ai cherché partout l'accessoiriste, pour l'assassiner. Il était derrière son camion, à poil, en train de se doucher avec un gros arrosoir, les yeux rouge feu, les cheveux en tire-bouchon du professeur Tournesol après une de ses expériences.

– Mais qu'est-ce que t'as fabriqué, bordel ?! Tu avais tout noté soi-disant !

– J'ai voulu améliorer…

Il l'avait bien améliorée, sa mixture, en effet ! On a failli tous y passer !

Sur *Les Visiteurs*, j'attendais qu'on me libère un salon du château et je m'impatientais. Une deuxième équipe y tournait un plan qui n'en finissait pas. Il s'agissait d'une bague, avec le sceau des Montmirail, qui devait prendre feu dans une vitrine.

Jean Reno, chevalière au doigt, revenait en voiture vers le château où sa chevalière était exposée. Un objet n'a pas le don d'ubiquité et au fur et à mesure qu'il s'approchait, la nature se révoltait, des phénomènes paranormaux se produisaient : vents déchaînés, éclairs, pluie battante… Les deux bagues chauffaient jusqu'à l'incandescence. Cela brûlait Jean, qui arrachait sa chevalière à temps. Sa bague traversait le toit de la voiture comme une fusée, tandis que l'autre explosait la fenêtre. Elles se rejoignaient dans le ciel. Les deux bagues fusionnées retombaient sur le sol en n'en formant plus qu'une seule. Tout redevenait normal.

L'accessoiriste (une autre pointure) n'en finissait pas de préparer la bague de la vitrine pour qu'elle flambe. J'ai déboulé :

– Qu'est-ce que vous fichez, bande de lambins ?! Il y en a pour combien de temps ?

– Ne me stresse pas, sinon on n'arrivera à rien !

Il met en contact deux fils électriques. Rien ne se produit. En tout cas, côté bague. En revanche, un troisième fil pendouillant le long de sa jambe met le feu à son pantalon.

– C'est à n'y rien comprendre ! crie le gars, rageusement, tandis que les flammes lèchent copieusement ses fesses.

Il a fait un bond de cabri et s'est précipité vers la fenêtre, d'où il a sauté dans les douves. Son geste lui a sauvé le cul, mais il a été sauvagement mordu par des carpes, furieuses d'être dérangées dans leur sieste.

Je n'étais pas très bien payé sur *Retour* et je dois avouer que j'ai presque doublé mes émoluments en plumant Lanoux au backgammon. C'était gênant, parce que c'est moi qui lui avais appris à jouer. Victor était macho et ne pouvait pas admettre de jouer mal. Lorsque je lui disais « On devrait jouer un tarif en dessous, j'ai l'impression de te piquer du fric dans ton larfeuille », il répondait, fumasse : « Tu es con ou tu le fais exprès ? Tu as un pot d'enfer, c'est tout ! La chance va tourner. Si on joue moins cher, je ne pourrais jamais me refaire. »

Il ne s'est jamais refait et j'ai pu m'acheter une nouvelle voiture. Peu de gens comprennent que les dés ne comptent pas tant que ça au backgammon (pas plus que les cartes au poker). Il faut savoir miser : si tu as la scoumoune, tu acceptes de perdre tout de suite, donc tu perds peu, quand la chance revient, tu blindes. L'analyse du jeu est plus importante que les dés. Victor ne l'a pas saisi. Il a simplement pensé que j'étais cocu.

Pour se refaire, il a appris le jeu à son maquilleur et il l'a dépouillé de la moitié de son salaire. Il ne s'est remplumé qu'en partie, parce qu'ils jouaient à un tarif inférieur au nôtre. Je dois dire que le maquilleur est devenu accro aussi. Il a plumé la stagiaire scripte. Le jeu, c'est captivant et dangereux.

L'accueil de *Retour en force* a été décevant, bien moins pétaradant que son titre. J'étais en droit d'avoir des doutes sur mon avenir de metteur en scène. Tandis que le *Flic ou voyou* de Lautner caracolait avec 3 950 690 tickets, *Retour* faisait un modeste 457 060 entrées. Mon film a été par la suite un gros succès à la télé. Il a été diffusé au moins dix fois en vingt ans, dépassant les 35 millions de vues. C'est même devenu un must sur France 3, où Victor était devenu une énorme star, avec sa série *Louis la Brocante*.

Je suis épaté et émerveillé par la fidélité du public, qui peut revoir mes films à la télé plusieurs fois avec chaque fois la même admirable ingénuité.

28

DOMINIQUE, UN ANGE TROP TÔT ENVOLÉ…

Je remercie Lanoux de m'avoir fait confiance pour mon deuxième film. Je suis tout autant reconnaissant à Danièle Delorme et Yves Robert pour avoir coproduit mon premier. Mon père n'aurait jamais osé se lancer dans l'aventure seul.

Pourtant Yves et Danièle n'étaient pas simples. Ils avaient (un peu) des oursins dans la poche. Ils m'avaient fait travailler à l'œil comme auteur sur un film musical pour Michel Fugain. J'ai bossé un mois avec ce chanteur et Xavier « Zazie » Gélin, le fils de Danièle et Daniel Gélin. Je n'avais pas le moindre contrat. Ça finissait par m'inquiéter. J'ai pris rendez-vous avec eux et je leur ai demandé ce qu'il en était de mes émoluments. Ils m'ont regardé tous les deux, effarés. Delorme a lancé l'attaque :

– Alors là, Jean-Marie, tu nous déçois beaucoup ! On te donne la chance de travailler avec des gens de ta génération, d'oublier Lautner et autres Lamoureux, et tu nous remercies en parlant d'argent !

Ça m'a chopé et j'en ai ri. Pas eux. Ils semblaient fâchés.

J'ai fini par sortir :

– C'est-à-dire qu'en principe j'ai l'ambition d'être un professionnel.

– Oui, mais là, c'est un petit budget, un film de jeunes… a gémi Delorme.

Yves Robert a pris le relais.

– Mais on comprendrait très bien que tu veuilles arrêter, si ton ambition c'est simplement le pognon…

J'ai effectivement arrêté. Les patrons de gauche sont parfois rapaces. Yves avait eu sa carte du Parti communiste. Il l'a déchirée au moment de la prise de Budapest par les Russes, mais il a continué à manifester des opinions proches du Parti dès qu'il en avait l'occasion. Il avait refusé, par idéologie, de jouer un rôle de militaire soviétique dans *Twist Again* (peut-être, aussi, n'avait-il pas aimé le script). Christian Clavier lui a dit : « C'est dommage… tu as un peu la tête de Staline ! »

En même temps, Yves et Danièle, on ne peut pas le nier, étaient chaleureux. Chaleureux, parfois, au point de frôler l'hypocrisie.

J'étais tombé sur ce couple infernal à une générale de théâtre. On faisait la queue dans l'escalier des loges pour aller féliciter les acteurs, et notamment Claude Rich, la vedette de la pièce. Ils étaient juste devant moi.

– Comment as-tu trouvé la pièce ? m'a demandé Yves.

– Euh, pas mal…

– TRÈS MAUVAISE !

Comme beaucoup d'acteurs, Yves savait taper les mots. Son « très » était asséné avec conviction.

– Et lui, d'habitude, il est bon, mais là, vraiment !

– Cabotin ! a précisé Danièle.

– Déplorable !

Ils n'ont pas arrêté de déblatérer jusqu'à ce que ce soit à leur tour d'entrer dans la loge. Je suis resté sur le pas de la porte. Ils ont bondi sur leur copain acteur.

– Toi ! Toi ! Quelle merveille ! Je n'ai aucun souvenir de théâtre aussi époustouflant ! Tiens, je ne sais pas, moi… depuis Jouvet !

La transition était si brutale que cela m'a décoiffé.

En réalité, ils n'avaient pas tort. Quelle est l'importance de sa propre opinion ? J'ai passé tellement de minutes angoissées dans ma vie à chercher ce que je pourrais dire de cohérent, terminant souvent par des platitudes ou des phrases aussi maladroites que « tes costumes sont superbes », rougissant aussitôt de ma niaiserie. Autant faire plaisir ! J'en ai pris bonne note. Après tout, les artistes ont besoin qu'on les rassure.

Tenez-le-vous pour dit la prochaine fois que je vous féliciterai, les larmes aux yeux…

Une formule remarquable pour les félicitations était celle de Jean Cocteau : « Ma chérie, mon chéri, vous êtes tous les deux *stupéfiants*. Il m'est impossible d'ajouter quoi que ce soit ! » Quelle habilité !

Je me rappelle une sortie fulgurante de Michelangelo Antonioni. Un critique de cinéma, Henry Chapier, avait commis un premier film particulièrement nul. Il avait convié Antonioni à une projection où j'étais. Dès la lumière rallumée, Chapier a bondi vers le maestro impatient d'avoir son avis. L'autre l'a étreint cordialement, et avec un fort accent italien, donc grandiloquent : « Henry ! Tu as fait le film que je n'aurais jamais osé faire ! »

Les Câlins a été le film le moins cher de l'histoire de Gaumont. J'ai tourné plein de séquences en équipe réduite, à l'arrache, comme un documentaire, avec des scènes en partie improvisées. On montait dans un vrai train, les acteurs s'installaient au milieu des passagers, des figurants bouchaient la vue derrière les acteurs pour qu'on ne voie pas les gens faire des signes idiots à la caméra, et en voiture Simone ! Il faut dire que Dominique Laffin était si photogénique qu'elle captait la lumière du jour comme un aimant. Ses joues brillaient dans le noir, et elle avait un sourire craquant.

Je parle de mon premier film, *Les Petits Câlins*, de façon décontractée, comme si cela allait de soi, mais en réalité ce film m'a pris par surprise. Je n'aurais jamais soupçonné un instant devenir réalisateur. Au départ, je voulais être écrivain (pour les mots) et aussi photographe de mode (pour les mannequins). Tout a foiré.

J'étais devenu auteur de films subrepticement, par une rencontre de hasard, déjà, avec Michel Audiard. Puis j'ai rencontré Georges Lautner et Robert Lamoureux. J'ai enchaîné avec d'autres… Ça me plaisait. J'avais du succès, et j'espérais continuer le plus longtemps possible. C'était devenu mon métier. Mais réalisateur !

Le hasard est intervenu une nouvelle fois.

J'étais à Roland-Garros, invité à déjeuner au Village, sous une tente de cirque. Un déjeuner mondain avec une foule de gens et après on fonçait dans un box, voir Björn Borg pilonner ses concurrents. Mon voisin était un producteur de films qui venait de faire fortune dans le porno. Le porno faisait un boom industriel. C'était l'époque du porno triomphant, avant que la loi appelée « X » ne remette les choses à l'endroit. Il n'y avait aucune censure et les cinoches se mettaient à projeter du hard – trois salles rien qu'aux Champs-Élysées, dont le Lord Byron, un cinéma art et essai auparavant.

Emmanuelle[1] (cocktail érotico-esthétique) avait ouvert la brèche – plus de 3 millions d'entrées sur Paris –, demeurant à l'affiche du cinéma Le Triomphe pendant plusieurs années. La raison en était que le film avait été interdit au Japon (où on n'a pas le droit de filmer des poils) et qu'il faisait partie d'un tour-opérateur pour touristes. Deux fois par jour, un car déversait son lot de Japonais impatients qui s'engouffraient dans le cinéma. Ils ne voyaient pas le film en entier. Dès que la comédienne avait fini de fumer une cigarette avec son sexe, la scène qui a fait le succès du film, le tour manager sortait un sifflet – un petit coup –, tout le monde se levait, et hop, direction *La Joconde* et le musée Picasso ; et le soir, ils allaient à pied en file indienne directement au Lido.

Le producteur porno a engagé la conversation :

– Vous n'avez jamais eu envie de mettre en scène ?

– Quand j'écris pour de bons réalisateurs, pas du tout. Mais avec les autres, ça me chatouille de temps en temps. Surtout au moment du montage. Lautner ou Lamoureux écoutent mes avis, mais pas tous. J'ai eu des conflits et je n'ai

1. Produit par Yves Rousset-Rouard, le producteur du *Père Noël*.

pas toujours convaincu. C'était frustrant. Un montage raté peut tuer un film.

– Un film porno intelligent, je veux dire « artistique », ça vous tenterait ?

Je m'attendais à tout sauf à ça.

– Érotique ? Adapter un roman de Georges Bataille ? Ou *Histoire d'O*, un truc comme ça ?

– Oui, voilà, mais avec des scènes réalistes...

– Vous voulez dire chirurgicales ?

Il a ri. Le type avait de l'humour. C'était un bon point. Il a ajouté :

– Les films porno sont tous pareils, trop formatés. Je suis persuadé qu'avec un peu de talent on peut faire mieux.

J'ai botté en touche :

– Laissez-moi réfléchir...

Je n'ai pas rappelé le producteur porno de Roland-Garros. Lui, oui. Il m'a invité à déjeuner au Fouquet's.

– Vous avez réfléchi à ma proposition ?

– C'est-à-dire que... la base du spectacle, c'est de ne pas savoir ce qui va se passer... Le héros va séduire la fille ou se prendre un râteau ? Dans vos films, on sait tout à l'avance...

– Oui. En même temps, les gens viennent pour ça. Vous pourriez peut-être tourner l'histoire, la partie séduction, et on prendra un réalisateur deuxième équipe pour, disons, les passages obligés. C'est ce que vous faites pour les cascades, je crois ?

Ça devenait lourdingue. J'ai décliné mais il est resté sympa. On a parlé des films qui sortaient (les films « normaux »). Je lui ai dit que je bossais sur un scénario qui était l'histoire de trois nanas, leur rapport au désir :

– Je ne sais pas si vous avez remarqué, mais en ce moment les films sont totalement masculins. Bebel, Delon, Lino, Trintignant, Montand, de Funès. Les femmes ont disparu. En dehors de Romy Schneider et de Girardot, il n'y a aucune vedette femme. Surtout, aucune jeune femme. C'est idiot.

D'autant plus que les jeunes femmes sont très intéressantes à l'heure actuelle, elles ont changé, elles font ce qui leur plaît, la donne n'est plus la même… C'est là-dessus que je suis en train d'écrire.

Ce n'était pas nouveau que des femmes soient délurées et libres, ce qui était nouveau, c'est que ça se passe de façon naturelle, que ça aille de soi. Je lui ai parlé de ma fascination pour les femmes qui, comme Dietrich ou Bardot, agissaient comme des dons Juans.

– Oui. Intéressant… il a fait, en demandant l'addition, un peu ailleurs.

J'avais plein d'amies comme ça, flamboyantes et désirables… Dani, par exemple, bonne chanteuse, bonne actrice, marchande de roses[1]. Elle avait à la fois un amant mafieux qui la faisait vivre et un amant de cœur, mon ami Éric Lévi (rock'n'roller, qui deviendrait plus tard mon compositeur attitré). Auparavant, c'étaient les hommes qui avaient de braves épouses et de jolies maîtresses, maintenant mes amies avaient un mari utile et de jolis amants, ça changeait. C'était frais.

Dani partageait un appart superbe avec Nathalie Delon, une beauté époustouflante, un phénomène avec les hommes. Tu lui plaisais : en avant toute ; elle en avait marre, tu giclais. « Comme un garçon, je porte un blouson », c'était plus elle que Vartan. Je ne parle pas de Delon, qui a été une vraie histoire d'amour et qui est resté dans son cœur toute sa vie, ni de son Américain, Chris Blackwell, le type qui a découvert Bob Marley (et la fortune avec). Non, les autres, les petits acteurs, les petits chanteurs, les mecs jolis, elle les alignait, comme ce champion de tennis qu'elle truffait de cocaïne pour lui donner confiance en lui. Je n'aime pas trop cette drogue qui vous rend vite paranoïaque et imbuvable (je parle

1. Dani a ouvert une excellente boutique qui s'appelait Au nom de la rose, puis D-Rose, puis By Dani, plus tard.

aussi pour ma pomme !) mais c'est un remède à la timidité. Le beau champion a failli gagner un tournoi du Grand Chelem tellement il débordait de confiance en lui, alors qu'ils passaient leurs nuits en boîte et qu'ils baisaient comme des maniaques jusqu'à 5 heures du mat. Peu protocolaire, comme entraînement ! Mais peut-être lui donnait-elle des ailes – il était tellement fier de sortir avec une belle plante comme elle. J'aime cette expression, « belle plante », pour une fille. C'est flatteur. Qu'y a-t-il de plus beau qu'une plante ? Les fleurs, les arbres, les fruits, tout ce qui nous donne l'oxygène et donc la vie…

Sans le savoir, Nathalie Delon a été mon inspiratrice pour *Les Câlins.* Je la trouvais femme moderne, au sens noble du terme.

Mon producteur porno m'a recontacté :

– J'ai bien réfléchi. Ce que tu as dit sur les femmes est pertinent, très actuel. Si tu n'as pas encore de producteur pour ton projet, je suis candidat.

C'est comme ça qu'un producteur de cul est devenu l'initiateur de mon premier film.

Ça ne s'est pas passé au mieux.

Un porno ne coûte rien. Les acteurs sont payés avec un lance-pierre, l'équipe est *a minima*, quelques rares projecteurs, un décor unique, et ça se tourne en un après-midi, sauf en cas de pannes érectiles, peu fréquentes, car on choisit en priorité des exhibitionnistes.

– Combien de temps il dure, ton film ?

– À vue de nez, une heure et demie.

Il a fait un rapide calcul de tête. Une scène de porno dure environ vingt minutes. Il en faut cinq pour faire un film. Il a donc estimé que le coût de mon film était équivalent à cinq scènes, et ça lui paraissait excellent. Mais même si *Les Petits Câlins* est le film le moins cher que j'ai fait, ça dépassait ce budget du double. Il était dépité.

– Je vais chercher un coproducteur. Le script me plaît. J'avance l'argent pour la préparation. On va déjà commencer le casting…

C'est ça qui l'intéressait : le choix des filles. Il espérait en rencontrer de plus classe que celles de son cheptel habituel. Il avait même acheté une boîte de cigares cubains pour faire producteur de majors.

En fait de copro, il est allé voir mon père, qu'il a facilement réussi à convaincre. En revanche, mon père a exigé que je réécrive *Les Câlins*, en moins cher et en plus amusant. Il voulait des gags, il trouvait qu'il n'y en avait pas assez.

Mon paternel avait dans son bureau un dessin de Sempé encadré : on y voyait dans une pièce imposante de 5 mètres de plafond, avec des meubles Henri III et un bureau quasi présidentiel, deux hommes face à face, un auteur et son éditeur. L'éditeur disait d'un ton lugubre (c'est le génie de Sempé d'arriver, avec un simple coup de crayon, à exprimer de tels sentiments) : « Ensemble, nous allons lire votre pièce. Puis, après, nous y ajouterons, par-ci, par-là, quelques gags désopilants. »

C'était la philosophie de mon père, que les films soient amusants. Il était intraitable sur ce point. Et c'est le boulot qu'il m'a demandé quand il a pris en charge *Les Petits Câlins* : remonter la comédie dans le film. Le producteur de X, lui, se contrefichait des gags, seules les filles comptaient. Ils se sont mal entendus. Pour mon père, c'était un petit film, il en faisait d'autres en même temps, plus importants. Il ne le voyait qu'entre deux portes, ce qui a vexé mon producteur de fesses.

– C'est un tyran, ton père. Il ne tient pas compte de mes idées. J'ai l'impression qu'il ne me prend pas au sérieux.

Il a déclaré forfait.

Du coup, mon père était embêté. Il ne pouvait pas, vis-à-vis de ses patrons, produire seul la première réalisation de son fils. Je suis donc allé voir Yves Robert, mon script sous le bras. Il l'a aimé. Il m'a dit : « Épatant ! » Le film a pu voir le jour.

Le tournage a été un grand moment d'amitié entre Josiane et moi, mais aussi avec les deux autres actrices, Dominique Laffin et Caroline Cartier. Entre les filles, le courant passait très bien. Ça a été un vrai tournage de copains.

En dehors de sa photogénie exceptionnelle – même dans le noir, sa peau brillait – et de son sourire craquant – un sourire d'ange –, Dominique était une actrice d'une sincérité absolue. Cela la rendait très émouvante et vous donnait envie de la prendre dans vos bras pour la protéger. Elle avait le ton juste. Si sa vie n'avait pas été fauchée trop tôt, elle aurait fait une carrière très importante, à l'égale des plus grandes, j'en suis persuadé.

Pour la petite histoire, elle était la mère d'une adorable petite fille – qui jouait aussi dans mon film. Clémentine me tendait les bras, me faisait des sourires et me sautait sur les genoux. Elle était chou. Je ne me doutais pas que je la verrais sans cesse à la télé plus tard, sous le nom de Clémentine Autain, toujours acerbe, revendicatrice à l'extrême, jamais contente. Clémentine a écrit un livre bouleversant sur sa mère : *Dites-lui que je l'aime* (Grasset). C'était le titre d'un film de Claude Miller, où Dominique s'était fait remarquer pour la première fois.

En dehors d'être adorable, jolie et juste, Dominique Laffin avait cette originalité – mais est-ce si rare ? – de tomber systématiquement raide papate de ses partenaires. Elle a eu une aventure immédiate avec Roger Miremont, le rôle principal masculin, dès leur première scène. Mais elle en avait eu une aussi avec le jeune homme qu'elle draguait dans la scène précédente. C'était comme si la fiction n'avait aucune frontière pour cette si fragile personne dont la sensibilité était à fleur de peau, de façon visible.

Elle devait tourner une scène d'amour (suggérée et pudique) avec un autre acteur, Jacques Frantz. On m'a prévenu qu'elle était en larmes dans sa loge. Entre deux *snif-snif*, elle a fini par me dire :

– Je ne peux pas l'embrasser : il ne me plaît pas !

– Mais fais semblant ! C'est ton métier, tu sais… Tu n'es pas obligée de baiser les mecs dans la vie pour nous faire croire qu'ils te plaisent au cinéma…

Elle a ouvert des yeux d'enfant, étonnée.

– Ah bon ?

Ce n'était pas ironique, c'était profondément sincère.

Avec Miremont, en tout cas, elle ne pleurait pas. Au plumard, ils ont carrément commencé à faire l'amour devant l'équipe. Ils gloussaient de rire. Ils étaient amoureux. La scène était convaincante.

Roger Miremont était exhibitionniste et l'époque autorisait cette liberté débridée. Chez lui, il y avait dans la salle à manger un immense poster de lui et de son épouse, Patti d'Arbanville, entièrement nus sur un lit défait, se tenant par la main. L'objectif, au-dessus d'eux, dévoilait leurs parties génitales. C'était la mode. John Lennon avait fait pareil avec Yoko Ono (au passage, Roger et sa femme étaient bien plus appétissants que John et Yoko). Patti était très jolie femme. Elle allait inspirer Cat Stevens plus tard. Il a écrit pour elle *Lady d'Arbanville*, une chanson connue du monde entier. Je dois avouer qu'entre deux feuilles d'artichaut et une côte d'agneau, être dominé par un couple nu, c'est spécial. Eux, ça ne les dérangeait pas une seconde.

Pendant le tournage, Josiane avait une blague récurrente. Quand je la félicitais, elle disait : « Je suis si bonne qu'on va me couper au montage ! »

Après le premier visionnage du film, je l'ai appelée :

– Ta blague était une prémonition. En fait, ce n'était pas une blague !

Yves Robert trouvait que j'avais fait la part trop belle à Balasko ! Il n'aimait pas le Splendid, décidément… « Elle pique la vedette à Laffin. C'est une erreur. C'est Dominique, l'héroïne, pas ses copines. Tu dois tout centrer sur elle ! »

J'ai cédé parce que j'étais débutant mais surtout parce que je n'avais pas le choix. Mon père écoutait bien plus Yves que moi. J'ai appris plus tard qu'il fallait mettre dans un film ce qu'il y a de plus amusant et de plus charmant, sans se préoccuper des hiérarchies. Je ne sais pas si le film aurait mieux marché si on avait suivi mon instinct, je crois en tout cas qu'il aurait été plus drôle.

La conséquence de cette rebuffade, c'est que, peu de temps après, Josiane a imaginé le concept des *Hommes préfèrent les grosses* : dorénavant la jolie avait le second rôle et la moche, le rôle principal. Inversion des rapports. C'est venu des discussions que nous avions eues, quand nous faisions la promotion du film en province où j'avais préféré l'emmener elle plutôt que Dominique Laffin. Elle était plus drôle dans les interviews, plus amusante aussi quand nous dînions à l'hôtel et moins dangereuse dans les voyages. Dominique, dont j'avais découvert qu'elle était sévèrement alcoolique, avait commencé à devenir… comment dire ?… très compliquée.

Les timidités d'une fille pas trop jolie allaient s'avérer plus sympathiques auprès du public que les désarrois d'une petite beauté à états d'âme. On avait de l'empathie. Cette réflexion a été à la base du film que nous allions tourner ensemble, plus tard, *Les hommes préfèrent les grosses*, mon premier grand succès public comme metteur en scène.

29

UNE FAMILLE EN HAUT DE L'AFFICHE

« L'enfance est le fonds de commerce du romancier,
nous dit Graham Greene.
De ce point de vue-là, au moins, je suis né millionnaire. »
John Le Carré, *Le Tunnel aux pigeons*

Ma mère se battait avec concentration, opiniâtre. C'était sa demi-finale de boxe. Une trentaine de personnes la soutenaient, vociférant à qui mieux mieux.

Son adversaire était… Bernard Blier !

Ça se passait rue de Courcelles, dans notre salon.

Ces « matchs » se faisaient avec des cartes à jouer, une belote simplifiée pour jouer à deux. Le championnat se passait en poule. Tous les supporters avaient déjà été éliminés.

– Et dix de der ! a crié maman, bondissant victorieuse de sa chaise.

Tout le monde l'a serrée dans les bras, avec l'enthousiasme qu'on rencontre pour une victoire au Madison Square Garden. Une vraie cohue.

– Espèce de morue malade ! a éructé Bernard, couvert par les applaudissements de tous.

Dans ma famille (sauf pour les enfants, qui devaient garder un minimum de respect), l'injure était autorisée quand on tapait le carton. Pas de censure. Et personne ne se formalisait, même si on vous traitait de « gros enculé ». Ça faisait partie intégrante du jeu de l'alimenter d'injures imaginatives telles que « morue malade » ou de simples bêtises, comme de chanter à tue-tête des chansons idiotes censées vous porter chance :

« J'ai deux beaux bœufs dans mon étable… Deux beaux bœufs blancs tachés de roux… » Une des préférées de mon père était *Sacré Charlemagne*. Il la braillait avant de vous asséner une chimère au gin rami.

Pour la « boxe », on dressait huit tables dans le salon, on aurait dit un club. C'en était un, en réalité, celui de la Fédé (la Fédération française de sport sur carton). Quand j'étais môme, cette « boxe » me fascinait : tous ces adultes qui jouaient comme des gosses ! Les hommes étaient en bras de chemise. Filmés en noir et blanc, on se serait cru dans un film de gangsters américain. Ces acteurs avaient des tronches, comme Bernard Blier, Robert Dalban, Alfred Adam, Robert Dhéry (avec son épouse, Colette Brosset), Yves Vincent, Junie Astor, une star splendide des années 1930, et son mari colonel US et pilote de course, et aussi de vieilles gloires comme Fernand Gravey. Les femmes étaient élégantes et maquillées, elles portaient des parfums vaporeux. J'adorais me mettre dans un coin et les observer.

Mais le plus spectaculaire restait le Tour de France.

Ça se jouait sur la table de la salle à manger avec toutes ses rallonges. C'était un jeu de dés, comme le jeu de l'oie. Un immense rouleau de carton était fixé à la table par de grosses pinces métalliques. Dessus étaient dessinées des routes droites ou sinueuses, avec des cases rétrécies (quand la route montait) ou allongées (pour les descentes en roue libre et les sprints finaux). Les pions étaient des figurines de cyclistes en métal. Chaque étape avait un trajet (et donc un carton) différent. À la fin de l'étape, pause, et tous prenaient la direction d'un resto de bouffe régionale qui correspondait à la ville d'arrivée (si on arrivait à Toulouse, on filait manger du cassoulet. À Strasbourg, c'était une choucroute dans une brasserie). Une étape le samedi soir. Deux par dimanche. Ça couvrait l'hiver.

Il y avait aussi des auteurs dans cette fédé, comme Marcel Achard ou Carlo Rim, et des amis de la société civile, des toubibs, des industriels et même une tapée de branleurs.

Il y avait du monde qui venait juste pour le spectacle, et c'en était un ! Les joueurs de boxe ou les pisteurs avaient un surnom qui devait *impérativement* être un mauvais calembour. Un jour, l'acteur Michel Auclair, visiteur pour la première fois, a demandé à ma mère :

– Il paraît que je cours ce soir, et même que je suis maillot jaune. C'est quoi, mon pseudo ?

C'était : « Au clair de ma grosse lune ». Maman a préféré lui dire :

– Auclair O'Chocolat.

Mon père recherchait la compagnie des gens charmants, et ils étaient pléthore, car quand on est producteur de ciné, c'est rare que les gens soient désagréables avec vous. Ils font un numéro de claquettes pour vous séduire. Les hommes rivalisaient d'anecdotes poilantes et les femmes arboraient des décolletés spectaculaires. J'aurais du mal à me plaindre de mon enfance. Pourtant certains, par excès de drôlerie, pouvaient devenir blessants. Francis Blanche, par exemple.

Quand il y avait du monde à dîner, je mettais mon pyjama et je passais ma robe de chambre jaune et blanche (jaune tapé, presque ocre, je vous rassure), la cuisinière me collait un paquet de gomina sur la tête, transformant mes cheveux en bouts de bois (brosse courte arrière), et j'allais dire bonsoir. Ça consistait à faire le tour de tous les invités en serrant la cuillère. On frôlait la révérence. J'aurais aimé m'incruster parfois, tellement les gens étaient fascinants. Ce soir-là, Francis Blanche racontait ses canulars téléphoniques. Tout le monde était plié en quatre. J'essayais de ne pas rire trop fort pour qu'on ne remarque pas ma présence et qu'on ne m'expédie pas au plumard sur-le-champ. J'aurais voulu être invisible dans le salon. Francis Blanche m'a remarqué ! Il m'a regardé longuement en silence, ce qui a attiré l'attention sur moi, et il m'a demandé :

– Vous allez nous réciter quelque chose ?

Le rire général qui a suivi a été atroce. J'ai rougi et je me suis précipité dans ma chambre en rêvant de l'étouffer, à l'occasion, avec mon oreiller.

C'était une époque où les bagnoles étaient encore sacrées. Et il n'était pas question de doubler mon père avec sa nouvelle Renault Frégate. Avec son ancienne Citroën 15 CH, il en avait pris son parti, la voiture était obsolète, elle ne dépassait pas les 125 km/h sans trembler de partout. Désormais les voitures affichaient 160 au compteur et on pouvait faire des pointes jusqu'à 134 chronos. Des bombes ! Donc, pas question d'être battu à la course ! Or une voiture nous avait doublés à l'aise, deux voitures, même, qui se suivaient à fond la caisse, toutes les deux pareilles, inconnues, des ovnis, jamais vues au bataillon. Elles avaient encore leurs plaques de garage. Rageusement, mon père a essayé de bomber, mais c'était peine perdue, il n'a pas pu les approcher, elles avaient une meilleure tenue de route que lui. Il était mauve.

Soudain, devant un routier, on les a repérées toutes les deux, arrêtées, encore fumantes.

– Allons prendre un café ! Je veux en avoir le cœur net !

Il en a oublié sa moyenne, c'est vous dire le choc.

La moyenne, c'était essentiel. Il fallait faire pipi avant, sinon qu'est-ce qu'on entendait ! On arrêtait le chronomètre au moment du pique-nique, à la seconde précise où on quittait la nationale. « Note l'heure : 13 h 38. » Ma mère l'inscrivait sur un calepin. Le chrono reprenait dès le retour sur la RN.

Au routier, nous nous sommes garés près des ovnis mystérieux qui nous avaient doublés. On a collé le nez aux vitres. Aucune indication de marque. Le volant était bizarre, une manette de *Star Trek*, assez beau. Le mystère s'épaississait.

Nous sommes entrés dans le restaurant. Quelques bonshommes au bar, bien habillés, sirotaient un apéritif. L'un d'eux avait un fume-cigarette en or et un chapeau mou. Je l'ai reconnu tout de suite : c'était mon grand-père !

Il était rédacteur en chef de *L'Argus de l'automobile*. Les deux voitures étaient des prototypes de DS 19, à l'essai, mais c'était top secret. La voiture ne sortirait pas avant l'année prochaine. Mon grand-père a dit que c'était la meilleure bagnole qu'il ait jamais conduite. Mon père l'a commandée avant même qu'elle soit en vente et il a eu l'un des dix premiers véhicules sur le marché.

Cette rencontre a marqué une réconciliation entre mon père et le sien. Ma grand-mère lui interdisait de le voir. C'était d'autant plus injuste que c'était elle qui avait plaqué mon grand-père, pour une aventure torride et sans lendemain avec un aviateur américain dont elle était tombée amoureuse à la fin de la guerre de 14, Jimmy. Ce matou était un héros des batailles du ciel. Elle a voulu partir avec lui en Amérique. Mon grand-père a dit qu'il était d'accord pour divorcer, et a même ajouté, gentleman, qu'il prendrait tous les torts à sa charge, en revanche il ne la laisserait jamais partir avec leurs enfants – mon père, tout nouveau-né, et sa sœur. Ma grand-mère est restée.

Jimmy devait rentrer aux USA en bateau – dix jours de traversée ! – parce qu'une voyante lui avait dit qu'à son premier vol civil, il mourrait. À la dernière minute, il a trouvé cette superstition ridicule et il a choisi de retourner chez lui sur un vol civil. Son avion s'est écrasé près de New York. Ma grand-mère était inconsolable. Après un intense chagrin, elle a finalement rencontré et épousé Philippe Gaubert, un musicien célèbre.

Je n'ai appris cette amourette américaine que des années plus tard. C'était un secret de famille. J'ai compris pourquoi sa sœur faisait sans cesse des remarques désagréables sur les Amerloques, dans le pur style *Yankee go home*. Ma grand-mère était folle de Junie Astor et de son mari, John Horace Simone, colonel dans l'armée US. Ancien pilote de voiture sur Jaguar, John était devenu le patron de Maserati France. La sœur de ma grand-mère, tante Suzanne, ne cessait de dire du mal de lui.

D'après ses dires, il aurait profité du fait que son supérieur était mort sur un champ de bataille dans les Ardennes pour « se grader colonel, tout seul » (ce qui était faux, bien entendu). Cela exaspérait ma grand-mère. En réalité, tante Suzanne lui reprochait, de façon indirecte, son amourette américaine parce que, pour elle, quitter son mari ne se faisait pas.

Quand ma grand-mère a été très malade, ma tante Miquette a voulu l'avoir près d'elle à Madrid, mais sa maman avait peur de prendre l'avion.

En jouant au bridge, John Simone lui a demandé innocemment :

– Vous partez quand pour Madrid ?

– Mardi prochain, mais j'hésite encore. Je suis terrorisée en avion.

– Ah bon ? Figurez-vous qu'avec Junie on doit se rendre lundi à Madrid. On va décaler notre rendez-vous, comme ça on pourra voyager ensemble, ça vous rassurera…

Ma grand-mère était ravie. Elle ne l'a jamais su, mais ils n'avaient aucun rendez-vous là-bas. Ils ont fait l'aller-retour simplement pour l'accompagner. Ces gens charmants sont morts tous les deux ensemble dans leur Maserati, à cause d'un gros camion fumasse de se faire doubler qui a accéléré pour qu'ils ne puissent pas se rabattre. Saloperie humaine !

Sur la route des vacances, le pique-nique avec des œufs durs, je détestais. On cherchait un « joli endroit ». C'était l'occasion de débiner les gens : ces crétins qui s'installent au bord de la route sur leurs chaises pliantes, leurs petites tables, ou même sur l'herbe pourrie, avec le trafic incessant, aucune imagination. Nous, c'était paysage bucolique, de préférence au bord d'un ruisseau. Donc, au bord des moustiques. Ça ne ratait pas : piqûres, démangeaisons. Moi et ma peau d'Anglaise, ils ne me loupaient pas. Tout ça pour un sandwich cornichons-saucisson, avec une salade fanée, du pain épais et deux œufs durs par personne.

« Il n'y a pas meilleur qu'un œuf dur avec un peu de sel », disait papa tous les ans. Une fois, j'avais tenté de dire que le resto, c'était sympa aussi. Qu'est-ce que j'ai pris !

– C'est grotesque de payer cher une bouffe dégueulasse. Les restos de bord de route, leur clientèle ne revient pas. Donc, ils s'en foutent.

Et toc !

J'avais tenté d'insinuer qu'avec mon oncle Jean, pourtant, on y allait.

– Ton oncle Jean fait ce qu'il veut, mais on n'a pas de leçons à prendre. Ce lieu bucolique est dix fois plus merveilleux, et c'est plus rapide.

Ça, c'était vrai. Les restos de l'époque, on y entrait pour trois plombes. Je me souviens qu'oncle Jean avait dit au serveur :

– Oubliez le dessert, c'est trop long ! Apportez-nous l'addition !

Comme elle tardait à venir, ça l'a énervé. Il a saisi une assiette sur une pile derrière lui et il l'a jetée dans la salle. Une tête a surgi, affolée. Il en a lancé une deuxième.

– Ça sera comme ça toutes les vingt secondes jusqu'à ce que vous m'ayez apporté l'addition !

Oncle Jean avait été rugbyman, il n'y a eu aucune protestation et l'addition est arrivée extrêmement vite.

– Vous ne serez pas étonnés si je ne laisse pas de pourboire. Ah si, tiens… une dernière pour la route !

Et il a rebalancé une assiette.

Après nos sandwichs infects, on repartait farcis de piqûres d'insectes, repus, eux, et mon père reprenait sa course. Pas question d'être doublé. Lui, par contre, doublait à qui mieux mieux. Sans imprudence, je l'admets, mais avec constance. Et si par malheur dans son rétro il voyait quelqu'un s'approcher, alors là il devenait Fangio. Il fallait le distancer coûte que coûte.

L'image de Fangio est trompeuse. Fangio était venu déjeuner chez nous à la campagne un dimanche. Au moment de repartir pour Paris, nous étions nombreux et Fangio a proposé de me raccompagner dans son Alfa Romeo. Quelle euphorie ! Mon père l'a doublé dès qu'il a pu, c'est-à-dire dans la première ligne droite un peu longue, 500 mètres après le départ. Fangio conduisait super pépère. On était doublés par tout le monde. J'étais très déçu. Le lendemain à l'école, personne n'a voulu croire que je l'avais rencontré.

Au cours de nos périples, mon frère aîné avait le pot de monter devant. Sans ceinture. Elles n'existaient pas. Ma mère sortait un mini-oreiller blanc avec de jolies dentelles. Assise sur la banquette arrière, elle le collait entre sa tête et la portière. Dans un virage, la portière s'est ouverte, maman est tombée. Elle a roulée dans l'herbe.

J'ai prévenu papa. Il a crié :

– Silence ! Je ne veux pas t'entendre ! Quand je roule vite, il me faut toute mon attention, sinon c'est dangereux !

J'ai pris mon courage à deux mains :

– Quand même ! Maman a disparu !

Il a regardé dans son rétro et il a pilé. Une voiture a dérapé pour éviter de nous rentrer dans les fesses.

– Mais où est ta mère ?!

– Tu as tourné trop sec…

On a fait demi-tour. Je m'attendais à ce qu'il me fasse noter l'heure exacte pour sa moyenne, mais non ! On a retrouvé maman. Elle marchait sur le bas-côté d'un pas décidé, son oreiller sous le bras. Elle s'était écorchée et on s'est arrêtés dans une pharmacie pour désinfecter ses plaies et mettre des pansements.

Les voyages, c'était l'occasion pour nous, les gosses, de fumer un bon coup. On était enrobés de fumée. Mon père clopait de Paris à Guéthary non-stop. Comme les sièges étaient en moleskine, ils étaient imprégnés/gavés, et dès qu'on s'asseyait dessus… *pouuuif* : tu avais déjà ingurgité un demi-paquet.

Une véritable infection, ces bagnoles, mais il ne serait venu à personne l'idée de faire une réflexion. C'était à prendre ou à laisser. Et quelle folie, cette moyenne… et en même temps, palpitante !

Junie Astor, l'actrice qui avait été adorable avec ma grand-mère en prenant l'avion avec elle pour atténuer sa trouille, a œuvré pour ma culture. Un soir où je lisais un bouquin dans le salon, tandis que mes vieux tapaient le carton avec elle, Junie a parlé de Jean Genet. Elle a dit à ma mère :

– Je vais te prêter son roman, *Notre-Dame-des-Fleurs*. C'est un type qui fait des poèmes merveilleux où il parle de bite. Ça devrait être vulgaire, eh bien non, c'est sublime et émouvant. C'est un écrivain génial.

Mon père et John Simone, son mari, ont immédiatement vanné, pour dire qu'il n'y avait rien d'émouvant dans une bite, surtout qu'une des expressions favorites de John était : « Bite qui bande n'a pas de conscience ! »

– Oui, mais vous êtes de gros cons ! a dit Junie.

À treize ans, un livre qui parle de bite semble indispensable. Quelques jours plus tard, j'ai trouvé l'ouvrage de Genet bien caché dans la bibliothèque de ma mère. Je n'ai pas eu le temps de le lire en entier, car il a vite disparu (elle a dû lui rendre, ou s'en rendre compte), mais le poème dont elle parlait, « Le condamné à mort », c'est vrai, c'est une merveille.

Mon père a passé son enfance dans les jambes de Maurice Ravel, Alfred Cortot, Sergueï Prokofiev, Reynaldo Hahn, André Messager, Darius Milhaud, Arthur Honegger, Serge Lifar, Serge de Diaghilev, mais aussi de Paul Valéry et de Jean Giraudoux ou encore de Tristan Bernard, des grands amis de sa mère et de son mari, Philippe Gaubert.

Sa grand-mère, Emma Fleury, était une actrice renommée, qui avait créé deux pièces de Musset à la Comédie-Française. Elle a épousé un sculpteur célèbre, Jules Franceschi, l'élève préféré de François Rude. Il a fait des bas-reliefs au Louvre et a été le sculpteur officiel de la famille d'Orléans. Il est exposé aujourd'hui dans pas mal de musées aux États-Unis.

Chez mon grand-père, je suis tombé sur le journal intime d'Emma. Une phrase m'a bouleversé : « Troisième déjeuner avec Jules. Vais-je enfin oser lui avouer que je suis une actrice ? »

C'est récent qu'on ne prenne plus les actrices pour des traînées.

Chez les Poiré, il y avait des farfelus. En particulier l'oncle Paul, un glandeur. Il ne fichait rien, sinon séduire les dames à temps plein. On lui octroyait une rente. Les temps devenant difficiles, il avait été convoqué à un conseil de famille où on allait lui annoncer qu'on réduirait drastiquement sa pension. Il a pris la parole le premier :

– Je suis content de vous voir parce que le coût de la vie augmente et, en conséquence, il faut m'augmenter aussi !

Formule admirable pour quelqu'un qui ne travaillait pas !

Protestations générales :

– C'est insensé ! Mais que fabriques-tu donc avec les sommes folles que tu reçois ?

– Je suis transparent. Vous me donnez 2 000. Et j'ai ici la liste des frais de ce mois-ci. Donc, 400 : achat d'un smoking neuf et d'un nœud papillon.

– Un smoking ! Tu te moques de nous ? Tu en as déjà acheté un en début d'année…

– La mode change sans cesse, est-ce ma faute ? Bon. Fleurs : 300.

– Comment ça, 300 francs[1] de fleurs ?!

– Quand on est bien élevé, on envoie des fleurs *avant*, pour se faire bien recevoir, et *après*, pour remercier. Surtout si on a conclu.

1. Environ 70 euros.

Ça a duré un moment, avec des dépenses frivoles du même acabit, jusqu'à ce qu'il termine, les bras écartés, sur un ton mélodramatique :

– Plus un sou pour le pain !

Je connais cette histoire merveilleuse par cœur, tant mon père et sa sœur la racontaient.

Mon père a retrouvé cet oncle par hasard sur les Grands Boulevards, mal rasé, portant un costume élimé. C'était devenu un demi-clochard. Pour l'aider, mon père l'a fait engager comme figurant sur un film dans une scène qui durait plusieurs jours. Une aubaine.

Tandis qu'on tournait, une voix a retenti tout à coup :

– Coupez ! C'est très mauvais !

Une stupeur générale a saisi l'équipe.

– Mais qui s'est permis de dire ça ?

L'oncle Paul a levé la main.

– C'est moi ! C'est mauvais. Si vous ne vous en rendez pas compte, c'est grave !

Le réalisateur est parti en rage :

– Virez-moi cet olibrius !

Son assistant lui a parlé à l'oreille. On pouvait entendre : « Oncle… Euh, Poiré. » Le réalisateur a changé d'octave. Un sourire hypocrite sur le visage, il s'est approché de Paul.

– Monsieur, une règle au cinéma veut que seul le metteur en scène ait le droit de dire « coupez ». Je vous demanderai de bien vouloir la respecter…

Le tournage a repris et Paul a recommencé aussitôt :

– Non ! Coupez ! Ce n'est pas possible ! On ne peut pas laisser des acteurs jouer aussi mal !

Il a ajouté, avec une bonne faute de syntaxe :

– Ça n'est pas artiste !

Un coup de téléphone à mon père et l'oncle Paul a quitté le cinéma à tout jamais.

Un autre farfelu était Philo, le cousin de papa, mythomane. Pendant la guerre, il s'était inventé une vie de résistant. Il commandait des mitraillettes et des grenades, au téléphone, au bout du bar du Grand Hôtel, pour épater une petite mignonne à qui il avait offert un Byrrh (il n'y avait personne au bout du fil).

Il a eu une chance folle de n'être jamais inquiété.

Il faisait croire à son épouse qu'il partait plusieurs jours en mission. En réalité, il déboulait chez des inconnus et il se faisait passer pour un aviateur britannique en cavale. C'était d'autant plus méritoire qu'il ne parlait pas un mot d'anglais. Il prenait juste l'accent et faisait semblant de chercher ses mots : « *Mangère… J'on faime…* »

Si on lui offrait une grosse assiette de topinambours, il faisait la grimace.

– Dégueulasse ! Vous pas avoir ? Comment dire *ene* français ?… Euh, *bifteck* ?

– Ah, mais on dit « bifteck » en français !

– Oh ! *Good.* Donne-moi… *J'on faime…*

– Ah, mon pauvre monsieur, c'est que du bifteck, y en a plus ! Mais je peux vous faire des œufs…

– Des *offs* ? OK. *Brouaillés…*

Il restait généralement deux ou trois jours aux frais de la princesse, il tombait amoureux de la fille aînée de la maison avec laquelle il batifolait (quand ce n'était pas sa mère) et il empruntait une grosse somme au mari que Londres lui rembourserait à la Libération. Il s'y engageait. Il a fait ça à plusieurs gogos en même temps. Il revenait, de temps à autre, en nage, haletant, soi-disant poursuivi par la Gestapo. Et il refaisait son cirque : de la bouffe pour se requinquer, un bon cognac, une petite baise et une nouvelle somme d'argent.

Ce gag de faire semblant de parler anglais avec un accent prononcé, je l'ai transposé pour Robert Lamoureux dans *La 7e Compagnie au clair de lune*. Mondy, Lefebvre et Guybet s'en donnaient à cœur joie en interprétant cette tambouille d'anglais que m'avait inspirée l'aventure de l'oncle Philo – « *Godasseuses immenseuses* »…

À la Libération, chacun attendait son retour et le remboursement des sommes dues. Tous étaient impatients de présenter leur *English* héros au voisinage, pour prouver qu'ils étaient aussi des héros de la Résistance et qu'ils avaient pris des risques.

L'*English* ne s'est jamais présenté.

On n'aurait jamais connu les détails de cette histoire si Philo ne s'était pas fait pincer et mettre en prison. Il avait commis l'erreur de montrer sa vraie carte d'identité à un de ses hôtes :

– Faux *papières*… Vous inspectez pour *voar* si bien faites… Bonne fabrique, *no* ?

– Ah oui, parfaits. On croirait des vrais !

Il avait aussi montré une photo de mon frère aîné, Philippe, en le faisant passer pour son propre fils.

– Philip, *my son*. Je l'adôre et c'est pour ce que j'*a* choisi « Philippe » comme *prénome* pour faux *papières*… et Poiré, comme *name*, parce que j'adôre l'alcool des poires. Vous avoir un verre de ça ?

Quand il a réalisé qu'il avait eu affaire à un escroc, le type s'est demandé si la fausse pièce d'identité qu'il avait vue était si fausse que ça. Il s'est souvenu du nom sur la carte : Philippe Poiré. Les flics l'ont vite serré.

En prison, Philo a chopé la tuberculose. Il est mort très jeune. Juste avant, il avait piqué un courrier de son épouse, qui était chirurgienne, une invitation à se rendre à un séminaire à Toulouse. Il s'y était présenté sous le nom du Docteur Poiré et avait assisté à une opération chirurgicale où il avait donné une foule de conseils. Le patient n'est pas mort, heureusement, mais Philo a eu à nouveau maille à partir avec la justice. Sa femme, Louise, a finalement divorcé.

Mon père était entré chez Gaumont au début de la guerre, après avoir débuté comme journaliste à l'agence Havas et après un court et curieux passage à l'armée. Il avait été engagé dans un régiment de tanks, un régiment d'élite, mais ses supérieurs n'avaient pas trouvé un seul tank à mettre autour des soldats. Pour cacher à l'opinion cette pénurie scandaleuse, surtout avec les menaces de guerre qui pointaient, ils avaient fait réformer tout le régiment en urgence. Un gros rhume et tu rentrais chez toi ! Une chance pour lui !

Havas était dirigé, d'une main impériale, par son grand-père, Léon Rénier. Il venait de racheter une grosse société qui avait dans un tiroir une boîte frôlant la faillite : Gaumont-Franco-Film-Aubert. Au conseil d'administration, « Grandpa », comme on l'appelait dans ma famille, a pris la parole :

– Gaumont, c'est du cinéma, non ? C'est pour les jeunes. Qui a moins de trente ans, ici ?

Une seule main s'était levée, celle d'un homme qui allait devenir plus tard mon parrain, Jean Jay.

– Eh bien, Jay, vous voilà directeur général de Gaumont !

Jay a débauché chez Havas une équipe de jeunots pour l'épauler. C'est comme ça que mon père a commencé dans le cinéma. Comme le cinoche ne lui paraissait pas un truc sérieux, mon père n'a accepté qu'à la condition de pouvoir reprendre son poste de journaliste si cela tournait mal. À la soirée organisée par Gaumont, pour fêter les soixante ans de présence de mon père dans cette société, Francis Veber a eu un discours très drôle : « Il y a soixante ans, Alain, tu entrais chez Gaumont… Tu entrais à l'essai, précisons-le, et aujourd'hui j'ai une grande nouvelle pour toi : tu es engagé ! Ta période probatoire de soixante ans est terminée. On te garde ! »

Il allait produire deux cents films, et en distribuer, voire financer, plus de cent autres, avec un nombre invraisemblable de chefs-d'œuvre et de succès fameux, faisant de lui un producteur de légende. Mais il a commencé dans la programmation des attractions pour les entractes. Il a même engagé Édith Piaf au Gaumont Palace.

En 1941, les Allemands ont créé « la carte de producteur » qui obligeait les maisons de production à faire au moins un film par an, un décret antisémite pour débusquer les sociétés juives dont les dirigeants avaient quitté la France. Elles étaient nationalisées et on confisquait leurs avoirs. Or Gaumont était pratiquement en sommeil.

Jay, en panique, a convoqué mon père :

– Alain, vous allez emmener avec vous ce week-end tous les livres dont nous avons les droits. Choisissez le meilleur et trouvez un bon scénariste pour l'adapter. Quand vous reviendrez lundi, je veux que vous mettiez le film en chantier.

Mon père a trouvé un scénario quasiment terminé, qui avait été abandonné et qu'il a trouvé correct (ce n'était pas le moment de faire le difficile). C'est comme ça qu'est né *Le Journal tombe à 5 heures* (qui allait être un gros succès) avec Pierre Fresnay et ma future jolie marraine, Marie Déa. Après ce film, mon père a abandonné ses fonctions de producteur d'exception pour s'occuper des salles de cinéma et de la gérance des studios en zone libre. Il n'est redevenu producteur que huit ans plus tard quand, après avoir gravi tous les échelons de la compagnie, il s'est retrouvé directeur de la distribution.

En 1942, les Allemands ont déboulé, armes au poing, à 7 heures du matin chez mes parents, pour arrêter mon père. Il avait été sympathiquement dénoncé par des voisins qui pensaient qu'il voulait échapper au STO, car il était jeune et ils étaient persuadés qu'il ne travaillait pas. Mon père était parti dès 6 heures pour rejoindre le studio. Les Allemands étaient persuadés qu'il s'était enfui par l'escalier de service en les attendant arriver. Sur un ton menaçant, ils ont conseillé à ma mère de le joindre au plus vite pour lui dire de passer à la Kommandantur. Avant de partir, ils ont fouillé leur petit appartement.

– Ah non ! s'est écriée ma mère en se mettant en travers d'une porte. Il y a mon bébé qui dort là et vous allez lui faire peur. Il va pleurer… J'ai eu assez de mal comme ça à l'endormir…

Après une discussion orageuse, ils ont renoncé. Ils n'en revenaient pas eux-mêmes.

La première chose que le feldwebel a dite quand mon père est entré dans son bureau, c'est : « *Fous*, femme pas commode ! Si pas petit bébé, elle arrêtée aussi ! »

Mon père a été relâché quand ils ont constaté qu'il était « producteur » de films. Le sergent revenait sans cesse à son idée fixe : « *Fous*, femme pas commode ! » En raccompagnant mon père à la porte, par respect pour sa profession prestigieuse, il a ponctué, une dernière fois : « *Fous*, femme pas commode ! »

Après la guerre, Gaumont a fait une augmentation de capital et Havas est devenu minoritaire. Mon parrain a été lourdé. On l'a collé à la direction des actualités, un prix de consolation en quelque sorte. Il a alors brillamment créé la société Gaumont Télévision avec des succès énormes comme *Belle et Sébastien* ou *Vidocq*, devenant ainsi un pionnier dans le domaine de la production de séries.

Papa était une bestiole en affaires. Il a créé un catalogue de films pour Gaumont qui vaut plusieurs centaines de millions d'euros. Il faut dire que son grand-père, Léon Rénier, était une grosse bestiole lui aussi. Il a dû lui donner ses gènes.

Avant tout le monde, Grandpa avait compris les liens intimes entre presse et publicité. Il a créé une agence de régie de journaux et une agence de publicité qui a obtenu l'exclusivité des affichages dans le métro et les kiosques pour toute la France. En visitant une station de métro en construction aux Ternes, il a aperçu de grands murs nus et il a pensé qu'ils seraient parfaits pour y coller des affiches. Premier à l'imaginer, il a obtenu l'exclusivité de la publicité dans le métro pour cinquante ans. En 1920, il était si puissant qu'il a racheté l'agence Havas par fusion-acquisition, devenant le *mogul* de cette entreprise pendant trente ans. Havas a été la première agence de « réclames » de France et Havas Information, un empire de presse sans aucun concurrent sérieux, jusqu'à ce que cette branche soit nationalisée par Pétain qui voulait le contrôle absolu des nouvelles ; c'est alors devenu l'AFP.

Je ne peux pas citer Léon Rénier sans penser à son petit-fils Max, un cousin germain de mon père, que j'aimais beaucoup (le père du commissaire Moulin, Yves Rénier). Il a écrit un livre magnifique, *Dînons chez Maxim's ce soir*, sur sa vie de déporté à Birkenau et Buchenwald. Contrairement au cousin Philo, lui était un vrai résistant.

Il y décrit comment l'imagination fait survivre.

Avec ses potes déportés, chacun était chargé à tour de rôle d'un menu imaginaire (d'où le titre). Ils mangeaient leurs maigres rations de *gummi* (saucisson d'arêtes de poisson), de soupe de rutabagas diluée dans de l'eau saumâtre et de prétendu pain qui n'était qu'une grosse boule verte de moisissure. Ils rêvaient à des repas fictifs où ils s'invitaient les uns les autres pour déguster des « chaussons de queues d'écrevisses », des « soufflés de turbot » et des « escalopes de gigot aux morilles ». Ils choquaient leurs timbales d'eau à peine potable en s'offrant du bâtard-montrachet 1921. L'un d'eux avait dit :

– Ce soir, j'ai fait une omelette avec quatre œufs pour six. Ça suffira, en ces temps de disette. Faut être raisonnable.

Quelques jours plus tard, un autre avait fait une omelette tout aussi imaginaire.

– J'ai mis douze œufs pour cinq…

– Tu entends ça, Marcel ? Douze œufs pour cinq ! Au lieu de tes quatre œufs pour six… Espèce de radin !

Ou encore :

– Quoi ? Encore de la poularde aux truffes ! Y en a marre ! La prochaine fois, on te la fout sur la gueule !

Ils arrivaient à rire.

Max avait dit : « Je me ferais incinérer et mes cendres seront mises dans des tabatières distribuées à mes amis. Peu prisé de mon vivant, je désire l'être un peu plus à ma mort… »

Mon père était un producteur original. Alors que tous les autres (à l'instar des majors américaines) ne cherchaient qu'à s'attacher l'exclusivité des grands acteurs, lui a cherché à obtenir la fidélité des auteurs et des metteurs en scène – à l'exception de Louis de Funès. Il pensait que le scénario était la base des bons films. Ça vaut d'être mentionné, parce que dans le cinéma, la plupart du temps, les auteurs sont les oubliés. On paye la star une triple fortune, et ensuite ça suffit, n'importe quelle histoire à la noix fera l'affaire… Quelle erreur !

Clavier et moi, nous avons proposé *Twist Again à Moscou* à Philippe Noiret au cours d'un déjeuner. Il voulait nous rencontrer avant de lire et la première question qu'il a posée, c'est :

– Aimez-vous le journal *Actuel* ?

J'ai éclaté de rire.

– Qui lit *Actuel* ? Ils impriment avec de l'encre bleue sur un fond bleu à peine plus pâle. Même si on voulait, on ne pourrait pas, non ? À moins d'avoir une loupe ! C'est un peu trop *space* pour moi.

Il a souri et on a passé le déjeuner à plaisanter et à ne pas se prendre au sérieux. Quand il est parti, chaleureux et aimable, je me suis aperçu qu'il avait oublié le scénario sur la table. Je l'ai rattrapé alors qu'il montait dans son taxi.

– Philippe ! Vous avez oublié votre script ! Ça part mal ! C'est un acte manqué ?

Il m'a sorti cette phrase mystérieuse :

– Il faudrait vraiment que ce soit très, très mauvais pour que je ne le fasse pas…

Je le lui ai rappelé plus tard, durant notre tournage.

– Oui, je garde un excellent souvenir de ce déjeuner. Je n'envisage pas de passer trois mois de ma vie avec des gens qui ne sont pas charmants. Je suis incapable de juger un script. J'ai trouvé celui des *Ripoux* nul, mais Zidi était sympa et son box-office, impressionnant. C'est pourquoi je fais confiance aux auteurs. Je regarde ce qu'ils ont fait et leur box-office.

Mon père a approuvé : « Il a raison. Un script, c'est illisible. C'est un mauvais roman. Moi aussi, je choisis d'abord les gens. Et je leur fais confiance. »

Mon père lisait souvent les scénarios le week-end. Il hurlait : « Arrêtez votre bruit infernal ! Il faut que je me concentre. » Vingt minutes plus tard, il ronflait, le script ouvert sur les genoux ou tombé sur la moquette.

Il m'en faisait lire parfois, quand j'étais ado, pour connaître mon impression. J'avais critiqué un projet que Marcel Carné, l'emblématique réalisateur des *Enfants du paradis*, lui avait soumis.

– C'est assez chiant, avais-je dit à mon père.

Peu de temps après, je traînais dans une soirée, un verre en main, quand Carné est venu me voir.

– C'est vous, le fils Poiré ? Vous êtes un fieffé crétin ! Votre père m'a dit que vous pensiez que ce film n'était pas fait pour les jeunes ! Mais tous les jeunes ne sont pas aussi bêtes que vous !

Mon père s'était lâchement planqué derrière mon opinion et j'ai regretté d'avoir ramené ma fraise car je crois que Carné n'a plus jamais tourné. Or, c'était quand même un grand monsieur.

J'ai un autre souvenir de Carné, peu de temps avant sa mort. Plus olé olé. Dans un sex-shop.

Avec l'irruption du sida, il a fallu se protéger. Les préservatifs des pharmacies étaient épais et aussi sexy que des gants de vaisselle. Ils puaient le caoutchouc. Le seul endroit où on trouvait des préservatifs fins, pas trop désagréables, qui sentaient la rose, c'était dans les sex-shops. C'est là que je les achetais.

Quand j'ai vu entrer Carné, je me suis reculé (j'avais bien compris qu'il ne m'aimait pas). Je l'ai espionné, alors qu'il cherchait des cassettes. Il a trouvé une vidéo avec la star du porno Jeff Stryker, renommé pour son engin gigantesque (il faisait aussi des défilés de mode pour Thierry Mugler et des photos avec Pierre et Gilles). Carné s'est approché de la caisse.

– Il est bon, ce film ? (Ça devait être *Powertool* ou *Bigger Than Life*[1].)

Le vendeur lui a dit :

– Fantastique ! Le meilleur que j'ai vu de ma vie.

Carné a mis le film dans son cartable et il est parti satisfait.

Je me suis approché du vendeur.

– Vous ne trouvez pas ironique d'avoir parlé du « meilleur film que vous ayez vu de votre vie » à un mec qui a fait, probablement, le meilleur film du cinéma français ?

– Pardon ?

– Vous n'avez jamais vu *Les Enfants du paradis* ?

– Non. C'est quoi ?

Il ne l'avait jamais vu et ne connaissait pas Marcel Carné. Quelle bite !

En affaires, mon père était dur avec moi.

Quand on écrit un film, on touche des droits sur les passages à la télé via la SACD[2]. Un jour j'ai reçu 58 francs (moins de 10 euros) sur *Pas de problème !* de Lautner. J'ai pensé que c'était un complément, mais en vérifiant, je me suis aperçu que je n'avais jamais touché un seul centime sur ce film. Au bout du fil, une jeune femme que j'ai contactée s'est exclamée :

– Impossible ! Ça passe tout le temps à la télé ! Je vérifie et je vous rappelle.

Une heure après, elle m'a donné l'explication :

---

1. *Powertool* : « Outil électrique » ; *Bigger Than Life* : « Plus grosse que la vie ».

2. Société des auteurs et compositeurs dramatiques, qui perçoit les droits d'auteur.

– Vous avez touché cet argent par erreur. Nous aurions dû le rétrocéder à Gaumont qui touche vos droits à votre place. Vu la modicité de la somme, gardez-la, ça sera plus simple.

J'ai appelé mon agent, chez Artmedia, et il a explosé :

– Qu'est-ce que c'est que cette histoire de fou ? C'est impossible ! Je regarde ton contrat…

Une heure plus tard :

– Sidérant ! Jamais vu ça ! C'est une clause tellement standard que je ne l'ai même pas relue. Ton père a rédigé un truc unique dans le métier, comme quoi tes droits reviendraient à Gaumont. Désolé.

– Pas autant que moi !

Quand j'en ai parlé à mon père, il a haussé les épaules.

– Il faut lire tes contrats toi-même, mon vieux ! Ça t'apprendra…

C'était mon père. Businessman avant tout.

Jusqu'à ce que les droits soient renouvelés, vingt-sept ans plus tard, je n'ai jamais touché un rond sur ce film qui est passé des dizaines de fois sur TF1.

J'ai raconté plus haut comment il a essayé de me gauler Jean Reno, encore peu connu, à travers son agent Claude Besson, parce que je lui disais que Jean pouvait être extrêmement drôle. Et comment il m'appelait toujours son « vieux » quand il me faisait une crasse…

Mais je ne voudrais pas qu'on pense que mon vieux ne me faisait que des crasses. Comme producteur il ne m'a fait aucun cadeau, mais je ne lui en veux pas, parce que, comme être humain, il m'a donné beaucoup. Sa bonne humeur et l'admiration qu'il avait pour l'humour.

Il n'était pas question de ne pas s'amuser chez nous. Des calembours miteux, des « âneries » ravissant mes parents aux lectures les plus érudites, l'humour était roi. Par exemple, dans nos toilettes, il y avait sur une petite table le *Journal* de Jules Renard. Ce génie a bercé toutes les heures de chiotte de ma tendre enfance. C'était adéquat car ce sont des petites phrases. On s'arrête quand on veut. J'en ai lu des pages entières.

J'ai conscience que pouvoir déjeuner avec Jean Giono, Marcel Pagnol, Marcel Aymé, Jacques Laurent ou un historien brillant comme Philippe Erlanger est un privilège si on veut devenir soi-même écrivain, cinéaste, ou quoi que ce soit d'ailleurs.

Pourtant ce n'était pas tant les œuvres qu'on évoquait chez nous que les bons mots (voir les âneries) que pouvaient sortir ces génies. Louer leur talent aurait été une lapalissade.

Je me souviens de l'enthousiasme qu'avait mon père quand il évoquait Guitry, spécialement dans ses rapports orageux avec ses médecins. L'un d'eux lui avait ordonné d'arrêter de fumer, lui disant sans ménagement qu'il abrégerait sa vie de plusieurs années s'il continuait. Guitry lui a répondu : « Je ne vous ai pas fait venir pour que vous me disiez la bonne aventure ! » Et il l'a viré.

Quand il était très malade, son nouveau toubib passait le voir tous les jours ; quand on l'annonçait, Guitry s'écriait : « Ah, voilà le menteur ! »

Un jour, près de la fin, ce médecin arrive et lui demande avec inquiétude :

– Comment allez-vous ?

– J'allais vous le demander.

Mon père avait trouvé un financier, du nom de Wagner, pour mettre un peu d'argent dans *La Poison*, un pur chef-d'œuvre. Guitry a tourné ce film à la vitesse de l'éclair, en onze jours, une durée extraordinairement courte. Pourtant le financier, novice dans le cinéma, s'inquiétait des longs moments d'attente inévitables pendant un tournage. À un moment, impatient, il a crié, battant des mains :

– Pressons ! Pressons !

Guitry l'a regardé, placide :

– Monsieur Wagner, je ne dis jamais MERDE, mais je sais le faire…

Mon père aimait Guitry parce que, disait-il, « entre une grossièreté et une obscénité, il choisissait toujours l'obscénité ».

À propos d'obscénité, Michel Simon n'était pas en reste. Mon père l'aimait aussi beaucoup. Il l'avait fait inviter dans une soirée huppée. Michel Simon trouvait l'endroit trop guindé. Il a pris la parole, de sa voix enfantine : « Maintenant je vais vous chanter une petite chanson... » Il a alors entonné une chanson totalement ordurière, créant de couplet en couplet une atmosphère de plus en plus gênée.

Il a fini dans un silence de mort, pas un applaudissement. Il a alors ajouté : « Comme je vois que ma petite chanson vous a plu, je vais vous en chanter une autre... » Et il en a chanté une autre, dix fois pire.

Dans sa loge au théâtre, un couple de Suisses était venu le féliciter. Des compliments interminables, que Simon trouvait exagérés.

– Oui, oui... grognassait l'acteur.

Le monsieur ne s'arrêtait pas. Alors Michel Simon s'est avancé vers lui, lui a mis la main à la braguette et, après avoir bien soupesé, il s'est exclamé :

– Ah, le joli paquet !

Mon père appréciait les canulars téléphoniques. Un jour, quand j'étais petit, ça sonne chez nous. Je décroche. C'était un homme à l'élocution difficile :

– Excu... cu... Excucusez-moi... Je voudrais parler à me... à me me... à monsieur Poipoi...

– Je vais voir s'il est là. C'est de la part de qui ?

– Monsieur Po... Po... Monsieur Popo... Monsieur Pottier.

Je vais chercher mon père. Je l'entends questionner :

– Vous êtes qui ? Pardon, je n'ai pas compris ? Monsieur Popo ?

Puis il éclate de rire.

– Bonjour, maître...

C'était Sacha Guitry. Cet homme adorait faire des blagues stupides aussi. Et il savait très bien masquer sa voix si reconnaissable…

Oui, ce qui m'a « formé », c'est l'enthousiasme pour les conneries que j'ai toujours vu à la maison : mon père marchant à quatre pattes dans le jardin, chevauché par l'acteur Robert Dalban en tenue de gladiateur (la panoplie que mon petit frère avait reçue pour son anniversaire), glaive en plastique pointé vers l'avant comme pour une charge de cavalerie, casque trop petit sur la tête. Ce doit être la photo que je préfère de mon père. Cette fantaisie enfantine avait un charme dingue.

Robert Dalban était tout le temps chez nous. Il a joué dans des centaines de films, dont *Les Tontons flingueurs*. Son pif était énorme et reconnaissable au premier coup d'œil. Jean Gabin lui avait un jour demandé : « Bob, quand tu te mouches, tu n'as pas l'impression de serrer la main à un pote ? » J'ai mis cette réplique dans *Les Visiteurs*, dans la bouche de Ginette s'adressant à Jacquouille.

Je ne sais pas par quel malentendu un serveur de restaurant, bigleux ou éméché – car ma mère était beaucoup plus jeune que Bob –, avait annoncé : « Ah, madame Poiré, votre fils est arrivé. Il vous attend à votre table. » Quand mes parents ont vu que le « fils » en question était Bob, ils ont ri aux éclats, un fou rire même, et la blague est née : Bob appelait constamment ma mère « maman », mon père « papa », et nous ses « petits frères ». Il est donc légitime que Bob soit enterré dans le caveau familial, la plaisanterie étant un domaine respecté dans notre famille.

Dalban avait épousé une actrice de l'époque d'une grande beauté : Madeleine Robinson. Il l'avait rencontrée de façon inattendue. Il jouait un petit rôle dans un petit théâtre de

Marseille, tandis qu'elle, grande vedette, jouait dans le plus grand théâtre de la ville. Aussi a-t-il été surpris quand, rentrant à son hôtel, le concierge lui a annoncé : « Mlle Robinson est passée elle-même vous laisser son numéro pour que vous la rappeliez. » C'était pour lui proposer de souper avec elle, le lendemain.

Après un excellent dîner, qu'elle lui a offert, elle l'a invité à prendre un verre de champagne dans sa suite et elle lui a roulé une pelle avant même que le champagne ne soit là. Elle l'a de surcroît invité à dormir. Comme il était venu directement du théâtre, il a demandé à prendre une douche. De retour dans la chambre, il a écarté son peignoir, elle a regardé l'endroit intrigant et a aussitôt paru dépitée :

– Comment ! Ce n'est que ça ?!

Il y a eu comme un malaise.

– On m'a dit que vous aviez la plus grosse de Paris ! Franchement j'en ai vu d'autres !

Elle l'a épousé quand même et lui a donné un fils. Tout est bien qui finit bien.

J'ai raconté cette histoire à un dîner et tout le monde n'a pas ri. Une des invitées s'est montrée agacée :

– C'est un cliché, ça, les femmes qui aiment les gros… heu… bidules ! Moi, ce sont les yeux des hommes qui me séduisent, la taille de leur sexe, je m'en fiche.

Je n'ai pas pu résister à faire ce mot :

– Eh bien, dites donc, moi, j'aurais horreur que ma femme dise ça !

Tout le monde a éclaté de rire, sauf le mari. Je m'en veux un peu, car ce malheureux ne m'avait fait aucun mal. Mais c'est tellement dur de résister à une bonne vanne.

Ma mère avait cette chose en commun avec mon père : il ne fallait pas non plus l'ennuyer (au sens de la monotonie, car elle pouvait accepter d'être dérangée pour un truc grave, voire dramatique – mais pas trop souvent quand même).

Elle aimait qu'on la passionne, qu'on la fasse rire (surtout), qu'on l'intéresse, qu'on lui apprenne des choses, qu'on l'étonne. Une de ses expressions favorites était : « Tu m'épates ! Tu m'épates ! Tu m'épates ! » (trois fois, mais ça pouvait monter à quatre pour quelque chose d'exceptionnel, de vraiment épatant).

Elle était folle d'expressions pittoresques. Pour ça, elle avait l'oreille. Le valet de chambre d'un de ses amis était espagnol et parlait français avec un accent prononcé. Un jour que son patron lui disait quelque chose qui ne l'intéressait pas, il a ponctué :

– Ça, je m'en *foute complète.*

Ma mère a beaucoup utilisé cette expression ; elle trouvait qu'il n'y avait pas de mots plus justes pour décrire un sentiment d'indifférence. J'ai été bercé par cette phrase toute mon enfance.

– Tu es de la roulotte, m'a dit un jour Bernard Blier. T'es né dedans…

La « roulotte » était un nom utilisé par les acteurs pour désigner leurs loges en extérieur. Leurs caravanes n'étaient pas encore les camping-cars luxueux d'aujourd'hui. À l'époque, c'étaient des roulottes de cirque en bois, avec des fenêtres à petits carreaux, et souvent un cheval pour les conduire. « Être de la roulotte » veut dire qu'on fait partie intégrante du métier, qu'on est « pro », qu'on assume d'être un saltimbanque.

En tant que cinéaste, je suis témoin de mon époque, mais j'ai aussi connu l'époque d'avant, car je suis né dans le cinéma.

Ça me fait plusieurs vies. Et c'est vrai que, petit, j'étais toujours entouré d'acteurs. Pour moi, ce sont des gens comme les autres, quoique souvent plus amusants… Et j'ai toujours aimé, enfant, passer mon nez dans la roulotte…

30

LES ROSES DE L'AU-DELÀ

La bonne humeur de ma famille était parfois attaquée par des chagrins. Quand ma grand-mère paternelle est morte, nous étions effondrés. Elle était si charmante. Même vieille, c'était le genre de femme à qui les hommes tenaient naturellement la porte ouverte pour qu'elle passe. Elle m'a donné une grande confiance en moi et de grandes espérances pour la vie.

Le jour de son enterrement, ma tante Miquette – qui m'a avoué l'avoir emmitouflée de multiples pull-overs car « elle était si frileuse… » – a été saisie d'un doute intense, bien qu'elle soit une fervente catholique. Face au cercueil glacial évoquant la vacuité de la vie, elle a été prise d'un désarroi profond. Alors elle a adressé une supplique à une vieille amie de sa mère, une femme qui s'appelait Germaine, décédée l'année précédente : « Si maman est heureuse là où elle est à présent, faites-le-moi savoir, par un signe. »

Elle avait choisi cette Germaine, parce que c'était une spirite. Elle tirait les cartes, « savait des choses » et avec elle, une nuit, elle avait fait tourner une table et celle-ci avait grimpé un demi-étage. Elle y croyait dur comme fer. Après sa requête, Miquette s'est sentie idiote : comment Germaine pourrait-elle lui faire un signe, vu qu'elle-même était décédée ? Ses yeux sont alors tombés sur le coussin de roses posé sur le cercueil et elle a pensé à l'intention de Germaine : « Dites-le-moi… avec des roses ! »

Cette prière était absurde, bien entendu, et elle s'est trouvée sotte, mais cette pensée lui avait échappé.

Ma grand-mère, que nous surnommions Choupette, adorait les roses. Au cours d'une balade à la campagne avec son mari, Philippe Gaubert, elle s'était extasiée devant un immense jardin en pente, couvert de roses sur des arceaux, qui appartenait à un pépiniériste. Gaubert était revenu en catimini pendant la semaine et avait acheté la maison pour l'offrir à sa femme. C'est devenu la maison de mon enfance, la Grande Haie.

Ni Choupette ni lui ne savaient s'occuper des roses – pour eux, ça poussait tout seul – ; à la fin, il en restait trois, et surtout des arceaux et des tonnelles rouillés, mais la maison gardait sa beauté.

Quelques mois après l'enterrement, ma mère, agacée, a appelé ma tante, à Madrid : « Tu m'assommes à ne jamais venir à Paris ! Je suis encombrée par les affaires de ta mère… Alors si tu ne viens pas en faire le tri ce mois-ci, pour garder ce que tu aimes, je te préviens, je bazarde tout ! »

Miquette s'est décidée à prendre l'avion.

Dans le grenier, au milieu de tout un fatras hétéroclite, il y avait un carton défraîchi. À l'intérieur, enveloppées de papier de soie, des gravures… de banales gravures comme il y en avait chez les apothicaires autrefois, avec un nom sur la marie-louise, en latin. C'étaient des illustrations de roses. Uniquement des roses ! Toute une collection. Miquette a eu un frisson, elle s'est souvenue de sa prière… Elle n'osait y croire.

Au milieu des gravures, qu'elle a disposées frénétiquement sur le plancher pour mieux les voir, il y avait une enveloppe bleue, adressée à « Mme Philippe Gaubert EV » (en ville). Elle l'a ouverte.

C'était une lettre de la main de Germaine :

Ma chère Madeleine,

Merci encore pour ce merveilleux week-end dans votre exquise maison. Comme je sais que vous adorez les roses, je vous envoie ces quelques gravures qui, j'espère, vous plairont et vous donneront du bonheur.

Votre dévouée et affectueuse Germaine

Miquette a fait encadrer ces gravures. Elle en a donné quelques-unes à mon père, qui sont maintenant accrochées chez moi.

Un chagrin est venu nous heurter tous, plus violent parce qu'il était bien trop jeune pour mourir : la mort de mon petit frère Patrice d'une pneumonie foudroyante. Mes parents en ont été anéantis. Nous aussi, mon frère Philippe et moi.

Le jour de son enterrement, son cercueil était recouvert de roses jaunes. C'est ce qu'il avait demandé. Seulement des jaunes. Les autres couleurs, il n'aimait pas.

Après l'enterrement, mes parents, trop déprimés pour rentrer chez eux, sont allés à l'hôtel, comme pour un rendez-vous d'amoureux. Mon père a pensé que ça leur changerait les idées : un dîner dans un grand restaurant, une jolie suite sur un parc.

À leur arrivée, ils ont été surpris de trouver dans la salle de bains, au-dessus du lavabo, un petit vase de cristal avec une rose jaune. Ma mère m'en a parlé le week-end suivant comme si c'était miraculeux : « C'est comme les roses de ta grand-mère ! Patrice est heureux ! » Cette coïncidence me semblait banale, bien entendu, mais je n'ai pas voulu la contredire, ça la consolait un peu. J'ai demandé à ma belle-sœur, qui avait fait la réservation, si c'était elle qui avait fait cette demande particulière. Elle m'a dit que non.

Quelques jours plus tard, je passais en voiture rue de Rivoli. Au carrefour de la rue Saint-Denis, j'ai ardemment souhaité que le feu reste au vert, parce que du feu on apercevait l'appartement de mon frère et j'aurais voulu dégager vite, je déteste les maisons où mes proches ont souffert. Mon vœu n'a pas été exaucé. Feu orange. Rouge. Je me suis arrêté. Alors mes yeux se sont posés sur quelque chose de surprenant sur le passage piéton. Une superbe rose jaune était par terre, probablement tombée d'un bouquet. Les piétons s'écartaient, évitant de la piétiner. J'étais sidéré. Quelqu'un était passé par hasard à cet endroit avec un bouquet, quelques instants auparavant, car la fleur resplendissait de fraîcheur. Il fallait que le bouquet n'ait pas été enveloppé, que personne ne l'ait vue tomber, ne la ramasse, etc.

Mais il allait se produire quelque chose d'encore plus fou, des années plus tard, devant chez moi, à Bruxelles.

La municipalité m'avait demandé de refaire ma descente de garage car elle avait été mal construite. On l'a refaite en pente plus douce et l'entrepreneur m'a confié une mission : ajouter du sable tous les jours entre les pavés pour qu'ils se fixent et solidifient l'ouvrage. Avec une pelle et un petit balai, je faisais le cantonnier.

Ce jour-là, il y avait un vent à décorner un bœuf. J'ai vite renoncé à ma tâche car le sable s'envolait, s'infiltrant partout. Il n'y avait pas un chat dans la rue. J'ai entendu un bruit persistant, comme un raclement. Quelque chose glissait sur la chaussée. J'ai cherché des yeux. Sur le trottoir, un machin luisant poussé par le vent approchait rapidement. C'était un paquet, allongé, brillant par instants. Il est passé devant moi et est allé se ficher dans le buisson de houx qui délimite mon garage. Je l'ai ramassé. C'était un étui de Cellophane entourant une fleur unique : une rose jaune !

31

CE N'EST PAS (QUE) DU CINÉMA...

Je lui ai craché en pleine gueule. Voulant esquiver, le pauvre garçon est tombé en arrière dans la nuit. Le toit du garage sur lequel nous jouions au crachat était plat, en ciment, et n'avait pas de garde-fou. Nous y montions dans la journée, avec nos Dinky Toys. On piquait les graviers de l'allée pour dessiner des rues et des garages, des longues routes, afin d'y faire circuler nos voitures, mais la nuit étant venue, et comme les Dinky n'avaient pas de phares – c'était un jouet rudimentaire –, il fallait bien trouver un truc amusant à faire.

Mon cousin a disparu. Il y a eu un bruit mat, celui d'une tête qui tape un muret. Quand je me suis penché, il était immobile, le visage contre le bitume, inerte. Mort. J'ai arrêté de respirer quelques secondes, sous le choc, et j'ai dévalé l'escalier raide qui revenait au jardin. J'entendais les parents rire et le bruit des couverts en provenance de la salle à manger. Je me suis planqué sous un massif d'hortensias. Maintenant que Patrick était mort, ça ne servait plus à rien de se presser, il fallait réfléchir. À neuf ans, on réfléchit énormément. Je cherchais des mots pour leur annoncer la nouvelle, faisant ainsi sans le savoir mon premier apprentissage de dialoguiste, parce que je me prenais souvent des raclées et je pensais que là, pour un crime, j'allais sérieusement dérouiller. Je ne savais pas quoi faire sous mes hortensias, dont je détestais l'odeur, qui plus est.

Un peu après, j'ai voulu aller voir, en fin de compte, si mon cousin était mort pour de vrai. Il faut savoir affronter la vérité. Il était toujours couché sur le ventre et il râlait faiblement. Il était vivant ! J'ai foncé prévenir les parents :

– Venez vite ! Un truc horrible est arrivé à Patrick ! Il n'a pas l'air bien !

– Ce n'est pas drôle ! a fait sa mère. Épargne-nous tes blagues idiotes !

– Ce n'est pas une blague !

Ils ont bondi dans le jardin, faisant crisser ce qu'il restait de gravier après que nous avions tout piqué pour faire des routes pour nos Dinky, et personne n'a pensé à me coller une torgnole. L'ambulance est arrivée peu après. Mon cousin avait une fracture du crâne, il est resté dans le coma toute la nuit. Il s'en est tiré, même s'il a dû se gaver de Gardenal, pendant quelques années, pour soulager d'horribles migraines. Ça n'a en rien altéré notre fraternité, qui a continué longtemps.

C'est violent, l'enfance. Maintenant ils se tuent à la kalach vers quinze ans, mais nous, on était plutôt épées de bois, pistolets à eau et couteaux suisses. Et à quinze ans, on pensait juste à danser le jerk et à baiser, si on était arrivés vivants jusque-là...

Quand je n'étais pas occupé à tuer mes cousins, j'ai eu une enfance plutôt paisible, ennuyeuse par moments (car nous n'étions pas ensevelis sous les jouets, les tablettes, les jeux vidéo) mais aussi terriblement intéressante, car nous étions libres et curieux. Les enfants d'aujourd'hui ne connaissent pas cette liberté. Quand mon fils était petit par exemple, j'ai constaté que sa mère savait tout le temps où il était et ce qu'il faisait. Ça me navrait. Pour lui.

Nos parents ne se préoccupaient pas de nous. Ils nous foutaient dehors. Ce n'était pas de l'indifférence ni de la méchanceté, c'était pour avoir la paix, pour être en vacances eux aussi. Le côté fusionnel des familles n'existait pas, importé de l'éducation nord-américaine où l'enfant est roi, et la famille, un cocon fermé sur soi-même. On était des hordes d'enfants, des électrons libres. Nous faisions toutes les âneries qui nous passaient par la tête. De temps en temps, on prenait une bourre parce qu'on avait laissé une ardoise à l'épicerie de quatre-vingt-dix-neuf tubes de lait concentré sucré (qu'on aspirait avec mon cousin et ma cousine), ou bien parce qu'on jouait au flipper dans un cabanon supposé être infesté de blousons noirs sanguinaires, ou encore, une autre fois, pour une ardoise de trente-trois Coca-Cola au bar du tennis club de Chantaco (ils appréciaient très peu les ardoises !). Le plus souvent on ne se faisait pas prendre.

Avec ma cousine Isabelle, on dénichait des vipères dans la forêt, on leur tapait sur la tête avec nos bâtons, on s'enfuyait en rigolant, on allait jouer au docteur dans la cabane de buis, on se baignait nus dans un torrent glacé. Une vieille qui passait à vélo n'avait pas attendu une seconde pour aller nous dénoncer à ma grand-mère. Isabelle, qui entrait la première et qui a nié, a pris une gifle retentissante. J'ai compris que le pot aux roses était découvert, il devenait urgent de dire la vérité, la vérité nue, et pas un mot de plus que la vérité. « Ton cousin ne sera pas puni, lui, parce qu'il a avoué ! Toi, tu es privée de dîner ! Au lit ! »

Quelle injustice ! Si j'étais entré le preums, j'aurais menti sans hésiter et les rôles auraient été inversés.

Depuis je dis toujours la vérité, ce qui n'est pas forcément une idée brillante.

Le lendemain, tout était oublié, on soulageait de trois ou quatre pêches les cageots qui attendaient les camionnettes dans les vergers, on grimpait dans le cerisier des voisins.

En fait, on nous faisait une énorme confiance, et une grosse mandale était le contrepoids de cette liberté.

Pour mes dix ans, j'ai eu un cadeau féerique. On a sonné à la porte et deux gars en salopettes bleues ont apporté quatre gros cartons. C'était un cadeau de ma marraine, d'autant plus généreux qu'elle ne gagnait pas tellement de sous : la collection complète de la Bibliothèque Verte. Ma marraine, Marie Déa, était une actrice, très belle, mais je ne la reconnaissais jamais, car elle changeait de couleur de cheveux à chaque visite, suivant les rôles qu'elle interprétait. Ça me paniquait. Je me planquais dans le placard des manteaux et je disais à la cuisinière : « Si c'est elle, tu dis bien fort : "Bonjour madame Déa !" »

Marie était la jeune première remarquée des *Visiteurs du soir*, avec Arletty et Jules Berry. Mon père l'a connue quand il a produit son premier film, dont elle était la vedette. Ils sont devenus amis. C'est pour ça qu'elle a été choisie pour être ma marraine.

C'est elle qui m'a raconté mon baptême et je ne résiste pas à vous en faire le récit, car cela pourrait être un charmant début de film.

Le curé était seul dans l'église, affolé car il avait d'autres clients une demi-heure après pour un mariage. Son planning était bousculé.

– Mais qu'est-ce qu'ils fabriquent, nom de Dieu ! Oh ! Pardon Seigneur… Nom d'une pipe !

C'est alors que l'enfant de chœur lui a désigné des personnes planquées derrière un pilier, engagées dans un furieux conciliabule. Ma robe blanche indiquait que nous étions ses clients de l'heure. Il s'est approché.

– Vous êtes là pour le baptême ?

– Oui, mais on cherche encore le prénom de l'enfant…

– Comment ça ?! Mais vous n'y avez pas pensé avant ?!

Ma mère a levé les yeux au ciel.

– Mais si, bien sûr, mais ça ne colle plus ! Sa marraine – au passage, je pense que vous aurez reconnu Marie Déa, que vous avez forcément vue au cinéma (il y a eu un échange de sourires forcés) – vient de nous faire remarquer que son frère s'appelle Philippe. Il est né en 40 quand Pétain dirigeait la France.

Ma grand-mère a tenu à préciser :

– Il ne s'appelle pas Philippe eu égard à Pétain mais à cause de mon mari Philippe Gaubert.

– Vous connaissez sûrement Gaubert : le compositeur et chef d'orchestre célèbre ! a ponctué ma mère.

– Et aussi le plus grand flûtiste de son temps... a ajouté ma grand-mère.

Le curé n'en pouvait plus.

– Oui, bravo ! Félicitations ! Mais le baptême...

– On avait choisi Charles comme prénom. Mais si on l'appelle Charles alors que le chef de l'État est actuellement de Gaulle, nous allons passer pour des opportunistes !

Un tollé général a suivi :

– Oui, c'est impossible ! Ça ne se fait pas ! Impensable !

– Alors trouvez-lui un autre prénom, nom d'une pipe ! a vociféré le curé au bord de la crise de nerfs.

Les premiers clients de son mariage entraient déjà dans l'église.

Ma mère avait bien une idée, un prénom qui lui avait toujours beaucoup plu : Pamela. Mais je n'étais pas une fille et elle séchait pour un garçon. Ma tante Denise a proposé qu'on m'appelle Denis, mais personne ne l'écoutait jamais.

– Daniel ? Le prénom de papa ? a demandé timidement mon père.

– Ah non ! Ça suffit d'un Daniel dans la famille ! a protesté ma grand-mère, irritée, qui, injustement, ne pouvait plus encadrer son premier mari.

Ma tante Micheline a suggéré qu'on m'appelle Michel, mais ma mère n'aimait pas Michel car c'était le prénom de son cousin qu'elle prenait pour un minable.

– J'aime beaucoup Pamela mais ça ne va pas... a-t-elle insisté.

Nouvelle protestation générale.

– Mais non, c'est un garçon ! Enfin !

– J'aurais préféré avoir une fille !

– Trouvez un nom ! N'importe lequel ! Mais tout de suite ! a rugi le prêtre. Les ouailles de mon mariage sont déjà assises !

C'est donc dans la panique générale que ma marraine a suggéré Jean-Marie parce que mon parrain s'appelait Jean et elle, Marie.

– Jean-Marie ! Bravo ! Magnifique ! Vite ! a hurlé le curé en poussant tout le monde vers le baptistère.

Il a bâclé les formules cérémoniales – probablement la cause de mes tendances mécréantes –, il a jeté de l'eau glacée sur mon visage et j'ai pleuré.

La mariée poireautait dehors. Les invités du mariage étaient tous là et n'avaient d'yeux que pour le bambin qui chouinait. Ma marraine m'a dit :

– Déjà à ton baptême, tu as fait salle comble…

Ces deux êtres, Jean et Marie, ont été des anges gardiens d'une gentillesse exceptionnelle. Aucun des deux n'avaient d'enfants et ils m'ont accueilli comme la septième merveille du monde, un fait plaisant. Ils étaient tous deux reliés au cinéma, les fils invisibles de la vie.

La Bibliothèque Verte a été un enchantement. Je vivais avec *Moby Dick*, *Le Vieil Homme et la Mer*, *Alice détective*[1], *Le Dernier des Mohicans*, *L'Île au trésor*. Mon livre préféré était *L'Homme des vallées perdues* : un *lonesome* cow-boy du nom de Shane, qui portait des colts avec des crosses en argent et sauvait toute une famille d'une mort certaine. Je l'avais fait lire à ma cousine Isabelle, et à deux, on chantait à tue-tête la première chanson que j'ai écrite dans ma vie, à sa gloire. La musique était déjà faite, c'était un morceau de Schubert que je massacrais à mon cours de piano. Mais les paroles étaient de mon cru. Je me souviens encore du refrain :

Ô Shane ! Ô mon beau Shane !
Tu viendras pour nous protéger !

C'était dans l'esprit de *Si j'avais un marteau* et les prémices de Godefroy de Montmirail.

---

1. *Alice détective* est une série américaine de livres pour enfants, dont l'héroïne a seize ans. Ce qui me séduisait le plus, c'est qu'à cet âge-là elle avait le droit de conduire une bagnole !

J'adorais lire et je suis reconnaissant à Marie Déa de m'avoir donné cette passion. Ça développe l'imagination. Un livre oblige à concevoir ce que décrit l'auteur. S'il parle d'une maison ou d'une belle fille, on doit les visualiser, c'est une démarche intellectuelle. C'est pour ça qu'on est souvent déçus par les films adaptés d'un livre qu'on a adoré. Ce n'est plus *notre* livre. Un film présente la réalité sans effort. Je ne parle même pas des jeux vidéo, un truc qui transforme les gamins en débiles. Ils sont persuadés qu'ils sont actifs, alors qu'ils ne font que gesticuler, prisonniers de l'imaginaire de l'auteur du jeu.

Avoir autant lu a développé ma capacité à visualiser les choses, ce qui est la base même de mon travail. Quand les gens me demandent des conseils pour leurs mioches qui veulent de plus en plus souvent devenir comédiens, est-ce qu'il faut les inscrire à un cours, tout ça, je réponds invariablement : « Offrez-leur des bouquins ! Ils vivront des sentiments de l'intérieur et connaîtront des personnages qui leur permettront, plus tard, d'incarner des existences qu'ils n'auront pas vécues personnellement. » C'est plus élégant comme conseil (mais moins drôle) que celui de Carette, l'immense acteur avec son inimitable accent titi parisien, répondant à une dame, dans un train. Elle n'avait pas hésité à le déranger alors qu'il lisait son journal :

– Mon fils veut être acteur plus tard. Qu'est-ce qu'il doit apprendre ?

– Il faut qu'il apprenne à se faire enculer, madame ! C'est un métier où on se fait beaucoup enculer.

Marie Déa était un ange. Un jour qu'elle écoutait Jean-Sébastien Bach chez elle, un pigeon est venu taper au carreau. Intriguée, elle a ouvert et il est entré. Elle lui a offert à boire. Ça lui a plu. Il est resté chez elle toute la semaine. Elle laissait la fenêtre ouverte, pour qu'il puisse aller et venir, et il ne s'en privait pas. Elle était obligée de mettre un manteau de fourrure et un bonnet, car c'était l'hiver. Puis il est parti. Elle a pu refermer la fenêtre.

Marie m'invitait régulièrement dans son petit appartement de Val-d'Isère. Je skiais seul bien souvent, car elle préférait le ski de fond. En bas d'une piste, prêt à prendre la navette qui ramène à la station, j'aperçois une jolie fille qui me sourit.

– Comment tu vas ? Ça fait une paye, dis donc...

– C'est vrai. Ça me fait plaisir de te voir... Je t'offre un café ?

On s'installe à une table tranquille. En retirant son anorak, elle me dit d'une voix assurée :

– On ne se connaît pas du tout en fait !

– Pas du tout. C'est exactement ce que je me disais à l'instant...

– Pourtant j'ai eu l'impression... C'est incroyable... Tu es un ami des Lambert ? Des Godot ? De Christine Pierrault ?

– Non. Et toi, tu connais Thierry Lebesnerais ? Les Erber ?

– Non.

On a énuméré tous les gens chez qui on aurait pu se rencontrer, sans succès, et on a bu notre chocolat, gênés. Tout à coup elle a crié :

– Le 84 ! Place Pereire !

C'était la fille que je croisais tous les matins dans le bus en allant à l'école ! Elle allait dans un cours plus loin, à la même heure.

J'ai dit que j'étais une calamité pour reconnaître les gens. Je vis dans ma tête et je n'imprime pas les visages, encore moins les noms. L'avantage de cette histoire, c'est que c'était une bonne entrée en matière. Le soir même, je l'ai revue... Sans cette méprise, je n'aurais probablement jamais osé la draguer.

Si quelqu'un connaît l'expression « se prendre des taloches en pleine poire », c'est moi. En tout cas, plus souvent qu'à son tour. Cela ne m'a pas traumatisé – les gosses ont la caboche dure, ce n'est pas trop mal fichu – même si je n'ai jamais ressenti une tendresse profonde pour ma mère parce qu'elle me foutait les chocottes. Je l'appelais Folcoche. C'était injuste : au pire ma mère aurait pu faire penser à Mme Lepic, la mère fameuse de Poil de Carotte, c'est-à-dire la mère de Jules Renard lui-même, mais sûrement pas Folcoche, qui est une méchante femme et une buse. Hormis les pluies de torgnoles et un bigotisme parfois pesant, elle était plutôt large d'esprit. Des années plus tard, elle jurait à des amis qu'elle n'avait jamais levé la main sur ses enfants. J'ai souri.

– Tu as la mémoire courte !

Elle a hurlé, hystérique :

– JAMAIS !

Mon frère aîné est intervenu :

– En tout cas, je me souviens d'un jour où tu as cueilli Jean-Marie dans l'entrée avec une baffe tellement forte que sa casquette s'est envolée et qu'elle est retombée sur sa tête à l'envers.

Déjà un gag…

– C'est sans doute parce qu'il l'avait cherché… a-t-elle fini par avouer. Il faisait sans cesse de la provocation avec ses regards.

C'est un truc que disaient également mes professeurs, souvent – « Poiré, arrêtez ce regard-là ! »

Je n'ai jamais compris quel regard j'avais et je n'en avais pas d'autre à proposer. Le président Chirac m'a fait la même remarque à l'Élysée, pendant qu'il me remettait la Légion d'honneur : « C'est quoi, ce regard ? J'ai dit une sottise ? »

Je l'avais regardé de façon ironique parce qu'il venait d'« assassiner » mon père en parlant de lui à l'imparfait, alors que ce dernier était parfaitement vivant et présent dans la salle. Chirac, contrairement à Mitterrand, ne bossait pas ses discours de remises de Légion d'honneur. Ce même jour, il a dit à Aznavour que la France était fière de remettre une décoration à un « émigré » que « la France accueillait avec fierté », alors qu'Aznavour, même d'origine arménienne, était né à Paris. J'ai regardé Aznavour et j'ai lentement baissé la tête avec respect, comme pour lui dire « Mes hommages », et je dois dire que son discret sourire moqueur m'a plu.

Je rêvais que mes parents divorcent car j'avais remarqué que les enfants des couples séparés avaient plus de cadeaux que les autres. Ils jouaient de la concurrence entre leurs vieux par des manipulations peu subtiles. Mon ami Willy, par exemple, s'était fait offrir un vrai blouson « aviateur » américain, avec écussons et drapeau étoilé sur la manche – un rêve –, en expliquant à sa mère à quel point son père était plus sympa qu'elle envers lui. Je suis allé jusqu'à acheter un cierge à sainte Rita, la patronne des causes désespérées, pour que mes parents se séparent. Mes espoirs sont restés vains. Pourtant ce n'était pas les occasions qui manquaient avec un père ultra coureur, à hauteur de la consécration olympique.

Ma mère avait de grands moments de radinerie compulsive concernant les fringues (à sa décharge, mon père ne roulait pas sur l'or et il n'avait pour vivre qu'un salaire décent, mais pas mirobolant, de sous-directeur de société). Elle sortait des placards des cartons de vêtements étiquetés 8-9 ans, ou 10-12, les vieilles nippes de mon frère, qui puaient la naphtaline.

Parmi mes fringues de chiotte, le summum était un costume croisé bleu pétrole qui me faisait ressembler à un pensionnaire d'une maison d'éducation surveillée. J'ai eu aussi un pantalon de golf à la Tintin. Cela m'a été profitable en réalité, car en devenant la risée de mes camarades, j'ai été astreint à trouver des répliques cinglantes pour me défendre, anticipant ainsi le plaisir d'être dialoguiste et de pouvoir faire dire aux personnages des choses épouvantables qu'on ne se permettrait jamais de dire dans la vie. Le pouvoir des mots est fort. Je l'ai constaté vite, car si on se fichait de mes tenues de cirque Pinder, en revanche les gosses avaient les foies d'aller trop loin, à cause de mes vannes ciblées.

Je dois dire qu'à treize ans un changement spectaculaire est intervenu. J'avais dit à ma grand-mère paternelle adorée à quel point je souffrais de ces vêtements démodés. Elle a appelé mon père à son travail.

– Si tu n'as pas les moyens de vêtir convenablement ton fils, je m'en chargerai moi-même. Qu'il vienne me voir jeudi prochain et je l'emmènerai faire les boutiques…

Mon père a été vexé. Il est entré dans ma chambre, le soir, comme un bouledogue.

– Je ne trouve pas très sympathique que tu ailles te plaindre à ta grand-mère.

Il a perdu son air grognon.

– Tes tenues sont si épouvantables que ça ?

Je lui ai montré mon pantalon de golf (qui je pense ferait un carton aujourd'hui). J'ai vu qu'il était perplexe.

– Passe à mon bureau jeudi à 15 heures !

Sa secrétaire lui avait trouvé des adresses branchées et il m'y a emmené. Comme il était pressé de retourner à son travail et qu'il s'impatientait devant mes hésitations émerveillées, il a dit :

– On prend tout, mais il faut que j'y aille !

Il a dévalisé la boutique. Je suis devenu l'élève le mieux habillé de mon cours. Plus de risées, mais moi, je n'ai pas arrêté les vannes. Le pli était pris.

Rapidement sont arrivés les merveilleux pantalons pattes d'éph du vieux Renoma, le grand-père dans sa petite échoppe de la porte Champerret. C'était une grande joie. Du sur-mesure. Le tissu était épais et raide, d'une laideur fracassante, mais ça nous plaisait beaucoup. Les jambes étaient serrées comme des tubes et le bas faisait 50 centimètres de large. « Quel pied ! », on disait. C'était la furie. En moins de six mois, le vieux est passé de la porte Champerret à sa fastueuse boutique de la rue de la Pompe.

Mes parents nous faisaient voyager en troisième classe avec les bagages et la cuisinière, tandis qu'ils se pavanaient en voiture Pullman et/ou en wagon-lit. On devait traverser tout le train pour aller les embrasser. Certaines personnes sont ulcérées quand je leur raconte ça, surtout les Américains. Je n'ai pas d'opinion véritablement à ce sujet. Mon père a gagné sa vie pour nous et dépensait son argent comme il l'entendait, nous ne manquions de rien. Disons que c'était une éducation rustique pour nous apprendre à ne pas être des fils à papa et nous inciter à réussir par nous-mêmes.

Ça ne m'empêchait pas de faire porter ma valise par le roi d'Espagne en personne, si besoin était.

J'avais une grosse valise. J'avais pris le train seul pour la Côte basque, et comme personne n'était disposé à venir me chercher à la gare, ma mère m'avait autorisé, pour une fois, à prendre un taxi : « Je paierai la course à ton arrivée ! »

Il n'y avait pas de taxi. Et il faisait une chaleur accablante. J'ai traversé tout le village de Guétary en tirant ma valise comme un forçat. Ça grimpait sec, la côte de l'église !

Un chauffeur était en train de lustrer la Mercedes de mon oncle avec une nénette. Il était bronzé, torse nu, jeune. Je l'ai interpellé.

– S'il vous plaît, ça ne vous ennuie pas de m'aider ? Je viens de la gare. Je n'en peux plus.

– Bien sûr, mon petit !

On est entrés dans la maison. Mon oncle nous a aperçus.

– Ah, Monseigneur, je vous présente mon neveu Jean-Marie.

J'avais confondu le chauffeur supposé avec le prince Juan Carlos de Borbón, qui habitait Biarritz et était venu déjeuner chez nous avec d'autres amis communs espagnols. (C'était la voiture du prince ; la Mercedes de mon oncle était dans le garage…) Juan Carlos a souri.

– Nous venons de faire connaissance. Sa valise est très lourde en tout cas…

Le futur roi d'Espagne était sympa avec les enfants, et moi, on m'avait appris très jeune à être courtois avec le personnel, c'est une chance.

J'aimais beaucoup mon oncle espagnol, don Fernando. C'était un homme discret, posé, d'une grande distinction. Traditionaliste. Un jour il défendait la corrida bec et ongles contre ma tante Miquette, la sœur de mon père, son épouse. Elle disait que c'était un spectacle immonde et que ça devrait être interdit. Il était en minorité, car mes parents étaient dingues des animaux. Mon père aurait écrasé ses fils plutôt que son chien[1]. Le ton était monté vite et tous étaient ligués contre lui. En ayant ras le bol et bégayant presque, il a sorti :

– Et alors ! D'abord, qu'est-ce qui vous prouve que je suis de mon avis ?

Ma tante Miquette, sa femme, était *so* chic, comme une vieille Anglaise. Elle était aussi ultra catho, carrément bigote, elle allait à la messe tous les jours, mais sans ennuyer les autres avec ça.

Elle tricotait, maille coulée, maille en l'air, pendant que ma mère faisait une patience dans le salon. Je cherchais mon oncle Fernando et je lui ai demandé si elle savait où il était.

– Dans sa chambre, je crois. Il fait la sieste. Ou alors, peut-être une de ces masturbations…

Elle a balancé ça d'un ton anodin et banal, sans lever les yeux de son bel ouvrage…

Tandis que j'éclatais de rire, ma mère a émis un petit « oh ! » choqué.

Miquette s'est justifiée :

– Eh bien quoi ! J'ai lu hier dans *Elle* que 72 % des hommes se masturbaient régulièrement. Souvent plus de deux fois par semaine ! Certains, même, tous les jours…

Elle a soupiré.

– Et pourquoi pas ! Grand bien leur fasse !

Mon oncle Fernando m'a donné une grande joie vers la fin de sa vie. Je l'avais invité à voir *Les Visiteurs* au studio, la première projection du film terminé. Quand la lumière est revenue, il m'a étreint chaleureusement, tiré sur l'oreille

1. Un jour où j'affirmais ça, il m'a répondu : « C'est normal ! Vous pouvez vous défendre, vous ! »

comme font les Espagnols pour exprimer leur satisfaction et il m'a dit avec une vive émotion : « Bon bieux[1], zé une chef-d'œuvrrre ! »

Quelle fierté !

Je dois dire que mes oncles étaient des fans de mon travail. Mon oncle Claude a voulu me prendre au téléphone un jour où j'appelais sa sœur.

– Ah, Jean-Marie… Je veux te parler car je n'en ai plus pour longtemps. Je suis très malade. J'étais loin de me douter qu'il y avait un petit génie dans la famille. Hier, j'ai vu *Papy fait de la résistance* à la télévision… Non seulement c'est drôle et c'est beau, mais c'est aussi un *documentaire* d'une fidélité extraordinaire sur l'époque !

Enfants, on allait toujours au cinéma seuls.

L'avantage, c'est qu'on choisissait bien entendu les films pour adultes, en mentant effrontément à la caisse : « J'ai oublié ma carte d'identité, mais je vous le jure sur la tête de ma mère, j'ai l'âge ! » C'était un leitmotiv. L'été, les clients étaient rares et les caissières ne répugnaient pas à faire semblant de nous croire, le monde était moins légaliste qu'aujourd'hui.

J'apprenais les résumés des films pour jeunes dans *Pariscope*, au cas où je devrais faire face à un interrogatoire serré. Mais pas une seule fois on ne m'a demandé ce que j'avais fait l'après-midi. On avait une paix royale.

Le seul spectacle où on allait avec nos parents en réalité, c'était la messe du dimanche. Au Pays basque, je l'aimais bien, à cause des chants. Les femmes étaient en bas, avec leurs mantilles ; les hommes, qui les mataient, étaient entassés dans les galeries sur trois étages. Les hommes et les femmes ne chantaient pas en même temps, ils se répondaient. Les hommes reprenaient les jolies mélodies des filles en beuglant comme des bœufs, à qui mieux mieux, pour se faire remarquer.

---

1. « Mon vieux ».

C'est dans le garage en béton du crachat que j'ai écrit, joué et mis en scène ma première pièce de théâtre, avant la chute de Patrick. On avait fait retirer les voitures des parents pour installer notre décor. Ma cousine Perrine a peint avec talent un paysage de désert avec des tipis indiens. Nos mères ayant refusé de nous prêter des draps, on a été voir les paysans qui possédaient un champ de maïs en face de chez nous. Ils nous ont confié une magnifique parure de lin familiale, moyennant la promesse que leur fille, la ravissante Bernadette, huit ans, serait la vedette du spectacle. La princesse Tamtam. On a découpé les draps pour en faire des tentes pointues, installé des chaises pour tous les parents du coin et on leur a fait payer leurs places (pas aux paysans, en reconnaissance des draps foutus !). Les places étaient chères, car le spectacle nous avait coûté de la thune. On a partagé la recette entre toute la troupe, équitablement, ce qui permettait d'acheter pas mal de Carambar.

La pièce était un imbroglio de trahisons, de cris, de bagarres violentes, de coups de poignard, avec un poteau de torture au centre de la scène, qui servait à tout bout de champ, et on terminait par un happy end où je donnais à la princesse Tamtam un chaste baiser sur la joue. Tout le monde était enchanté, surtout les parents de la princesse qui, malgré la perte irrémédiable de leurs draps magnifiques, espéraient que le producteur Alain Poiré aurait remarqué leur exquise progéniture pour en faire une vedette de cinéma quand elle serait grande.

C'est après que les problèmes ont commencé. On nous a acheté des pots de peinture blanche pour effacer notre trompe-l'œil – c'était le deal – mais les fresques de ma cousine réapparaissaient avec insistance dès que la peinture séchait. Une nouvelle couche avec un blanc plus opaque n'a servi à rien. Il a fallu faire appel à des professionnels et la facture a fortement déplu à nos vieux qui n'ont pas cessé de nous reprocher notre spectacle, à part mon oncle Claude, le directeur du théâtre Sarah-Bernhardt, qui était ému par notre « vocation ».

Les fresques sont réapparues dès que les peintures des professionnels ont séché. Il y a de fortes chances pour qu'elles soient toujours là, en filigrane, soixante ans plus tard.

Mon oncle Claude avait épousé une actrice du TNP[1], Françoise Spira, la jolie ingénue de la troupe. Elle était Chimène dans *Le Cid* interprété par Gérard Philipe. Je me suis cogné *Le Cid*, sur fond de rideau de velours noir. Rasoir et interminable. J'avoue que j'ai trouvé Gérard Philipe très mauvais, d'autant que, mioche, j'étais insensible à la beauté du bonhomme. Autant il était charmant au cinéma (en particulier dans *Fanfan la Tulipe*) et génial dans *Les Liaisons dangereuses* de Vadim, autant au théâtre sa voix chevrotait, il déclamait, chantant presque, avec des envolées lyriques que je trouvais ridicules, et qui sont aujourd'hui démodées.

En revanche, j'aimais beaucoup Françoise, qui était pour moi une sorte de diva extravagante.

Tonton Claude nous emmenait à la corrida à Bayonne ou à Dax, voire à Bilbao. Il avait offert à sa femme un manteau de vison et elle le mettait en plein cagnard, au mois d'août car, disait-elle, « il fait très froid à l'ombre ». Elle insistait pour que mon oncle intrigue auprès des matadors pour qu'elle reçoive leur *montera*[2] et qu'elle ait ainsi leur cape d'apparat devant sa loge[3]. Un jour, un torero, pas très bon, ni Ordóñez ni Dominguín, un second couteau, a fait mine de la lui envoyer mais à la dernière minute il l'a expédiée dans la loge voisine où il y avait une jolie blonde. Furieuse de l'affront, elle est allée pleurer dans le parking, où on a eu un mal de chien à la consoler.

Elle a produit et joué des pièces de théâtre parfois bonnes, parfois avec un certain succès, toujours un peu intellos. Elle

1. Le Théâtre national populaire. Philippe Noiret et Jeanne Moreau, entre autres, ont débuté au TNP.
2. Toque, généralement en astrakan.
3. *El capote de paseo* ; à la fin des premières passes, on la dépose devant l'élue qui a reçu la *montera*.

était formidable au théâtre dans la version française de *Miracle en Alabama*, qui évoquait la relation entre une éducatrice aux méthodes radicales, que jouait ma tante, et une jeune aveugle, sourde et muette. Mais dans tous ses rôles, elle était toujours excellente. Elle vivait à Neauphle-le-Château, sur le conseil de sa grande amie Marguerite Duras, qui lui avait dégoté sa maison. Elle a été la maîtresse d'Alain Resnais, et ça allait être son heure de gloire, car il lui avait promis le rôle principal de *L'Année dernière à Marienbad.* Pendant la préparation, il est tombé amoureux de Delphine Seyrig, qui lui a piqué le rôle. Plutôt que de l'abattre d'un coup de revolver, ce qui aurait été excusable, ou en tout cas compréhensible, Françoise a préféré rester dans le projet en devenant deuxième assistante sur le film. Quel masochisme et quelle tristesse ! On se serait cru dans *Sunset Boulevard* de Billy Wilder où le mari (et réalisateur) déchu devient le domestique de la star.

Certains dimanches j'allais voir ma cousine Perrine chez ma tante, et j'y croisais Resnais, Duras, Florence Malraux, Michèle Manceaux, Peter Brook, Michel Piccoli (qui allait, un temps, remplacer Resnais dans le cœur et le plumard de Françoise) et tous leurs amis, assez sérieux dans l'ensemble, cérébraux, mais intéressants et talentueux. D'autres dimanches, je déjeunais chez mes parents avec des pitres comme Jean Lefebvre, Francis Blanche ou Darry Cowl. C'était le grand écart. Cela m'a servi d'apprentissage. J'aurai plus tard de grands écarts à faire entre, par exemple, *La 7e Compagnie au clair de lune* et la musique des Frenchies, mon groupe de rock, ou entre Andy Warhol et Bernard Menez, pour ne citer qu'eux.

Quand je travaillais pour Michel Audiard, il m'invitait à déjeuner avec l'acteur Maurice Biraud, et le soir j'étais convié à dîner par le philosophe Gilles Deleuze et sa charmante épouse, Fanny, à leur domicile. Ce genre d'acrobatie aurait pu se révéler périlleux si je n'avais pas eu un peu d'entraînement.

Mon oncle Claude, directeur du Théâtre des Nations, présentait au théâtre Sarah-Bernhardt des pièces venues du monde entier, en version originale, jouées par les troupes qui les avaient créées. Pour un chef-d'œuvre japonais par exemple, on se fadait trois heures trente de japonais, ou bien il fallait louer des écouteurs avec une traduction simultanée (ces bidules, énormes et fort mal commodes, marchaient mal : des voix trop aiguës vous perçaient les oreilles ou au contraire étaient totalement inaudibles en raison de parasites ininterrompus). C'était un théâtre subventionné, ceci expliquant sans doute cela. J'ai eu la chance d'y voir un sublime *Hamlet*, mis en scène par Zeffirelli. Je n'ai pas compris un mot, mais c'était truffé de combats d'épées spectaculaires et la mise en scène en soi valait le déplacement, en particulier la lumière, qui était magique.

Le directeur général des théâtres gérés par l'État s'appelait M. Julien. C'était le supérieur hiérarchique de mon oncle. Ce soir-là, en tant que grand patron, il assistait à un spectacle à la place d'honneur du balcon, aux côtés de Françoise Spira, ma tante, très élégante. En plein milieu de la pièce, un fou a fait irruption parmi le public en beuglant. C'était tonton Claude qui venait d'apprendre que Françoise couchait avec ce Julien. Il l'a traitée de salope et de pute, et lui, de vieille merde et d'enculé ! Après avoir enjambé toutes les travées pour les rejoindre, bousculant tout le monde, il a étranglé son rival. Plusieurs personnes le retenaient, mais avant de se faire ceinturer et coller par terre, il a réussi à lui décrocher un uppercut. On a dû baisser le rideau. Tonton Claude a bien entendu perdu son emploi, ses subventions et son épouse. Mais il a récupéré un job à *Planète*, une revue de Louis Pauwels, écrivain et futur fondateur du *Fig Mag*. Il y a fait un article sur Haïti et c'est ainsi qu'il a rencontré une danseuse, Mathilda, véritable prêtresse de vaudou, black, très belle, avec de longs cheveux de jais splendides, des seins augustes, une grâce folle et un rythme fou. Elle déménageait ! Mathilda m'amusait énormément car elle dansait partout, sur la plage, dans la rue, dans les restaurants, se trémoussant de façon endiablée et sexy. Un jour elle est montée sur une table, en terrasse d'un café élégant de Saint-Jean-de-Luz, tapant dans ses mains pour battre le rythme, puis sur le métal pour que ça résonne plus fort. Les cafés, les cuillères, le sucre, tout est tombé par terre. La bretelle de sa robe d'été glissait sur ses épaules petite à petit, jusqu'à livrer aux regards de tous ses seins arrogants. Cela a créé un énorme attroupement. À genoux sur cette table rouge, elle a peu à peu écarté les cuisses, se jetant en arrière telle une diablesse, secouant une tignasse soyeuse et tentaculaire, en faisant claquer sa langue et en poussant quelques rugissements.

Puis elle s'est arrêtée brusquement, l'air hagard, sortant de sa transe. Elle a dévisagé les badauds, en secouant furieusement ses immenses cheveux.

– Qu'est-ce qu'ils ont à me regarder tous ? Ils sont racistes ou quoi ?

Je ne me souviens plus exactement de la remarque désobligeante faite par un grand Belge au premier rang, mais elle a déplu à mon oncle qui lui a collé un direct au menton. Le type, en retour, lui a mis vigoureusement son poing dans l'œil. Il a fallu réanimer tonton Claude avec de l'eau de Seltz. Ma cousine et moi sommes allés acheter une escalope de veau, supposée être un médicament radical pour les coquards, ce qui, vous pouvez me croire, n'est pas prouvé scientifiquement.

Ma tante Françoise s'est tuée dans une belle robe du soir, dans sa maison de Neauphle. Je crois qu'elle était déprimée parce que Piccoli l'avait plaquée pour Juliette Gréco. C'est un peu malhonnête d'écrire ça, car je pense qu'on se suicide à cause de soi-même, de son rapport difficile à la vie, pas vraiment pour quelqu'un d'autre. Personne n'est irremplaçable. Peut-être était-ce la maison qui portait la poisse, car la jolie femme qui l'a reprise, Irène Tunc, actrice aussi, s'est fait faucher juste devant la porte par un camion qui fonçait, alors que la rue est une impasse.

J'étais dévasté par le décès de Françoise qui suivait celui de mon meilleur copain Thierry, mort à dix-sept ans d'une leucémie foudroyante. Il avait tout pour lui, la beauté, une vive intelligence et un formidable humour.

Ces enterrements à la chaîne commençaient à défoncer mon système nerveux, créant de graves turbulences dans ma jeunesse.

Mon meilleur copain de l'école, Marc, n'avait rien trouvé de mieux à faire que de se suicider aussi. Mais lui, Dieu merci, s'est raté. Son père, chirurgien et grand patron, a refusé de me laisser lui rendre visite dans sa clinique, sous prétexte que j'avais une détestable influence sur lui. Une influence, c'est possible, j'ai toujours aimé délirer et j'ai souvent incité mes potes à me rejoindre, mais je n'ai jamais poussé personne au suicide.

Dans *Mes meilleurs copains*, j'ai écrit cette réplique : « Vous vous demandez certainement pourquoi j'ai autant de meilleurs copains, mais parce que c'étaient tous, vraiment, mes meilleurs copains. »

Je ne sais pas si trop de malheurs vaccine. On m'avait prêté une caisse et j'ai foncé à la campagne. Il faisait beau, un froid sec agréable. J'ai marché seul dans un champ et j'ai crié – un cri puissant, entre le cri primal et le hurlement du loup –, un truc qui disait : « Je suis vivant ! » La journée était merveilleuse et belle, la vie était miraculeuse après tout, notre grosse étoile était au zénith, brûlant ma peau, réchauffant mes os, même si c'est interdit de la regarder. Hors de question de me laisser happer par des événements dont je n'étais pas responsable. J'ai décidé d'être heureux quoi qu'il arrive.

Ma mère faisait chaque année ce que j'appelais « les photos du bonheur », une fois l'été, une autre fois en hiver. C'était pour avoir une image de famille parfaite, à la Norman Rockwell. Elle m'emmenait, gominé et sur mon trente et un, faire une promenade dans l'arrière-pays, à la recherche d'une belle maison ou d'un paysage, pour me photographier devant... « Choisis ta maison », elle disait, et puis elle s'extasiait sur mon bon goût. Ma mère savait faire du charme.

Ou bien elle nous traînait au bois de Boulogne avec mon cousin et elle faisait de jolis clichés de nous en train de tirer au revolver (factice) en répétant les poses, comme au cinéma où on répète les prises. Ces photos, très réussies, donnent l'illusion d'une famille heureuse idéale. S'il y avait une excursion, une fois tous les cinq ans, alors là, elle mitraillait comme un paparazzi pourchassant Lady Di. Ses albums de photos sont magnifiques, avec des billets d'avion collés, des tickets de théâtre, des bulletins d'école, des coupures de presse et des autographes de célébrités.

Le Cours Saint-Louis où j'ai fait la totalité de ma scolarité était une école privée, assez chère, et ils avaient un mal fou à glaner des clients. Il était hors de question d'en lourder un. Quelle que soit la connerie que vous aviez faite, hormis planter un surgé avec un couteau dans le dos, on ne vous renvoyait jamais complètement. Le renvoi était pour un après-midi, une journée, une semaine grand maximum dans les cas graves, c'était l'idée (inepte, car passé la première torgnole, c'était cool de rester chez soi à jouer aux Meccano ou à lire *Les Aventures de Tom Sawyer*). J'ai dû totaliser un bon trimestre de renvoi, au bout du compte.

Je ne devais pas être bien vieux quand j'ai été renvoyé pour la première fois. Deux jours de renvoi ! À mon arrivée à la maison, j'ai pris une bourre de ma mère, mais elle m'a surtout annoncé que mon père allait revenir de son bureau spécialement pour m'en filer une autre, plus sérieuse, celle-là, une vraie. Elle a même évoqué de possibles coups de ceinture.

– Ton père a fait de la boxe !

Je suis allé pleurnicher sur mon lit, pétrifié. La porte d'entrée a claqué fort. Quand j'ai entendu la voix de mon père, mon cœur s'est arrêté. En fait, il s'est juste contenté de m'engueuler un peu, sans conviction, il était clair que le rôle d'éducateur l'assommait plus qu'autre chose. Il est reparti, s'est enfermé dans leur chambre, où je l'ai entendu causer avec ma mère, un long moment. Curieux, je me suis glissé dans le couloir, à petits pas prudents. Je pouvais toujours prétexter une envie de pipi, les toilettes étant presque en face de leur porte. Je les ai entendus rire, ce qui, vu la situation, paraissait incongru. J'ai fait le tour par le salon, m'approchant de leur piaule, caché derrière le grand canapé, à quatre pattes comme un chat. Mon père, sévère quelques instants plus tôt, était au téléphone, hilare. Il tenait mon bulletin de renvoi à la main et le lisait à son copain Gérard Oury. Il se marrait franchement.

– « A parié qu'il ferait rire ses camarades. Pari gagné ! » Ses profs ont de l'humour, remarque !

Ma mère acquiesçait avec un sourire amusé.

– Jean-Marie est un numéro ! a-t-il ajouté, avec tendresse.

J'ai rampé hors du salon, gambergeant à cinq mille à l'heure. Ainsi il y avait une façade officielle, exemplaire et inflexible, avec des beignes et des menaces de pensionnat à Pontarlier. Mais à l'arrière-plan, il était visible qu'on supportait assez bien mes bêtises, et même qu'elles pouvaient amuser. Cet instant a fait basculer mon existence. Même si j'étais à mille lieues de me douter que l'humour et mes bévues allaient me permettre plus tard de gagner correctement ma vie, je voyais quand même se dessiner devant moi un sentier attrayant, sentant bon les fleurs buissonnières, si on savait se faufiler entre les pointes des cactus. J'ai découvert que le mauvais esprit était profitable et que vos défauts pouvaient vous rendre plus aimable que vos qualités.

Certains de mes professeurs (tous laïcs) étaient très bons. J'ai même eu comme prof d'histoire François Furet, un de nos plus éminents historiens, qui faisait des cours qui ressemblaient à des films et qui m'amusait aussi car il fumait en classe, au grand dam du surgé général.

Il n'y avait que deux curés, dont un vous touchait un peu la cuisse à l'occasion, profitant du sacrement de la confession, ce qui me gênait affreusement. La seule chose qui l'intéressait, c'étaient mes mauvaises pensées, mais je n'en avais pas, et de toute façon, comme disait le dialoguiste Henri Jeanson, « on ne fait pas de bonne littérature avec les bons sentiments ». Le côté religieux n'était pas trop casse-pieds. J'ai toujours eu une certaine tendresse pour la religion catholique à cause des « indulgences » à l'origine de la révolte protestante. Une religion où on pouvait racheter ses péchés avec un peu d'oseille ne peut pas être complètement mauvaise, car cela prouvait que les péchés, ce n'était pas plus grave que ça. Une contravention pour stationnement gênant. Hormis ces sales mains chaudes sur mes cuisses de mioche en culottes courtes, désagréables mais peu fréquentes (je n'allais à confesse que rappelé à l'ordre), je ne me sentais pas oppressé par les curetons. J'aimais bien chanter des cantiques et chahuter à l'occasion. Nous avions toute une panoplie de tintamarres, au moment où le curé nous tournait le dos, qui allait des petits claquements de langue aux chutes de missel ou aux bruits de pets produits en refermant violemment son bras sur une main positionnée sous les aisselles. Je me souviens de cette réflexion hilarante du prêtre pendant la consécration, calice en l'air, donc dans l'interdiction de se retourner par respect pour la Croix, et qui a dit très fort, de dos : « Je sais très bien qui a fait ça et il passera un mauvais quart d'heure tout à l'heure ! » Ça n'a pas été suivi d'effet, malgré les tentatives insistantes pour nous pousser à la dénonciation.

Ma mère était bourrée de contradictions. Elle était sévère et respectueuse des traditions, mais n'était pas une bigote imbécile. Elle savait relativiser. Elle montrait d'étranges paradoxes. Dans sa bibliothèque, j'avais repéré un livre de Gide qui s'appelait *Isabelle*, le prénom de ma cousine. Ce titre m'a intrigué, même si j'étais conscient qu'il n'y avait pas une chance au monde qu'il parle de l'amitié entre cousins. Ma mère me l'a ôté des mains.

– Laisse tomber ça, c'est assommant ! Quitte à lire Gide, choisis au moins une œuvre essentielle…

Elle a remis *Isabelle* sur son rayon et m'a tendu à la place *Les Nourritures terrestre*[1].

– Tu liras ça en cachette… C'est très immoral…

Par contre, elle n'a pas du tout apprécié mon premier roman, qui s'appelait *Les Mauvais Fils*. Je l'ai écrit à treize ans. Cela avait épaté mon grand-père, que j'écrive si jeune. Il voulait faire lire le manuscrit à un ami, directeur aux éditions Denoël. Ma mère s'y est opposée. C'était l'histoire d'un gamin en colère contre sa famille. Elle trouvait que ce sujet était une atteinte à sa réputation. Elle m'a dit que mon livre n'était pas abouti.

– Françoise Sagan écrit des histoires d'adolescentes avec un regard d'adulte, toi, tu écris des histoires d'adultes avec un regard d'enfant immature.

Quand j'ai raconté ça à Françoise, des années plus tard, ça l'a beaucoup choquée.

– Mon Dieu ! Quelle horreur ! Il faut toujours conserver son regard d'enfant le plus longtemps possible ! Votre mère est idiote ! J'aimerais beaucoup vous lire.

J'ai rencontré Sagan quand j'étais cameraman stagiaire aux *Actualités*. Le boulot consistait principalement à porter le matos, à remplir les appareils de péloche, et à aller chercher des bières et des sandwichs. Les opérateurs m'apprenaient des bricoles utiles mais ils n'étaient pas non plus futes-futes et la direction n'était pas sûre qu'ils soient très qualifiés pour faire une interview de Sagan à l'occasion de la parution de son nouveau roman. On m'a donc confié cette mission (ma première réalisation au cinéma). Voulant éviter une interview

1. *Les Nourritures terrestres* (1897) est un essai sur le plaisir et l'éveil des sens. On y prône également l'éloignement de la famille et l'émancipation des contraintes religieuses. « Famille, je vous hais ! »

statique, je l'ai filmée dans l'ascenseur de la tour Eiffel et dans la brasserie du deuxième étage. Comme la plupart des Parisiens, elle n'y était jamais montée. C'était une femme d'un charme fou et d'une rare drôlerie. Elle adorait dire et écouter des bêtises. On était faits pour s'entendre ! On a passé deux jours pliés en quatre comme des bossus. Elle était ravie de l'interview, quand on la lui a montrée. Elle a dit que j'étais « un amour » à la direction générale. Elle m'a prêté sa maison à Équemauville pour un week-end. (Les femmes ont toujours été adorables avec moi, j'ai eu cette chance.) Je suis arrivé à Honfleur avec enthousiasme le samedi après-midi mais sa maison m'a pétrifié. Elle était froide, raide comme un roman de Mauriac, avec des meubles antiques et une vieille bonne à tout faire, lugubre et poussiéreuse, qui nous a fait à dîner une soupe triste et de la purée (je n'aime pas la purée, sauf celle du regretté Joël Robuchon, et encore, avec modération…). À la fin du dîner, j'ai dit à la vieille bique qu'on allait faire un tour et on n'est jamais revenus. J'ai emmené ma copine à l'hôtel Normandy à Deauville et j'ai claqué en deux jours mon salaire de trois mois. Après il a fallu emprunter à droite à gauche et espérer des jours meilleurs. Je ne voulais pas passer le week-end dans cette maison lugubre, si peu à l'image de la femme exquise que j'avais rencontrée.

Je n'ai plus jamais revu Françoise malheureusement, par timidité, sans doute. J'avais peur qu'elle eût été vexée.

Mon amie Sylvie Testud a interprété Sagan de façon magistrale. Le film était bon, mais j'ai trouvé qu'on insistait trop sur les drames de l'écrivaine, son addiction à la drogue et au jeu, sans montrer à quel point elle était malicieuse et spirituelle. Le déjeuner de notre rencontre puis les deux jours passés avec elle ont été un enchantement pour moi. Sa gaieté n'apparaissait pas dans le film.

Mon deuxième roman – écrit à seize ans – n'a pas connu un meilleur sort. Pourtant il a intéressé une femme influente et talentueuse, Christine Arnothy, auteur du best-seller

J'ai quinze ans et je ne veux pas mourir. Je lui avais dit que j'écrivais, fait un peu de charme et on avait sympathisé. Elle avait emporté mon manuscrit avec elle. Elle voulait me revoir et m'en parler. L'histoire avait déplu à ma mère. C'était celle d'un prof plaqué par sa compagne qui, dans un moment de déprime, avait accepté un poste dans un pensionnat privé de province. Il surprenait deux de ses élèves en plein rapport homosexuel, et au lieu de les dénoncer, il les protégeait, il les trouvait attendrissants. C'était LGBT avant l'heure, c'est ce qui défrisait ma mère. Il y avait des passages un peu osés et c'était précisément ces scènes-là qu'Arnothy trouvait captivantes. Par contre, elle pensait qu'il y avait un côté nunuche dans mon livre, genre l'amour est l'amour, qu'il fallait corriger. Elle me disait qu'il fallait aller « plus loin ». Comme l'abbé de la confession qui touchait mes cuisses, elle voulait connaître mes mauvaises pensées. Elle était en vue chez Julliard et elle m'assurait que je serais publié si je suivais ses conseils.

– Oui, enfin, Christine n'est pas Balzac non plus ! m'avait balancé ma mère, agacée de son intervention.

Nous nous sommes vus une autre fois et je lui avais déposé quelques nouvelles pages, puis elle ne m'a plus donné signe de vie. Elle ne répondait plus à mes appels. Silence radio. Cela ne m'a pas dérangé plus que ça, car je venais de découvrir le papier à cigarettes Rizla +, ce qu'on peut mettre dedans, le jazz, la vodka et de nouveaux amis planants. De nouveaux horizons palpitants s'offraient à moi.

Longtemps après, ma marraine m'a dévoilé le fin mot de l'histoire. Maman avait le même coiffeur qu'Arnothy. Elles s'y étaient croisées et ma mère l'avait baratinée, en lui disant que j'étais un hypocrite, que je pensais le plus grand mal de ses conseils, que je les suivais avec les pieds de plomb dans un but « purement commercial ». Arnothy m'a donc rayé de ses tablettes.

Quand j'ai appris ça, mes premiers livres étaient loin derrière et je n'ai pas cherché à la recontacter.

J'ai beaucoup réfléchi à l'attitude peu sympathique de ma mère. Elle a sans doute été guidée par la bienséance, mais c'était aussi une femme intelligente et réfléchie : elle fantasmait à mon sujet, imaginait pour moi d'autres ambitions, des romans plus légers où j'exprimerais mieux mon talent. Elle appréciait mon humour, or il n'y en avait pas dans ces livres. Elle m'a toujours trouvé drôle, très drôle même, et elle a toujours dit que la drôlerie chez un homme était le comble de la séduction.

Umberto Eco fait une distinction entre deux sortes de littérature : selon lui, il y a la littérature problématique (il pense certainement qu'il en fait partie et la juge la plus profonde) et la littérature consolatrice, plus vendeuse. J'avoue que je n'aime pas trop les généralités, mais si cette distinction est juste, disons que dans ma jeunesse j'étais enfoncé jusqu'au cou dans la problématique et que, finalement, j'ai couru vers la consolatrice comme un dératé, comme si c'était une bouée de sauvetage, car elle me correspondait mieux. C'est quand j'ai découvert qu'un de mes grands plaisirs (après les truffes du Périgord, le sexe, les grands crus, les musées, les belles caisses et les palaces) consistait à faire marrer les gens.

Une anecdote me revient, que m'a racontée mon ami Serge Bramly, un excellent romancier et un grand photographe. Il était dans une foire du livre, assis sur une petite chaise en plastique, et son voisin était Eco. Personne ne pouvait accéder à leurs stands car il y avait une file de 50 mètres de long qui obstruait l'allée : celle pour faire dédicacer les livres de cuisine de Maïté. Maïté, méridionale et chaleureuse, discutait le bout de gras pendant des plombes avec ses lecteurs et la file était horriblement statique. Une vieille dame a demandé à Eco : « Pardonnez-moi, monsieur, pourriez-vous reculer un peu vos livres pour que je puisse m'asseoir ? Je suis âgée et fatiguée. » Sans attendre la réponse de l'Italien, elle a poussé ses livres et posé son postérieur sur sa table. Il ne me viendrait pas à l'idée de comparer mon travail avec l'œuvre d'Umberto Eco et encore moins avec les écrits utilitaires de Maïté, mais l'anecdote est effrayante.

Si jamais ma mère m'a trahi en faisant tout son possible pour que je ne sois pas édité, elle m'a probablement aussi rendu un grand service. J'aurais pris un train pour une destination qui ne m'aurait pas convenu au bout du compte. Car même si le chemin a été plus long et difficile – car faire rire est au-delà d'exténuant – j'ai fini par en être récompensé.

32

GÉNÉRIQUE DE FIN

Quand on m'a prévenu que mon père était au plus mal, j'étais une nouvelle fois à Los Angeles pour le montage de *Just Visiting*, le remake US des *Visiteurs*. J'avais une projection test importante prévue de longue date, donc je n'ai pu prendre l'avion que deux jours plus tard. Je suis allé directement de Roissy à son appartement.

Il avait tenu bon. Il voulait me voir avant de partir. Il m'a demandé, dans un énorme effort, parce qu'il ne pouvait plus parler, que je lui raconte où j'en étais de mon film. Je lui ai parlé de la projection qu'on venait de faire et je lui ai dit que les réactions du public avaient été exceptionnelles – c'était un mensonge, les réactions avaient été juste convenables, mais ce n'était pas le moment de l'inquiéter. Il m'a pris la main, qu'il a tenue longtemps, et il m'a murmuré, dans un souffle, les derniers mots qu'il a prononcés avec moi :

– Merci pour ces bonnes nouvelles !

Je l'ai laissé se reposer, car il était visible qu'il n'en pouvait plus. Il est mort dans la nuit. Il y a eu une tempête incroyable cette nuit-là. L'immense cèdre bleu qu'il aimait tant dans son jardin a été arraché par le vent. Ça me console un peu de savoir qu'il ne l'a jamais su. Ma mère, bien entendu, croyait que c'était lié. Moi pas. Il y a une limite à l'imagination délirante.

Je ne peux pas évoquer mon père sans parler aussi de ma mère. C'était un couple extraordinaire, comme je crois qu'il n'y en aura plus beaucoup. Le moule est cassé.

C'est peu dire qu'il lui a été infidèle. Elle le savait, bien entendu, mais son amour pour lui était le plus fort. Il fallait simplement qu'il n'exagère pas trop, que ses incartades ne se transforment pas en histoires d'amour. Là, elle se fâchait, et il revenait à la maison, sans hésitation. Parmi les centaines de femmes qu'il a séduites, il a quand même eu quelques aventures sérieuses : Ann-Margret, une actrice américaine sexy, et une actrice française de grand talent, sexy aussi, Dany Carrel. Dans les deux cas, il a finalement préféré maman.

Dany Carrel a eu une formidable attitude avec lui. Quand il l'a quittée, suite au violent chantage de ma mère, il lui avait déjà signé plusieurs contrats d'avance pour des films dont elle était la vedette. Elle est venue à son bureau, avec ses contrats, et elle les a déchirés devant lui, pour lui faire comprendre que sa relation avec lui n'avait jamais été intéressée. Quelle classe !

Maman est morte à cent un ans. Dans sa chambre, je suis tombé sur un tas de photos sur lequel elle avait collé le Post-it : « Vérifier si doubles ». Sur la photo du dessus, elle était en robe du soir avec un grand chapeau, à côté de Michèle Morgan. Ce n'est pas rien d'être à côté de Michèle Morgan et de ne pas paraître moche ou simplement tartignolle. Morgan était d'une beauté légendaire. Eh bien maman était splendide aussi. C'est marrant qu'il y ait eu cette photo-là en premier, parce que c'est un souvenir précis de mon enfance. Elle nous avait montré sa robe avant de partir pour cette soirée, et je me rappelle encore combien je l'avais trouvée belle, combien j'avais été fier d'elle.

Ma mère était jolie et elle a été le premier amour de mon père. Quand ils se sont mariés, elle avait seize ans, lui, dix-huit. Ils étaient amoureux depuis deux ans. Il la trouvait belle, mais c'est surtout parce qu'il rigolait beaucoup avec elle qu'il l'a tant aimée. Ma mère était un numéro.

Elle pouvait être dure, mais elle avait de la hauteur d'âme et haïssait la complaisance. Quand mon père est mort, Marie-José Nat déboule à Neuilly et tombe dans ses bras en larmes, façon pleureuse italienne (Marie-José était corse) :

– Mon Yvette ! C'est trop affreux ! (Gros sanglots.)

– Ah non ! fait ma mère en la repoussant sèchement. Pas de ces simagrées ici ! On a suffisamment de peine comme ça !

Ses larmes méditerranéennes séchées d'un coup, Marie-José n'a plus moufté. Ma mère a continué, presque tendre :

– C'est gentil à toi d'être venue, ça me touche, mais gardons notre dignité… Alain aurait détesté ce cirque…

C'était ma mère dans ses grands moments, quand son côté reine d'Angleterre était réussi : *Never explain, never complain*[1].

Je n'ai aucune envie d'énumérer ici ses qualités, son intelligence, sa vivacité, sa culture, ce n'est pas amusant. Elle était aussi d'un aplomb incroyable, autoritaire à l'excès, parfois même terriblement désagréable. Elle vous balançait ses opinions en pleine tronche, et tant pis pour la casse. Mais elle avait un charme fou pour se faire pardonner.

Elle était aussi d'une mauvaise foi extravagante.

Un jour au déjeuner, on apporte un camembert appétissant au quart entamé, un fromage dégoulinant d'une crème magnifique. Avec un couteau, elle coupe aussitôt les deux côtés coulants, au ras de la pâte un peu sèche, et elle les met dans son assiette, puis elle en tartine son pain grillé. Bref, elle nous laisse le restant, moche, écrasé en plus, parce que tout le coulant est parti.

– Dis donc, maman, tu ne nous as pas éduqués comme ça… Tu te sers en premier et tu prends le meilleur pour toi toute seule ?

– Mais pas du tout, je fais ça pour vous ! J'ai retiré la partie abîmée pour que le fromage soit présentable !

---

1. La devise des Windsor : « Ne rien justifier. Ne jamais se plaindre. »

Aussi loin que je m'en souvienne, maman sonnait toujours pour rentrer chez nous. Elle avait la flemme de chercher sa clé au fond de son sac. Quand je dis qu'elle sonnait, ce n'est pas exact, elle carillonnait hystériquement, elle défonçait la sonnette à coups répétés, comme s'il y avait le feu dans l'escalier ou qu'un clochard la poursuivait avec une machette. Tout le monde se précipitait pour lui ouvrir, la cuisinière, la femme de ménage, ou nous. Une fois, je lui ai tout de même fait remarquer :

– Tu dis toujours qu'on doit sonner poliment, un coup discret, et que si personne ne vient, il faut attendre quelques minutes avant de refaire un petit coup discret. Tu ne fais pas exactement ce que tu veux nous inculquer…

– Ça n'a rien à voir… Je sonne comme ça pour vous faire savoir que c'est moi… Pour signifier que vous n'avez pas besoin de vous presser.

Sur le tournage des *Visiteurs*, je donnais une indication à Valérie Lemercier, en lui disant que j'aimerais que son personnage montre un peu plus de mauvaise foi. Elle m'a regardé avec des yeux d'enfant.

– C'est quoi, la mauvaise foi ?

– Tu te fous de moi !

– Pas du tout !

Je lui ai raconté l'épisode de ma mère carillonnant maladivement et cela l'a fait mourir de rire.

Même si ce n'était pas toujours le cas avec moi – surtout en cas de torgnole –, ma mère a toujours beaucoup amusé mes amis. Clavier, par exemple, quand il venait déjeuner chez mes parents à la campagne, était impatient de la voir utiliser son vibraphone. C'était un petit vibraphone pour enfant, rouge, avec six notes, posé sur un tabouret en fer forgé blanc, à côté de sa chaise. Elle s'en servait pour appeler la cuisinière (elle aurait pu tout aussi bien l'appeler de vive voix, la fenêtre de la cuisine étant à 3 mètres à peine de la table sous les tilleuls où nous déjeunions). Elle tapait avec une violence de bœuf sur son vibraphone, *doung-ding-dong-dang-doung-ding*, vous vrillant les oreilles. Chaque fois, Christian avait un mal fou à ne pas pouffer. J'ai mis ce gag dans *Mystère à Saint-Tropez* avec Clavier et Poelvoorde (entre autres), mais le gag n'était pas bien filmé et ça tombait à plat.

Ma mère était sportive, joueuse, intéressée par tout. Un jour que je m'étais perdu dans les montagnes, au sud de Los Angeles, et que je cherchais à retrouver mon chemin sur une carte, elle a dit d'une petite voix, depuis la banquette arrière :

– Moi, j'adore qu'on soit perdus. C'est là qu'on fait les découvertes les plus extraordinaires. Ton père aimait foncer sur la route pour arriver au plus vite, j'en ai beaucoup souffert. Moi, je tournais à droite, à gauche, je partais à l'aventure.

Mon père était un champion du cholestérol – son toubib voulait l'exposer sur une tournette au musée de la Découverte avec cette plaque : « 6,5 grammes. Toujours vivant. » Ma mère, elle, était increvable, un véritable étalon de solidité. Ça lui a permis de vivre cent un ans dont cent et demi intenses et merveilleux. *Iron woman.*

Je l'avais invitée à Boston parce qu'elle voulait connaître les musées d'Harvard, dont on lui avait dit le plus grand bien. Après, nous sommes partis en voiture pour New York, en passant quatre jours à Newport pour visiter les *mansions*. Elle avait déjà quatre-vingt-neuf ans sonnés.

Le premier jour, on a quitté l'hôtel, on s'est tapé 2,5 kilomètres de parc, et on est allés visiter tous les théâtres, qui sont splendides. Puis on a retraversé le parc, de part en part, et on est allés visiter trois musées, tout ça à pinces, moi avec des Lobb en cuir dur, elle dans ses baskets. Je commençais à en avoir plein les pattes. Elle lève les yeux au ciel.

– C'est normal, tu n'es pas équipé !

À un moment, elle a parlé à un type dans la queue où on achetait les billets – elle parlait à tout le monde, dans n'importe quelle langue, sans la moindre timidité. Le type lui a demandé si elle connaissait le Old South Meeting House, un musée qui n'était pas sur notre liste.

– C'est à trois blocks. Ça vaut le coup, lui a-t-il dit.

Elle a voulu s'y rendre. J'ai proposé de prendre un taxi.

– Pour quoi faire ? C'est à trois blocks. Tu es une mauviette ou quoi ?

– Maman, en Amérique, les pâtés de maisons, ce n'est pas comme à Paris, ça peut faire 600 à 800 mètres, parfois plus.

Elle ne répond même pas : elle est déjà partie. Après ce quatrième musée, je hèle un taxi pour rentrer à l'hôtel.

– Mais c'est ridicule ! L'hôtel est de l'autre côté du parc. Si tu es fatigué, rentre en voiture, moi, en tout cas, je rentre à pied.

Sans attendre ma réponse, elle disparaît. J'ai filé des dollars au taxi qui avait déjà enclenché son compteur et j'ai suivi ma mère. Quelle mauvaise idée ! De retour à l'hôtel, j'ai dû prendre un bain de pieds de vingt-cinq minutes en mettant de l'aspirine effervescente dans l'eau.

Elle a voulu aller dîner au restaurant à pinces.

Il n'y avait pas que ses pieds qui étaient coriaces. Sa force mentale l'était aussi.

Je me plaignais d'insomnies et elle m'a conseillé un truc que je n'ai jamais réussi à mettre en pratique, malgré des efforts répétés. Elle, pour s'endormir paisiblement, pensait à des châteaux et à des jardins qu'elle avait visités, elle rêvait qu'ils étaient à elle et qu'elles s'y promenaient, avec ravissement. Puis ronflements. Quand je l'avais invitée en Écosse, pour lui montrer les exceptionnels jardins du château de Crathes, les plus beaux que je connaisse, elle a pris un million de photos, comme d'habitude.

– Ce jardin-là va me faire pas mal de nuits !

Elle m'estomaquait par la force de son imagination.

Mon père avait voulu acheter la bicoque de l'autre côté de la route de leur résidence secondaire, parce qu'elle possédait un verger charmant plein de petits pommiers et d'arbustes en fleurs. Il était pile devant la fenêtre principale de leur chambre, une vue que lui et ma mère adoraient. Le voisin en demandait un prix extravagant et mon père a laissé tomber l'affaire. La maison lui a échappé.

Le nouveau propriétaire a rasé les pommiers et construit un pavillon qui bloquait leur vue, avec un grand toit en pente... Je l'ai taquiné :

– Dis donc, il est affreux, ce toit, devant votre vue ! Dommage que tu n'aies pas racheté ce terrain !

Ma mère m'a coupé la parole :

– Notre rêve, à ton père et moi, a toujours été d'avoir une grange avec des chèvres, des veaux et un petit âne. Eh bien, quand on regarde ce toit, on imagine que c'est notre étable et on est ravis.

Son imagination m'avait mouché.

Elle était forte en leçons de vie... En 1993, à Neuilly, un forcené avait pris des mioches en otage dans une école. On ne parlait que de cela à la télé. Nicolas Sarkozy, maire de la ville, avait obtenu que le forcené libère quelques enfants en échange de nourriture. Le type, qui s'était surnommé Human Bomb, avait libéré les plus chipies, celles qui n'arrêtaient pas de geindre et de hurler. Il avait gardé les petites filles sages. Quand je suis arrivé chez mes parents – invité à dîner –, ma mère a commenté l'événement.

– Tu vois, c'est pour ça que je ne vous ai jamais forcés à être sages ! Les petites filles odieuses sont récompensées et les petites filles modèles vont rester enfermées jusqu'au bout, et peut-être même mourir avec lui. Il faut se méfier d'être sage comme de la peste !

Ma mère pouvait être extrême dans ses démonstrations, mais restait toujours amusante.

Un jour que nous étions tous les deux en tête à tête, en voiture, et elle m'a demandé à brûle-pourpoint :

– Qui est Kurt Cobain ?

Un peu étonné, je lui ai demandé en quoi ça l'intéressait (elle frôlait les cent ans).

– J'ai lu un article sur lui qui n'était pas clair du tout, pourtant il avait l'air intéressant, cet homme.

Je lui ai parlé de Cobain, de ses chansons, de son suicide aussi. Mais j'ai eu un trou de mémoire impardonnable : impossible de me rappeler le nom de son groupe.

Vingt minutes plus tard, j'ai poussé un hurlement :

– Nirvana ! Son groupe s'appelait Nirvana !

Ce nom est devenu un code entre nous. Dès qu'on ne trouvait plus le nom d'un film, d'un acteur, d'un peintre, d'un hôtel, de quoi que ce soit, à cause de nos âges avancés, c'était « Nirvana ».

– Comment s'appelait ce second rôle fabuleux, déjà, qui jouait avec Gabin dans…

– Nirvana.

Ma petite maman, j'espère que tu es au Nirvana à présent.

33

RIRE EST UNE FÊTE

« Il n'y a que deux façons de vivre sa vie :
l'une en faisant comme si rien n'était un miracle,
l'autre en faisant comme si tout était un miracle. »
Albert Einstein

Le bonheur va vers le bonheur et les tuiles attirent les tuiles, l'expérience vous l'apprend vite. La chance va aux chanceux. Mouflet, quand je jouais de l'argent aux cartes chez mes parents, ils m'avaient appris à régler mes dettes, quelles qu'elles soient. Mais je gagnais heureusement plus souvent que je ne me faisais taper.

Un soir, je jouais contre mon papa et c'était la Bérézina. Je pestais sans cesse. J'étais au bord des larmes. Mon père me disait : « Arrête de geindre, ça ne fera pas venir les bonnes cartes. » Par moments, il me vannait, se vantant de sa science du jeu remarquable :

– Je joue mieux que toi, il faudra t'y faire !

– D'habitude…

– D'habitude, tu as du pot. Ça tourne. Les choses se remettent en place. À la longue, le mérite gagne…

Le téléphone a sonné. Il était minuit. On l'appelait pour lui donner les résultats d'un film qu'il avait produit. C'était un désastre.

– Et en banlieue, c'est comment ?

Un terrible silence avait suivi, qui en disait long.

Il est revenu, sombre, à la table de jeu et la chance a tourné. Les chiffres qui lui couraient dans la tête l'empêchaient de réfléchir et, pire, les cartes qu'il montait étaient mauvaises. Non seulement j'ai rattrapé mes pertes (très au-dessus de mes moyens – il ne me les aurait pas offertes, les aurait inscrites sur un cahier, j'aurais dû rembourser petit à petit jusqu'au dernier sou) mais j'ai gagné beaucoup. Ça m'a fait réfléchir. Mon père avait raison : les plaintes attirent la déveine.

Ado, à l'école, j'avais inscrit et souligné en évidence sur mon cahier de texte cette citation de Shakespeare : « Abandonnez ceux qui s'abandonnent eux-mêmes ! » C'était par provocation, pour dire à mes profs : « Si je ne fous rien, laissez-moi tranquille ! » Mais en réalité, cette maxime est un bon conseil, je l'ai constaté par la suite, des tas de fois. Elle est dure, mais la nature est dure, nous sommes (toutes et tous) des machines à survie, c'est ce que nos gènes nous commandent, on doit survivre du mieux qu'on peut. Quand je suis déprimé, attaqué par l'existence, je pense que j'ai eu la chance d'être un spermatozoïde qui a gagné fougueusement une course devant 100 millions de gamètes esseulés. Qui a le culot de se plaindre après ça ? Le générique du film *Allô maman, ici bébé*, avec Travolta, le rappelait brillamment, irrésistiblement. J'ai été admiratif de la trouvaille. J'ai toujours tendu vers des choix agréables et, Dieu merci, la Vie merci, j'en ai vécu des flopées, de ces instants. J'ai dit plusieurs fois dans ce livre que j'avais du bol. Eh bien, le Bol, merci !

Je suis fasciné et admiratif de voir le soleil, notre étoile. J'aime ces trillions de photons qui nous réchauffent et être transpercé par des trilliards de neutrinos. Les Égyptiens, les Incas et les Mayas érigeaient le soleil en Dieu. Je suis horrifié par les sacrifices humains, cette brutale infamie, mais je peux comprendre qu'ils aient choisi cet astre pour déité. Les étoiles ont créé le vivant, donc NOUS, la nature immensément belle et l'oxygène si bleu, revigorant. Notre étoile est ponctuelle, fidèle, elle nous protège et nous colle des coups de soleil. Je comprends qu'on puisse l'adorer. Un truc assez énergique pour vivre 10 milliards d'années force le respect.

Je cherchais une formule magique pour le mage des *Visiteurs*. J'ai commencé par étudier la Kabbale, des formules de magie noire, Aleister Crowley et autres sorciers, j'ai laissé tomber. J'avais peur que ça me porte la scoumou… (je n'ose même pas terminer le mot). C'est pour ça que j'ai écrit en latin de cuisine cette formule qui ne fait référence qu'au soleil : « Par Horus (le Dieu du ciel) et par Râ (le Dieu du soleil) et par le soleil victorieux, tu iras[1]. » *Buena suerte !*

J'aime réchauffer le cœur des gens et offrir du bonheur. J'éprouve de la félicité quand j'arrive à faire marrer le monde. Quand vous racontez une blague et que tout le monde s'esclaffe, vous connaissez cette sensation agréable. Imaginez maintenant une salle de mille cinq cents personnes et écoutez le bruit ! Pensez que vous en êtes responsable, le maître d'œuvre. Ce rire est magique. C'est une caresse. Merci au public pour tous ces moments doux !

J'aurais aimé faire plus de films mais la vie est ainsi faite. Mes films sont expérimentaux, ils ont été difficiles à monter, et, pour une raison mystérieuse, souvent les décideurs n'y croyaient pas ou ne les aimaient pas, voire les méprisaient. Ils se sont bourrés les poches quasiment à chaque fois – en tout cas, sur la durée, toujours – mais ça ne semblait pas les satisfaire complètement. Les producteurs, oui, ils en avaient envie, mais les financiers qu'ils contactaient y allaient toujours à reculons.

Je ne regrette pas mes projets avortés, car j'ai eu assez de beaux enfants qui m'ont donné satisfaction. Quel bol !

Merci au public d'avoir été des mômes avec les yeux écarquillés d'un matin de Noël. La photo de moi que je préfère me représente avec mon petit frère, mioches, tous deux en robe de chambre, découvrant nos cadeaux devant la cheminée. C'est une des « photos du bonheur » de ma mère – celle-là était vraie.

---

1. *« Per Horus et per Ra et per Sol Invictus duces. »* Pour la petite histoire, l'acteur a prononcé *« duceres »*, une faute de latin (subjonctif imparfait), mais ni la *script girl* ni moi n'y avons prêté attention.

Rien ne s'oppose au bonheur.

Ma mère s'endormait en rêvassant à de beaux jardins. J'ai essayé, moi aussi, mais sans réussite. Je ne suis pas sûr d'atteindre cent un ans comme elle. La nuit, les fantômes reviennent, quand je perds le contrôle de moi-même. Éveillé, en revanche – si on ne m'emmerde pas avec des lettres recommandées, la paperasse administrative, le fisc, les fâcheux –, je me débrouille au petit poil. J'ai traversé des tas de jardins extraordinaires et j'ai rencontré des gens extraordinaires qui m'ont donné de grandes joies ! J'ai vu de grands spectacles, entendu des musiques époustouflantes, admiré des tableaux ravissants – je déplore qu'il n'y ait plus le rideau qui s'ouvre dans les cinémas au début des séances, j'adorais ça, on se frottait les mains par avance. J'ai dîné divinement dans de merveilleux restaurants, merci beaucoup ! C'est une chose à laquelle je pense souvent, vers 19 heures : ces endroits innombrables, tout autour de la terre, où l'on pose des nappes, allume des bougies, dispose des fleurs, des couverts, où un pianiste se met à jouer éventuellement, pour que les gens passent une bonne soirée. Dans toutes les cuisines du monde, on met du beurre dans des coupelles, du pain dans des corbeilles, on mitonne des sauces, on se prépare dans ce but, c'est bouleversant.

C'est pareil dans les théâtres et dans les salles de concerts. On aligne des chaises dorées. On attend cet instant de la rencontre. L'idée est de plaire aux gens. Ce qui me séduit le plus, c'est que ça se répète jour après jour. Ça me remplit de contentement de savoir que, quand je ne serai plus là, ça continuera. Comme le lever du soleil, et comme l'apparition de la lune, avec une régularité sans faille. Merci à Henry Miller de m'avoir appris qu'un steak saignant et un verre de vin rouge soignaient la mélancolie. Merci aux ingénieurs qui ont créé ces belles bagnoles de m'avoir permis de rouler dans de beaux paysages, en compagnie de jolies personnes. On se tenait la main, parfois, tellement c'était beau.

Merci à tous ces artistes que j'ai écoutés des milliers de fois, dont j'ai vu les œuvres des dizaines de fois, dont je connais les répliques par cœur, merci pour cette joie et votre talent. Merci pour la variété, les différences. Moi, les gens qui pensent tout le temps la même chose me fatiguent. Merci à tous les écrivains qui ont écrit tant de « conneries », comme m'a dit si drôlement Patrick Modiano.

Merci à tous les inconnus qui m'ont tendu la main, qui m'ont épaté, qui m'ont amusé. Parfois, c'était avec peu de moyens. Mon père me saluait en me disant : « Comment vas-tu-yau de poil ? » Je devais répondre : « Pas mal et toile à matelas. » Il m'a appris ça. Mon petit frère, ça le laissait pantois. Il écartait des yeux gros comme des billes et il demandait : « Pourquoi c'est drôle ? »

Thierry Lhermitte sur *Le Père Noël* me demandait tous les jours : « Tu habites où ? T'habites Bondy ? » Et il partait d'un grand rire rassurant. C'était peu mais c'était parfait.

Merci pour les âneries qui consolent, les blagues idiotes qu'on reçoit sur nos téléphones. L'acteur britannique Dudley Moore, qui faisait un duo avec son compère Peter Cook, était interviewé par l'animateur Dick Cavett :

– Pouvez-vous m'expliquer comment ça se passe pour la succession de la reine d'Angleterre ?

– Disons que dans l'ordre de succession… si 57 millions de personnes meurent avant Peter, il deviendra reine !

Ces instants sont des bouffées d'oxygène.

Merci à mes coauteurs, femmes et hommes, qui m'ont aidé à imaginer mes délires, à les rendre vrais sur papier. On s'est bien amusés, merci. Même si on en bavait, on n'en bavait pas. On a vécu des combats coude à coude. Une intense complicité. Merci aux techniciens/artistes qui m'ont aidé à transcrire ces délires sur pellicule. Merci aux *clapmen* d'avoir claqueté pour moi.

Ce moment où tout va commencer est si excitant.

Merci à ceux qui m'ont donné de la tendresse, de l'amour et des moments d'« épilepsie synchrones », comme écrivait si finement Serge Gainsbourg. Je n'ai pas à me plaindre, ma vie a été un enchantement. J'ai eu droit à tant d'amours et, à mon âge encore, un amour si merveilleusement réciproque et comblant. Il n'y a pas que l'amour qui soit comblant, certains sourires le sont, certains accueils, et beaucoup d'endroits féeriques, des villes, des bâtiments et des musées qui sont remplis de belles conneries sur les murs.

J'ai quelques regrets, mais pas graves. J'aurais aimé ne pas rencontrer Jim Morrison, mon idole, à quatre pattes, obèse, tellement bourré, dans un appartement des Halles ; ça m'a fait de la peine. J'aurais aimé ne pas croiser Basquiat, mon idole, tellement défoncé, hagard, l'air bête (bien que ce soir-là je fusse probablement moi-même défoncé, hagard, l'air bête). Je regrette de ne pas avoir dit à Alain Bashung qui attendait une voiture à Bellagio sur le lac de Côme, avec sa compagne et un gosse, à quel point je l'admirais. Il suffisait d'arrêter ma voiture et de baisser la vitre. C'est idiot. Pareil pour sir Alec Guinness, au Connaught, à Londres, pendant qu'il mettait son manteau : j'aurais pu lui dire quel acteur extraordinaire il était – mais surtout quel écrivain étonnant, par-dessus le marché –, quelles joies fabuleuses il m'avait données. Pareil pour Marcel Pagnol – j'étais trop jeune et timide pour le féliciter (qu'est-ce que je me suis fait engueuler par ma mère, après qu'il fut parti !).

Je suis ravi, par contre, d'avoir flatté tant de gens qui ne le méritaient pas, cela leur a fait très plaisir et à moi aussi, finalement.

J'aimerais tant que les rendez-vous perdurent. Ça serait bien que les âmes aillent plus vite que la lumière et remontent le temps, comme j'ai tenté de le faire tout au long de ce travail d'écriture. *Mais c'est où ?* Il existe peut-être un domaine dans l'invisible où le sourire de mon ami Thierry, la voix de mon amie Tally Brown, exceptionnelle chanteuse, la tendresse de ma grand-mère, la gentillesse de mon petit frère, la bienveillance de Marie Déa reviendront. Si ce n'est pas le cas, c'est déjà bien de les avoir connus et qu'ils m'aient aimé, merci beaucoup, c'est bouleversant.

Je n'ai pas toujours réussi ma vie privée. J'ai pris des gamelles bouillantes, j'ai aussi donné des coups de râteau, salauds parfois. Excusez-les comme j'ai pardonné les coquards que j'ai reçus. Je ne sais pas qui était responsable, ni pourquoi. C'est inutile d'y réfléchir. Ça m'ennuie. Je préfère m'attacher aux souvenirs gais. Tout était parfait.

Je n'ai pas toujours réussi ma vie familiale, ça, c'est un fardeau. Sans doute n'ai-je pas été à la hauteur… Je vous demande pardon. Mais j'ai essayé tout de même. Je n'ai pas abordé ce sujet dans ces pages, car comme dit avec pudeur Lavanant dans *Papy fait de la résistance* : « C'est du privé ! C'est du privé ! » Ce n'est pas que je prenne à la légère la peine que j'ai pu faire, ou les incompréhensions, les séparations, les engueulades, les malentendus, les abandons. Je crois cependant qu'il faut prendre le maximum de choses avec légèreté, tenter sa chance ailleurs, ne pas insister quand ça ne roule pas, ne pas s'acharner.

Un divorce, pour pénible qu'il soit, permet de faire de nouvelles rencontres exquises. C'est merveilleux ! J'ai eu des peines mais j'ai rencontré d'autres bonheurs et je souhaite sincèrement la même chose à tous. La culpabilité est sans issue et mauvaise conseillère. Je ne veux penser qu'à ce qui est bien. Et surtout à ce qu'on peut faire *mieux*.

Les animaux cogitent, c'est une évidence, il n'y a pas que les humains (qui, eux, pensent bien souvent des conneries). Même les virus réfléchissent probablement, ils font des tentatives pour mieux vous tuer, comme les poulpes qui lancent leurs tentacules pour définir leur chemin. Les animaux et les virus ne ressentent aucune culpabilité. Et pourtant toutes ces bestioles vibrent et aiment, elles combattent pour leurs vies, elles agissent comme elles le peuvent. Sans remords. Certaines apprécient la musique, même.

Mais l'urgence, oui. Elle est ressentie par tous.

Les animaux font des stratégies, ils manipulent, comme l'homme, ils sont roublards, mais ils savent aussi être reconnaissants et adorables, aimer. Alors, ils sont touchants comme peu. Ils sont sensuels, gourmands et connaisseurs. Un chat qui lèche un couvercle de boîte d'œufs de saumon pendant deux heures, jusqu'à ce que le métal soit à nu, le prouve.

Une chose que l'animal ne fait pas, c'est rire. C'est le propre de l'homme. Je n'irai pas jusqu'à dire que rire, c'est le *divin*, ça serait prétentieux et exclusif, cela sous-entendrait que l'humain est ce qu'il y a de mieux dans l'univers. Rien n'est moins sûr.

En tout cas, rire, c'est *nous*.

Rire est une fête. On rit. On blague. On se poile. On se fend la pipe.On glousse. On ricane. On s'esclaffe. On raille. On se moque. On se tord. On se gondole. On roule par terre. On en pleure même. Honnêtement, c'est BON. C'est difficile de faire plus affriolant et plus satisfaisant. C'est léger. Le bien-être après un fou rire, quelle incroyable détente ! C'est comme après un orgasme frénétique. Ça ne débouche sur rien, pas même sur un petit moment d'éternité car tout passe, mais ce n'est pas grave.

Écarter les emmerdeurs et vite, jouir de la vie, voilà le programme. Car ce qui est beau dans le rire, ce qui est réconfortant et miraculeux, c'est la complicité qu'il implique.

On ne rit pas seul.

REMERCIEMENTS

Je tiens à remercier Aurélie et Philippe Poiret, pour leur gentillesse et affection permanentes, et leurs conseils …

Christian Clavier pour sa préface, nos multiples aventures et nos innombrables complicités…

Dominique de Rabaudy Montoussin, pour ses encouragements, son intelligence, sa bienveillance…

Gilles Ghez – un grand artiste –, mon premier lecteur, enthousiaste et rassurant…

Marie Déa, ma marraine star de cinéma, pour m'avoir tant incité à lire et, en conséquence, à écrire…

Patricia Stiebel, mon ex-épouse, pour m'avoir accompagné sur ces films et taillé de beaux costumes (elle a été parfois ma chef costumière)…

Caroline Tiné, Serge Bramly, pour leur amitié et leurs opinions avisées…

Laure et Pierre Astier, mes agents, pour leur compétence et leur assistance…

Pierre Féry, pour son travail méticuleux, ses idées excellentes, et Elsa Lafon, mes éditeurs, Pierre étant devenu de surcroît un ami…

Et enfin Ludovic, mon soutien, pour m'avoir nourri de son affection, et pas seulement. J'ai vécu de bons moments grâce à son merveilleux (et patient) talent culinaire quand j'étais occupé à bosser, isolé dans ma tour d'ivoire…

*

* *

Ma pomme (comme cinéaste) et une foule de gens épatants sont à retrouver en photo sur Jeanmariepoire.com.

Ma pomme (comme chanteur) et autres déhanchements juvéniles appréciables peuvent être entrevus sur la chaîne YouTube : The Martin Dune Hotel. J'y chante *en live* quelques chansons.

*

* *

La dédicace était fastoche : Wilder, Edwards, Higgins, Fellini, Lubitsch, Brooks, Nichols, Allen, Risi, Capra, Keaton, Farrelly, De Sica, Scola, Benigni, Monicelli, Carné, Tati, Chatiliez, Thomas, Oury, Audiard…

Index des noms propres

Composition
PRESS·PROD

Imprimé en France par
CPI Brodard & Taupin
en mars 2024

Dépôt légal : avril 2024
N° d'impression : 3056211
ISBN : 978-2-7499-5662-6
LAF : 3460